国家宝藏

THE NATION'S GREATEST TREASURES

博物馆里的中国史

【第一卷】

佟洵 王云松 主编

石油工业出版社

图书在版编目（CIP）数据

国家宝藏：博物馆里的中国史 / 佟洵，王云松主编
. — 北京：石油工业出版社，2020.2

ISBN 978-7-5183-3608-1

Ⅰ.①国… Ⅱ.①佟…②王… Ⅲ.①博物馆 – 历史
文物 – 介绍 – 中国 Ⅳ.①K87

中国版本图书馆 CIP 数据核字（2019）第 243994 号

国家宝藏
博物馆里的中国史

佟洵 王云松◎主编

策 划 编 辑：王　昕　曹敏睿
责 任 编 辑：姜　燕
文 图 编 辑：李国斌
装 帧 设 计：罗　雷
美 术 编 辑：刘晓东　罗筱玲
特邀摄影师：王　露　郝勤建

制　　　作：日知图书（www.rzbook.com）
出版发行：石油工业出版社
　　　　　（北京安定门外安华里 2 区 1 号楼　　100011）
　　　　　网　　址：www.petropub.com
　　　　　编辑部：（010）64523616　64252031
　　　　　图书营销中心：（010）64523731　64523633
经　　　销：全国新华书店
印　　　刷：鸿博睿特（天津）印刷科技有限公司

2020 年 2 月第 1 版　2025 年 4 月第 6 次印刷
710×1000 毫米　　开本：1/12　印张：49
字数：486 千字

定价：158.00 元（全四卷）

THE NATION'S
GREATEST
TREASURES

序言

　　2017年，著名的国际咨询集团AECOM公布了一份《全球主题公园及博物馆报告》，对全球数万家博物馆、主题公园进行了严格的遴选，最终根据受欢迎程度选出了20家全球最受欢迎的博物馆。中国的两家历史博物馆分别以800万和320万的访客人数排名第二位和第十三位，它们就是位于北京的中国国家博物馆和位于中国台湾的台北故宫博物院。作为中华历史文化的"祠堂"和"家庙"，中国国家博物馆的入选实至名归；而中国台北故宫博物院也是炎黄子孙牵肠挂肚之所在，馆中不乏记录中华文明的镇国之宝，访客如潮也是理所当然。其实除了这两家博物馆，中华大地上值得游览参观的博物馆还有许多，比如以书画珍品、明清重器闻名的故宫博物院，收录周、秦、汉、唐这些鼎盛王朝历史印迹的陕西历史博物馆，集春秋战国楚文化于泰半的湖北博物馆……这一座座向游览者发出文化信号的博物馆，既是中国人的"文化客厅"，也是"中国梦"的发源地。

　　党的十八大以来，习近平总书记对加强文物保护、让博物馆中的文物"说话"做出了一系列重要指示。2014年2月25日，习近平总书记在北京市考察工作时就曾说道："搞历史博物展览，为的是见证历史、以史鉴今、启迪后人。"深藏在各大博物馆中的珍贵文物，每一件都犹如一卷穿越时空而来的胶片，镌刻着一段历程，代表着一种震撼，唤起着一串回忆。大多数中国人游览参观博物馆只是管中窥豹，很难完整、全面地一睹馆中精品文物的全貌，赏其神韵，深刻了解其所承载的历史、文化、智慧和精神。所以，习近平总书记强调："让文物说话、把历史智慧告诉人们，激发我们的民族自豪感和自信心，坚定全体人民振兴中华、实现中国梦的信心和决心。"

正是在习近平总书记的指示下，免费开放的国内博物馆越来越多，展览活动的品质越来越高，越来越多珍贵的国宝文物走出库房，和普通民众"金风玉露一相逢"。电视、网络媒体也陆续推出《如果文物会说话》《国家宝藏》等节目，以新颖的形式，将历史和现实结合起来，掀起了一股走进博物馆欣赏国宝的热潮。截至2018年年底，中国登记注册的博物馆超过了5200家，访客量每年以11%的速度增加。2017年、2018年中国人进入博物馆参观的人数都超过了1亿人次。我们的博物馆在保持其原始使命——收藏、保护、交流、研究和展览的同时，也越来越成为中国人接受教育的第二课堂，成为中国人文化依赖的所在。

我们的"博物馆热"之所以厚积薄发，除了党和国家的推动、博物馆从业者的变革求新和国民精神文化需求日益增加等原因外，中国各大博物馆中文物藏品之丰饶、文化价值之深邃也是内因所在。毫不夸张地说，一个中国人从南到北，从东到西，将直辖市和省级博物馆游览一遍，中华民族的政治史、军事史、经济史和文化艺术史就能在其头脑中形成一个大致的图像。喜欢书画艺术的访客，可以到北京故宫博物院和台北故宫博物院"深度游"，从中国绘画史上的典范《洛神赋图》，到真实记录了北宋市井生活的《清明上河图》；从天下第一行书的《兰亭序》，到天下第二行书的《祭侄文稿》，足以让艺术朝圣之旅的游览者如痴如醉，称心快意。痴迷于汉唐雄风的访客，可以到河北博物馆和陕西历史博物馆"寻古风"，从展现汉代王侯殡葬礼仪的金缕玉衣，到汉代第一"节能环保灯"长信宫灯；从象征着华夏马文化的鎏金天马，到尽显大唐恢弘开放气象的鎏金舞马衔杯纹银壶，足以让汉唐气象成为游览者耳边余音绕梁的《大风歌》。希冀旬日间走马观花、一览中华历史全貌的访客，可以到中国国家博物馆"觅根源"，从中国最早成体系文字的刻辞龟甲，到中国最后一位帝王清朝宣统皇帝的退位诏书；从中国古代青铜器的"巨无霸"后母戊鼎，到元代发行天下的纸币至元宝钞，足以向游览者证明中华文明的绵延不绝和持久鲜活的生命力。

中国国家博物馆的副馆长陈履生先生曾在电视节目中说道："只有国家的强大，才有博物馆的强大；只有博物馆的强大，才有国家文化的强大。博物馆正成为一个城市，乃至一个国家的文化窗口。"正是基于对这一理念的认同和践行，我们才编辑出版了《国家宝藏：博物馆里的中国史》一书。本书以中国各大博物院馆的馆藏国宝为对象，以中华文明发展的历史脉络为依据，讲述国宝本身的故事，揭示文物所承载的文化内涵，感悟中华文明的无穷魅力。对于大多数人来说，这些国宝分藏在不同的博物院馆，很难一件一件地去参观，而本书则将分散的国宝聚拢在一起，让读者足不出户，就能从国宝中研读到伟大祖国的煌煌历史，真真切切地感受到中华文明的博大精深。我们真诚地希望，通过《国家宝藏：博物馆里的中国史》，能讲出真实的中国历史，传播中国声音，展示中国精神，展现中国风貌！

国家宝藏 博物馆里的中国史 【第一卷】目录

第一章　中华大地上的古人类

001　云贵高原上的古人类
　　　元谋人牙齿化石 /2

002　长江中下游地区的古人类
　　　郧县人头骨化石 /7

003　关中大地上最早的居民
　　　蓝田人头骨化石 /12

004　下落不明的国宝化石
　　　北京人头盖骨化石 /17

005　华南地区最早的古人类
　　　马坝人头骨化石 /23

006　破解东亚人种起源之谜
　　　山顶洞人头骨化石 /28

007　中国最早的陶制品
　　　红陶罐 /34

008　东方史前考古的摇篮
　　　水洞沟遗址骨柄石刃刀 /40

第二章　中华文明的曙光绽放

009　改变饮食方式的开始
　　　石磨盘和石磨棒 /48

010　笛声从远古响起
　　　骨笛 /53

011　黄河文明的序章
　　　人头形器口彩陶瓶 /58

012　稻作文化的艺术魅力
　　　双鸟朝阳纹牙雕 /64

013　白鹿原下的古村落
　　　人面鱼纹彩陶盆 /69

014　龙文化的具象表现
　　　玉龙 /75

015　探索汉字的起源
　　　刻符陶尊 /80

016　中华五千年文明史的实证
　　　三叉形器 /85

017　中国青铜文明的肇始
　　　铜刀 /91

018　行业分工的开始
　　　蛋壳陶高柄杯 /96

第三章　青铜时代的壮美诗篇

019　夏王朝的见证
　　　镶嵌绿松石兽面纹铜牌饰 /102

020　中国最早的成体系的文字
　　　"王为殷卜"刻辞龟甲 /107

021　镇国之宝，礼器之尊
　　　后母戊鼎 /114

022　来自昆仑山的馈赠
　　　玉簋 /119

023　一位女将军的传奇
　　　妇好鸮尊 /124

024　商文化背景下的三苗生活
　　　四羊方尊 /130

025　连接天地，沟通神人
　　　青铜神树 /135

026　武王伐纣的历史证据
　　　天亡簋 /139

027　"宅兹中国"的西周往事
　　　何尊 /145

028　礼乐征伐自天子出
　　　宗周钟 /150

029　周王的祭祖典礼
　　　㝬簋 /155

030　金文中的皇皇巨著
　　　毛公鼎 /161

国家宝藏 博物馆里的中国史
THE NATION'S GREATEST TREASURES

毛泽东主席在《贺新郎·读史》一词中写道："人猿相揖别。只几个石头磨过，小儿时节。"这首词告诉我们，古人类告别猿类身份的标志就是会制造工具，哪怕是很简陋、很粗糙的石头工具。在中国的历史教科书中，最早被发现的古人类是云南的元谋人，不过很可惜，他们留下的生活痕迹并不多，今天仅保存下来的是两颗元谋人的牙齿。可别小看了这两颗牙齿，正是它们的出土，证明了百万年前在中国的南方已经有古人类。从元谋人开始，郧县人、蓝田人、北京人、马坝人、山顶洞人……这些遍布中华大地的古人类遗址中，又发现了许许多多打磨过的石器、细腻的石刀、尸体上的铁矿粉、粗糙的陶罐等等，这些都是中华文明起源的最好物证。

推荐博物馆：
中国国家博物馆、中国地质博物馆、陕西历史博物馆、湖北省博物馆、广东省博物馆、水洞沟遗址博物院

001 云贵高原上的古人类
元谋人牙齿化石

年　代：距今约 170 万年

尺　寸：左侧门齿长 11.4 毫米，宽 8.1 毫米，高 11.2 毫米

　　　　右侧门齿长 11.5 毫米，宽 8.6 毫米，高 11.1 毫米

材　质：化石

出土地：1965 年云南省元谋县上那蚌村

收藏地：中国地质博物馆

　　当我们打开初中历史教科书，看到对中国历史的讲述，首先映入眼帘的是关于中国人起源的探索。人猿相揖别，经过了漫长的岁月，中华大地上终于有了人类的出现。而教科书告诉我们的是，全国发现的近 70 处古人类化石遗址，其中最早的可能是生活在距今约 170 万年的元谋人。

人猿相揖别

　　元谋县地处云南北部，距昆明 110 千米。元谋盆地为南北向的断陷盆地，长约 30 千米，平均宽约 7 千米，是滇中高原海拔最低的盆地之一，平均海拔仅 1050 ～ 1150 米。金沙江的一级支流龙川江自南向北流过这里。元谋盆地特殊的地质构造，造就了这里的传奇，很早就吸引了国内外学者的关注。

　　1965 年年初，为配合四川攀枝花地区和成昆铁路的建设，中国地质科学院派遣

赵国光、钱方、浦庆余等学者对中国西南地区的新构造运动进行研究，选择了元谋盆地作为研究重点。4月初，学者们在上那蚌村附近开始工作，发现了不少化石和地质现象。5月1日，钱方等人前往上那蚌村西北寻找化石，该地长期受雨水冲刷，细沙黏土多被冲走，很容易挖出化石。下午5时左右，钱方发现了两颗疑似人牙的化石，相距十几厘米。一颗齿冠露出地表，牙根在土中；另一颗则全在土中。同时出土的还有云南马牙化石、啮齿类动物的下颌骨以及其他化石碎片。第二天，这些学者来到该地继续发掘，试图寻找其他的古人猿的化石材料，但没有收获。9月，学者们结束野外考察后，将牙齿化石带回北京，请相关专家鉴定。著名的古生物学与古人类学家胡承志先生鉴定后认为这两颗牙齿化石的形态属于直立人类型，故此将其定名为"直立人·元谋新亚种"。

🔴 **元谋人的牙齿**

元谋人牙齿的发现地云南元谋县于1985年兴建了元谋人陈列馆，馆藏化石千余件，系统地展现了原始人类的生活资料。

其特征如下：齿冠粗壮，轮廓呈三角扇形，向切缘两端扩展，除基部较凹外，唇侧大部扁平，唇侧沟和浅凹发育，舌侧齿冠基部底结节和指状突发育，舌侧表面呈明显的铲形，被中嵴分为明显的两半，在舌侧齿窝中，有较多的釉质褶皱发育，齿根颈部横切面几乎呈椭圆形，齿根的唇舌径方向较薄。

事实上，在元谋发现人类化石绝非偶然，考古发掘足以证明这里是"人猿相揖别"的一个关键区域。

元谋人牙齿化石

在元谋及其邻县禄丰已经发现了比元谋人更为古老，在体质上与人类有较多相似性的古猿化石。1975 年，科考工作者在禄丰先后进行了 10 次发掘，出土的大量化石证明禄丰古猿生活在 800 万年以前，属于人猿超科——远古人类和猿类的共同祖先。更为重要的是，在元谋还发现了距今 520 万—450 万年的蝴蝶梁子古猿化石和距今 430 万—390 万年的竹棚古猿化石，这足以证明在元谋从猿到人是一个连续进化的过程。

元谋人牙齿化石的发现引起了学术界的高度重视，围绕牙齿化石的出土地点，诸多专家进行了发掘和多学科研究。1973 年 10 月至 12 月，中国科学院古脊椎动物和古人类研究所采用考古学方法，对元谋人化石所在的小山丘进行了大规模的系统发掘。这次发掘绘制了该地详细的地层剖面图，并在附近地层发现了人工打制的石器和炭屑、哺乳动物化石、软体动物化石和孢粉化石等，但没有发现新的人类化石。这次发掘确定了元谋人化石所处地层的沉积性质，根据地层沉积物情况和伴生动物的化石，专家们主张元谋人的年代位于早更新世。1973 年到 1974 年，钱方等人再次去元谋盆地考察，并采集了元谋组古地磁标本。1976 年 7 月 25 日，用古地磁方法测定其绝对地质年代为距今约 170 万年。

元谋人的历史地位

考古研究表明，人类起源和发展的脉络是：人和现代类人猿的共同祖先是森林古猿，由此分两支演进：一支经森林古猿逐步演化到现代类人猿；另一支经过腊玛古猿—南方古猿（纤细种）到直立人。南方古猿（纤细种）已会制作工具了。

中国是发现早期人类化石的重要地区之一。在湖北建始、巴东发现过南方古猿的牙齿。研究者将元谋人的牙齿形态与类人猿、巨猿、南方古猿、北京人、智人的牙齿做了比较、研究，认为元谋人生存时代远比北京人早，元谋人属早期的直立人代表，又具有南方古猿的某些性状，说明元谋人在人类社会开创时期，从南方古猿向直立人过渡阶段上的重要意义。

元谋人遗址出土的文化遗物虽少，其意义却不可低估。我们从石器和用火两方面来看，元谋人的石器，是具有代表性的三件刮削器，虽然比较粗糙简单，但均进行过第二步加工，它已不是"第一把石刀"，而是目前中国发现的与人类化石伴生的最早的石器，说明了远在170万年前，元谋人已使用石制工具从事生产劳动了。在元谋人的遗址中，有与人类化石、石器、动物化石等伴生的炭屑和烧骨；在山西芮城西侯度的文化层中，有经火烧过的呈灰黑和灰绿色的哺乳动物筋骨、鹿角及马下颊齿；在陕西蓝田公王岭人类化石的堆积中，也有炭屑存在。这些材料虽较少，但为探索人类对火的使用这一问题提供了极为重要的线索。值得注意的是，上述这些火的遗迹，常常是与人类化石、动物化石或石器共存，反映出使用火与人的活动有着密切的关系。

元谋人的生活环境

在元谋人牙齿化石出土地，考古学家还发现了大量的哺乳动物的肢体和骨骼化石，上面还有明显的人工切割和火烧的痕迹，说明元谋人已经知道用火来加工食物。在众多的动物化石中，考古学家可以确认的包括云南马、爪蹄兽、野猪、野牛、剑齿象、野狗等等，这些动物在当时很可能已经是元谋人的主要肉食来源。另外，通过对植物痕迹的鉴定，考古学家发现在元谋人生活时期，植物中松属约占30%，草本植物约占40%，说明元谋人生活在森林和草原的过渡区域。

002 长江中下游地区的古人类
郧县人头骨化石

年　代：距今约 100 万年

尺　寸：长 26 厘米，宽 19 厘米，高 12 厘米

材　质：化石

出土地：1989 年湖北省郧县青曲镇曲远河口的学堂梁子

收藏地：湖北省博物馆

当我们来到湖北省博物馆参观，走进"郧县人"展厅，首先都看见的是两件人头骨化石。这两件人头骨化石就是发现于郧县曲远河口学堂梁子的著名的"郧县人"。该展厅以郧县人的发现为线索，向观众介绍了长江中游地区古代人类化石的发现情况。郧县人头骨化石的发现填补了长江中游地区古代人类发展演化资料的空白，具有十分重要的学术意义。

头骨化石发现之旅

1975 年，中国科学院的工作人员在湖北郧县梅铺龙骨洞遗址发现四颗猿人牙齿，分别为上内侧门齿、下外侧门齿、上第二前臼齿和上第一臼齿，另外还发现了具有人工打制痕迹的石核。此次发现拉开了郧县古人类化石发现的序幕，也为日后该地区的重大发现奠定了基础。1989 年，在湖北省郧阳地区组织的第二次文

郧县人头骨化石

化普查工作中，当地的文物工作者根据村民提供的线索，了解到郧县青曲镇弥陀寺村在平整土地时发现过很多化石，当地村民称为土龙骨。文物工作者到达当地后，和村民举行座谈，村民反映学堂梁子在当年平整土地时发现的化石比较多。于是文物工作者就在一位当地村民的带领下，来到学堂梁子进行实地调查，其中一个名叫王正华的文物工作者首先在穿过耕地东西的小路中部北边地界发现了一些钙质和土胶结合在一起的石块，同时又发现了四块动物肢骨化石。于是他就蹲下来继续寻找，并开始用手铲往下清理，随即又喊来土地的承包人曹钰用锄头向下清理，在清理到30厘米时，发现了一枚化石，拿起仔细一看，其表面露出星星点点的牙齿珐琅质，王正华随即判定这是一枚古人类的头盖骨化石。兴奋的王正华赶紧喊来随行的另外几位队员，分享喜悦之情。过了几天，王正华又和另外一位文物工作者来到曲远河口调查，在发现化石的地点又发现新的钙质结

合碎块，清理修复后发现是左侧枕骨和部分顶骨（修复后化石模型即题图展示）。

1990年5月，经国家文物局批准，由湖北省文物考古研究所联合地、市考古单位对学堂梁子进行第一次试掘。此次发掘共布设4个探方，由南向北依次为T646、T745、T845、T945。在随后的发掘中，考古队员李文森在清理T745的西壁时，发现了一个圆圆的结核块。他将这一发现立即报告给考古队负责人李天元先生，让其判断结核块是不是头骨。为了谨慎行事，李天元让民工先去清理其他探方，自己一人留下仔细地清理这块结核块。时间不知不觉流逝，临近中午，化石终于暴露出了枕骨部分，并且是枕骨圆枕，这是一件人头骨化石无疑。根据暴露的情况来看，头骨颅顶朝上，底朝下，枕面朝东，面部向西。因为担心牙齿受损，李天元小心翼翼地把头骨从探方壁取下来。功夫不负有心人，这件头骨的牙齿完好无损地保留在齿槽内。他又用了一段时间把牙齿轻轻

地剔除出来，总共发现 6 颗牙齿，即 1 颗外侧门齿、2 颗前臼齿、3 颗臼齿。由于口腔中间被坚硬的结核物覆盖，内侧门齿情况不明，犬齿脱落，牙齿保存基本完好。这件头骨化石的左侧第三臼齿为钉型齿。这是一种畸形齿，是臼齿退化的反映，是人类特有的一种情况。从已有的特征来看，这是一件远古人类化石，发掘者将其编号为 EV9002。

对化石的深入研究

如何开展对这两块头骨化石的研究工作，是摆在考古工作者面前的首要问题。因为种种原因，第一件头骨化石的研究未能开展，接着又发现了第二件化石标本，对它们的研究工作迫在眉睫。于是湖北省方面专门从北京聘请专家对化石标本进行观察和翻模，以方便日后研究。1991 年，李天元在《中国文物报》上首次公开报道了 1990 年郧县发现的第二件头骨化石，报道指出该化石眉脊粗壮，前额低平呈坡状向后倾斜，枕骨圆枕发育明显，颅顶低矮，认为属于直立人，并提出了"郧县人"的命名；同时指出 1989 年发现的头骨化石也是直立人类型。

鉴于这两件人头骨化石的重要性，第一件头骨化石被评为"七五"期间"全国十大考古发现"之一；第二件头骨化石被评为 1990 年度"全国十大考古发现"之一。从此以后，郧县人头骨化石走向世界，受到国际学术界的广泛关注。

遗址中发现的石器以砾石器为主，石片石器少见；石器类型则以砍砸器为主，加工方法为单面加工，少数为双面加工。与人类共存的动物化石有 28 种，有古近纪—新近纪的残留物种如剑齿虎等；第四纪早期的典型物种如桑式鬣狗、大熊猫武陵山亚种、云南马、小猪、秀丽黑鹿、短角丽牛等。动物群的性质和蓝田公王岭动物群相似，时代为早更新世晚期。

发现的价值及意义

郧县人属于直立人类型，其许多形态特征与国内及亚洲的人类化石是一致的，是人类在演化过程中一个重要的环节。当然这一研究结果，也受到一些同行的异议，有的研究者认为郧县人更为古老，属于猿人，但是李天元先生通过细致的对比研究，最终还是证明郧县人属于直立人，他的研究成果也发表在世界著名的《科学》杂志上。

郧县人头骨发现后，多个国家的学者对此表示出极大的兴趣，先后有美、法等国学者与中国学者进行合作，研究郧县人头骨化石，这也为郧县人头骨化石得到世界的认可提供了很好的机会。郧县人头骨化石也曾被美国《Discover》杂志评为 1992 年世界 50 项重大科技成果之一；1999 年，郧县人化石入选法国举办的世界"直立人重大发现"展览，可见郧县人化石在国际学术界的重要影响。

总之，郧县人化石的发现丰富了中国直立人的资料，也为探讨长江中游地区以及东亚早期人类的起源提供了重要资料。

郧县人头骨化石

考古学家通过地质和同时期出土的哺乳动物化石的分析研究，认为郧县人生活在大约距今 100 万年前的时期。

003 关中大地上最早的居民
蓝田人头骨化石

年　代：距今 115 万—65 万年

尺　寸：长 18.9 厘米，宽 14.9 厘米

材　质：化石

出土地：1963—1964 年陕西省蓝田县公王岭和陈家窝

收藏地：陕西历史博物馆

　　陕西省是中华文明的发祥地之一，其境内有很多源自遥远的旧石器时代的重要考古发现。其中在陕西蓝田发现的人类头盖骨化石，是继北京人头盖骨化石发现之后的又一次重要发现，对中国古人类研究具有深远的意义。

发现过程

　　蓝田县位于陕西关中平原东部，秦岭北麓，在历史上是关中通往东南方向各省市的重要通道。这里盛产美玉，唐代诗人李商隐诗云"蓝田日暖玉生烟"，就是描写蓝田玉的。这里地质发育良好，是科学考察的理想之地。

　　1963 年 6 月，由几名科学家组成的科考队从北京出发，到陕西蓝田进行地质考察，重点是寻找脊椎动物化石。此次科考队的队长由张玉萍担任，队员有黄万波、汤英俊、计宏祥、丁素因和张宏等。6 月 20 日到 29 日，科考队在陈家窝西南的黄

蓝田人头骨化石

土剖面上，捡到了几块哺乳动物化石，随后转移到其他地方调查。7月初的一天，科考队来到公王岭。此时正值雨季，不凑巧的是队员们碰上了暴雨，无法进行正常的调查活动。队员们停在路边的商店里避雨，商店里避雨的人很多，队员们就和老乡聊起来，顺便问了句这里是否发现过"龙骨"。其中一位老乡表示，这里的龙骨很多，就在公王岭背后的半山腰上，并拿出了两块化石给他们看。队员们一看很高兴，便决定在这里住下来，第二天去考察公王岭。傍晚，雨过天晴，一名队员先去打头阵了解情况，为第二天的考察做准备。短短几天，科考队在这里就发现了十几种哺乳动物化石，其中有三门马、变异狼、田鼠等，队员们满载而归。

7月19日，科考队又回到了陈家窝进行试掘，当时正值盛夏，大家的干劲仍然很足。他们先是在黄土中找到了一些猪牙和鹿牙化石，后来又在一个钙质结核中找到了一件"老虎化石"，化石被一层结核包裹着，未能看清全貌。黄万波为了携带方便，将表层的松土又去掉了一些。这时，他发现了结核中的白点，一个被挖断的牙根，不像是虎牙，用细针剔除牙齿周围的黄土后，看到了马蹄形的齿槽骨。根据经验判断，这应该是一个灵长类动物的下颌骨。回到驻地，一番修复后，他发现这是一具完整的直立人下颌骨化石。

古脊椎与古人类所高度重视这一发现，并于第二年又一次组织对蓝田的发掘。这次是一支由贾兰坡先生带队的综合性的队伍，大家到了蓝田后，分头行动，以求在上一年的基础上有更大的发现。来到蓝田没多久，在公王岭发掘的黄慰文、武英等又有了重要发现。5月23日傍晚，当时还下着雨。黄、武二人急急忙忙地跑到了贾兰坡先生的驻地。贾先生一看他们这么着急，判定是有重大发现，不然不会冒雨赶了30里路过来，他一问果然是。黄慰文掏出一个纸包，说这是刚发掘出来的。贾先生见纸包包得严严实实，就一层一层地拆开，越拆越紧张，拆到最后，贾先生情不自禁地喊了起来："人牙！居然发现了人牙，说明这里还可能有其他的人类化石。"大家更加认真地工作起来，随后又发现了大量的动物化石，但是这些化石很糟，有的一动就碎，而且化石又密密地重叠在一起，如果一件一件地取出来十分困难。经过商议，大家决定把这些化石用套箱套起来，搬回室内慢慢整理。这些化石被带到北京后，由李功卓负责修理，修理工作从 8 月开始，一直持续了几个月。首先是在 10 月 9 日，清理出一颗牙齿，杨钟健先生鉴定是一颗猿人牙齿。10 月 12 日上午，又清理出新的化石来，裴文中先生看到后非常激动地说："是猿人头盖骨无疑了。"于是大家奔走相告，无比兴奋。

至此，我们知道的蓝田人化石包括：在陈家窝发现了下颌骨，在公王岭发现了猿人头盖骨化石包括完整的额骨、顶骨的大部分、右侧颞骨的大部分、左鼻骨的大部分和右鼻骨的鼻根部以及右上颌骨的大部分并附带有第二、第三臼齿和左上颌骨的体部和额突部。

蓝田人头骨化石的研究

吴汝康先生研究发现，蓝田猿人的头盖骨骨缝已经愈合，上第二臼齿的磨耗达到二度，估计此蓝田猿人的年龄大约在 30 岁。从牙齿、上颌骨、颞骨椎体和颅中窝等较为细小的特征来看，此蓝田猿人可能为女性。额骨前部的眶上圆枕硕大粗壮，在眼眶上方形成一条横行的骨嵴。圆枕的两侧端明显向外侧延伸，圆枕之后明显缩窄。眼眶约呈方形，眶顶很平，没有眶上孔和泪腺窝。从眶上圆枕的形态和圆枕后的明显缩窄、额鳞非常低平、头骨的高度很小等特征来看，蓝田猿人比北京猿人和爪哇猿人更为原始。根据头骨残片，专家对蓝田猿人进行复原的结果，估计其脑容量在 780 毫升，比现代人平均脑容量的 1350 毫升要小很多。

陈家窝猿人下颌骨化石被发现于厚约 30 米的第四系红土层中，在红色土层的底部有一层厚约 1 米的砾石层，下颌骨化石就埋在砾石层以上 1 米的红土中，初步判断地质年代在中更新世。根据古地磁测年，陈家窝直立人的时代在距今 70 万—60 万年，公王岭直立人的时代为距今 115 万—110 万年。

在公王岭，通过考古发掘所得的石器共 13 件，其中石核 7 件、石片 4 件、直刃刮削器 1 件、有使用痕迹的石片 1 件。其原料多为石英岩，占 11 件，其他为脉石英和石英细砂岩，各 1 件。除此之外，科考人员在公王岭附近的红色土中也采集到了一些旧石器，有石核、石球、刮削器等。从石器文化来看，蓝田猿人的文化具有较多的原始性，主要表现在：经第二步加工的石器数量较少，而且相当粗糙，修制技术较差，器形不规整，石器类型还不多，有的标本表现出的石器类型特征不明显。

与蓝田猿人伴出的动物化石种类达到了 40 多种，有森林动物如猕猴、虎、象、貘、野猪、毛冠鹿、水鹿等；另外还有草原动物如马、牛、狮子、大角鹿以及一些南方动物种属。

蓝田猿人头骨化石的发现填补了人类进化的空白，首次在洞穴以外的地层中发现了人类化石，而且层位明确，也有伴生的动物群，具有很高的科学研究价值，是中国乃至全人类的一笔宝贵财富。

004 下落不明的国宝化石
北京人头盖骨化石

年　代：距今约 71 万—23 万年

尺　寸：不详

材　质：化石

出土地：1929 年北京市房山区周口店龙骨山

收藏地：化石在第二次世界大战中下落不明，模型藏于中国国家博物馆

　　周口店北京猿人遗址虽然不是中国最早发现人类化石的地点，但确实是最早得到世界公认的直立人化石的地点。这一遗址早在 20 世纪二三十年代就开始了发掘研究工作，并且得到了世界学术界的认可，在世界上享有很高的知名度。因此，周口店北京猿人遗址与敦煌莫高窟、长城、秦始皇陵及兵马俑、泰山、北京故宫于 1987 年被联合国教科文组织列入《世界文化遗产名录》，成为中国第一批世界文化遗产，由此可见北京猿人遗址的重要性。

北京猿人发现简史

　　早在北宋时期，在现在北京市西南约 50 千米的房山周口店就有发现"龙骨"的传说。久而久之，当地人把周口店附近的那座小山称为龙骨山。1918 年，周口店附近龙骨山发现化石的消息，引起了北洋政府矿政顾问、瑞典学者安特生的注意。

北京人头盖骨化石

他便去周口店地区进行了走访和调查，但并无多大收获。直到 1921 年，安特生和美国古生物学家格兰阶、奥地利古生物学家斯丹斯基赴周口店考察，发现了北京猿人遗址的洞穴堆积。他们还发现了动物化石，而且注意到了石英石片，认为这些可能和古人类活动有关。随后，斯丹斯基进行了两次短暂发掘，发现了两枚人类牙齿化石。这一发现为后来的考古活动奠定了坚实的基础。

1927 年，中国地质调查所正式开始发掘北京猿人遗址。这次发掘发现了大量的动物化石和一枚人类的左下第一臼齿化石。在第二年的发掘中发现了除牙齿之外的人类顶骨、额骨、下颌骨、肱骨等化石。

1929 年的考古发掘工作由年轻的裴文中主持，这一年是北京猿人发掘工作最为重要的一年。年底，发掘工作步入尾声，国外的资助逐渐停止，发掘现场的工人们也是一副没精打采的样子。年轻的裴文中有初生牛犊不怕虎的精神，执意要搞明白洞穴底部的堆积情况。12 月 2 日，裴文中又一次腰系绳索下到洞中，虽然已经临近天黑，他仍聚精会神地工作，突然，他惊喜地发现了一个猿人的头盖骨。他小心翼翼地把这件化石挖出来，用自己的衣服紧紧地包裹起来，像抱着婴儿一般，小心地拿到办公室。第二天，他给北京方面汇报了这一重要发现，在电报中他写道："顷得一头骨，极完整，颇似人。"这一消息的宣布，足以震惊整个学界。

自第一件完整的头骨发现之后，负责发掘工作的裴文中不断地在发掘中改变工作方法，使整个发掘活动更加规范和细致。如采用 1 米 ×1 米的探方（探方是考古发掘活动中的最小工作单位，一般根据遗址的情况有 1 米 ×1 米、5 米 ×5 米、10 米 ×10 米等大小），每 50 厘米厚为一水平层。这些都为之后的发现奠定了科学的基础。1935 年的发掘工作由贾兰坡主持，在第一地点发现了丰富的石制品和人类用火的痕迹。1936 年是周口店发掘工作收获颇丰的一年，短短的半个月时间里，在下文化层的第二十五水平层中，发现了 3 个直立人头盖骨，此外还有丰富的哺乳动物化石和石制品。1937 年仍有人类化石和石制品出土。不幸的是，随着卢沟桥事变爆发，周口店北京猿人遗址的考古工作不得不中断。从 1927 年到 1937 年，10 年的发掘共获得了 5 个完整的直立人头盖骨、140 余枚牙齿及一些肢骨，共代表了 40 个个体。另外还有上万件石制品和哺乳动物化石，这些资料为复原北京猿人的生活场景提供了重要的资料。北京猿人发现的个体之丰富，实属罕见。这为我们探讨人类起源问题提供了重要资料，是全人类的一笔财富。

北京人的特征和文化

研究发现，北京人头骨最宽处在左右耳孔稍上处，向上逐渐变窄，剖面为抛物线形。北京人头盖骨低平，额向后倾，比猿类增高，和现代人相比仍较低。北京人的脑容量约为 1043 毫升，介于猿类和现代人之间。他们的头盖骨比我们现代人要厚。眉嵴粗壮，左右连接在一起。颅顶有明显的矢状嵴，头骨后部枕骨圆枕发达。北京人的面部，吻部前突，下颌不明显。有扁而宽的鼻骨和颧骨，颧骨面朝前，表明他们的鼻子较宽，面部扁平。他们的牙齿较猿类稍有退化，但比现代人的牙齿要粗大、复杂。其犬齿和上内侧门齿的舌面，有由底结节伸向切缘的指状突；上内侧门齿的舌面呈铲形。铲形门齿是蒙古人种较为典型的特征，因此可断定北京人属于蒙古人种。北京人头部的特征又和爪哇人相似，所以北京人也是直立人。北京人的身高根据发现的长骨推断应该在 1.56 ~ 1.57 米。

北京人使用的工具有石制品、骨角器等，并知道用火。他们石器的制作以石片石器为主，石核石器不多，且多为小型。原料多就地取材，一般取自洞口不远处的河滩，有脉石英、砂岩、石英岩、燧石等，也有来自几千米外的水晶。他们的石器加工技术有直接打击法、碰砧法和砸击法。以砸击法打制的两极石核和石片占出土石器比例最大，这是北京人的特色工具。这些石器的器形包括砍砸器、刮削器、雕

发现北京人头盖骨化石的龙骨山洞穴

刻器、石锤和石砧等类型，能够满足北京人不同的生活需求。他们用砍砸器进行狩猎活动，用刮削器来加工处理猎获的动物，用雕刻器加工动物骨头制成生活用品或装饰品。

在他们居住的洞穴内发现了大量的碎骨，据此推测北京人可能会制作骨器。一些动物骨骼上的切痕，也能间接证明北京人已经会加工骨器。在他们的洞穴中也发现了灰烬层，有许多石头被火烧过，这些灰堆有的集中分布。因此，可以认为北京人很可能已经会管理火了，但是否为人工取火，目前还不得而知。

根据北京猿人头盖骨影像资料复制的"北京人"铜像

国宝丢失

1937 年抗日战争全面爆发，为了使这些化石能够得到妥善保管，太平洋战争爆发前夕，中国政府同意将北京猿人头盖骨化石交由美国自然历史博物馆代为保管，然而在交给美国陆战队负责运输后，北京猿人头骨就下落不明，杳无音信。时至今日，仍是一宗悬案。

北京猿人头盖骨化石的发现在当时的学术界引起了极大的轰动，为研究早期人类的起源提供了不可多得的材料，为人类的多地区起源理论提供了材料支撑。这虽然是二十世纪二三十年代做的工作，但以今天的情况来看，仍然具有重要的学术意义，毕竟截至目前再也没有发现如此完整的人类头盖骨化石了。

005 华南地区最早的古人类
马坝人头骨化石

年　代：距今 13.5 万—12.95 万年
尺　寸：不详
材　质：化石
出土地：1958 年广东省韶关市曲江区马坝镇
收藏地：广东省博物馆

提起马坝人，即使是相关专业人员对其了解也十分有限，更别说普通大众了。下面就让我们一起走近马坝人，去了解马坝人的生活环境和情况，认识五岭之南的古人类。

马坝人的发现与研究

说起来，马坝人的发现和当年的农业"大跃进"运动紧密相关。1958 年 5 月，广东省曲江县马坝乡农民为了建设高产田，在周边区域积极调查肥源。他们发现当地狮子山附近的稻子长得特别肥壮，就思考是不是这里的土壤中有天然的肥料，于是大伙儿三五成群来到这里一探究竟，最后来到了狮子山的岩洞内。受当地自然环境的影响，岩洞内的石头经过很长时间的自然风化形成土壤，这些土壤富含磷。看到如此一块宝地，当地政府决定在此开办磷肥加工厂，大量挖取洞内的堆积土层。

6月底，在洞中的黄褐色黏土中，挖掘出了19种古脊椎动物化石，其中有一块破碎的头骨化石。恰逢时任广东省委第一书记陶铸在当地视察工作，发现此情况后，指示当地加强对这些化石的保护。8月21日，广东省博物馆杨岳章受命前往当地进行调查，并将发现的化石标本带回广州。之后，杨岳章、麦英豪等5人再赴化石发现地进行详细调查，并由杨岳章整理写成简报，同化石标本一起送至中国科学院古脊椎动物与古人类研究所进行鉴定。9月中旬，在广东省文物管理委员会副主任商承祚主持下，中国科学院裴文中、吴汝康、周明镇三位专家和当地研究人员对化石发现地再次进行了考查。

狮子山是一个石灰岩山，东北距马坝乡马坝圩约1.5千米，因为山的外形像狮子，所以当地群众取名为狮子山。在山的北面约1千米处，有一砂石底的马坝河横贯其间，东边与二叠系砂岩、页岩组成的坭领山相连，其余三面是现代冲击地层。在狮子山相对高度25米以下发现三层溶洞。人类头骨化石发现于溶洞北侧的一条东西向的裂隙中。裂隙已变成深沟，全长63米，宽1~2米，由底到顶高约10米。这条裂隙就是第二次发掘的重点，在这里再次发现了大量化石，其中发现的人头骨化石仅保留顶盖部分，有额骨和部分顶骨，右眼眶和鼻骨的大部分保存较好，虽然已破裂成数块，但可粘连起来。头骨的石化程度相当大，呈浅灰黄色，杂有黑色斑块。头顶的骨缝大部分已经愈合，矢状缝仅有前端一小段尚可辨认，冠状缝大部分尚可辨别，但很不明显。如以现代人骨缝愈合的年龄为标准，则为中年以上的个体，但化石人类骨缝的愈合要远早于现代人类。头骨上肌肉附着的骨嵴不明显，但头骨表面较为粗涩，头骨的容积甚大，可能是男性个体。因此，马坝人头骨可能属于一中年男性个体。

马坝人的头骨，根据吴汝康先生的研究，具有以下特征：马坝人眉嵴粗壮明显突出，形成一条横条，但向上与额骨鳞部相续，其间仅有浅沟相隔。马坝人眉嵴前缘的轮廓和爪哇猿人、中国猿人不同，比发现的尼安德特人的直，介于爪哇猿人和尼安德特人之间。马坝人的眼眶约呈圆弧形，与尼安德特人相似，与爪哇猿人不同。马坝人的鼻骨，与爪哇猿人和尼安德特人相似，比现代人宽阔。鼻额缝则和中国猿人、梭罗人、罗迪西亚人相似。顶骨在前囟处的厚度为 7 毫米，小于中国猿人和梭罗人，与尼安德特人相似。这些特征均说明马坝人原始的特性，但同时又有些进步的特性，如颅骨骨壁较薄。因此，专家意见还是倾向于马坝人属于早期智人。马坝人具有直立人向智人的过渡性特征。与马坝人伴生的脊椎动物化石有鬣狗、大熊猫、貘、剑齿象等 19 种，因此，其地质年代为中更新世之末或晚更新世之初。

根据吴秀杰研究员与国外学者研究发现，马坝人右侧额骨表面的痕迹呈半圆形，大小在 30 平方毫米，整个痕迹下凹 1.5 毫米。痕迹表面粗糙，呈现出波纹状隆起的细脊，在痕迹周边有明显的愈合现象。经过对比研究发现，这种形制的创伤痕迹，很有可能是受到一种钝性物体打击后所致。根据外伤痕迹的形态和部位判断，这种痕迹很可能是当时人类之间暴力行为的结果。这一研究对于我们认识当时的人类行为模式具有重要启示。

马坝人发现的意义和价值

马坝人头骨化石是在华南地区第一次发现的古代人类头骨化石，扩大了以往发现古人类化石的范围——以往我们发现的古人类化石主要集中在华北地区。中华人民共和国成立后，在南方地区也相继发现一些古人类化石，但马坝人化石的特征较这些化石早，马坝人属于早期智人，说明在中国华南地区也生活着早期智人，这为古人类在这一地区的发展演化提供了重要的资料。就史学价值而言，马坝人作为早期智人的代表，介于北京人和丁村人、河套人之间，填补了中国人类发展过程中的一个重要环节，在中国人类化石的联结上有重大意义。同时，马坝人的发现扩大了中国旧

马坝人头骨化石

石器时代早期智人的分布范围，填补了华南地区人类进化系统上的空白，对华南地区古人类研究提供了重要证据，尤其是将广东的历史提早到了远古时期。

马坝人的价值还在于为中国古人类学、考古学及史前史学的研究提供了明显的线索，启发考古学家和人类学家们将注意的重心由北而南转移，并从广东、广西逐渐向西南发展，找到越来越多、越来越早、越来越重要的古人类化石及其文化遗存，建立起有中国特色的考古和史学理论体系。中国学界自马坝人化石发现以来，已取得多方面的重大进展：一方面，发现了数量甚多的古人类化石，几乎人类演化过程的每个时期都已有了标准的化石代表，从而确定了中国作为人类起源与发展的重要地区的无可争辩的地位；另一方面，已经采用铀系法、氨基酸法、古地磁法等多种先进的科学方法，对中国一系列古人类化石地点做了相对年代的测定，这样就可以有更充实、更有说服力的证据，进一步研究人类的起源及发展。

马坝人从哪里来

作为中国南方早期智人的代表，马坝人从哪里来一直是一个谜团。考古学界比较公认的说法是马坝人是由湖南的原始人类迁移过去的。当时，湖南附近的人类文明要比广东地区发达，湖南的原始人类可能通过地下的溶洞到达广东地区，并在那里扎根，繁衍生息，形成另一种具有鲜明特色的远古人类。另外，在马坝人遗址中没有出土大量的动物遗骨化石，说明马坝人的生活比较艰苦，在工具匮乏的情况下，狩猎的成功率并不高。马坝人很可能只有在实在无法采集到食物的情况下才去狩猎。

006 破解东亚人种起源之谜
山顶洞人头骨化石

年　代：距今 3.4 万—2.7 万年
尺　寸：长 21 厘米，宽 15 厘米，高 17 厘米
材　质：化石
出土地：1933 年在北京市房山区周口店山顶洞
收藏地：化石在第二次世界大战中下落不明，模型藏于中国国
　　　　家博物馆

对于周口店遗址，我们知道最多的是北京猿人，其实考古工作者在周口店也发现了时代晚于北京猿人的人类化石。这些发现为我们认识智人的发展演化，以及东亚蒙古人种的起源问题提供了重要的材料。

山顶洞人的发现

山顶洞，顾名思义是位于山顶的一处洞穴。该地点是在 1930 年因为寻找周口店第一地点的猿人遗址堆积的界线而发现的。在 1933—1934 年进行的考古发掘中，考古学家发现了丰富的人类化石、文化遗物和大量动物化石。文化遗物包括石制品、骨角器和装饰品。

山顶洞在当年被发掘时结构还是很完整的，洞口和全部洞顶尚在。随着环境的变迁，我们今日看到的山顶洞已经和当时有所不同。山顶洞的堆积为灰色土，比较

疏松，夹杂有大量的灰色岩石碎块。根据地层堆积情况，从上到下可以分为5层，其中在洞口和上室发现3层。其中第1层、第2层都发现了人类化石、装饰品和石制品等遗物。第3层发现的遗物很少，在洞底的石钟乳和石灰岩上有烧烤过的痕迹，说明当时的人类在此层面生活过一段时间。下室发现2个文化层，在第4层发现了3个完整的头骨和躯干骨，其身体周围撒有赤铁矿粉。第5层未见人骨化石，仅发现人牙化石。第5层下发现大量的动物化石，说明人类之前有动物在此栖息。

　　山顶洞遗址虽然面积不大，但是发现的人类化石材料相当丰富。这批化石材料包括3个完整的头骨，一些残破的头骨碎片，下颌骨和零星的牙齿以及部分躯干骨。经研究发现，这批材料共代表了不同年龄和性别的8个个体，其中2个成年男性，3个成年女性，1个少年，2个幼儿。在这3个完整的人头骨中，有一个60岁左右的老年男性，编号为101号，一个青年女性和一个中年女性，分别编号为102号和103号。这些化石均在抗日战争期间遗失，至今下落不明。

在山顶洞人洞穴中发现的棕熊右脚骨骼化石

山顶洞人头骨化石的研究

　　德国古人类学家魏敦瑞是研究山顶洞人头骨的主要学者，他通过研究认为101号老年头骨的测量指数

山顶洞人头骨化石

接近西欧的克鲁马努人，但是根据形态观察来看，则确定是原始蒙古人种。102 号青年女性头骨被认为是美拉尼西亚人类型，103 号中年女性头骨是因纽特人类型。直到 20 世纪 60 年代，随着中国同时期的人类化石的增多，中国考古学者吴新智在原有基础上，根据山顶洞人的头骨模型，对这 3 具头骨进行了进一步研究。吴先生认为老年男性头骨，在面骨方面几乎所有的指数与现代或化石的蒙古人种相近的程度大于其与西欧智人化石的相近程度，其中表现尤为明显的是鼻指数，如鼻骨较窄、有鼻前窝、颧骨突出且较直，而这些都是典型的蒙古人种特征。102 号头骨的面骨部分主要测量数值和指数都与蒙古人种的现代类型或化石类型很相近，而且相近的程度要比现代美拉尼西亚人大，特别是上颌齿槽指数大大地超出了后者的变异范围，所以从测量数值上看，102 号头骨更接近蒙古人种。在形态上，这个头骨也具备蒙古人种的特征：其中鼻根部没有明显的凹陷，眼眶倾角小于 90 度，

为垂直型，颧骨突出朝向前方。另外，鼻骨的形状和梨状孔下缘的类型在蒙古人种中也常见。因此，102 号头骨不管是从测量结果还是从形态特征来看都是蒙古人种。103 号头骨的测量数据显示其与现代因纽特人、美洲的印第安人和中国人有密切关系的原始蒙古人种。从形态观察来看，103 号头骨比前两个头骨具备更显著的蒙古人种特征。从颧骨的位置和形状、鼻骨的形状、明显的鼻前窝、垂直型的眼眶倾角遗迹面部和鼻梁的扁平程度来看，它具备蒙古人种的共同特点。

山顶洞这 3 具头骨的性状相当复杂，其共同特点是：在形态观察上都有着不同程度的蒙古人种特征；在测量结果上，除了具有全世界智人的一般原始特征和中国境内发现的共有特征之外，各项特征都和蒙古人种现代的地区性种族特征类似，如中国人、因纽特人和美洲印第安人。因此，我们认为山顶洞人是原始的蒙古人种。现代蒙古人种的支系，是在山顶洞人和其他体质特征与其相近的

人的类型逐渐发展演变而来。因此，山顶洞人的发现与研究，对于我们认识中国人的体质特征有重要意义，同时也为因纽特人和印第安人的起源提供了重要材料。

独特的山顶洞人的文化

🔸山顶洞人复原铜像

山顶洞人遗址除出土了人类头骨化石之外，还有大量的其他文物。山顶洞遗址所发掘出的石器数量很少，总共才20多件，其中最能代表山顶洞人的是其精致的装饰品。遗址中发现了十分丰富的装饰品，比如穿孔的兽牙、海壳、小石坠、小石珠等，其中发现的穿孔牙最多，有125件，大部分是獾、狐、鹿、野狸和小型食肉动物的犬齿，均在齿根部双面钻有小孔。有的因长期佩戴，导致小孔变形明显。其中有5件出土时呈半圆形排列，可能是成串的项饰。制作精巧的7颗小石珠，原料为白色石灰岩，形状大小相近，最大的直径6.5毫米，孔眼为单面钻，表面染成红色，散布在死者头骨周围，应为头饰。另外还有石坠，为天然的黄绿色砾石磨制而成，一面有磨制痕迹，在中央对钻小孔，局部染色。这些制作精美的装饰品，反映了山顶洞人的审美情趣。

山顶洞人的生活以渔猎和采集为主，在遗址中发现了大量动物骨骼，应该是他们的狩猎成果，野兔和北京斑鹿是他们主要的狩猎对象。此外，洞中还发现有鱼类的化石，说明他们也以渔猎来作为食物来源的补充。

山顶洞人制作骨器和装饰品的技术先进，他们不仅掌握了单面钻孔技术，也会双面钻孔。有的孔洞很细，说明他们的技术已经达到了相当的高度。他们还用颜料对器物进行染色，使之更为美观，说明他们有了自己的审美意识。对死去的祖先进行埋葬，也说明他们有了灵魂观念，希望死去的祖先能够顺利到达另外一个世界而不被野兽吃掉。

最早的墓葬

考古学家发现山顶洞人居住的山洞分为上下两层，上层离洞口很近，光线良好，也比较宽敞，在其中发现有燃烧后的灰烬。而下层则集中摆放着人骨，旁边有疑似作为陪葬物品的赤铁矿粉末，还有大量的石制装饰品，很可能有墓葬的意义。如果考古学家们的认定是正确的，那么山顶洞下洞遗址就是石器时代的墓穴，也是中国发现最早的墓葬。

007 中国最早的陶制品
红陶罐

年　代：距今 1.4 万年
尺　寸：口径 20 厘米，高 18 厘米
材　质：陶
出土地：1962 年江西省万年县仙人洞遗址
收藏地：中国国家博物馆

　　陶器是一种再普通不过的器物，但同时又是一种非常实用的器物。直到今天，我们的生活仍然离不开陶器。陶器的发明，改变了人们的饮食结构，人们可以吃上烹饪后的熟食，喝上开水。那么最早的陶器是什么样子的，是如何制作出来的？下面让我们到江西省万年县仙人洞遗址一探究竟。

仙人洞中的古人类生活

　　仙人洞遗址地处江西省万年县的大源乡小河山，以往在仙人洞洞口发现有动物骨骼和螺壳。1962 年，江西省文物管理委员会的专业研究人员来此地做考古调查，听闻当地县文化馆的一名同志反映的仙人洞发现过骨骼化石等情况，一行人便去调查。此次调查，在洞口发现动物骨骼化石和螺壳，并采集到穿孔石器和砾石各一件；在洞口右侧紧靠洞壁发现一大片胶结堆积，高在 1.3 米左右，断面上有不少动物骨骼、

螺壳、蚌壳及陶片，因此确认该遗址是一处有人类活动的洞穴遗址。

仙人洞地处四面为高山的狭长盆地中，盆地东北为发育较好的石灰岩山岭，叫小河山，高约 100 米；盆地西南为红土高山，有许多山坡延伸到盆地上面。在小河山一带，有一条名叫文溪水的小河，河面宽约 20 米，沿着山脚从东南流向西北，注入乐安江。仙人洞在盆地西北小河山的山脚下，洞口朝向东南，距文溪水 70 米，高出水面 3 米，洞口开阔呈岩厦，剖面为弧形。这些良好的自然环境，为古人在此生活提供了便利条件。

🔴 仙人洞遗址出土的陶器碎片

仙人洞遗址从 20 世纪 60 年代发现以来，曾多次进行考古发掘。1993 年、1995 年和 1999 年，北京大学、江西省文物考古研究所与美国安得沃考古研究基金会联合组成"中美农业考古队"，对该遗址和吊桶环遗址又进行了多次考古发掘，再次证明洞穴堆积较厚，文化层次清晰，是华南地区旧石器时代晚期过渡到新石器时代的重要遗址，这些遗物为研究华南地区的文化演变脉络提供了宝贵的资料。鉴于仙人洞遗址和吊桶环遗址的重要性，其考古发现成果被评为1995年"全国十大考古发现"之一。

历史年代最早的中国陶器

1962年在仙人洞遗址第一次发掘时发现的红陶罐是仙人洞遗址最具代表性的出土文物。此次发掘在洞口共布设3个探方，总计发掘28平方米。根据地层关系，可以把这些遗物分为两期，第三层为第一期文化，第二层为第二期文化。这件陶罐属于第一期文化。第一期发现的文化遗物有石器、骨器、角牙器和蚌器等200多件，此外还有人骨和动物骨骼。石器可以分为打制和磨制两类，石器原料有脉石英、砂岩和燧石，其中砂岩占多数。骨器30多件，绝大多数经过磨制，器形有针、锥和刀等。角牙器4件，蚌器52件，完整者仅有4件，另外还发现烧骨等遗物。陶器共发现90多片，仅复原一件，这便是我们在中国国家博物馆展厅中看到的这一陶罐。发现的陶片均为夹砂红陶，质地粗糙，掺杂有大小不等的石英粒，最大的径长1厘米，厚0.5厘米。这些陶片烧制的火候很低，质地疏松易碎，发掘时都不易取出。陶片厚薄也不均匀，厚的有1.4厘米，薄的仅有0.7厘米；甚至同一块陶片的厚薄都不均匀。器壁内凹凸不平，应是手制，因为破碎严重，导致器形不易辨别。从陶片来看，口缘多为直口，也有微向内敛的。腹片的弧度较小，没有发现耳、足等附件。复原的这件陶罐，唇稍外侈，腹壁近直，下部微向内收，底部残，陶胎厚且厚薄不均匀，内外表面均饰绳纹。仙人洞遗址发现的陶器，具有较为原始的特征，说明仙人洞制陶水平还处在初始阶段的摸索中。

根据吴小红、张弛等学者对仙人洞发现陶器的最新研究表明，仙人洞遗址的陶片最早距今两万年前，这比东亚和世界其他地区的陶器早了2000—3000年。仙人洞遗址的陶器是目前为止，我们所知最早的陶器，这一年代数据的确认，

红陶罐

江西省万年县仙人洞遗址出土的新石器时代陶瓷陶片

将更新我们以往对于陶器的一些认识。

红陶罐发现的意义

陶器因为其易碎性，对于时代人群的反映比较敏感，长期以来我们都是以陶器为基础对古代文化遗存尤其是史前文化遗存进行研究，因而对于早期陶器的发现和研究也是备受关注的。但是，囿于早期陶器资料的限制，发现的遗址堆积情况各异，很难发现完整的器形，采用传统的方法研究，显然行不通。因此，对于早期陶器的研究应该加强多学科合作，整合资源，采取新的研究路径。仙人洞陶器的研究便是各方密切合作的结果，特别是对其年代的最新确认，开拓了我们的研究视野。

以往我们把陶器的烧制和新石器时代紧密联系在一起，认为陶器是新石器时代开始的标志之一，也有人认为陶器的制作是农耕产生的标志，其实在旧石器时代晚期，狩猎采集者们就开始使用陶器蒸煮食物了。有种观点认为，早期陶器是用于蒸煮蚌类食物，这显然和农业没有多大关系。仙人洞遗址对 1.4 万年前陶容器的确认，修正了我们以往的认识，也为一些观点提供了间接的证据，提示我们应该打破学科内部的界限，把旧石器晚期和新石器早期的文化遗存结合到一起来研究，这样更容易帮助我们发现问题，解决问题。

008 | 东方史前考古的摇篮
水洞沟遗址骨柄石刃刀

年　　代：距今 1.1 万年
尺　　寸：不详
材　　质：骨、石
出土地：1980 年宁夏回族自治区灵武市水洞沟遗址 12 号地点
收藏地：水洞沟遗址博物院

　　水洞沟遗址是中国较早开展考古活动的旧石器时代遗址，从 20 世纪 20 年代至今仍然在进行考古发掘。在水洞沟遗址发现了很多重要的文化遗物，如鸵鸟蛋壳珠饰，这些蛋壳上染有赤铁矿粉，说明爱美之心，古已有之。另外就是发现了骨柄石刃刀，说明当时人类石器制作技艺高超。

水洞沟遗址发现概况

　　水洞沟遗址位于宁夏回族自治区灵武市临河镇，海拔高度 1200 米。遗址边缘有一条溪流，溪流将水洞沟盆地和遗址切割出 10 米的峭壁，形成三级阶地。该遗址于 1923 年由法国学者桑志华和德日进发现并发掘，是中国最早开展系统研究的旧石器时代遗址之一。他们在一处黄土断崖上发现了一条黑色的灰烬层，灰烬层中包含有石制品和破碎的动物骨骼。桑志华和德日进遂在此发掘，在文化堆积中清理

水洞沟遗址骨柄石刃刀

出重达 300 千克的石制品，有石核、石片和石器，同时还发现了许多动物化石，包括野驴、犀牛、鬣狗以及鸵鸟蛋壳。这些发现确认了水洞沟是一处古人类栖息的营地遗址。德日进将水洞沟的地层划分为三层：上层为黄土时期以后的河湖堆积，中层为第四纪黄土和底部的砾石层，下层为上新世红土层，这为以后水洞沟遗址的地层划分奠定了基础。目前对水洞沟地层的划分也不出此范围，与早期的划分能够对应，其上部为新石器时代遗物的全新世地层，中部为旧石器时代文化层，下部为更早的堆积。

目前，水洞沟遗址先后发现了 12 个地点。1 号地点在 1960 年、1963 年和 1980 年分别被发掘，其文化堆积厚达 11 米，出土了大量石制品和动物化石。2 号地点先后经过 5 次发掘，累计发掘面积达 100 平方米。在第 2、3 层发现了火堆、灰烬和红烧土，推测是古人居住的地点。另外，还发现了制作精美的鸵鸟蛋壳珠饰。3 号至 12 号地点，都是进入 21 世纪后发现的。在这几处地点也发现了鸵鸟蛋壳珠饰，具有细石叶技术特征的石器和勒瓦娄哇技术的石核和石叶，以及细石叶和细石核。

12 号地点发现骨柄石刃刀

12 号地点位于水洞沟遗址中心区以北 4 千米处，因当地砖厂取土而被发现，遗址大部分堆积已经被破坏殆尽，遗留下的文化层在剖面上清晰可见，为一条绵延约 50 米的透镜体状堆积，最厚处达 1.6 米，平均厚度在 0.5 米。该地点出土石制品 9 万多件以及大量动物化石、骨器等。我们特别介绍的骨柄石刃刀就是在 12 号地点发现的。

这种骨石复合工具，是人类的生产生活、技术水平发展到一定阶段的产物。制作者需要具备高超的制骨技艺和细石叶剥离技术，除此之外还需要懂得用何种胶把这两种不同材质的工具粘连在一起。这种把细石叶镶嵌或捆绑到骨器上用于从事生产生活的新型复合工具，不仅在水洞沟遗址，还在中国东北、内蒙古以及甘肃都有数量较多的发现，如在平谷上宅遗址、秦安大地湾遗址、赤峰的多处遗址累计发现 20 多件骨柄石刃器。由于这种工具存在于旧石器时代晚期并一直延续到新石器时代末期，主要分布在北方地区，南方地区未曾发现。因此，可以推测这种复合工具是人类适应北方地区自然环境创造出的一种新型工具。

一直以来，一般认为这种骨柄石刃刀是一种反映狩猎采集经济的工具，那么骨柄石刃刀到底是如何使用的？据研究，其使用方式多为刮削、切割，主要是用来切割食物和加工皮革。从 12 号地点发现的大量动物骨骼中可以找到佐证，其中野兔和普氏羚羊化石的比重超过 70%。根据民族学研究，美国印第安人捕猎长耳大野兔、叉角羚的主要目的是获取其皮革来制作服饰，这两种动物和水洞沟 12 号地点发现的野兔、普氏羚羊有相似的特征和体形。据此我们推测，水洞沟发现的骨柄石刃刀等复合工具是对动物皮革进行加工处理、缝制衣服的一个具体体现。12 号地点文化层的年代距今 1.2 万—1.1 万年。这一时期刚好处在新仙女木事件之后，是一个气候相对寒冷的阶段。对这些高流动性的狩猎者而言，御寒是生存中需要解决的一个重要问题，而精致的皮革服饰具有良好的保暖性能，能够满足当时人们的御寒需求，这种复合工具能广泛传播的原因之一可能就与此有关。这一推断某种程度上也得到了实验室证据的支持，有学者运用环境扫描电镜和 X 射线能谱技术对骨柄石刃刀进行观察发现，骨柄石刃刀的刃部残留有磷、钙、碳等物质成分，证明它是一种加工肉类的工具。在刀的背面发现了有意识掺入的一些矿物质，如钡盐，说明当时的古人对于胶有了一定的认识，并用来加固工具。这项研究也进一步证明了推测的合理性。

骨柄石刃刀是当时人类因高流动性、适应恶劣环境而做出的一种反应，是人类面对自然环境的一种自我保护意识的体现，反映了在旧石器时代晚期人类对环境变化在工具上的一种回应。它说明了环境的变化刺激了人类的发明创造，反映了人类

🅟 水洞沟遗址出土的细石叶和细石核

适应环境、环境影响人类的相互关系。至于骨柄石刃刀这种复合型工具为何能够在人类的生产活动中流行如此长的时间，还有待我们进一步去探索。有一种可能是，这种工具在不同时期使用的方式是不同的，例如在新石器时代，它可能是一种地位的象征，拥有它的人都具有较高的社会地位。

水洞沟人怎么生活

大量的考古发现，1万多年前，水洞沟曾有不同人群定居，不同年代的生产、生活方式也不尽相同。考古学家这样描述当时原始人类的生活：在山坡之上，原始人在挖好的坑灶中燃起熊熊烈火，灶坑旁边有燃烧使用的木柴和果壳，原始人将鸟蛋壳、动物的头盖骨加工成容器，放在燃烧火焰中炙烤，等食物可以食用后便开始进食。吃饱喝足后，原始人围着火堆制作、打磨打猎工具，女性成员则利用简陋的石制、骨制器具缝制兽皮……

第二章 中华文明的曙光绽放

古人类经过几十万年的发展进化，从渔猎采集时代进入农耕时代，就开始制造更精细、对农耕劳作和生活更有帮助的新石器，这也开启了人类历史上一个崭新的时代——新石器时代。在新石器时代，精细的石器一开始都和农业生活有关，比如可以磨制粮食的石磨盘。另外，古人类还发现，可以用陶土来制作盛放粮食、水的陶瓶、陶盘和陶罐，这让古人类的生活水平有了显著的提高。接着，古人类有了音乐上的追求，他们用骨头制作的骨笛吹出很美妙的旋律；古人类也很喜欢美术，他们在象牙上描绘出美丽的纹饰，用珍贵的玉料雕刻出龙的雏形。新石器时代，中华大地上出现了更多的古人类，他们在生活的区域内留下了很多的遗址和遗迹，考古学家就用发现这些遗址和遗迹的所在地为它们命名，比如马家窑文化、裴李岗文化、红山文化、大汶口文化、河姆渡文化、龙山文化等等，都是用遗址发现地的名字命名的，是不是很有趣？新石器时代是人类文明的重要过渡期，就像是一个大熔炉，淬炼出中华古代文明绚烂的色彩。

推荐博物馆：
中国国家博物馆、甘肃省博物馆、河南博物院、山东博物馆、浙江省博物馆、郑州博物馆

009 改变饮食方式的开始
石磨盘和石磨棒

年　代：裴李岗文化，距今约 7600—5900 年
尺　寸：磨盘长 50 厘米左右，高 8 厘米；磨棒长 30 厘米左右
材　质：石
出土地：1978 年河南省新郑市裴李岗村
收藏地：郑州博物馆

　　石器是人类在漫长的演进过程中，最常使用的一种制作工具的材料。从旧石器时代的打制石器到新石器时代的磨制石器，虽然加工的技术在变化，但某种工具的功用却并未改变。石磨盘和石磨棒伴随人类的生产生活走过了几千年。

石磨盘与石磨棒的发现

　　1977 年的一天，河南省新郑县新村公社裴李岗村村民李铁旦在村西平整土地时，很意外地在地里发现了一个形状呈椭圆形的石板，在旁边还发现一根石棒。他很好奇，地里怎么会有这个玩意，于是他把发现的东西装到麻袋里去找县文化馆的工作人员。县文化馆的薛文灿看到之后，十分高兴，第二天便组织相关人员去裴李岗村实地调查。没过几天，考古队员就来到裴李岗村进行试掘。根据李铁旦提供的线索，他们布置了探方进行发掘，虽然有些发现，但是没有发现石磨盘的踪影。为

了寻找石磨盘的踪迹，他们扩大了发掘面积，终于在不远处，发现了一个印痕。考古队员推测这是李铁旦取走石磨盘后留下的印痕，于是便让人赶回县里，把石磨盘拿来，果然严丝合缝地对上了。最后考古部门确认这里是一座墓葬，说明石磨盘、石磨棒是在墓葬中发现的。这一发现为这种神秘的石器找到了可靠的出土背景，也揭开了裴李岗文化的神秘面纱。1978 年，河南省相关文物考古部门对该地进行了深入的考古发掘，这次发掘中共发现灰坑 5 个、墓葬 24 座。大量文物出土于墓葬之中，其中有石器 32 件，陶器 98 件，绿松石 1 件。这次发掘出土的石磨盘和石磨棒共计 8 套，磨盘为黄色砂岩制成，制作时琢磨兼施，整体平面为椭圆形，两头宽窄不一，前宽后窄，磨盘底部琢制有四个柱状短足。磨棒是和磨盘相配套的，为圆柱形，中部较粗，两端略细。有的磨棒因使用时间较长，中部已经磨损变细下凹。

此后，考古工作者对裴李岗遗址还进行了多次发掘活动。当地考古工作者以此为契机，加快了寻找这种古老文化的步伐。随后，河南各地发现了 150 多处裴李岗文化遗址，出土了大量的具有代表性的文物，为研究新石器时代早期文化发展提供了资料，更为仰韶文化找到了更早的源头。

远古生活方式的改变

石磨盘和石磨棒在旧石器时代就是人们使用的工具之一，进入新石器时代，石磨盘和石磨棒的形制相对固定下来。这种工具的分布范围十分广泛，延续的时间也很长。对于我们来说，提到石磨盘，首先想到的是新石器时代中期裴李岗文化发现的石磨盘。因为这种石磨盘最具典型性，呈鞋底状，有四个小矮足。石磨盘是用一整个石块磨制而成的，很难想象在七八千年前，古代的劳动人民是如何制作出这么精致的器具的。同时，我们也可以看出这种器具在古人的日常生活中所起到的重要作用，以至于他们花费很大的精力去制作一套石磨盘和石磨棒。

石磨盘和石磨棒

石磨盘与石磨棒是如何使用的，是用来加工什么的呢？著名考古学家梁思永先生认为，石磨盘和石磨棒是加工谷物的工具。1930 年 10 月，他在结束黑龙江昂昂溪遗址的发掘之后，路过通辽在热河做考古调查，对于在林西遗址采集到的一件石磨盘和四件石磨棒的功能和作用，他认为磨盘、磨棒组合使用是毫无疑问的，并转引美国考古学家喀乙德论证磨盘、磨棒功能所用的民族志资料："在何卑家里最使人感觉兴味的是屋里地上石砌的槽里斜放着一排三块或更多的石片，这就是他们的磨盘。这些磨盘还附带有长形磨棒，研磨时磨棒在磨面上由上往下推。有时三个人同时协作，第一个在较粗的盘上将玉米磨成粗粉；第二个在较细的盘上研磨得稍微细点，第三个研磨得更细一点。"这种观点在以后的研究中很流行。考古学家石兴邦先生对用磨盘、磨棒进行谷物脱壳磨粉的功能提出疑问，认为我们发现的石磨盘、石磨棒和带锯齿牙的石镰，应该是采集经济的反映，并指出在旧石器晚期到新石器早期发现的这种工具，是在农业发达之前，人们用于磨制采集来的植物种子和果实的工具。不断增多的考古资料证明了石先生观点的合理性，加之近些年科技手段的进步，通过对石磨盘表面提取的物质和磨盘表面的微痕分析，表明石磨盘可能不仅仅只是用来加工谷物，也有证据显示是用来加工块茎类植物的，因为其表面不仅仅只有一种植物的残留，裴

裴李岗文化遗址出土的陶壶

李岗石磨盘上发现的植物种类有橡子、薏苡属以及根茎类植物；而吉县柿子滩发现的磨盘、磨棒主要用于野生谷类、块茎和坚果加工，还兼用作研磨和饰品的加工制作。

由此，我们可以得出石磨盘存在一器多用的情况。那么石磨盘又是如何使用的？民族学资料为我们提供了启示，石磨盘是放置在皮革上或竹编的器皿中来使用的，这样一是防止石磨盘在使用时滑走，底部的四足使石磨盘更加牢固；二是防止加工好的谷物落到地上，方便收拾。

石磨盘还有一个特殊的用途，那就是作为随葬品，放置在墓中。人们为什么要把石磨盘和石磨棒放置在墓中呢？根据考古资料推测，石磨盘、石磨棒在裴李岗文化中是一种重要的生产工具，在当时的经济生活中扮演重要的角色。当时的人在死后也舍不得丢弃原来使用的工具。考古发掘也发现这些埋有石磨盘和石磨棒的墓葬一般都是女性墓，说明了那时存在初步的社会分工。但是，对于石磨盘、石磨棒的研究我们不能一概而论，毕竟石磨盘、石磨棒发现的地域很广，延续时间很长，而且存在一器多用的现象，因此，我们要具体到每个遗址，结合遗址情况具体问题具体分析。

裴李岗文化遗址中石磨盘、石磨棒的发现，首先向我们展示了当时的石器制作水平已经达到了很高的程度。石磨盘作为食物的加工工具，说明人们已经走出茹毛饮血的时代，开始了食物的生产加工，这对于保证身体的营养健康具有重要作用。他们不断地积累经验，促使原始农业发展，为后来中国农业文明的辉煌奠定了早期基础。裴李岗先民把石磨盘和石磨棒作为随葬品，这又赋予了这种工具一种新的文化内涵。

010 ｜ 笛声从远古响起
骨笛

年　代：贾湖文化，距今约 7000—5800 年
尺　寸：长 24.6 厘米
材　质：骨
出土地：1986 年河南省舞阳县贾湖遗址
收藏地：河南博物院等

　　说到贾湖骨笛，不得不提到著名考古学家张居中。张先生是贾湖骨笛的发现者、研究者。正是他带领考古队员经过四年的发掘才使得贾湖骨笛重见天日，才让我们能够聆听来自远古的笛声。

贾湖骨笛横空出世

　　胡辣汤是河南有名的特色小吃，不同种类的食物完美地调和到一起，衍生出一种新的美味。说到胡辣汤，我们首先想到的是逍遥镇胡辣汤，其实在河南还有一个地方的胡辣汤很出名，那就是舞阳县的北舞渡镇。举世闻名的贾湖骨笛出土地就是北舞渡镇下辖的贾湖村。贾湖遗址早在 20 世纪 60 年代就已经被发现。1961 年，舞阳县文化馆的文物专干朱帜先生被下放到今北舞渡镇贾湖村劳动，劳动之余，他在村东的沟坎、井壁上发现了陶片、人骨和红烧土颗粒，遂确认这是一处新石器时

骨笛

代遗址。1979 年，贾湖村修筑水坝，破坏了遗址的主体。村小学师生在取土坑开荒种地时发现了石铲和陶壶，这些文物由学校的老师贾建国等上交给了县文化馆。这些文物再次引起了朱帜先生的注意，当时正值新郑裴李岗遗址发现之初，河南各地重视开展针对新石器早期遗址的调查工作。以此为契机，1980 年，赵世纲先生在许昌得知贾湖遗址的新发现后随即前往调查，经调查，确认贾湖遗址是一处裴李岗文化遗址。1983 年，贾湖村民要求在遗址西侧规划宅基地，为了配合此次工作及进一步了解贾湖遗址的内涵，河南省文物研究所派专人对贾湖遗址进行试掘。此次试掘发现窖穴、墓葬以及石、骨、陶等器物。从 1983 年到 1987 年，贾湖遗址先后经历了六次发掘。其中，第二次至第六次发掘就是由张居中主持的。在 1986 年 3 月到 6 月的第四次发掘中，考古队首次确认了 3 件七孔骨笛，这是贾湖骨笛的第一次横空出世。此外，在贾湖遗址中还发现了具有原始文字性质的刻画符号、世界

上最早的含酒精的饮料、中国最早的家猪和具有驯化特征的稻米等。

墓葬主人的心爱之物

截至目前，在贾湖遗址墓葬中共发现 30 多件骨笛，其中前六次出土 25 件，完整者 17 件、残器 6 件、半成品 2 件，其中可以复原或大致复原者 11 件。在这 25 件骨笛中，有 22 件出土于墓葬中，1 件半成品发现于窖穴，2 件残器在地层中发现。其中有 7 座墓随葬 2 件骨笛，其余均随葬 1 件。骨笛在墓葬中放置的位置是较为固定的，均放置在死者下半身，刚好是手容易拿到的位置。

随葬骨笛的墓主人，以男性墓多见，有 13 座男性墓，均为成年男性，只有一座是 30 岁左右的成年女性墓。

收藏在河南博物院的这支骨笛出自贾湖 M282，该墓是贾湖遗址中当之无愧的大墓，墓内有两个个体的人骨。人骨甲位于墓底正中，身首异处，头骨和躯体脱离，面向西北方向，下颌骨位于骨架西 0.3 米处，颈椎散乱，左肱骨稍

向下错位，右肱骨上端向外错位稍呈倾斜状，两小臂交叉置于骨盆上，下肢保存完好。在甲的胸部是另一个体的右边下颌骨，即人骨乙。经鉴定，甲为35岁左右的男性，乙为45岁以上的男性。该墓共出土随葬品60件，有陶器、骨器、石器、牙器等。其中出土的两件骨笛，放置在墓主左股骨内外两侧，分别编号为M282-20和M282-21。展出的这件是M282-21，这件骨笛出土时置于墓主人左股骨外侧，出土时断为三截。经过细致观察后发现，这件骨笛并非入土后断裂，而是在墓主生前已经折断。即使已经断为三截，墓主人仍然不忍心丢弃，而是在两处断茬处钻了14个小孔，用细线精心缀合后继续使用。在当时的生产技术条件下，想要制作出这样一支骨笛，并非易事。这也说明墓主人对他生前所使用的这支骨笛的珍视程度，或许这件笛子伴随他走过很多年，是他的心爱之物。

另外，据考古学家研究，该墓出土的另外一支笛子是这件笛子的"克隆"版。理由是，这支笛子在折断后继续使用；这两支笛子的绝对音高只差不到两分；这件笛子较另外一件相对质朴，体现在音阶上；最后是另一支笛子上有试音孔，应该是根据这支笛子制作留下的。由此可见这支笛子的重要性，可以说这件笛子可能是所有贾湖骨笛的"祖先"。

该墓是一座合葬墓，而且经鉴定这两位墓主人均为男性。经过观察，考古工作者发现墓内甲的肢骨保存相对完好，虽然有一定的错乱，但不是十分严重；乙只发现下颌骨，而且乙的年龄比甲大。加上从骨笛的出土位置来看，这两件骨笛的主人应该是甲。至于乙的下颌骨为何在甲的墓里发现，具体的原因我们不得而知。

"中华第一笛"

经古生物学家鉴定，贾湖骨笛是用鹤类动物的尺骨钻孔制成的。关于其制作方法和过程，据研究，和现代民族管乐器很相似。研究发现，贾湖人已经有了音差的基本概念，故此，在笛子制成后会运用打小孔的方式调整个别音孔的音差，反映了当时的音律水平和计算水平。

贾湖骨笛的发现具有十分深远的意义，其数量之多、制作之精美、年代之久远让世人惊叹不已，并深深地被七八千年前古人精湛的技术折服。

中国科学技术大学教授、骨笛的发现者张居中教授这么评价：贾湖骨笛是中国目前出土的年代最早的乐器实物，被称为"中华第一笛"。贾湖骨笛不只是中国年代最早的乐器实物，更被认为是世界上最早的可吹奏的乐器。

实验证明，贾湖骨笛不仅能够演奏传统的五声或七声调乐曲，还能够演奏变化多样的乐曲。它的出土改写了中国音乐史，刷新了我们以往的认知，其价值和意义非同寻常。贾湖骨笛自出土以来，引起了国内外学界的广泛关注。为了纪念这一重要的考古发现，贾湖骨笛的发现被铭刻在北京"中华世纪坛"青铜甬道的显要位置，这是对贾湖骨笛最为充分的肯定，它是我们祖先的一个伟大的发明创造。

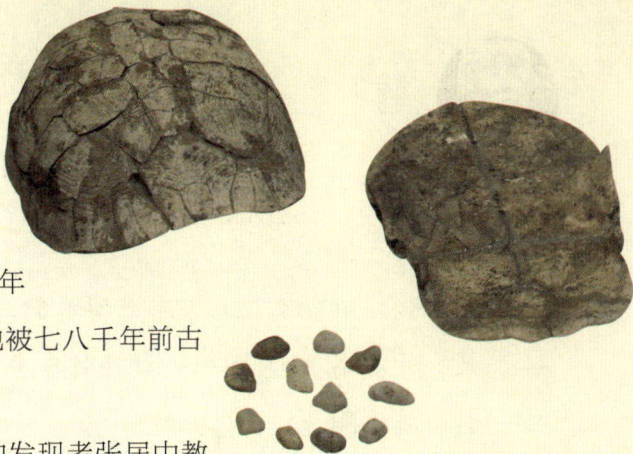

贾湖文化遗址出土的龟甲响器

响器前后出土有十余件，出土时均置于人骨上。此类响器，头尾各钻1孔，两侧各2孔，腹甲正中又钻2孔，应为缀合之用，内装石子11粒。类似器物在大汶口文化和河南淅川下王岗文化也有出土，足以说明这种葬俗的延续。

011 黄河文明的序章
人头形器口彩陶瓶

年　　代：仰韶文化马家窑类型前期，距今 5900—5500 年
尺　　寸：高 31.8 厘米，口径 4.5 厘米，底径 6.8 厘米
材　　质：陶
出土地：1973 年甘肃省秦安县邵店村大地湾遗址
收藏地：甘肃省博物馆

地处黄河上游的甘肃省，应该是中国境内发现彩陶最多的省份。从较早的大地湾文化遗址到马家窑文化遗址都发现了数量惊人的彩陶制品。在其他地区彩陶艺术衰落之后，甘肃的彩陶仍旧相当繁荣，一枝独秀，可以毫不夸张地说甘肃是彩陶之乡。甘肃省博物馆"甘肃彩陶"展厅为观众展示了一件人头形器口彩陶瓶，那肃穆的面容，把我们带到了五千年前的远古时期。

清水河畔的大地湾

大地湾遗址位于甘肃省秦安县城东北 45 千米的五营乡邵店村东南。文化遗存主要分布在清水河南岸的二、三级阶地以及相接的缓坡山地上，分为山地和河边阶地两部分，总面积达 110 万平方米。在遗址附近有一条清水河自东向西流过遗址所在的五营乡，河两岸的河谷地带分布着丰富的文化遗存，其中仰韶文化遗址就有 10

人头形器口彩陶瓶

人头形器口彩陶瓶局部

多处，大地湾遗址是目前所见最大的一处。五营乡附近的河谷地带宽为 800 ～ 1000 米，南岸阶地较北岸阶地宽，达到 500 ～ 600 米。这种临河、地势又开阔平坦的地方，很适合古人选址居住。因此，大地湾成为仰韶文化在该区域的一个中心型大聚落，与其优越的地理位置关系密切。

大地湾遗址文化堆积十分丰富，从大地湾一期（老官台文化）一直延续到仰韶晚期，前后共经历了 2000 年的发展历程。发掘者把大地湾遗址分为五期，第一期为老官台文化时期，距今约 7800—7300 年；第二期为仰韶文化早期，距今约 6500—5500 年；第三期为仰韶文

化中期，距今约 5900—5500 年；第四期为仰韶文化
晚期，这个时期的文化遗存最为丰富，距今约 5500—
4900 年；第五期的年代和常山下层的年代相近，距今
约 4900—4800 年。

大地湾的女神形象

　　甘肃省博物馆所藏的人头形器口彩陶瓶，因为发现
年代较早，当时的认识还不十分明确。1978 年，甘肃
省博物馆又对发现这件彩陶瓶的大地湾遗址进行了调查
和发掘。据了解，这件人头形器口彩陶瓶出土于遗址菜
子台区居住址的东部，菜子台居住址经发掘，包含半
坡、庙底沟、石岭下文化遗存，因此，这件彩陶瓶的相
对年代得以确定。再结合其瓶身所绘纹饰的风格，我们
推测，这件彩陶瓶属于大地湾遗址第三期的遗存，距今
5900—5500 年。

　　陶瓶为细泥红陶，含有少量的白色细砂，器表打磨
光滑，自腹部往下饰浅淡的红色陶衣，器形为两头尖中
间鼓的圆柱体，下腹部内收成小平底，双腹耳已残，陶
瓶上腹破裂，经古人粘接起来，可见在当时制作这么一
件精美的物品是多么不容易，所以即使破损了古人也还
试图修复。陶瓶器口做成圆雕的人头像，人头形象塑造
得细致生动，连人的发式也刻画得很具体，左右和头后
都是披发，前边留着齐刘海。鼻为蒜头形，眼鼻都镂空

🔴 **鹳鱼石斧纹彩陶缸·仰韶文化**

外壁绘有一幅尺寸达到 37
厘米 ×44 厘米的彩画，图
案内容为一只傲立的白鹳，
细颈长腿，大眼圆睁，鸟喙
衔着一只大鱼，旁边矗立着
一件圆刃石斧。据考证，这
件陶缸可能是一位部落联盟
首领的葬器，画中的石斧是
其标志物，鹳和鱼分别象征
着死者本人的氏族和敌对的
氏族。现藏于河南博物院。

成孔洞，显得目光深邃，给人以神秘感。人头嘴微张，似说话状，两耳中一耳残，均有孔洞，应为垂坠某种装饰品，头顶有一圆孔，有一定的实用性，说明这件陶瓶兼具实用性和艺术性。器瓶上的纹饰，自上向下分为三层，由弧边三角纹填充，形成富有变化的图案。整件器物的装饰融为一体，器腹部的装饰像是这位女性所穿衣服上的图案，与人头像协调一致，给人一种轻快明亮的感觉。

这件陶瓶所展现的是一位落落大方的美女形象，体现了先民高超的艺术水平，它是先民对现实生活细致观察后进行的艺术再现。它把人的形象融于器物上，惟妙惟肖，成为一件集彩陶艺术和雕塑艺术为一体的杰作。

彩陶艺术中的女神文化

除了大地湾遗址，同处秦安的寺嘴村，在1975年平整土地时也发现一件人头形器口红陶瓶。瓶身为泥质红陶，器表施一层橙黄色陶衣，表面略加打磨。该瓶的瓶口为陶塑人头，雕塑的手法简朴，造型单纯。头顶上有一孔，额上部有一层堆起的泥条，以表示头发。眼睛是镂空的小圆孔，在圆孔外有一圈凸起的泥条，以突出眼睛。鼻子呈三角体，塑法简单，无鼻孔。嘴是刻成的凹洞，略微张开。两耳有小孔，用于垂系饰物。从出土的另外两件器物看，这件彩陶制作时期与大地湾的年代相当。

另外，在甘南藏族自治州卓尼县木耳乡冰崖村附近，也发现一件人头形器口彩陶瓶，为泥质红陶，绘黑彩，口径6厘米、底径7厘米、通高24厘米。人面采用刻、塑相结合的手法。器口剔成篦纹状垂发，填以黑彩。眉骨平直而隆起，鼻为三角倒锥形。两眼镂空，孔洞向下弯曲，口部也是孔洞，两头上翘。两耳戳压出两个连接的凹坑。下腹部为几何纹样的彩绘。彩陶面塑一位少女形象，其面部表情刻画丰富，展现出祥和喜乐的神情。从其总体的风格来看，这件和大地湾出土的人头形彩陶瓶基本处于同一时代。这三件作品中数大地湾的制作最为精致，器形瘦高，展现了一位亭亭玉立的少女；冰厓村发现的这件表情丰富，器形圆润，展现出另外一种风格；寺嘴村发现的那件，相对简单，制作也较为粗糙。

这种人头形器口陶瓶发现的不多，在大地湾遗址仅发现一件，而且从出土的背景来看，这件器物可能出土于房址内，说明这件器物可能是一件模仿祖先形象创造出来的器物，摆放在房址内供人们纪念和拜谒。这件陶瓶可能是大地湾人祖先崇拜观念的一种具体体现。陶瓶所展示出的制作工艺水平，说明当时的物质生产水平已经有了很大进步，也反映出大地湾人独到的审美情趣。

仰韶文化中的陶器

仰韶文化中的陶器可以分为饮食器、饮水器、炊具、储藏器四大类，这几种陶器极具实用性，可以满足当时人们生活方面的基本需要，也在造型、色彩、纹饰等方面展现了史前文化中绚烂的陶文化。仰韶文化中很多陶器表面都有着丰富的象形纹饰，其中以鱼、人面、蛙、鸟等纹饰为主，比如这件彩陶瓶，生动地展现了当时人们生产生活的场景，具有极高的历史艺术价值。

012 稻作文化的艺术魅力
双鸟朝阳纹牙雕

年　　代：河姆渡文化，距今 7000—5300 年
尺　　寸：长 16.6 厘米，残宽 6.3 厘米，厚 1.2 厘米
材　　质：象牙
出土地：1977 年浙江省余姚市河姆渡遗址
收藏地：浙江省博物馆

　　20 世纪 70 年代河姆渡遗址的横空出世，给当时的考古学界以耳目一新之感。因为大家怎么也没有想到在东南沿海地区能够发现这么先进的古代文明。成组的干栏式建筑、大量的水稻遗存，为我们打开了另外一扇窗，让我们看到了在江南水乡别样的稻作文化遗迹，在中华文明史上写下了浓墨重彩的一笔。在河姆渡出土了多件象牙雕器物，其中最具代表性的是一件精美的象牙双鸟纹雕刻品，现藏于浙江省博物馆，是该馆的镇馆之宝之一。

揭开稻作文化的神秘面纱

　　河姆渡遗址位于杭州湾南岸的宁绍平原东部，四明山区北麓和慈溪南部山地之间的峡岗型海积平原，西距余姚市区 24 千米，东距宁波市 25 千米。遗址分布范围东西长宽均在 200 多米，总面积约 5 万平方米，保存情况良好。遗址地势低平，地

表平均海拔为 1.1 米左右。

1973 年夏，当地在遗址西北角的姚江边建造排涝站，在挖掘排涝设备的坑基时，在距地表 3 米多的层位发现了一批骨器、石器和黑色陶器以及大量的动物遗骸，引起了当地有关部门的重视，停工报告交给当地文物部门等候处理。随后，浙江省博物馆派工作人员和当地的工作人员对遗址进行复查，之后进行试掘工作，发现了一批有别于其他遗址的遗物。同年 11 月到 1974 年 1 月，为配合当地五金厂扩建工程，有关部门对河姆渡遗址进行了第一次正式发掘，发掘面积达 700 平方米，发现了大量的遗迹遗物，尤其是带有榫卯结构的木建筑遗迹的发现，具有重大意义。在 1977 年到 1979 年，专家又进行了第二次发掘，进一步丰富了河姆渡遗址的文化内涵，补充了许多重要的资料。21 世纪初，河姆渡遗址被评为中国 20 世纪 100 项考古重大发现之一。

河姆渡遗址因为地处东南沿海，地下水位较高，保存了丰富的有机质遗存，如干栏式建筑，结构清晰，布局严谨，为我们了解当时人们的居住生活提供了重要资料。尤其在河姆渡遗址下层，均发现有稻谷、稻壳、稻秆、稻叶和其他禾本科植物混在一起的堆积层，平均厚度达四五十厘米，保存完好，稻壳、稻叶等不失原有外形，色泽鲜黄，有的稻谷连稃毛都清晰可辨。经鉴定，它们属栽培稻中的晚籼稻，这是目前世界上已知年代最早的栽培稻，说明当时中国长江流域及以南地区的原始居民已经掌握了水稻种植技术，有力地说明中国是世界上栽培稻的起源地之一。此外，遗址中出土富有特色的骨耜共 99 件，说明当时已处于耜耕农业阶段；更重要的是，对中国农业文明的产生和发展有举足轻重的影响。

双鸟朝阳的文化内涵

在河姆渡遗址，考古工作者还发现了大量的骨器、牙器。其中有一种十分奇特

双鸟朝阳纹牙雕

的器物，报告中称为蝶形器，在河姆渡遗址发现了不同种类的此类器物，共计35件，分石质、骨质、木质三类。其中一件标本编号为 T226 ③ B:79 的器物可以说是精品中的精品，该件器物正面刻有连体双鸟太阳纹，上下部均已残损，两角圆弧，正面磨光后阴刻图案一组，中心钻一小圆窝为圆心，外刻同心圆纹五周，圆外上半部刻火焰纹，似象征烈日火焰，两侧刻有对称的回头望顾的鹰嘴形鸟。鸟头中心钻有小圆窝为眼睛，鸟头上部两侧各钻有不等的小圆孔两个，下侧各钻有小圆孔一个，小圆孔和斜线共同组成连弧图案，背面制作较粗糙。据此可推测，这件器物在使用中把刻画有纹饰的一面朝向观者。

河姆渡遗址发现的这件双鸟朝阳纹器物是河姆渡人精湛技术工艺的反映。当时的人们切取象牙后，磨制出雏形，然后用尖锐的工具进行雕刻，雕刻的线条流畅生动，动感十足，给人以美的享受。

这种器物做何使用，是一直以来困扰着研究者们的问题，直到现在还没有形成一个确定性的认识。比较有代表性的观点是王仁湘先生的"定向器"说，即以白令海峡两岸的阿拉斯加和楚科奇地区发现的古代因纽特人制作的"有翼形骨器"为参考，认为两者有异曲同工之妙，蝶形器应是用于镖枪飞行过程中的定向和平衡，提高命中率。宋兆麟先生认为蝶形器是配合木杆使用的，作为干栏式建筑的配饰来用。这些提法对我们认识这种器物的用途均有所启示。但是，蝶形器有不同的材质，而且制作的简易程度也不相同，因此我们认为不同材质的蝶形器可能有不同的用途。就这件雕刻双鸟朝阳图案的蝶形器而言，显然不是一件实用器，应该是在某些特殊场合使用的一件器物。这件器物是河姆渡文化的标志性器物，是一件难得的艺术珍品。

河姆渡遗址发现的这件双鸟朝阳牙雕，对后世产生了深远的影响，开创了此类雕刻艺术的先河。历史学家王仁湘先生曾指出，良渚的微刻技艺都是阳刻与阴刻相结合的技法。这种"阴加阳"的艺术构图传统，线条细密构图严谨，工艺异常精湛。王先生发现这种"阴加阳"的艺术构图传统，是承自比其更早的崧泽文化与河姆渡文化。如果把这件雕刻器和良渚玉器上的雕刻图案进行比对，我们会发现其在雕刻技法、构图上都有相似之处。

因此我们可以说，以河姆渡遗址发现的这件双鸟朝阳纹牙雕器为代表的那个时代的艺术形式，开创了微刻技艺的先河，为良渚人在玉器上进行微刻奠定了基础，提供了技术保障。从文化传承的角度看，河姆渡文化对后来的崧泽文化、良渚文化的产生和发展都有很大的影响。

🐷 **猪纹陶钵·河姆渡文化**

1977 年出土于浙江余姚河姆渡遗址，高 11.7 厘米，口径 17.5 厘米到 21.5 厘米，外壁上所雕刻的猪纹体形与今天的家猪不同，应该不是实体的描绘，这也是目前发现的时代最早的以猪纹装饰的陶器。

水稻，河姆渡人的主粮

中国是世界上最早种植水稻的国家，也是最早将水稻作为主要粮食的国家。目前，在中国境内发现的史前时期栽种水稻的遗址就有数十处，其中长江中下游地区的河姆渡文化遗址就是最重要的代表。考古学家在河姆渡遗址的第四层发现了 4000 平方米的稻谷、稻草的堆积，估算的稻谷储量就有 120 吨以上，说明在河姆渡文化中水稻种植已经具有非常大的规模，生产技术也非常先进。

013 白鹿原下的古村落
人面鱼纹彩陶盆

年　代：仰韶文化半坡类型，距今 6800—6300 年

尺　寸：口径 39.8 厘米，高 16.5 厘米

材　质：陶

出土地：1955 年陕西省西安市半坡遗址

收藏地：中国国家博物馆

　　很多人对仰韶文化的最初认识，可能都是来自陕西西安半坡遗址的人面鱼纹彩陶盆。半坡遗址是中国境内完整揭露的一处史前聚落，发现了很多重要的遗迹和遗物，其中鱼纹彩陶盆是最为耀眼的一颗明星。它巧妙地把人面和鱼纹组合起来，形成新的图案，显示了当时人们独特的构思和艺术想象力。

新石器时代村落遗址的代表

　　陕西是中华文明的发祥地之一，这片土地孕育了辉煌灿烂的古代文明。尤其是关中盆地，是一个东西狭长、南北窄的地理单元，地理环境相对封闭，境内有渭河自西向东流过，水源充沛，土壤肥沃。西安半坡遗址就坐落在渭河支流浐河边的二级阶地上，离现在的河床 800 米左右，高于河床约 9 米。该遗址西距西安 6 千米，东南倚白鹿原，附近河渠纵横，阡陌相连，是西安富庶的地方之一。遗址在 1953 年

人面鱼纹彩陶盆

由西北文物清理队发现，1954 年到 1957 年间，中国科学院考古研究所等单位前后共进行了五次发掘，总计发掘面积 1 万平方米左右。该遗址是中华人民共和国成立后，唯一一处采取大面积揭露法完整发掘的遗址，对于认识当时的聚落布局意义重大。半坡遗址共发现完整的房屋遗迹 40 多处，各种墓葬 200 多座，获得生产工具和生活用具近万件。这些遗迹和遗物，为我们认识半坡人的生活面貌提供了很重要的资料。

绘制神秘图案的陶盆

就遗物而言，人面鱼纹彩陶盆是最为重要的一个发现。目前收藏在中国国家博物馆的这件彩陶盆，为泥质红陶，平折沿，方圆唇，腹部较弧，底部呈平底状。口沿处绘间断黑彩带，内壁以黑彩绘出两组对称的人面鱼纹。人面部呈圆形，十分规则。头顶有似发髻的尖状物和鱼鳍形的装饰物。前额右半部涂黑，左半部为黑色半弧形。眼睛细而平直，似闭目状。鼻梁挺直，呈倒立的"T"字形。嘴巴左右两侧各有一条变形的鱼纹，鱼头部呈三角状，在人面的两腮，像是人口中同时衔着两条大鱼。另外，在人面双耳部位也有相对的两条小鱼，分列两侧，构成了人鱼合体图案。在两个人面之间，有两条大鱼做相互追逐状。整个画面富有动感，形成了一幅生动的画面。

经过几十年的考古发现，考古工作者确定这类器物有一定的分布范围：东到临潼，西至宝鸡，北抵铜川，南达汉水流域，主要分布在关中地区和汉中地区。发现人面鱼纹盆的遗址有：西安半坡、临潼姜寨、宝鸡北首岭以及西乡何家湾遗址。这些遗址均属于仰韶早期的半坡类型。

人面鱼纹的文化内涵

自人面鱼纹盆出土以来，学者们对其内涵的解读从来没有停止过，从各个角度展开了不同的研究。截至目前，形成了不下十种说法，如图腾说、虫形象说、生命之神象征说、女阴象征说。可以把这些不同的说法大致归为三类：一是图腾说，二是鱼神崇拜说，三是女阴崇拜说。

其中，有些观点已经为大家所熟知，并且多数讨论未能脱离这些观点的范围。如闻一多先生在文章《说鱼》中梳理了《诗经》《周易》《楚辞》等古诗、民谣和

🐟 人面鱼纹彩陶盆局部

其他材料之后指出，上古中国以鱼象征女性，是配偶或情侣的隐语。他认为鱼具有超强的生殖力，这与原始人类的生殖崇拜和重视部落人口繁衍的思想直接关联。李泽厚先生又在闻一多先生的基础上，把这种祈求生育的观念追溯到了仰韶文化时期。还有研究者认为，人面鱼纹是巫师头部形象，圆圆的脑袋上头戴尖顶的发髻，口边和耳边装饰有抽象和具象的鱼纹。这种形象与宗教祭祀中巫师的形象高度吻合，巫师一般头戴礼帽、脸戴面具，以增强神秘感。最近，学者林涛根据自己童年的经历，对半坡鱼纹彩陶盆进行了新的解读。他认为人面鱼纹盆上人与鱼所表现的关系相当单纯、质朴，其中人面并不是一个戴着面具的巫师形象，而是一个少年，一个在玩水、在和鱼嬉戏、在把头深入水中享受小鱼"亲吻"的快乐少年形象。他还发现这些人面除了少数是圆圆的眼睛，大部分都是紧闭双眼，呈陶醉状，这是一种对美的体验和传达，是一种早期最为单纯的审美活动。

不管怎么说，半坡人在陶盆中绘制鱼纹和人面，是基于当时的生活观察，经过艺术加工而呈现出来，与当时人们的生活息息相关。半坡人生活在河谷地带，过着以农业生产为主的定居生活，兼营采集和渔猎，这种装饰是生活的真实写照。

🐚 人面鱼纹彩陶盆内壁上的图案纹饰

🐚 陶鹰尊·仰韶文化

这件鹰尊为泥质黑陶，工艺精美，是一件模拟猛禽外形的史前陶器。其出土于陕西省渭南市华州区太平庄村，所葬死者为一名女性，墓内随葬有大量的骨匕，说明死者在氏族中极具地位。现藏于中国国家博物馆。

原始社会的墓葬文化

原始社会人类常常将灵魂跟尸体联系在一起，认为尸体是离开了灵魂的人类，因此，埋葬行为最能直接反映当时人们的鬼神观念。从考古出土的大量墓葬来看，埋葬方式与鬼神观念构成一对相互影响的事物。人们发现氏族公社的聚居区一般存在着公共墓地，即他们希望死后同氏族还是能够在一起，故而亲属总是相互埋葬在一起。

同时，原始社会人类的埋葬都注意一定的方向，如陕西西安半坡墓葬大多与正西方向不超过 20 度角。又比如，河南汝州史家墓地的墓一般都朝西，大多都整齐排列。这可能反映了氏族的故土方向，这样的埋葬可能是便于人们的灵魂回到故土，开始另一个世界的生活。此外，原始社会的人们一般不把早逝的儿童葬在公共的墓地，而是葬在居所的附近。半坡墓群的幼儿墓绝大多数埋在房屋周围。据推测，这可能是人们为了便于让儿童的灵魂找到自己的家，也便于受到父母的继续照看，还可能表达父母的爱护。人们还从当时的墓葬中发现，不同的人葬法不同，比如老人、儿童一般为厚葬，表示人们对老人和儿童的重视。

014　龙文化的具象表现
玉龙

年　代：红山文化，距今 6000—5000 年

尺　寸：高 26 厘米，直径 2.3～2.9 厘米，孔外径 0.95 厘米，
内径 0.3 厘米

材　质：玉

出土地：1971 年内蒙古自治区翁牛特旗赛沁塔拉村

收藏地：中国国家博物馆

我们时常会说到一句话："中华民族是龙的传人。"龙是我们的先人想象出来的一种动物，为什么会这么说呢？这背后的原因是什么？笔者认为这是一种古老记忆的延续，在早期人类的生活中，出于某种需要，而创造出了这么一个神秘的形象。龙在传统中国文化中，具有十分重要的文化意义。

"中华第一龙"

提到红山文化，人们可能没有什么深刻的印象。但是，我们在生活中经常会看到的华夏银行的标志，一个"C"形龙的形象，就是取自红山文化玉龙的形象，玉龙是红山文化最为典型的标志之一。

其实在红山文化玉龙出土之初，研究者很难想象这种技艺精湛的玉器是来自三四千年前的先民的遗作。20 世纪 80 年代之前，我们见到的玉龙多数是采集和征集

玉龙

来的，其主要分布在内蒙古自治区东南部、辽宁省西部和河北省北部。1984年在牛河梁第二地点一号积石冢M4中出土两件玉龙，这是第一次在墓葬中发现玉龙，也为以往出土的玉龙证明了其真实身份。

在以往的发现中，有一次十分重要。1971年，内蒙古翁牛特旗赛沁塔拉村北山岗出土过一件玉龙。赛沁塔拉村在赤峰市以北100余千米、翁牛特旗所在地乌丹镇西北约10千米处。村北群山环绕，山南是一片开阔平缓的丘陵地，山下有季节性的河沟，玉龙就发现在半山坡上。这件玉龙呈墨绿色，完整无缺，玉体蜷曲，整体呈"C"字形。吻部前伸，略向上弯曲，嘴紧闭。鼻端截平，上端边起锐利的棱线，端面近椭圆形，有对称双圆洞，为鼻孔。双眼凸起呈梭形，前角圆而起棱，眼尾细长上翘。额及颚底皆刻细密的方格网状纹，网格凸起呈规整的小菱形。颈脊起长鬣，长21厘米，占龙体的三分之一以上。鬣为扁薄片状，通磨出不显著的浅凹槽，边缘收成锐角，弯曲上卷，末端尖锐。龙体横截面略呈椭圆形。龙尾内卷，龙背上有对钻的单孔，可能为悬挂而做。

红山玉龙的文化价值

虽然在该遗址也采集到了一些红山文化的陶片，但这件玉龙的发现地和遗址原有的地层关系不是十分明确。因此，这件玉龙的年代是一个值得研究的问题。辽宁省文物考古研究所名誉所长孙守道从其形态、雕刻风格、表现手法、加工技术等方面与商文化、二里头文化、夏家店下层文化出土的玉器进行对比，发现均有较大的不同。把这件玉龙和阜新胡头沟红山文化墓地发现的玉器进行对比，发现两者有很多相似之处。所以，玉龙的年代和胡头沟墓的年代接近，为红山文化时期。

再把玉龙和赤峰等地的兽形玉雕进行对比，大致能够看出其形态演变的一个规律：头尾之间的距离不断地扩大。因此，这件玉龙的年代在距今大约5000年的红山文化时期。辽宁大学考古系教授张星德将海金山遗址发现的钩云形玉

兽形玉佩·红山文化

这件玉佩出土于辽宁建平牛河梁第五地点第一号冢，以黄绿色玉料制成，造型为一蜷曲的兽形，中央透镂圆孔。现藏于辽宁省文物考古研究所。

器同赛沁塔拉玉龙进行对比，发现两者的相似性主要表现在：整体做较细的弯钩状，器体剖面做椭圆形，器身施对钻圆孔。他认为二者技术手段和加工工艺相近，其年代也应相距不远。海金山遗址发现较多的陶器，分为夹砂和泥质两种，以泥质陶居多，火候较高，器表光滑，大部分内胎呈灰褐色，器表呈红褐色，有的加一层红陶衣；夹砂陶多呈灰褐色，火候低。陶器的纹饰有压印的字纹、划纹、附加堆纹、锥刺纹、窝点纹和彩陶。把海金山的陶器和西水泉等遗址出土的进行对比，发现其年代在红山文化早期。因此，海金山遗址钩形玉佩及和它有很强相似性的这件赛沁塔拉玉龙的年代均为红山文化早期。所以，这件玉龙的年代属于红山文化是可信的。

关于玉龙的原形讨论，大家众说纷纭，莫衷一是。有的学者认为是猪龙，有的认为是熊龙，还有鹿龙说、蛇龙说等。还有学者提出复合型动物说，如内蒙古文物考古研究所副研究员陆思贤认为："玉龙做半圆蜷曲状，昂首前视，长吻抿嘴，鼻端截平，躯干蜷曲、似蛇形，鼻子像猪，眼睛像牛，下腮似蛇，突出的是颈，背部像是马鬃，应该是复合动物形象，是人们创造的神话动物。"陆思贤先生认为，这种龙形象非一般的动物，是为了保持其神性，应该是红山先民根据对各种动物的观察，创造出来的一种复合的形象。

商代甲骨文中龙字和妇好墓中出土的玉龙都显示，龙是一种巨头、有角、大口、曲身的神兽。在中国新石器时代的文化中各个地区都发现了符合这种特征的龙的形象，如红山文化的蜷曲形龙、凌家滩遗址出土的玉龙、湖北天门肖家屋脊等的玉龙。这些可能都是原始的龙的形态，可见龙的形象从史前一直延续到了今天，成为中华民族的象征。

以赛沁塔拉玉龙为代表的红山文化玉龙，是东北地区史前先民精湛制玉工艺的体现，是他们留给后世的一笔宝贵财富，也是东北先民文化精神的物化形式，是当时人们神话思维的精神载体、思想愿望的象征形式、巫术思想的外在表现。

015 探索汉字的起源
刻符陶尊

年　　代：大汶口文化，距今 6500—4000 年

尺　　寸：高 59 厘米，口径 38 厘米，底径 8.5 厘米

材　　质：陶

出土地：1979 年山东省莒县陵阳河

收藏地：中国国家博物馆

　　我们知道龙山文化的命名得益于山东章丘龙山镇城子崖遗址的发掘，那么在山东地区比龙山文化更早的文化是什么？ 20 世纪 50 年代末，大汶口遗址的发掘，让人们发现了不同于以往认识的仰韶、龙山文化遗存，加之随后在其他遗址的发掘，确认了大汶口文化早于龙山文化的层位。大汶口人创造了丰富的文化，人们在陶尊上还发现了刻符，对于我们探讨汉字的起源意义重大。

大汶口文化的命名

　　大汶口文化是一支文化十分发达、延续时间很长的史前文化，其主要分布地域包括山东大部、苏北、皖北等地，其影响的范围很广，在河南西部、辽东半岛都可见到大汶口文化的因素，最早发现的两处大汶口文化遗址是新沂花厅和滕州岗上。1952 年 12 月，南京博物院曾对花厅遗址进行过调查并试掘，清理了一座墓葬。

刻符陶尊

陶尊上的刻符

1963 年新成立的工作队到花厅遗址发掘，发现并清理墓葬 20 座，出土各类文物 300 余件。限于当时认识的局限性，专家并没有分辨出这类遗存，而是和当时的青莲岗文化联系起来，错失了一个命名文化的机会。岗上遗址当时未归入大汶口文化，是因为当时调查时人们发现了彩陶，认为这是仰韶文化在山东的一个类型。直到 20 世纪 60 年代，曲阜西夏侯遗址的发掘，发现龙山文化叠压了大汶口文化的地层关系，由此发现了丰富的大汶口文化遗存。在此基础上，专家正式提出了大汶口文化的命名，后被学界广泛采纳，至此，大汶口文化的研究步入了正轨。在随后的几十年，学者们围绕大汶口文化的分布范围、类型划分、社会发展状况等方面进行了深入研究。

刻符陶尊的发现

大汶口文化从早期到晚期延续了 2000 多年，考古工作者经常会在大汶口文化晚期的一种大口陶尊的器物的上腹部发现有刻画图案，是在刻后还进行过涂朱的图案。大口陶尊的器形很大，一般口径为 30 ~ 40 厘米，通高为 60 ~ 70 厘米。目前发现的在陶尊上刻画图案的遗址有陵阳河、大朱家村、前寨、日照尧王城、蒙城尉迟寺等，从发现的地域来看，主要分布在鲁东南的日照地区。蒙城尉迟寺遗址与日照地区相去几百里，也发现了和日照地区一致的符号，说明有这种符号的器物分布在一个广泛的区域内，这是大家所普遍认同的。日照地区发现的刻符陶尊较为集中，而且数量多，说明这里是一处文化中心区域。刻符陶尊多竖立于墓主人的脚端，刻画符号朝向墓主人。这些刻画符号目前已发现30余个，可分为8类，其象形元素主要包括日、月、山、树、钺、锛、王冠等。

中国国家博物馆藏的这件大口陶尊形体较大，夹砂陶，筒形深腹、厚壁、尖底，器表饰篮纹。外壁靠近口沿处刻有一个符号，仿佛是在一座山上矗立着一棵大树，具有抽象与写实的双重特点。

对刻符的文化解读

关于这些陶尊刻符的研究，主要争论的焦点是这些符号是不是汉字。一种观点认为，是汉字。持此观点的学者有于省吾、唐兰、李学勤、裘锡圭等。唐兰先生认为这种文字已经规格化，并且出现了简体字，已是很进步的文字。有些学者还对这些刻符进行厘定，其中意见较为统一的是"斤""戉"两字，对于其他的认定分歧较大。杜金鹏先生则将发现的8种图像分为礼兵、族徽和羽冠3类，并在其他研究者的基础上，进一步认为羽冠类图像是"皇"字的初文。引用栾丰实先生的话说："这一发现是大汶口文化陶文研究中的一个突破性进展，对中国文明起源的研究意义重大。"

另有以汪宁生先生为代表的部分学者认为，这些刻符不是文字。他认为这些图像"属于图画记事性质"，和真正的文字表音、能够记录语音的符号不同，这些图形是"作器者一种氏族标记"。另外，王恒杰先生也认为，大汶口陶尊上的符号是图像而非文字。

那么，大汶口人为何要在体形如此硕大的陶尊上刻画基本相同的符号？目前在除了大口陶尊之外的其他器物上均未发现这些符号。邵望平先生认为，这种陶尊不仅形体硕大出众，并且"这种大型陶尊似乎总与社会上受尊敬者、富人或权贵结有不解之缘。陶尊并非日常生活用具，可能与死者生前的地位有关，更可能与祭祀有关，是一种礼器"。关于其功能和用途，有祭祀说、王权象征说、族徽说等。

　　当然，对这些大口陶尊上刻画符号的研究，我们不应该仅仅局限于符号本身，应该同时结合每个遗址所处的自然环境，如发现的"日、月、山"形图案很有可能就是当时人们对当地自然环境经过长期观察后的一种图像化的表现，可能是他们对于天象、昼夜交替现象的一种认识的反映。我们还应该结合当时的社会历史背景进行系统研究，以求对这些神秘的刻画符号有更为接近实际的认识。

　　总之，大汶口文化的陶尊刻符，发现的数量之多、分布范围之广、图像内容之丰富，在史前是较为罕见的。这对于我们理解大汶口文化、走进当时人们的精神世界打开了一扇窗户，吸引我们不断地去探索去追问。

八角星纹彩陶豆·大汶口文化

1974 年出土于山东泰安大汶口，高 29.3 厘米。外壁上的八角星纹饰在大汶口文化的彩陶盆上非常常见，可见这是大汶口文化独有的装饰图文，具有鲜明的时代和地方特色。现藏于山东省文物考古研究所。

016

中华五千年文明史的实证
三叉形器

年　代：良渚文化，距今 5300—4500 年

尺　寸：高 4.8 厘米，宽 8.5 厘米

材　质：玉

出土地：1987 年浙江省杭州市余杭区良渚镇瑶山 7 号墓

收藏地：中国国家博物馆

良渚文化是中国史前文化中治玉水平最高的文明，无出其右者。不仅仅是制作工艺先进，其雕刻技术也是十分发达，在一毫米见方的地方，能雕刻出四到五根线条。玉器的种类异常丰富，有琮、钺、冠状饰、璧、锥形器等。在这些器物中，最为特别的是三叉形器，目前仅发现于良渚文化当中。

神王之国——良渚

良渚文化是中国新石器时代早期确认的文化之一。自 1936 年被西湖博物馆的施昕更先生发现以来，良渚文化的发现与研究已经走过了 80 多年的历程。

良渚文化的核心分布区——长江下游环太湖流域，位于北纬 30°—32°、东经 119° 10″—121° 55″ 之间，与世界古代著名的文明发源地所处的纬度大致相当。环太湖流域，西依茅山和天目山山地，北、南分别以长江和钱塘江为界，东濒东海，

三叉形器

总面积约 3.65 万平方千米，这里依山傍水，土地肥沃，河流纵横，湖泊星罗棋布，非常适宜人类的生存繁衍。

良渚古城遗址是整个良渚文化的核心，是良渚文明的都城，它与良渚玉器等一同构成良渚文明最具代表性的物质遗存。良渚古城遗址位于浙江杭州市余杭区，处于一处面积达 1000 平方千米的"C"形盆地北部。古城南北分别峙立着大遮山和大雄山两座天目山余脉，西部散布着一系列低矮山丘，这三处山体均距古城约 2 千米，向东则是敞开的平原，总体有一种以山为郭之感。发源于天目山脉的东苕溪，自西南向东北蜿蜒流过，最终向北注入太湖。可见，古城所在的区域有着广阔的腹地、优越的自然环境，由此带来了丰富的资源和便利的交通条件。

自 2007 年良渚古城发现和确认之后，经过七八年不间断的考古发掘、调查和勘探，良渚古城的结构布局和格局演变清晰地呈现在人们面前。良渚古城的核心区可分三重，最中心为面积约 30 万平方米的莫角山宫殿区，其外分别为面积约 300 万平方米的城墙和面积约 800 万平方米的外郭，堆筑高度也由内而外逐次降低，显示出明显的等级差异。同时古城北部和西北部还分布着规模宏大的水利系统和与天文观象测年有关的瑶山、汇观山祭坛，在古城外围也存在着广阔的郊区。良渚古城核心区、水利系统、外围郊区总占地面积达到 100 平方千米，规模极为宏大。整个城市系统的布局与山形水势充分契合，显示了良渚先民在规划古城之时视野之广阔。

2019 年，中国良渚古城遗址被联合国教科文组织收录为"世界文化遗产"。

玉三叉形器的发现

在良渚文化发现 50 周年之际，浙江省的考古工作者在反山遗址发现了良渚文化贵族墓地，这是良渚文化发现以来最具影响的考古成果之一，在这些贵族大墓中发现了很多精美的玉器，引起了研究者们研究史前玉器的高潮，在随后的几十年时间里，良渚玉器的研究一直是良渚文化研究的一个热点。

在这些精美的玉器当中，有一种造型特殊的三叉形器，或称为"山形器"，人们对这种形制特殊的玉器一无所知。在红山文化发掘中，共发现 5 件三叉形器，分别出自南列的 M12、M14、M16、M17 和北列的 M20，一般与玉钺同出，放置在墓主头部。在瑶山贵族墓地发现 7 件三叉形器，分别是 M3、M10、M9、M7、M12、M2、M8，出土的位置也大致在墓主头部。在浙江桐乡普安桥遗址 M11 中也发现一件三叉形器。

从出土的地点来看，这些三叉形器主要在良渚遗址群内，这一带是良渚文化的核心区域。另外，在嘉兴地区也发现一件。其他良渚文化的分布区域至今未见到此类玉器出土。目前发现三叉形器的反山、瑶山、汇观山几处遗址都是良渚遗址群内埋葬贵族的高等级墓地，而且不是每一座墓都用三叉形器随葬。由此说明，这种玉器是在贵族内部有更高身份地位的人才能随葬的。所以，三叉形器是良渚社会特殊权贵阶层所能使用的有阶层指示特征的玉器。

玉三叉形器的文化内涵

从发现的这些三叉形器在墓中的出土位置来看，一般均位于死者头部，每墓只出一件。这种玉器一般与玉梳背、锥形器和玉钺共出。三叉形器和玉钺是略高于半数高层贵族的配置，这两种器物有必然的对应关系，即有钺就有三叉器，反之亦然。在瑶山墓地，根据出土器物并结合其他方面，南排墓地都有玉钺随葬，所以我们认为是男性贵族墓。这些三叉形器均在南排墓内，这就导致了这两类器物的对应关系。一般与三叉形器共出的还有较长的玉管，我们可以看到三叉形器的中间叉有竖向贯孔，两侧叉上有竖孔或横穿，中叉上方与玉长管相接，可以判断三叉和玉长管是组成一种套装器来使用。由此，我们可以推断三叉形器一般是男性贵族所使用的一种配饰。

我们可以看到三叉形器的一般形制是下端呈圆弧状，上端为对称的方柱，中间的方柱与两边的平齐或是低于两端，这或许是时代早晚造成的形制差异。已发现的三叉形器多数没有纹饰，少数正面刻划有纹饰，仅有一件双面都有刻划，说明这种器物主要注重的是单面的视觉效果，同时也考虑双面的视觉观察。在其正面刻划的纹饰有兽面纹和鸟纹等，如反山 M14：135 为一件三叉形器，在其正面的中部刻划有神人兽面纹，神人以宝盖头结构刻划代替，兽面纹包括眼部、眼梁、鼻梁、鼻部、嘴部、下肢以及鸟形爪。眼部为重圈，重圈内有三组弧状线分割，椭圆形眼睑，眼睑内填刻划纹饰，纹饰中所填均为椭圆形螺旋线。在左右两叉上刻有两个鸟纹，鸟首内填划圆形螺旋线以及小尖喙，鸟首下有垂囊，内填椭圆形螺旋线，鸟身的纹饰与兽面的重圈眼部特征一致，刻划有羽状鸟尾。这件三叉形器在背面也有纹饰，其可分为两个主题：左右各为一半的重圈眼部以及鼻梁和眼梁，中间的凸块之上部似

神人纹玉琮·良渚文化

这件玉琮重达 6.5 千克，在已发现的良渚文化玉琮中体型最大，雕刻最为精美，被称为"琮王"。现藏于浙江省文物考古研究所。

乎仅为装饰，内填圆形或椭圆形螺旋线和小尖喙组合。下部为鼻部，也可以视为左右双眼和鼻部，其中双眼内为圆形螺旋线刻纹，椭圆形眼睑，之间以绞索状弦纹相连，鼻梁上刻划圆拱纹样，鼻部内填圆螺旋形鼻翼图案。这种复杂的图案刻划技术，并非一般人所能掌握，在那个时代可算是不折不扣的"高科技"。

那么良渚人为何要制作这种形制奇特的器物用于装饰？这些器物让研究者们摸不着头脑。它的原型是什么呢？对此，刘斌先生认为，三叉形器可能是象征神鸟的独立性法器，并提到了三叉形器和鸟的关系，颇有新意。王书敏先生顺此思路，进

一步认为鸟在良渚社会有深刻的社会文化属性，是良渚先民崇拜的神灵，三叉形器是由鸟逐渐演变而来。他从外在形态、文化内涵和当地的文化传统三个方面论证三叉形器和鸟的关系，最后指出，良渚的三叉形玉器起源于良渚的图腾崇拜神——鸟。它是鸟的化身、鸟的升华，同时也是鸟神性的转移——将鸟的神性转移到三叉形器上。三叉形器借鉴了鸟的形态，也借鉴了鸟的神性。只有良渚社会的权贵阶层才能使用这种带有神性的物品——三叉形器不仅仅是其身份的象征，更是其神性的象征。

独树一帜的良渚玉文化

玉文化是中华文明的重要文化基因之一。在新石器时代，中华民族的先民们充分利用了一种珍贵的材料——玉。红山文化、凌家滩文化和良渚文化是中国玉文化的重要代表。其中良渚文化的玉器数量巨大、种类丰富，在中国史前玉器中独树一帜，是史前玉文化发展的最高峰，具有非常重要的地位，同时也是体现良渚文明的重要因素。

通过对良渚玉器的发现和研究可知，良渚人创造出一套以琮、璧、钺、冠状饰、三叉形器、玉璜、锥形器为代表的玉礼器系统，其中不仅许多玉器上雕刻有神徽图案，而且玉琮、冠状饰、玉钺柄端饰等许多玉礼器的构形都与表现这一神徽有着直接的关系。玉礼器系统及神徽在整个环太湖流域的良渚玉器上表现得极为统一，是维系良渚社会政权组织的主要手段和纽带，显示出良渚文化有着极强的社会凝聚力，且存在统一的神灵信仰。良渚文化的玉器与崧泽文化相比，无论在数量上、体量上、种类上以及雕琢工艺上，都有了很大的发展，似乎有些一蹴而就的感觉。这种跳跃式的发展也正是伴随着王权兴起而产生的一种现象，良渚国王和权贵通过一整套标示身份的玉礼器及其背后的礼仪系统，达到对神权的控制，从而完成对王权、军权和财权的垄断。以大量玉礼器随葬的良渚文化的大墓，集中体现了王者的高贵以及男女贵族的分工。良渚文化所创造的玉礼器系统以及君权神授的统治理念，也被后世的中华文明吸收与发展。

017 | 中国青铜文明的肇始
铜刀

年　　代：马家窑文化，距今 5000—4000 年
尺　　寸：长 12.5 厘米，宽 2.4 厘米
材　　质：铜
出土地：1975 年甘肃省东乡族自治县林家村
收藏地：中国国家博物馆

　　铜器的发明在人类文明史上具有重要的意义，改变了传统的工具材质，对于提高生产力水平作用显著。在仰韶文化遗址中就有铜器的发现，但是因为层位关系的问题，学术界对此持谨慎态度。甘肃东乡林家遗址发现的马家窑文化铜刀，是中国目前发现的最早的一件青铜器，对于我们探讨中国早期铜器发展的问题意义重大。

马家窑文化的林家遗址

　　甘肃东乡林家遗址位于大夏河东岸黄土塬上，从临夏乘车东行约 8 千米至东塬乡政府，再往北走 2 千米就是林家遗址。站在遗址上向西望去，大夏河纵贯东川河谷盆地，蜿蜒北流。林家台地之下就是河流，古人选择在此生活，也是为了取水的方便和有利农业的发展。

　　1977 年至 1978 年，甘肃省博物馆文物工作队、临夏州文化局、东乡县文化馆

铜刀

共同对林家遗址进行了发掘。在两次发掘期间，开设学习班，培养发掘人员，先后有 50 名当地的青年参加了学习。他们白天发掘，晚上对资料进行整理。林家遗址两次共发掘了 3000 平方米，发现马家窑时期房屋遗迹 27 处，制陶窑址 3 处，灰坑 98 个，获取各类遗物 3000 余件，其中各类工具和生活用具 2000 多件。遗物以石器为主，骨器次之。此次发掘基本弄清了马家窑文化早、中、晚的堆积关系，为后续研究打下了坚实的基础。同时，在窑穴、房址内的陶器中和灰层里，考古人员发现了大量的稷和少量粟、大麻籽等谷物、油料作物标本。这些资料对于我们认识当时的农业生产提供了翔实的例证。

中国年代最早的青铜器

在林家遗址的考古发掘中还发现了大量的生产工具，其中仅刀就有 247 件，包括石刀 209 件、陶刀 22 件、骨刀 15 件和最让人惊叹的铜刀 1 件。

铜刀是在编号为 F20 的房址中发现的，其房屋结构比较完整，特别是灶保存完好。房屋门道朝向大夏河一边，房址建在生土上，是一座半地穴式房屋。房间都是相互独立的，布局分散，强调各自生活的独立性。在发掘现场还发现了大量的骨器，其中有一把骨制匕首，为石骨复合工具；打磨的细石器作为把，动物的肢骨做成刀刃，为双面刃，然后把柄和刃用胶粘合上去。刃部十分锐利，用手一摸都有被刺的感觉。但因其时代久远，无法正常提取，还没拿起来刀把和骨刃就分离了。我们所说的青铜刀，发现在房屋的角落里，刀身布满铜锈。刀由两块范铸而成，刀身厚薄均匀，表面平整，有较厚的灰绿色锈。短柄长刃，刀尖圆钝，微上翘，弧背，刃部前端因使用磨损而凹入。柄端上下内收而较窄，并有明显的镶嵌木把的痕迹。该铜刀经北京钢铁学院冶金研究所检验，认定为含锡的青铜，是中国目前发现的年代最早的一件青铜器。

更重要的是，在林家遗址编号为 H54 的灰坑中发现了铜渣，由北京钢铁

🔊 阔叶倒钩铜矛·齐家文化

马家窑文化在黄河上游地区新石器时代晚期，是仰韶文化晚期在甘肃的继承和发展。在它之后的齐家文化同样是黄河上游地区的时代文化，不同的是齐家文化已经进入铜石并用时代，青铜器的使用和铸造较之马家窑文化有了更大的进步。现藏于青海省文物考古研究所。

学院冶金研究所和中国社会科学院考古研究所实验室分别用岩相鉴定和中子活化法分析，证明铜渣不是天然矿石，也非炼铜残渣，而是一块经冶炼但已风化成碎块的含铜铁金属长期锈蚀的遗物。铜渣用中子活化法分析的结果显示：含铜 36.50%、锡 6.47%、铅 3.49%、铁 0.41%，酸不溶物占一半以上。此种铜渣在 T57 第四层中，也发现两块，都因风化而成为碎块。这些证据表明当时已经存在冶铸铜器的活动，说明林家遗址发现的这件铜刀是自己生产的。

由石到铜的历史飞跃

在甘肃境内除了林家遗址，也有许多遗址发现了类似的铜刀。主要分布在河西走廊及洮河流域，时间跨度在公元前 3000 年至公元前 2000 年。涉及的遗址除东乡林家，还有马厂文化永登蒋家坪，西城驿文化张掖西城驿二期，四坝文化火烧沟、干骨崖、东灰山，齐家文化皇娘娘台、大何庄、商罐地、杏林、魏家窝子磨沟等。大致可以分为复合型和一体型两类，林家发现的铜刀属于一体型的。

由此可以看出，西北地区的铜刀起步早，形态进步，类型丰富，而且延续的时间长，自成体系。在其发展的过程中对中原地区产生了很大的影响。如果把目光投向遥远的西方，我们可以看到中亚、欧亚草原地带也发现了很多类似的铜刀，这些铜刀与中国西北境内尤其是甘肃地区发现的铜刀是存在密切联系的，相互交流可能也是存在的。

那么这种独特的铜刀为何突然间就出现在中国西北地区？除了来自外界的影响外，在内部也能找到一些因素。甘肃省文物考古研究所研究员郎树德认为东乡林家铜刀与该遗址出土的石刃骨刀非常相似，表明铜刀是仿骨柄石刃刀的形制铸造的。也有学者指出，甘肃临夏魏家台子遗址出土的铜刃骨刀，至少其结构和形态上是源于石刃骨刀。我们知道甘青地区是石刃骨刀分布密集的地区之一，在大地湾遗址、林家遗址、兰州花寨子墓地、土谷台墓地、景泰张家台墓地、皇娘娘台遗址都有相关发现。因此在这一文化传统下，生产类似形制的铜刀是自然而然的事。除了文化传统外，也有专家指出其有冶炼技术的支撑。

这件铜刀的发现具有重要的意义，是中国目前发现的最早的一件冶铸青铜器，把中国冶金史向前推进了一步，说明中国的甘肃地区也有可能是一处早期冶金技术的起源地。从使用石质工具到使用金属工具，是人类发展史上的重大变革，具有划时代的意义。从此之后，整个黄河流域都出现了铜器。尤其是进入二里头文化阶段，青铜容器的普遍出现，开启了辉煌的青铜文明，对中华文明产生了深远的影响。

018 | 行业分工的开始
蛋壳陶高柄杯

年　代：龙山文化，距今 4500—4000 年
尺　寸：口径 8.8 厘米，底径 4.8 厘米，通高 22 厘米
材　质：陶
出土地：1972 年山东省临沂市河东区大范庄
收藏地：山东博物馆

　　最新研究表明，中国最早的陶器出现在距今两万年前，自此以后，陶器深刻地影响着人们的生活。经过漫长的发展，陶器制作工艺水平不断提高，出现了许多新的器形。发展到龙山文化阶段，出现了一种制作十分精致的陶器——蛋壳黑陶高柄杯。这种陶器代表了中国新石器时代制作陶器的最高水准。

蛋壳陶和龙山文化

　　"蛋壳陶"是一种制作精致、造型小巧、外表漆黑黝亮、陶胎薄如蛋壳的陶器，其形制"黑如漆、亮如镜、薄如壳、硬如瓷，掂之飘忽若无，敲击铮铮有声"，被誉为"四千年前地球文明的最佳制作"。中国著名考古学家梁思永先生也曾这样评价这类陶器："可与中国制陶技术所造出的最美好的产品相颉颃，而形式的轻巧、精雅、清纯之处也只有宋代最优良的瓷器可以与其媲美。"

20 世纪 30 年代在山东省章丘市龙山镇城子崖遗址，考古人员最早发现这种漆黑如镜的陶器——蛋壳陶器，但是对于这种器物的具体造型，不甚明了。1960 年 3 月到 7 月，山东省文物管理处曾对城子崖进行了发掘，发掘面积约 1700 平方米，出土文物十分丰富，以龙山文化遗存为主。龙山文化的生活用具主要是陶器，骨角器较少。陶器以泥质和砂质黑陶为主，细泥黑陶、泥质和砂质的灰陶次之，橙红色陶和黄白色陶很少。一般陶器的火候较高，陶质坚硬，表面大多是素面磨光，制作精致，带有光泽感。发现的主要器形有鬶、盉、蛋壳陶器、鼎、罐、瓮、杯、碗、盆、盘等，其中最为重要的发现是可以拼对完整的蛋壳陶器。可复原三件，一件上部为平沿宽大的圆底杯，形状好似仰置的斗笠，下连一敞口圈足的杯形器座，座的上部刻划和透雕了很细的花纹，共分为五圈，图案复杂；一件上部为平沿宽大的直筒圆底杯，下连豆形器座，座上部透雕三角纹和菱形组成的宽带图案，制作精致；

另外一件形如高圈足杯，上部多为弧沿宽大的圆底杯，下连细长的圈座，底部呈束腰状，外饰竹节状。直到潍坊姚官庄遗址复原出了完整的蛋壳陶器，这才为研究者认识这种特殊的器物提供了更为具体翔实的资料。

对于这种数量很少、较为特殊的器物，不管是研究人员还是一般公众，都会被它深深地折服，对这种神秘的器物充满好奇。我们称之为蛋壳陶，那么这种陶器有蛋壳那么薄吗？经测量，蛋壳陶一般最薄处在口沿部位，厚度仅为 0.2—0.3 毫米，柄部稍厚些也不超过 1 毫米——蛋壳陶的厚度还是要比鸡蛋壳厚一些，因此，我们称之为蛋壳陶，也只是一种较为夸张的说法。不管怎么样，在当时生产力水平还比较低下的情况下，蛋壳陶在当时绝对是"高科技"产品。

蛋壳陶生产展现的社会分工

蛋壳陶的完整器主要发现在规模较大的墓葬中，而且器形仅有蛋壳黑陶高柄杯一种。绝大多数墓葬只是一座墓中

蛋壳陶高柄杯

随葬一件，唯有临朐西朱封三座龙山大墓中随葬不止一件蛋壳陶高柄杯。由此可见，能够使用这种器物随葬的人，所拥有的财富较多或社会地位比较高。像西朱封大墓那样高地位的人更少，他们是处在金字塔顶端的统治者或王一级的人物。一般在遗址其他遗迹单位基本见不到这类器物的完整器，多为碎片，所以我们也有理由推测这种器物可能不是一般的实用器，而是专门为墓主随葬准备的特殊用品。另外，有研究者对蛋壳陶器进行了实验考古，发现往蛋壳陶杯内加入水之后，其重心是不稳的，所以我们可以进一步说明，这种器物不是作为实用器来使用的。另外还有一点是，这种陶器虽然质地比较坚硬，但是很薄，如果是古人拿来实用的话，稍不留意，很容易破碎。所以从实用性的角度来看，蛋壳陶也不是日常生活所用的器物。

　　研究发现，蛋壳陶出现的地域范围较为固定，至于在其他一些地区零星的发现很有可能是通过交流的方式传播过去的。在四千多年前能够制作这么精致的陶器的人，也绝非一般的普通人，应该是有一群专门从事蛋壳陶器制作的陶工，他们手艺精湛，创造出这些精美绝伦的陶器。

　　如此精美绝伦的蛋壳陶，我们很难想象是怎么做出来的。根据相关研究，考古工作者大致梳理出了蛋壳陶的制作流程：首先，工人对陶土进行多次淘洗，去粗取细，然后对细腻的陶土进行翻捣、踩踏、反复加工；其次，制陶工人再利用加工好的陶泥制作器物，器物成形后待其阴干到一定程度，再放置于陶轮上刮削成薄壁，然后进行平、实、薄的细致加工；再次，对加工好的器物施以镂孔、刻划、弦纹等装饰，并将分开制作的器物各部分组合黏结在一起；最后入窑烧制，烧制成形后再对陶器进行渗碳、抛光处理。通过这个流程，可以看出蛋壳陶的制作需要多工种协作进行，在单一行业内有了明显的分工。

　　当然，我们对于蛋壳陶的了解，还仅仅只是冰山一角。诸多背后的历史文化信息、技术信息，还有待我们通过多种手段、多学科合作去解读。

国家宝藏 博物馆里的中国史
THE NATION'S GREATEST TREASURES

第三章 青铜时代的壮美诗篇

当时间进入新石器时代晚期，一把锈迹斑斑的青铜刀宣告着又一个全新的时代——青铜时代到来了。在这个时代，我们的中华文明就像一位短跑运动员一样飞奔前行，在被历史学家详细划分的夏、商、周三个朝代留下了大量的文明奇迹。镶嵌着漂亮绿松石的兽面纹铜牌饰展现着夏朝的工艺之美；刻在龟甲和骨头上的甲骨文讲述着汉字悠久的历史，后母戊鼎、妇好鸮尊、四羊方尊代表着商朝青铜文化的繁荣，两个作为饭碗使用的玉簋的出土则宣示着中国很早就有对外贸易。夏、商之后的周朝从一开始就走上了一条王朝制度化的道路，文化繁荣、礼乐鼎盛是史学家对西周的定义。天亡簋、宗周钟、毛公鼎都刻有古朴典雅的铭文，让西周的历史从细节上更加明晰；而何尊的出土，让我们知道了一个伟大而历史悠久的名字——中国！

推荐博物馆：
中国国家博物馆、河南博物院、中国台北故宫博物院、三星堆博物馆、宝鸡青铜器博物院

019 | 夏王朝的见证
镶嵌绿松石兽面纹铜牌饰

年　代：二里头文化，公元前 1900—前 1500 年

尺　寸：长 14.2 厘米，宽 9.8 厘米

材　质：铜、绿松石

出土地：1981 年河南省偃师市二里头遗址 M4

收藏地：中国考古博物馆

　　夏王朝是中国上古时期较早的王朝之一。尽管目前还没有发现像殷墟甲骨文那样的明确文字材料，但是通常认为，考古发现的河南省洛阳市偃师二里头遗址可能是夏王朝的都城遗址。因此，二里头遗址中所展现出的高度发达的青铜文化，就是辉煌的夏王朝文明的实物见证。而这件镶嵌绿松石兽面纹铜牌饰，无疑是其中最具特色和代表性的典型器物之一。

千年前的城市

　　二里头遗址位于河南洛阳盆地东部的偃师市境内，该遗址南临古洛河，北依邙山，背靠黄河，范围包括二里头、圪垱头和四角楼等三个自然村，面积不小于 3 平方千米。二里头遗址发现于 1959 年。自发现以来，二里头遗址的钻探发掘工作持续不断，在 30 多个年份中共进行了 60 余次发掘，累计发掘面积达 4 万余平

镶嵌绿松石兽面纹铜牌饰

方米，取得了一系列重要成果，发现了大面积的夯土建筑基址群、宫城和作坊区的围垣，以及纵横交错的道路遗迹；发掘了大型宫殿建筑基址数座，大型青铜冶铸作坊遗址1处，与制陶、制骨、制绿松石器作坊有关的遗迹若干处，与宗教祭祀有关的建筑遗迹若干处，以及中小型墓葬400余座，包括出土成组青铜礼器和玉器的墓葬。此外，还发掘了大量中小型房址、窖穴、水井、灰坑等，出土大量陶器、石器、骨器、蚌器、铜器、玉器、漆器和铸铜陶范等。这些成果使二里头遗址作为中国古代文明与早期国家形成期的大型都邑遗存得到了学界公认。

铜牌饰出土

1981年秋季，中国社会科学院考古研究所二里头工作队的考古人员在编号为M4的墓葬中清理出了一件镶嵌有绿松石的铜牌饰。这是二里头遗址考古发掘中首次出土铜牌饰，因此意义重大，同时也为探讨其他散落于各地的同类器物的出土地点和年代提供了重要的线索和依据。

这件铜牌饰长14.2厘米，宽9.8厘米，整体为长圆形，中间呈弧状束腰，长边的两侧分别有两个半圆形的穿孔。铜牌饰的正面凸起，由许多不同形状、大小的绿松石片镶嵌、排列成动物纹样。在一块巴掌大小的铜牌上，镶嵌200余块绿松石，并组合成生动的图案，其难度之大、工艺之精，令人叹为观止！

这种镶嵌绿松石的铜牌饰是中国二里头文化时期一种颇具特色的艺术品。其图案的主体为兽面纹，双目圆睁，鼻梁笔直且与身脊相通，用钩云纹表现出狰狞的面部、上扬的双角和舞动的四肢。构图上，直线、曲线的合理运用，使图案更加美观、生动，整个图案给人以神秘、庄重、抽象、夸张的感觉。这件铜牌饰的图案，引起了众多专家和学者的关注与兴趣，并纷纷做出了各自的解释，有龙形说、狐纹说、虎龙纹说、鹿纹说、鸟形说、鸱鸮（猫头鹰）纹说等。其实，图案的抽象与夸张，让人很难统一到一种具体的动物形象，反而更能引起人们的联想。不过，这种兽面纹一定具有沟通人和祖先或天地、神灵的作用。

别样的工艺技术

如此精美的器物，是在哪里生产的呢？是如何制作而成的呢？考古工作者在二里头遗址宫殿区以南发现的一处绿松石器制造作坊，为我们提供了非常重要的线索和依据。这个作坊遗址内出土了多达数千枚的绿松石块粒，其中相当一部分经过了加工，带有切割琢磨的痕迹，包括绿松石原料、毛坯、破损品和废料等。这批材料为我们探寻镶嵌绿松石兽面纹铜牌饰的生产地点、了解绿松石制作加工工艺提供了绝好的标本。我们可以从中获知，绿松石的原石开采后，要经过打击、劈裂、切割、研磨到穿孔、抛光、镶嵌、拼合等一系列的技术细节和工艺流程。

考古发现已经证明，二里头文化自第二期开始，铸铜手工业和绿松石加工业的专业化得以提升，这两种手工业的生产汇集至围垣作坊区内。玉器或有机材质上镶嵌绿松石的使用传统与不断发展的冶金技术相结合，融入早期社会的政治秩序和宗教氛围，进而创制出了新的复合形器物——镶嵌绿松石兽面纹铜牌饰，成为后世"金镶玉"的前身。这种较为特殊的器物组合在伊洛地

铜爵·二里头文化

区的二里冈文化短暂延续之后，就在中原地区彻底消失，但是"金镶玉"的工艺传统却为殷墟文化所承继。

这件铜牌饰华丽精美，在当时的历史环境中，它绝不仅仅只是一件单纯的艺术品或者装饰物，而应具有更为重要的用途和功能。这件铜牌饰出土的墓葬，是迄今为止在二里头遗址内发现的等级最高的墓葬之一，也就是说，这件铜牌饰曾经的拥有者，是一名社会地位高、权力大的贵族。因此，这件铜牌饰是一种用以"明尊卑，别上下"的重要礼器。值得注意的是，镶嵌绿松石兽面纹铜牌饰都与铜铃共出，这种特殊的、固定的器物组合，表明了器物的所有者不仅掌握着世俗权力，还控制着与天、神沟通的神权。

020 中国最早的成体系的文字
"王为殷卜" 刻辞龟甲

年　代：商，公元前 1600—前 1046 年

尺　寸：长 18.6 厘米，宽 10.2 厘米

材　质：龟甲

出土地：河南省安阳市殷墟

收藏地：中国国家博物馆

　　文字是人类文明的重要标志。甲骨文不仅是中国目前所知最早的成体系的文字，也是世界四大古文字之一。殷墟甲骨的发现是中国学术史上的一件大事，在史学领域，与流沙坠简、敦煌文书、内阁大库档案有"20 世纪四大发现"之称，至今仍是显学。大学者王国维通过对甲骨文的研究，发现《史记·殷本纪》中记载的商代先公先王之名绝大多数都见于卜辞中，商王的世系也可相互对应，从而证明司马迁的《史记·殷本纪》基本上是正确的。这一发现使商代的历史成为确凿的信史，把中国有文字记载的历史上推了几百年，具有重要的学术价值。此外，殷商甲骨和甲骨文自身包含的内容也极其丰富，涉及殷代的政治、经济、文化、社会生活等各个方面，是研究商代历史与社会的珍贵资料。

"王为般卜"刻辞龟甲

一块特殊的龟甲

2017 年年底，甲骨文成功入选"世界记忆名录"，这是一件能够让全体华人引以为豪的盛事。中国国家博物馆收藏的这片"王为殷卜"刻辞龟甲，保存完整，可以让我们一睹殷商时期甲骨文的真实面貌，并了解甲骨文的选料、制作、记叙等具体内容。

这片龟甲是龟的腹甲，其正面的左右两侧分别刻有一条卜辞，可释读为：

戊午卜，古贞：殷其有祸？

戊午卜，古贞：殷亡祸？

"戊午"是占卜的具体日期，殷商时期以干支纪日。"古"是贞人（负责占卜的专业人员）的名字；"殷"是商王武丁时期的一名贵族的名字。商王专门为"殷"占卜是否会有灾祸，可以看出"殷"这个人的地位很重要。

这两条卜辞的内侧，还分别刻有一行数字，即"一二三四五六"与"一二三四五六二告七"。这是序数，指灼龟时的占卜次序，也是对同一件事反复、多次占卜的证据。

龟甲的背面有钻凿 13 组，左右相对，右半部的 7 组钻凿以中甲首起为序，与正面序数的位置正好相对应。正中千里路（龟板正中有一条自上而下的直线，称为"千里路"）有一条刻辞，是正面卜辞的占辞，也就是对卜问内容的回答，可释读为：

王占曰：吉。亡祸。

这片龟甲很可能出土于殷墟小屯 C 区著名的甲骨坑"YH127"，后来曾一度为著名的古文字学家唐兰先生所收藏，现为中国国家博物馆的藏品。

甲骨溯源

"甲骨"是龟甲和兽骨的通称。一般而言，"甲骨文"是指刻在龟甲或者兽骨上的文字。商王占卜所用的龟甲大多为各地的贡品。据初步统计和推测，殷代各地贡龟的数量在一万件以上。这些龟甲多来自南方，甚至有的龟甲属于大海龟，与现在产于马来半岛的龟同种。

龟甲之中，腹甲占绝大多数，背甲则相对较少。在兽骨之中，殷墟各遗址均以牛的肩胛骨为主，也包括极少数的猪、马、羊、鹿、人的骨骼。由于甲骨是商王与诸位祖先、各种神灵进行沟通、交流的重要媒介，因此在原料的选取上颇为慎重，整治、钻凿、刻划等程序更是十分严格。占卜时所用龟的腹甲，一般甲首里面均铲平，不留边缘，甲桥只留一小部分，甲桥与腹甲连接处呈钝角，边缘呈弧线状。背甲有两种处理方式，一种是从中脊锯开，一分为二，边缘经修整刮磨，近梭形；另一种是将完整的背甲剖开之后，锯去首尾两端，边缘修整成弧线，整个形状近似鞋底形，有的中部还有圆孔。殷墟出土的占卜所用的牛肩胛骨都要加工，削去反面直立的骨脊并加以磨平，锯去骨臼的一部分并将臼角切去，然后将正、反两面刮磨光滑。整治和处理后，还要在龟甲和兽骨的背面进行凿、钻。这些加工都是为了占卜灼龟时，能在正面呈现出卜兆。占卜时，用炭火烧灼甲骨的凿钻处，使甲骨的正面出现卜兆，然后根据卜兆的形态和走向，判定吉凶。最后，把所占问的事情契刻在甲骨上。

商王及少数王室贵族拥有专门的占卜机构。商王掌握的占卜机构既要占卜国家大事，又要占卜王的日常生活琐事，且一事多卜，从正面、反面反复卜问，因而卜事极为频繁。甲骨的整治、占卜、契刻或占卜以后甲骨的处理等都需要专人负责，因此，占卜机构的人员众多。这些人大多是经过训练、技术娴熟的专业人员，在各项工作中都有一定的操作规程。所以，我们见到的卜甲、卜骨已经相当规范化了。

甲骨文和殷墟考古

甲骨文是中国发现的最早的、较为成熟的、成体系的文字，也是中国最早的文献记录。那么出土的甲骨文材料的数量究竟有多少呢？这是一个最基本的问题，也是公众颇为关心的话题。甲骨文自 1899 年发现以来已有一百多年，由于种种原因，很多甲骨或保存于私人手中，或分散于中国各大博物馆、大学等机构，或流散于欧美、日韩等国家。国内外公、私机构现藏甲骨的实际数量，据初步统计，有 13 万片左右。

说到甲骨文，就不能不提王懿荣和殷墟。1899 年，金石学家王懿荣在北京发现中药店中所售龙骨上刻有一些很古老的文字，意识到这是很珍贵的文物，就开始重金收购，进而考证出这些"甲骨文"是"殷人刀笔文字"。1900 年八国联军入侵，王懿荣自尽，甲骨转归刘鹗所有。古董商贩为谋利，封锁甲骨来源消息。后罗振玉等学者多方探求，得知甲骨来自河南安阳小屯村，于是多次派人去那里收购甲骨，并对其上的文字做了一些考释，认为小屯就是文献上所说的殷墟。其后，王国维对这些甲骨文上的资料进行了考据，进一步证实这里就是盘庚迁都的都城。

1928 年，在国立中央研究院历史语言研究所所长傅斯年的大力支持下，董作宾与临时工作人员组成考古

殷墟遗址博物馆收藏的刻有甲骨文的兽骨

队，开始对殷墟进行第一次为期 18 天的试掘，总共出土 800 余片有字甲骨以及铜器、陶器、骨器等多种文物。中国现代考古学由此发端。1929 年春，由李济主持对殷墟的正式发掘。到 1937 年抗日战争全面爆发，共进行了 15 次科学发掘。1950 年以来，中国科学院及中国社会科学院又重新开始发掘工作，至今未中断。

甲骨文研究和"四堂"

自 1899 年王懿荣第一个购藏、鉴定甲骨文起，经过几代学者的不懈努力，对于甲骨文的认识和研究已取得了丰硕的成果，其中有四位里程碑式的人物，为甲骨学的形成、发展与传播奠定了坚实的基础，做出了突出的贡献。

1939 年，著名的古文字学家唐兰先生就非常精辟地指出："卜辞研究，自雪堂导夫先路，观堂继以考史，彦堂区其时代，鼎堂发其辞例，固已极盛一时。"雪堂是罗振玉的号，观堂是王国维的号，彦堂是董作宾的字，鼎堂是郭沫若的曾

用名，四位学者的字、号或名均有"堂"字，被誉为"甲骨四堂"，是甲骨学中绝对的殿堂级人物。

罗振玉（1866—1940），字式如、叔蕴、叔言，号雪堂，又号贞松，是中国近代著名的金石学家、目录学家、古文字学家、敦煌学家。罗振玉首先确切打听到甲骨文出土地为安阳小屯，明确甲骨文是盘庚迁殷以后"殷室王朝遗物"。他还是当时私人收藏甲骨最多的学者，并考释出大量的单字，首创了对卜辞进行分类研究的方法，先后出版了《殷商贞卜文字考》《殷墟书契》《殷墟书契考释》《殷墟书契菁华》等著作，为甲骨文字的公布、考释和研究提供了重要的资料。可以说，罗振玉是甲骨学的奠基者，开创之功巨大。

王国维（1877—1927），字静安，号观堂，是中国近代最著名的学者之一，在哲学、文学、戏曲、美学、史学、古文字等方面均有深厚的造诣。王国维与罗振玉既是师徒，又是至交，还是亲家，并缔造了殷墟考古之前甲骨学研究史上

的"罗王之学"。王国维不仅在考释文字方面多有突破，更为可贵的是，他利用甲骨文考证、研究商代历史与典章制度，比如证实了《史记·殷本纪》的商王世系，纠正了其中以报丁、报乙、报丙为序的错误等，将甲骨学推向了一个新的阶段。此外，王国维还是最早对甲骨断片进行缀合的学者，极大地提高了甲骨的学术价值。

董作宾（1895—1963），原名守仁，字彦堂，号平庐，是著名的考古学家和甲骨学家。董作宾于1922年进入北京大学研究所国学门，师从王国维。1928年，国立中央研究院历史语言研究所筹备处成立后，董作宾受聘主持了第一次殷墟考古工作，并参加了后来的历次发掘。董作宾历尽艰辛，将殷墟考古所得甲骨整理出版，在刊布材料方面贡献巨大。他在1933年发表的《甲骨文断代研究例》中提出了"五期说"和"十项标准"，为甲骨学建立了科学研究体系，具有划时代的意义。

郭沫若（1892—1978），原名开贞，号尚武，曾用名鼎堂。郭沫若不仅致力于甲骨文资料的整理、文字的考释，最为重要的是他以历史唯物主义为指导，利用甲骨文资料研究商代社会历史。其代表作有《卜辞通纂》和《甲骨文字研究》。

021

镇国之宝，礼器之尊

后母戊鼎

年　代：商后期，约公元前 14—前 11 世纪

尺　寸：通高 133 厘米，口长 110 厘米，口宽 79.2 厘米

材　质：青铜

出土地：1939 年河南省安阳市侯家庄武官村

收藏地：中国国家博物馆

青铜鼎是中国商周时期最为重要、最具代表性的礼器，甚至是权力和地位的象征。我们现在常常提起的"禹铸九鼎""一言九鼎""问鼎中原""三足鼎立"等成语和故事都与之有着密切的联系。在众多的青铜重器之中，商代的后母戊鼎以其体积最大、分量最重、精美的纹饰、高超的工艺和曲折的经历，成为最耀眼夺目的礼器"明星"。

礼器之尊

后母戊鼎是目前中国发现的体积最大、分量最重的青铜礼器，是当之无愧的青铜器家族中的"巨无霸"，也是社会知名度最高的青铜礼器，家喻户晓，蜚声中外。后母戊鼎口沿方折，上面有两个立耳，鼎身为长方体，深腹平底，腹下有四个圆柱状足（其上半部中空）。鼎耳外廓饰双虎食人头纹，耳侧饰鱼纹。鼎身装饰以云雷

后母戊鼎

纹为地纹的兽面纹和夔龙纹，四面相交处有扉棱。鼎足上部装饰兽面纹，下部则为三道弦纹。该鼎腹内铸有呈品字形排列的"后母戊"三字铭文。后母戊鼎硕大厚重、庄严沉稳、装饰华丽、繁简适宜，整体具有恢宏雄霸的气势。

铸造这样一件庞然大物，是如何完成并实现的呢？首先，肯定是要准备好充足的原料、足够的人员、开阔的场地等；其次，由专业的陶工为大鼎制作模范，并雕刻好纹饰、铭文；再次，由炼工按一定的比例配置铜、铅等金属料块，在窑炉中将其熔化成合金液体，然后注入大鼎的模范内。仅仅这一铸造工作的环节，就需要数以百计的人员同时参与，规模之大、忙碌火热的场景可想而知。这还要有统一的指挥、合理的分工以及紧密的协作，稍有差错，很可能就功亏一篑。最后，浇铸完成，冷却定型，就可以除去模范，得到大鼎了；再用磨工将大鼎打磨光亮。众所周知，青铜主要是铜、锡、铅的合金，合金成分分析的结果表明，后母戊鼎的铜占84.77%，锡占11.64%，铅占2.79%，与殷商一般青铜器的成分基本相同，并且与《周礼·考工记》上所说的"六分其金而锡居一"的记载基本吻合。因此，完全可以说，后母戊鼎是中国殷商时期文明发达、科技先进的最好物证，它的出土直观证实了殷商时期的科技发展水平。

国宝经历

后母戊鼎的名气，不仅仅因其体积大、分量重、纹饰精、工艺高，还与其曲折的经历有着密切的关系。1939年3月，河南安阳武官村村民吴希增等在农田中掘获后母戊鼎，出土时双耳断损。因日伪搜寻，出于民族利益与情感，村民又将其埋于地下。1946年7月，安阳县古物保存委员会获悉后母戊鼎的埋藏地点后，在当地驻军的协助下将其从武官村再次掘出，陈放于萧曹庙供社会各界参观。不过，此次后母戊鼎重见天日，只保留下了一只耳，而另外一只耳至今下落不明。1946年10月，后母戊鼎作为蒋介石六十寿辰的寿礼被运往南京。

1949年4月，中国人民解放军解放南京，后母戊鼎未被运往台湾，留在"中央博物院"筹备处。1950年3月，"中央博物院"筹备处更名为南京博物院，后母戊鼎成为南京博物院的藏品。之后，专业人员修复后母戊鼎，为其仿制并装配了缺失的一耳。因此，我们现在见到的后母戊鼎，有一个耳并不是"原配"，若有兴趣，可以辨别一下，考考自己的眼力和鉴别力。1959年3月，后母戊鼎被调入正在筹建的中国历史博物馆，也就是现在中国国家博物馆的前身。

命名波澜

围绕着这件青铜大鼎，还有一个历来争论不休的问题，就是该鼎的名字是"司母戊"还是"后母戊"。其实关于青铜器的改名或者命名存在不同意见，并不是什么稀罕事，但是这件铜鼎的命名不仅在学界是个焦点，在社会上也是个备受关注的热点。2010年到2011年，该青铜大鼎的收藏机构中国国家博物馆在图录和展览中将以往命名的"司母戊

鼎"改称为"后母戊青铜方鼎""后母戊鼎"，激起了不小的波澜。

"司""后"之争，由来已久，至今尚无定论。1946年7月，也就是这件青铜大鼎再次出土后不久，《申报》特派员邵慎之将其铭文释为"后妻戊"；而学者张凤在"《中央日报》"发表文章将其释为"司母戊"，自此就拉开了关于该鼎名称中"后""司"之辩的序幕。一些著名的考古学家、古文字学家和历史学家，如夏鼐、董作宾、郭宝钧、容庚、曾昭燏、翦伯赞、陈梦家、胡厚宣等，都赞成"司"。他们认为，"后"这个字用于帝王配偶是在春秋才出现，《白虎通》中记载"商以前皆曰妃，周始立后"。殷墟卜辞当中并没有此用法，而是以"毓"字来描述王后。有学者经考证后认为"司"字应当是"祭祀"之意。周礼的四时祭祀分别名叫祠、祠、尝、烝，"祠"字金文省作"司"是合理的。因此这件青铜大鼎，自1959年入藏中国历史博物馆并展出至21世纪初，"司母戊"之名沿用了约60年，具有了相

人面纹方鼎·商

当的社会认知度。不过，另有一些专家和学者，根据新的学术研究与成果，主张应称作"后母戊"。不管怎样，这种探讨无疑会加深人们对这件青铜大鼎的了解、认识和喜爱。

022 来自昆仑山的馈赠
玉簋

年　代：商武丁时期，公元前 1250—前 1192 年

尺　寸：通高 12.5 厘米，口径 20.5 厘米，足径 14.5 厘米

材　质：玉

出土地：1976 年河南省安阳市殷墟妇好墓

收藏地：中国国家博物馆

现代考古学家夏鼐先生曾说："全世界有三个地方以玉器工艺闻名，即中国、中美洲（墨西哥）和新西兰，其中以中国的最为源远流长。"中国玉文化的发展从旧石器时代晚期开始，工艺日益成熟。到了商代，商都殷墟不仅成为当时最大的玉器生产中心，并且开辟了以和田玉为主体的玉器新时代。

殷商灿烂文明的宝库——妇好墓

妇好墓位于河南省安阳市北郊小屯村。1975 年冬天，中国农村兴起"农业学大寨"的热潮，此热潮的重要举措之一就是平整土地。小屯村西北方向，大约高出村庄 80 米的小土冈成了村民决定平整的对象，土冈形状类似三角形，东窄西宽，面积约一万平方米。由于此处是殷墟重点保护区，按规定不宜动土，但囿于形势，不便直接阻止，因此中国社会科学院考古研究所安阳队的同志率先对此地进行了考古

钻探，很快就发现了建筑基址遗迹，从而拉开了妇好墓考古的序幕。

　　1976 年春，由考古学家郑振香、陈志达率领的考古工作队正式进驻此地，开始全面的考古发掘。5 月 16 日，工人何保国使用探铲在 8 米深处正式发现墓葬。经测量，墓口长 5.6 米，宽 4 米，深 8 米，为一座面积约 20 平方米的竖穴墓。

　　发掘之后，出土了大量青铜礼器、武器以及各种不同用途的玉器、宝石器和象牙器等，随葬品总数达 1928 件，此外还有海贝 6800 枚，另有少见的阿拉伯纹绶贝、红螺等。在各种文化遗物中，最能体现殷墟文化发展水平的是青铜器和玉器。青铜器以礼器和武器为主，其中礼器 210 件，类别有炊器、食器、酒器、水器等。礼器中有铭文的 190 件，铭文凡 9 种，其中铸"妇好"或单一"好"字铭文的共 109 件，占有铭文铜器的半数以上，且有较多的大型重器和造型较新颖的器物，如偶方彝、三联甗、鸮尊等。墓内所出武器有 130 多件，有钺、戈、矛和镞等，以戈为数最多，是主要的武器，镞也较多。墓内随葬玉器 750 多件，以深浅不同的绿色为主，褐色的占一定比例，白玉很少，其类别有礼器、武器（似为仪仗）、工具、用具和装饰器等。这些玉器不仅充分反映了殷商时期治玉的技术水平，更重要的是展现出了当时光辉灿烂的玉文化。

妇好墓中的仿铜玉器

　　从妇好墓中出土的瑰丽多彩的玉器中，我们可以看出，从开料切割、琢磨成形、钻孔到抛光工序，都应用了娴熟的"勾""彻""挤""压"等制作手法。玉器种类有琮、璧、瑗、环、璜、玦、圭、戈、矛、戚、钺、刀、斧等大量礼仪性器物和其他装饰性器物，最为特别的是两件玉簋，是殷商时期颇为难得的玉制容器。

　　这两件同出的玉簋，虽然形制、纹饰不尽相同，但都与同时期的青铜簋相类似，可以算是"仿铜玉器"的代表。一件玉簋为白色，有黄斑；侈口圆唇，下腹微鼓，平底矮圈足；口沿下饰三角纹，腹饰饕餮纹三组，上下夹以弦纹；近底部饰菱形纹；足饰云纹及目纹。另一件玉簋为青绿色，敛口平唇，腹部微鼓，圆底矮圈足；腹部有四条扉棱，其间饰勾连三角纹，内填"S"形纹；足饰云纹。后者是中国目前发现的商周时期玉器中最早、最大的一件玉制容器。

来自昆仑山的馈赠

如此精致典雅的玉簋应该就是在殷墟制作而成。殷墟发掘出的玉器作坊遗址可以证实这一点。那么，玉簋的原料来自哪里呢？也就是说原料的产地是什么地方呢？是就地取材、在殷墟或者附近地区，还是更为遥远的其他地方呢？解答这些问题的关键，最基本的是要对这些玉器进行科学的分类和准确的鉴定。根据玉器的色泽、外观、硬度、比重几种简单的物理性质，最容易区分出来的就是硬玉和软玉两类。一般而言，玉器界人士将摩氏硬度为 6.75 ~ 7 度、比重为 3.2 ~ 3.3g/cm^3 的玉石称为硬玉，而将摩氏硬度为 6 ~ 6.5 度、比重为 2.55 ~ 2.65g/cm^3 的称为软玉。专家对妇好墓出土的约 300 件玉器进行初步鉴定，结果大部分玉器均为软玉，其中青玉较多，白玉较少，青白玉、黄玉、墨玉、糖玉更少，并且绝大多数都是产自新疆的和田玉，仅有少数几件为产自辽宁的岫岩玉和河南的独山玉。

妇好墓出土的白玉簋

玉簋

众所周知，殷商王朝的政治和文化核心区域就在安阳，而殷墟出现如此众多的和田玉产品，必定需要大量来自新疆的原料，而且得到这些原料一定要有保持较为长久、稳定和顺畅的输入渠道。那么，当时的新疆，即便不在殷商王朝直接、有效的政治统治、军事控制的势力之内，也必然与殷商王朝保持着密切且频繁的物质文化交流与往来。试想一下，在交通不便、设施不发达的三千多年前，相距万里的中原与西部新疆之间就存在着如此规模的交流，是一件多么不易的事情呀！难怪有不少学者提出，早在西汉张骞打通丝绸之路之前，中原与西部地区就已经存在着一条"玉石之路"。

铜柄玉矛·商

金玉良缘

商代玉器极具时代特征，与灿烂的青铜艺术、甲骨文字构成了殷商时期独有的艺术品类别。有意思的是，商代青铜和玉器还出现了镶嵌与合铸的形式，这种铜玉合铸、铜玉镶嵌技艺已取得惊人的成就。经后人使用 X 光测定，商代铜柄玉戈、铜柄玉矛等兵器就是玉与青铜合铸而成的。

023 一位女将军的传奇
妇好鸮尊

年　代：商武丁时期，公元前 1250—前 1192 年
尺　寸：通高 45.9 厘米，口长径 16.4 厘米，盖高 3.2 厘米，
　　　　足高 13.2 厘米
材　质：青铜
出土地：1976 年河南省安阳市殷墟妇好墓
收藏地：中国国家博物馆

　　殷墟是一座巨大的地下宝库，数以千计的墓葬涵盖了商王、贵族、平民等各个阶层的各色人物，是当时社会状况的真实再现。其中，妇好墓是迄今为止殷墟发掘的高等级墓葬中保存最为完整的一座。这位妇好，在文献中可以找到记载，既是王后，也是女将军，还是祭司，而墓葬中出土的器物也见证了她传奇的一生。

造型独特的青铜尊

　　1976 年 5 月至 6 月，中国社会科学院考古研究所安阳工作队的考古人员在今安阳小屯村北发掘了著名的殷墟妇好墓（编号 76AXTM5）。这座墓葬保存完好，没有遭到过任何扰动或破坏，随葬器物极其丰富、精美，是迄今为止殷商王室墓中最完整的一批资料，对于研究殷代的历史、考古、艺术等方方面面都具有极为重要的价值。妇好墓中出土的随葬器物多达 1928 件，另外还有海贝 6800 枚。在如此众多

的随葬器物中，青铜器就有 430 多件，约占总数的四分之一。而在这些青铜器中，有两件被称为"鸮尊"的器物，可以说是别具一格，独领风骚。

两件鸮尊，造型、纹饰、大小基本相同，堪称是一对"孪生兄弟"。鸮尊的整体造型就是一只鸱鸮，鸮首浑圆，略微仰起，宽喙内钩，圆目突出，双耳竖立；颈部短粗，胸部前挺，双翼收拢于身侧；两足粗壮有力，四爪着地，宽尾下垂，鸮的背部至颈部有一半圆形宽鋬。鸮首分为前后两部分，前半部分与喙部、颈部相连，喙上饰饕餮纹。耳羽内各饰一条倒立的夔龙纹，龙首有角，大口张开，龙身弯曲向上，龙尾内卷；耳羽背面饰有"W"形状的条状纹饰。后半部分为一半圆形盖，铸有高冠、尖喙、宽尾的凤鸟；凤鸟身后是一长角、卷尾、作站立状的龙形盖钮。鸮尊颈部左右两侧各饰一条夔龙纹，首尾有两个头，一只龙头伸至鸮喙，口向上，足前伸；一只龙头伸至鸮翼上方，口向下，足前屈。鸮尊的前胸中部饰有一个牛面饕餮纹，头上长有一对大角，双眼鼓出为椭圆形。翅膀前端饰有三角形头的长蛇一条，蛇身紧盘，上饰对角雷纹，蛇尾与翅并行。鸮尊粗壮的双腿上各有一条头向下、口大张、身子竖直向上，尾部卷曲的夔龙纹，双足似蹄，饰四个蝉纹表现出四爪。尾的上部饰一只圆首尖喙、展翅欲飞的小鸮，鋬的上端饰兽首，鸮尊从面部至前胸，有一条凸起的扉棱，所有的纹饰以

🐦 **妇好鸮尊背面**

扉棱为中心线，左右对称分布。鸮尊口内的下侧铸有铭文"妇好"二字。"妇好"是墓主人在世时的称谓，因此，这两件鸮尊应该是妇好生前专门铸造的礼器。

鸮尊的造型形象生动，巧妙传神。整体造型是一只气宇轩昂、威猛神气的鸱鸮。除此之外，还饰有夔龙、凤鸟、蛇、牛、小鸮等，合理、巧妙地分布在鸮尊的不同部位，更加强烈地衬托出了鸮尊威武的气势。另外，鸮的双足与宽尾共同着地，构成尊器稳定的三个支点，共同支撑着整个器尊的重量平衡。

鸮的崇拜

鸮，或写作枭，也称鸱鸮，就是俗称的猫头鹰，长期以来在中国一直被认为是形貌与声音都很丑恶的不祥之鸟，因此基本没有以之为主题的装饰或者图案。

但是在遥远的新石器时代到商周时期，人们对鸮的认识却不大相同，因此鸮的境遇也就与此相反。从考古发掘资料来看，鸱鸮题材的器物或装饰，从远古时期就已颇为常见了，黄河、长江及辽河流域的仰韶、齐家、良渚、红山文化之中都有发现。殷商时期，鸱鸮类题材的器物更为流行，材质有青铜、玉、石和陶等，如殷墟西北岗商代晚期大墓中曾发现一件白石雕刻的鸱鸮，山西石楼、湖北应城、湖南长沙东山镇等地都曾出土过青铜鸮卣等。历史学家、考古学家刘敦愿认为："商代晚期的铜器之所以多鸮尊、鸮卣，与以鸮、虎为主要装饰的铜觥……显然含有来保护夜间的享宴生活的意图。"青铜器研究专家马承源认为，殷商时期青铜容器上鸮的形象应看作是"勇武的战神而被赋予避兵灾的魅力"。由此可见，鸱鸮在殷商人们的思想意识中占有非常重要的地位，应是当时人崇拜之物。

再看看妇好墓，除了2件鸮尊，还有玉枭器6件，其中圆雕4件，浮雕2件，是出土鸮形器物最多的殷商墓葬。这充分说明并证明了妇好对鸱鸮的喜爱，更加确切地说应该是崇拜。

妇好鸮尊

王后、祭司、巾帼英雄

为什么妇好如此崇拜鸱鸮呢？这应该与她的身份、职务有着密切的关系。那么，妇好又是何许人呢？

甲骨文中保存了不少关于妇好的史料。据不完全统计，在武丁时期，有关妇好的卜辞就达 200 多条，记载了妇好参加的活动是多方面的。首先，妇好是商王武丁的法定配偶，也就是说她是一名王后级别的人物。当时武丁有法定配偶妣戊、妣辛、妣癸三人，不过他最为重视的只有妇好（妣辛）一人。妇好出征讨伐敌军，武丁会占卜："妇好亡咎？"凯旋时，武丁会占卜："妇好其来，妇好不其来？"此外，武丁对于妇好的生育问题也倍加关注。武丁时期有大量贞问妇好是否怀孕的卜辞，如："丁酉卜，宾贞：妇好有受生？王乩曰：吉，其有受生。"商人把怀孕叫作"受生"，占卜妇好生育，武丁都亲自出面占断卜兆，可见其对妇好的关心非同一般。

其次，妇好曾在商王命令下主持过一系列的祭祀典礼。在一次由妇好主持的祭典上，她还曾杀死

🦉妇好鸮尊局部

十个俘虏作为牺牲。"国之大事，在
祀与戎。"在商朝，主持祭祀之人往往
是商王本人或统治阶级中的重要人物。
祭祀是商王室的一项重要活动，祭名和
祭法也十分多样。各种祭祀活动主要由
商王亲自主持，但也命其忠臣或亲信代
行，武丁曾多次命妇好主持祭祀。妇好墓
中出土了大批用于宣享和祭祀的青铜器和
甲骨，据此可知，妇好生前受命主持祭祀
盛典的次数很频繁。如："乙卯卜，宾贞：
乎（呼）妇好屮（侑）服（俘）于妣癸。""丁
巳卜，橘，妇好御于父乙。"这些卜辞
都说明了妇好进行祭祀的问题。

　　第三，妇好还是一名威风凛凛、声
名赫赫的女统帅，她曾亲自率领军队对
北方的土方、西方的羌方、东方的夷和西南的巴方作战。
据甲骨文中的记载，妇好曾一次率领一万三千人对羌
方作战，这是目前所知商朝参加人数最多的一次战争。
商王武丁时期著名的将领都曾效力于她的麾下。

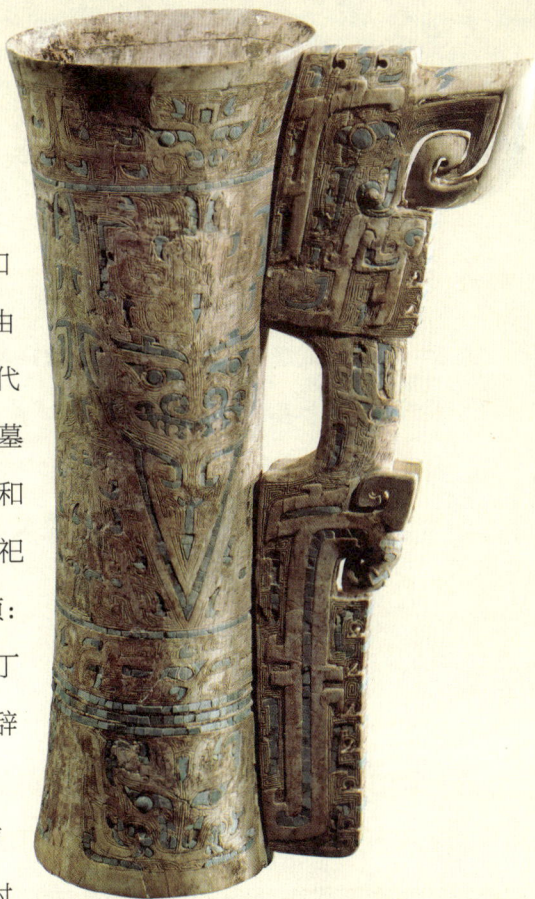

象牙雕兽面纹嵌绿松石杯·商

出土于河南省安阳殷墟妇好墓。墓中随葬的象牙杯共有三件，都是使用整段的象牙雕刻而成，充分展现了殷商王室贵族对象牙工艺品的喜爱。现藏于中国考古博物馆。

024 | 商文化背景下的三苗生活
四羊方尊

> 年　代：商晚期，公元前 1300—前 1046 年
> 尺　寸：通高 58.6 厘米，上口最大径 44.4 厘米
> 材　质：青铜
> 出土地：1938 年湖南省宁乡县黄材镇
> 收藏地：中国国家博物馆

在中国的远古时期，传说曾存在过炎黄部落联盟（华夏集团）、蚩尤部落联盟（苗蛮集团）和东夷集团。这三大古代氏族集团在中华大地上纷争、融合，构筑了一个史诗般的英雄时代，也成为中华民族与文明形成的重要根源。黄帝蚩尤大战，蚩尤部落战败后余部南迁又组成了"三苗"部落联盟。到了殷商时期，三苗所在的以两湖平原为中心的广大地区既是商王朝的南土，也有土著势力。而四羊方尊就是三苗文化的典型代表。

受尽磨难的国宝

1938 年 4 月的一天，湖南省宁乡县黄材镇的转耳仑山，姜景舒三兄弟正在半山腰挖土种红薯，无意间将这件已在地下沉睡了 3000 多年的四羊方尊挖了出来。只是方尊的口沿被敲掉了手掌大小的一块碎片。宝物出土的消息不胫而走，当地古

董商张万利闻讯后就立即找上了门，用 400 大洋购买了这件宝物。卖掉宝贝时，姜景舒将之前不小心敲掉的碎片留了下来，当作纪念。后来，四羊方尊被转手卖到了长沙，幸亏当时长沙县政府派人查处，没收四羊方尊，交由湖南省政府保管，收藏于湖南省银行。日寇进逼长沙时，四羊方尊迁往沅陵。不幸的是，四羊方尊在日机轰炸下碎作 20 余块。此后，这些国宝碎片一直被丢弃在湖南省银行仓库的木箱内，无人问津。

中华人民共和国成立后，在周恩来总理的亲自过问下，1952 年，四羊方尊被湖南省文物管理委员会专家蔡季襄重新找出来，由文物修复大家张欣如进行了拼合、修复，这件宝物恢复了往昔的风貌。1959 年，四羊方尊被调到中国历史博物馆，从此一直"定居"于北京。1963 年 7 月，湖南省博物馆原馆长高至喜调查四羊方尊当年的出土情况时，找到了当事人姜景舒，见到了其家尚保存的四羊方尊口沿部分的一块（长 10 厘米、宽 8 厘米、厚 0.3 ~ 1 厘米）。1977 年 6 月 3 日，姜景舒将保存达 39 年之久的四羊方尊残片捐献给国家。

四羊方尊局部

四羊方尊

方尊的工艺之美

四羊方尊是中国青铜铸造史上最伟大的器物和艺术品之一。它造型奇特，器身为方形，口沿外敞，长颈挺拔，腹部鼓出，下有方形高圈足。颈部饰三角形夔龙纹和兽面纹，前者为纵向分布，后者则是横向展开。肩部四面正中装饰立体龙纹，双角直立；四角分别为高浮雕一只羊，其头部和颈部伸出器外，羊角内卷，粗壮有力，双目凸出，炯炯有神；羊的身躯向下延伸，尊的腹部即为羊的前胸，羊腿浮雕于尊的高圈足上。圈足装饰夔龙纹，与颈部的纹饰相呼应。该器通体以云雷纹为地纹。同时，该器的四个边角和四面的中线上装饰扉棱，既增强了造型的气势、丰富了装饰的种类，也巧妙地掩盖住了铸造中合范时留下的瑕疵。而这种长钩状扉棱是中国长江流域殷商时期青铜器纹饰的一个显著特色。该器通体漆黑光亮，饰纹美丽，铸造精良，集浅雕、浮雕、圆雕为一身，充分展现出了商周时期青铜器装饰中"三层花"的效果，堪称中国商代青铜器工艺品中的杰出代表。尤其是四个突出的羊头，起到了画龙点睛般的效果，使整件器物焕发出了巨大的活力，给观赏者造成极强的视觉冲击和心理震撼。这件方尊纹样繁缛，但是主题突出；神秘、古朴，又不乏意趣、活力；造型稳重雄奇，但是又不乏灵动、平和；刚柔相济，将直线与曲线完美地结

🔴 **龙虎尊·商**

这件商代青铜器出土于安徽省阜南县，应为商代晚期的青铜器代表，现藏于中国国家博物馆。

合在一起；整体装饰精美绝伦，将平面与立体充分地融合为一身。

如此精美的器物，不仅仅需要巧妙的设计，甚至是非凡的想象力，更需要高超的制造技艺。四羊方尊是用复合陶范及分铸法做成的。尊体铸型以扉棱为界，分为口颈、肩腹和圈足三大段，用范 24 块，加上尊腔、圈足泥芯和盖范各 1 块，总共由 27 块范、芯组成。羊角和龙头都要事先铸成，嵌入范中，浇注时再和尊体铸接。这种巧妙的分铸法和高超的合范技术使得四羊方尊呈现出浑然一体的效果。

宁乡青铜器和三苗文化

四羊方尊的出土地湖南省宁乡县（今已改为县级市），就湖南本省而言，可谓一处独特的"青铜器之乡"，此地出土了大量的商周时代青铜器，数量达 300 件之多。除了四羊方尊，还有人面纹方鼎、虎食人卣、象纹大铜铙、兽面纹提梁卣、兽面纹大铜瓿等，均体现了中国商代青铜文化的高度发达。这些青铜器的造型，生动且写实，与中原地区出土的同类青铜器所表现的庄严古朴明显不同，显得清新秀丽。

据史籍记载，宁乡之地属三苗。三苗之聚居地在历史典籍中的记载变化多样，但是湖湘之地作为三苗旧地，争议并不大。《战国策·魏策一》载吴起说："昔者三苗之居，左有彭蠡之波，右有洞庭之水，文山在其南，而衡山在其北。恃此险也，为政不善，而禹放逐之。"足以证明三苗的聚居地所在，此类资料还很多。虽然在商代甲骨文的记载中没有明显的关于三苗的内容，但是考古发掘的资料已经显示出了宁乡这个地方在青铜文化上和殷商所处的中原之地的差异性，可见，对于三苗文化的研究还需要更多的资料加以证明。

025 | 连接天地，沟通神入
青铜神树

年　代：商，公元前 1600—前 1046 年
尺　寸：通高 396 厘米
材　质：青铜
出土地：1986 年四川省广汉市三星堆二号祭祀坑
收藏地：三星堆博物馆

中华文明源远流长，在起源和发展过程中形成了多元一体的格局，不同地区间文化、人群的交流与互动，共同促进了中国古代文明的繁荣。古蜀文明是中华文明的一个重要组成部分，从空间上看，古蜀文明主要分布于以成都平原为中心的四川盆地西部；从时间上讲，古蜀文明大致可以分为五个阶段。其中，三星堆文化是古蜀文明发展中的第一个高峰。

揭开三星堆的神秘面纱

1986 年 7 月至 9 月，考古工作者在四川省广汉市三星堆连续发掘了两个祭祀坑，使三星堆遗址立即成为世界注目的焦点，可谓一举成名。广汉市地处四川盆地的腹心地带，而所谓的"三星堆"，实际上就是三个起伏相连的黄土堆，顶部为椭圆形，南北长、东西窄，最高处高出地表约 10 米。三星堆作为一处古代遗址，早在 1929 年

青铜神树

春天已被发现，从 20 世纪 30 年代初至 80 年代初的 50 年间，相关文物考古机构曾对其进行过多次调查和发掘，出土了一定数量的陶器、玉石器、房址、窖穴等遗物和遗迹，并提出了"三星堆文化"的命名。只不过由于考古材料比较零碎，没能引起广泛的社会关注，知名度和影响力十分有限。三星堆命运的巨大转机就发生在 1986 年那短短的两个多月，两个祭祀坑相继被发现，出土了金、铜、玉、石、骨、陶、象牙等质料的文物。其中，一号坑内出土器物 300 余件，二号坑内 800 余件，数量众多，精美绝伦且独具特色。至今，一提到三星堆，人们的脑海中自然而然地就会浮现出长着"千里眼、顺风耳"的青铜面具，身穿"燕尾服"的青铜立人像，还有金光熠熠的权杖等。当然，还必须要有这件枝繁叶茂、挺拔壮丽、造型奇美、堪称"青铜树王"的神树。

青铜神树上的神鸟

青铜铸造的东方神木

二号祭祀坑中共出土青铜神树 6 株，可分为大小两种，其中最高大的一株、也是保存状况最好的一株，残存的高度为 3.96 米，估计其完整高度应该在 5 米左右。如此体量的青铜树，在商周时期是绝无仅有的。这件青铜神树由底座和树的干枝两大部分组成。底座为圆形喇叭状，由三个拱组成。树干笔直挺拔，下端接铸于底座的正中，树根外露，树干上有三层树枝，每层又可以分

金面铜人头像

通宽 19.6 厘米，通高 42.5 厘米，三星堆二号祭祀坑出土。这件铜头像为平顶，头发向后梳理，发辫垂于脑后，发辫上端用宽带套束，具有浓郁的地方民族发式风格。一般认为，这种金面造像代表社会最高层地位的人，他们手握生杀大权，并具有与神交流的特殊技能。

为三个枝丫，共有九条树枝。树枝均柔和、自然下垂，枝条的中部伸出短枝，短枝上有镂空花纹的小圆圈和花蕾，花蕾上各有一只昂首翘尾的小鸟。在二、三层树枝与树干相连接处都套有一个炯纹圆环。树干的顶部已经残缺，上面原来应该也有一只小鸟。加上其他树枝上的九只小鸟，共计有十只小鸟。在树干的一侧有四个横向的短梁，将一条身体倒垂的飞龙固定在树干上。

这件青铜树设计巧妙，造型奇美，层次清晰，浑然一体。仅仅从艺术和审美的角度来讲，这件器物都绝对称得上是一株令人拍案叫绝的青铜神树了。艺术源于生活和现实，如果我们据此进一步追问，这件青铜神树又源自古人当时什么样一种生活状况或者思想状态呢？首先，神树底座铸有三个拱形，象征着连绵起伏的三座神山，上面饰云纹，似有祥云缭绕。树枝上有十只立鸟，鸟在中国古代常常代表太阳，因此树上共有十个太阳，这可以很轻易地让我们联想到"后羿射日"的神话故事。《山海经·海外东经》中记载："下有汤谷。汤谷上有扶桑，十日所浴，在黑齿北。居水中，有大木，九日居下枝，一日居上枝。"《山海经·大荒东经》："汤谷上有扶木，一日方至，一日方出，皆载于乌。"其中所记的扶桑、扶木是同一种树，是东方神木。与此相对应，这株参天挺拔的青铜神树就是扶桑的象征，是一株太阳神树。神树上有一条龙沿树干蜿蜒而下，寓意这条龙借助神树，可上下于天地之间，起着沟通天地的作用，这么说来，这株神树还具有"天梯"的功能和性质了。

026

武王伐纣的历史证据
天亡簋

年　代：西周早期，公元前 1046—前 996 年
尺　寸：通高 24.2 厘米，口径 21 厘米，底径 18.5 厘米
材　质：青铜
出土地：清道光年间陕西省眉县
收藏地：中国国家博物馆

　　商周之际，发生了一场关乎朝代更替的决定性战争——"武王伐纣"。商周双方交战于牧野，周武王只用了一天的时间就取得了胜利，随后命人迁九鼎归于周，象征统治天下权力的递嬗。而商纣王则自焚而死，成为亡国之君。武王伐纣一直是中国古代历史和社会的焦点事件。由于记载的原因，对这一事件的研究聚讼颇多，而中国国家博物馆所藏的天亡簋则是这一事件的有力佐证。

西周初年的礼器

　　天亡簋，清朝道光年间出土于陕西省眉县，曾一度为著名收藏家、金石学家陈介祺所收藏。不过，在很长一段时间内，天亡簋都杳无音信，踪迹难觅。直到 1956 年，天亡簋突然现身于上海，北京故宫博物院的专家及时将其收购，并带回了北京，不久后转由中国历史博物馆收藏。

🌀天亡簋·西周

　　天亡簋是一件非常著名的西周初期的青铜礼器，其形制、纹饰特征鲜明，加之铭文内容重要，因此也是一件极为重要的西周铜器断代的标准器。天亡簋为侈口，束颈，深腹略外鼓，圈足，圈足下连铸一方座。从口沿下至腹部，铸有四个内卷角的兽首耳，耳下带有宽厚的长方形垂珥。天亡簋的腹部和方座四面饰两两相对的蜗体夔龙纹，阔口大张，显露出尖锐的牙齿，长鼻上卷，圆目凸出，身躯蜷曲，状如蜗牛。无论是从造型，还是从纹饰来看，天亡簋都带有明显的西周初期的特征。首先，我们来看天亡簋的四耳。簋是商周时期青铜礼器中非常重要的盛食器具，大约出现在晚商时期。簋的形式多种多样，就器耳来说可以分为有耳和无耳两大类。在带耳的青铜簋中，绝大多数都是对称的双耳，四耳铜簋的数量非常有限。从目前的考古发现来看，四耳青铜簋在殷商时期尚未出现，其使用年代主要是在西周早期，最晚也不过周穆王时期，可以说是周人的一种创新产品。四耳使青铜簋的造型更加气派、稳重，不过从实际用途而言，四耳青铜簋在使用过程中要比双耳簋更加麻烦，因此前者在出现之后并没有真正地广泛流行，到了周穆王以后就从青铜器中消失了。其次，我们要看看天亡簋的方座。迄今为止，在所有可知的带方座的青铜簋中，没有一件是殷商时期的器物，都是周朝的器物，因此可以说方座簋是周文化的产物。方座簋是簋与禁（摆放青铜酒器的几案）的结合物，因此方座簋也叫作禁簋。西周早期是方座簋的形制最具特征、最为丰富的时期，无论质与量，都处于发展的鼎盛阶段。从西周中晚期开始，方座簋式样单调，纹饰简陋，数量减少，开始走向衰落。最后，我们再看看天亡簋腹部和方座上装饰的蜗体夔龙纹。这种身躯蜷曲如蜗牛状的夔龙纹也仅仅出现于西周初期，

周成王、康王以后就消失了。

综上所述，从器型、纹饰上看，此簋作为西周初期的典型器是毫无疑问的。

武王伐纣的历史证物

天亡簋腹内壁有铭文 8 行 78 字，可释读如下：

乙亥，王又（有）大丰。王凡三方。王祀于天室，降天亡又（佑）王。衣（卒）祀于王不（丕）显考文王，事喜（饎）上帝，文王德在上。不（丕）显王乍（则）省，不（丕）肆王乍（则）庸，不（丕）克乞衣（卒）王祀。丁丑，王卿（饗），大宜，王降亡贶爵退囊。惟朕又（有）蔑，每（敏）扬王休于尊。白。

其大意是：乙亥这一天，周王在"天室"举行重大祭典，祭告其父周文王姬昌和天帝，由于他们的佑助，终于灭亡了殷商。一位名叫"天亡"的大臣助祭卖力，得到了周王的赏赐。天亡为了称颂周王的功德，因而制作此簋以为纪念。天亡簋铭文的史料价值重要，而文字又古奥难懂，因此，对该簋铭文考释者、研究者众多。由于学者们对作器者是什么人的看法、解读不一，器名也就诸说纷纭，如陈介祺将铭文中的"朕"误读为"聅"，并

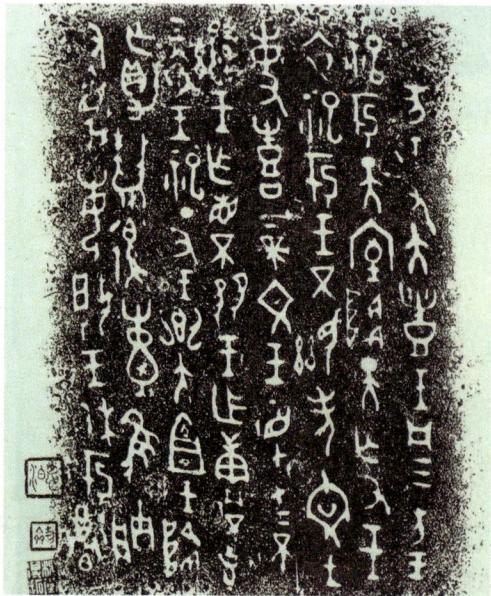

🔅天亡簋上的铭文

利簋·西周

这件青铜器高 28 厘米，口径 22 厘米，重约 7.95 千克，1976 年出土于陕西省临潼市，现藏于中国国家博物馆，其外壁上的铭文记录了周武王伐商的故事。

认为是毛公所作，因此称之为"聃簋"；唐兰称之为"朕簋"；郭沫若根据铭文"王有大丰"，定名为"大丰簋"；刘心源在《奇觚室吉金文述》中根据铭文"天亡又王"，称其为"天亡"。而"天亡"的赞同者较多，现已成为较为通行的命名。

天亡簋史料价值极高，其中所记的时间点和事件相当重要。铭文中称周文王为"考"，那么这位主持祭祀的周王一定就是周武王姬发。"不克乞衣王祀"明确地证实了周武王灭商这一重要史实。因此，在 1976 年利簋发现之前，天亡簋是唯一一件能够确证属于周武王时的器物，也是最早的一件能够确证武王伐纣的"地下材料"。仅从这一点来讲，天亡簋的价值就可想而知。结合《尚书·金縢》的记载，克商三年后周武王就病逝了，因此，铭文所记的"王祀于天室"一事只能发生在武王克商返周、他还健康的时候。这与《逸周书·度邑》《史记·周本纪》等文献中的记载一致。"天室"即为"大室"，本义是指太庙中央之室，泛指太庙。《尚书·洛诰》中说："王入太室祼。"孔传云："太室，清庙。"孔颖达疏云："太室，室之大者，故为清庙。庙有五室，中央曰太室。"这里指周的宗庙。说明武王灭商之后专门去宗庙进行了祭祀。

西周铜器分期断代的科学研究，肇始于 20 世纪 30 年代，郭沫若创立的"自身表明了年代的标准器"断代法，第一次将考古类型学方法应用于铜器研究。20 世纪末的夏商周断代工程，天亡簋都以其明确的王年、史事和典型的形制、纹饰，成为不可或缺的分期断代研究的可靠依据。此外，天亡簋铭文用韵协调、押韵成熟、韵律锵锵、朗朗上口，这在殷商时期的甲骨文和金文中是见不到的，开创了中国辞赋的先河，也是中国韵文的最早例证。另外，天亡簋铭文的字数接近 80 个，在西周的有铭铜器中并不突出，但是在目前所知的殷商、周武王时期的铜器中它的铭文字数是最多的，具有里程碑式的意义，可以称得上是后来出现的长达数百字铭文的西周铜器的"鼻祖"。

027

"宅兹中国"的西周往事
何尊

年　代：西周早期，公元前 1046—前 996 年
尺　寸：通高 38.8 厘米，口径 28.8 厘米
材　质：青铜
出土地：1963 年陕西省宝鸡市贾村镇
收藏地：宝鸡青铜博物院

武王灭商之后，面临的形势依旧不容乐观，周人自身的力量还比较单薄，殷商残余势力的威胁仍较为严重，可以说令当时刚刚建立王朝的周人领袖忧心忡忡、寝食难安。在这种根基未稳的严峻情况下，周武王一方面积极安抚殷商遗民，偃武修文，马放南山；另一方面则在固守关中基业的同时，选定伊洛流域为重点经营的中心地区。周武王的这一宏大战略部署在成王时最终得以实现，定都洛邑，修建宫室，会集兵力，为周朝七百多年的国祚奠定了坚实的基础。

废品收购站买来的国宝

1963 年初秋，阴雨连绵，陕西省宝鸡县贾村塬村民陈堆清早来到后院，不经意间发现坍塌的崖面有两道亮光。于是，他叫上妻子，搬来梯子，爬到崖上，用手刨出了一件铜器。随即两人将这件青铜器收藏在自己家中。后来陈堆离开宝鸡去固原，

何尊

而将此器交于兄弟陈湖保管。
1965 年，由于自然灾害，陈
家生活陷入困境，难以度日。
为了生计，陈湖将这件青铜
器卖给了废品收购站，以废
铜的价格换得 30 元钱。这件
青铜尊不久被宝鸡博物馆的
干部佟太放发现，佟太放感
觉这是一件珍贵文物，因此
就将此事汇报给了馆长吴增
昆，吴馆长便让当时的保管
部主任王永光前去查看。王

何尊铭文拓片

永光以 30 元的价格将此尊赎回，收藏在博物馆内。这
是该博物馆自 1958 年成立以来征集到的第一件青铜器，
因此备受重视。1975 年，国家文物局在北京故宫举办"全
国新出土文物汇报展"，这件青铜尊被调往北京展出。
著名的青铜器专家、时任上海博物馆保管部主任马承
源先生受命参与筹备，在清理何尊的铜锈时，他在器
物的底部发现了 12 行铭文，并进行了初步释读，将之
命名为"何尊"。文章发表后轰动了学术界，也使何
尊身价倍增。

　　从造型上看，何尊为圆口方体。颈饰兽形蕉叶纹，
与蛇纹组合，中段饰卷角兽面纹，圈足也为兽面纹，

以细雷纹为地纹，高浮雕，兽面巨睛利爪，粗大的卷角耸出于器表。全器上下有四条大棱脊，造型雄奇异常，本身就是一件难得的艺术品。

见证"中国"的出现

何尊内底有铭文，除损伤3字外，现存铭文12行，共计119字。铭文可大体释读如下：

惟王初迁，宅于成周，复禀武王丰福自天。在四月丙戌，王诰宗小子于京室曰：昔在尔考公氏克弼文王，肆文王受兹大命。惟武王既克大邑商，则廷告于天曰：余其宅兹中国，自之乂民。乌呼！尔有唯小子。亡识视于公氏，有劳于天，彻令。敬享哉！唯王恭德裕天，训我不敏。王咸诰何，锡贝卅朋，用作□公宝尊彝。惟王五祀。

整篇铭文的大意是：周成王姬诵开始在成周营造都城，对周武王举行丰福之祭。四月丙戌这一天，周成王在京宫大室中对宗小子进行训诫，内容讲到宗小子的先父公氏归随于周文王，文王受

到了上天所授予的统治天下的大命。武王在消灭"大邑商"之后，告祭于天说，我要以此天下四方的中心之地作为都城，来统治人民！成王还对宗小子说，你这个青年人应该看到你的父考公氏有勋劳于上天，要很敬重地祭祀啊！王有恭顺的德行，能够顺应上天，真是教育了我这个迟钝的人。成王的告诫结束后，何被赐予三十串贝。何为纪念这一荣宠，因而制作了这个祭祀的宝尊。时在成王第五个祭祀年。

从铭文可知，作器者名叫"何"，因此我们称这件器物为"何尊"。何尊的铭文记载了文王受命、武王灭商和成王完成武王遗愿营建成周洛邑这三个非常重大的历史事件。据史书记载，武王灭商后，为了巩固政权，利于统治，认为伊水和洛水一带地理形势很好，于是在这里初步建造了一座城邑，用来镇压、安抚殷商的残余势力和友国，从而保证西周的胜利果实。这就是《史记·周本纪》中所记"武王营周居洛邑而后去"。这得到了何尊铭文"武王既克大邑商，

史墙盘·西周

史墙盘高 16.2 厘米，口径 47.3 厘米，1976 年出土于陕西省扶风白村。盘底有铭文十八行，共计二百八十四字，是研究西周金文书法的重要资料。现藏于周原博物馆。

则廷告于天曰：余其宅兹中国，自之义民"的有力支持和证实。武王死后，成王年幼，周公摄政君临天下，不久就发生了武庚禄父联合管叔、蔡叔的共同叛乱。接着，东方的熊、盈等国族和东南的徐戎、淮夷也一起叛乱。平定了这些叛乱后，成王继续营造洛邑。这与何尊铭文"惟王初迁宅于成周"相吻合。另外，何尊的铭文中出现了目前所知最早的、明确提出"中国"这一专有名词，这对了解和认识中华民族的过去、现在和未来都具有重要意义和价值。铭文所记的"中国"在当时指的是洛邑为"天下之中"，是西周的"中心之地"，这清楚地表明了西周的建都原则，也开创了以后历代王朝的建都传统。

028 ｜ 礼乐征伐自天子出
宗周钟

年　代：西周晚期，公元前 877—前 771 年

尺　寸：通高 65.6 厘米，两铣间相距 32.5 厘米

材　质：青铜

出土地：不详

收藏地：中国台北故宫博物院

　　西周时期建立的礼乐制度对其后的近三千年的中国社会和文化产生了巨大而深远的影响。这套完备、严密的等级制度，是孔子心目中最为理想的社会制度，"天下有道，礼乐征伐自天子出。""礼云礼云，玉帛云乎哉？乐云乐云，钟鼓云乎哉？"可见，在西周的礼乐制度中，制礼作乐是和天子紧密相关的，而传世国宝宗周钟就是一件与周天子有关的青铜器。

西周时期的青铜钟

　　我们常说的"礼乐文明"或者"礼乐制度"是西周文化的一大特色。周公制礼作乐一说，千百年来一直被奉为美谈。孔子就曾发自内心地感慨道："周监于二代，郁郁乎文哉！吾从周。"礼乐最重要的物质载体就是相关的各种器物。如果说"鼎簋"是"礼"的象征，那么"钟"就是"乐"的代表。乐器的制作，根据所用材料的不

同，有"八音"之称，即金、石、丝、竹、匏、土、革、木八种。"金"指的是青铜，而青铜乐钟是其中最具特色和代表性的器类。青铜乐钟是在商代铜铙的基础上产生的，在西周时期发展成为世界青铜文化中一朵绚丽夺目的奇葩。

根据形状的不同，青铜乐钟可分为钟和镈两大类。桥形口者为钟，平口者叫镈。只是到了后来，平口的也有叫作钟的，如宋代大晟钟。就其悬挂部分来说，青铜钟又有甬钟和钮钟之分。甬形者，只用于钟，而不见用于镈；钮形者，则钟与镈二者兼有之。

以甬钟为例，让我们首先认识一下乐钟各部分的名称。钟体上端的柄状物叫作"甬"。"甬"的顶部叫作"衡"；悬挂钟体用的环叫作"斡"；甬上突出的凸带，用以衔斡，叫作"旋"。甬与钟体相连接的平面叫作"舞"。从"舞"往下到"枚"的两个边及中间的宽带叫作"钲"。两边"钲"的下面到口角这一段叫作"鼓"，中间"钲"下面的部分叫作"隧"。钟口的两个尖角叫作"铣"。桥形的口缘叫作"于"。钟体上乳钉状物叫作"枚"，枚的顶部叫作"景"，"枚"与"枚"之间的纹饰宽带叫作"篆"。

弄清楚了钟的各个部分，现在就让我们来欣赏一下著名的宗周钟。

王室礼乐的见证

宗周钟铸造精良，气魄宏大，装饰华丽，庄重典雅，在传世的青铜乐钟之中极为突出。这件铜钟舞上置圆柱形空甬，有旋有斡。钟体呈合瓦形，于口弧曲上收。二节圆柱形枚 36 个。这些突出、醒目的枚，彰显了宗周钟的华丽与气派。旋、舞均饰云纹，篆间饰双头龙纹，钲鼓部饰一对凤鸟纹。铭文在钲间四行，鼓左八行连到背面鼓右五行，共计 17 行，122 字，是西周铭文最长的单件乐钟。铭文大意为：周厉王时，南方的淮夷服子入侵周土，厉王便效法他的祖先文王、武王，亲自率领

宗周钟

宗周钟铭文局部

大军征讨，一直追到敌方的都邑，服子只好派遣使者前来迎接，并表示臣服。同时，南方及东方的 26 个邦国代表，也随同朝见。周厉王取得了战争的胜利，为了感激天帝及百神保佑，特意制作了宝钟，并祈求先王们降赐子孙福寿，安保四方太平。

铭文中有"对乍宗周宝钟"，因此在清乾隆十四年（1749）所编的《西清古鉴》中被称为"周宝钟"。铭

宗周钟铭文局部

文中有"鈇其万年"，"鈇""胡"音近可转，与文献中记载周厉王名胡相吻合，从而确定这件乐钟是周厉王时期的器物，也是一件罕见的周天子自作器，因此这件乐钟也曾被叫作"鈇钟"。

西周晚期，由于各种社会矛盾长期积累，政治危机不断加剧，西周王室已处于江河日下的颓势之中。周厉王面对这种困境，并未锐意进取，积极应对，反而通过残酷的手段压榨人民，攫取财富；重用佞幸小人，拒绝贤臣劝谏；严苛专横，通过高压政策钳制众口等等。这些倒行逆施进一步激化了矛盾，最终造成了国人暴动，周厉王出逃到彘地（今山西省霍州东北），至死也没能回到宗周或洛邑，弄得身败名裂，成为"暴君""暴政"的典型反面教材。这些"内忧"见于流传下来的先秦文献，其实周厉王时还面临很大"外患"，史书中却语焉不详。而宗周钟的长篇铭文较为详细地记载了周厉王亲征淮夷这段鲜为人知的史实，是西周晚期历史的重要补充。其中虽有自夸式炫耀的成分，但在很大程度上还是提供了丰富的信息，保存了重要的史料。

029 周王的祭祖典礼 钺簋

年　代：西周晚期，公元前 877—前 771 年
尺　寸：通高 59 厘米，口径 43 厘米，腹深 23 厘米
材　质：青铜
出土地：1978 年陕西省扶风县齐村
收藏地：宝鸡青铜器博物院

青铜簋是商周青铜礼器中颇为常见且非常重要的一类器物。在目前出土和传世的数量众多的青铜簋之中，明确的周王自作的青铜簋数量极为有限，而这件曾为周厉王所有的钺簋能够让我们见识并领略到"王器"的风采与气势，同时更能了解西周天子祭祀先王的种种礼仪。

天子作器，簋中之王

1978 年 5 月 5 日，扶风县法门公社齐村的村民在修陂塘时，于距离地面约 3 米深的一个灰窖中，挖出了一件青铜重器，就是钺簋。后来，村民将其与另外一件挖出的青铜簋（丰邢叔簋）一并上交到了博物馆。

钺簋器型厚重，敞口微侈，束颈，鼓腹，浅圈足略向外撇，下接方座。两兽耳，兽角卷曲突起，长牙卷向上方，下有卷云纹垂珥。颈部与足饰窃曲纹，器腹和底座

四面饰直棱纹，方座上部的四角饰兽面纹，纹饰质朴规整，相得益彰。直棱纹是商周青铜器上的一种重要装饰，尤其是簋形器，常以直棱纹为主体装饰。直棱纹最早出现在商代晚期，西周早期是它的兴盛期，西周中期之后开始衰落，到了西周晚期逐渐消失，只见于一些青铜簋上。㝬簋的腹部和方座上均以直棱纹为主体纹饰，简洁大气，引领了西周晚期青铜器装饰风格的改变。㝬簋是西周青铜簋中形体最大、分量最重的青铜簋，重达 60 千克，堪称"簋王"。相比于这件周王之器，朝廷大臣或方国诸侯的方座簋就要小得多了，充分显示了周王"天下共主"的独尊地位。

周王室祭祀先王的礼仪

㝬簋腹内底部有铭文 12 行，共计124 字。铭文书体工整，字形规正而不失变化，笔道圆转又内蕴力度，典雅秀美，显示出特有的风采与气韵。铭文简释如下：

王曰：有余佳小子，余亡康昼夜，

巠雝先王，用配皇天，黄耇朕心，坠于四方。肆余以餗士献民，再蓥先王宗室。㝬作鬺彝宝簋，用康惠朕皇文列祖考，其各前文人，其濒才帝廷陟降，繩诱皇□大鲁令，用綏保我家、朕位，㝬身阤阤，降余多福，宪尃宇慕远猷，㝬其万年鬺，实朕多御，用祈寿，匄永命，畯在位，作疐在下。佳王十又二祀。

根据铭文所记，"㝬作鬺彝宝簋"，"㝬其万年鬺"，㝬就是传世文献中记载的周厉王姬胡。因此，可知作器者与所有者就是周厉王本人。这是迄今为止发现的为数不多的具有明确出土地点的周王之器。铭文中说："肆余以餗士献民，再蓥先王宗室。"餗士献民，指的是周王朝的世家贵族；宗室，指的是宗庙。意思就是周厉王率领着众多贵族，恭敬虔诚地祭祀先王宗庙。当然，只有虔诚的心是不够的，还需要专门的器物加以证明，并借以进行沟通与交流。因此，接下来的铭文说："㝬作鬺彝宝簋，用康惠朕皇文列祖考，其各前文人，其濒才帝廷陟降，繩诱皇□大鲁令。"㝬是

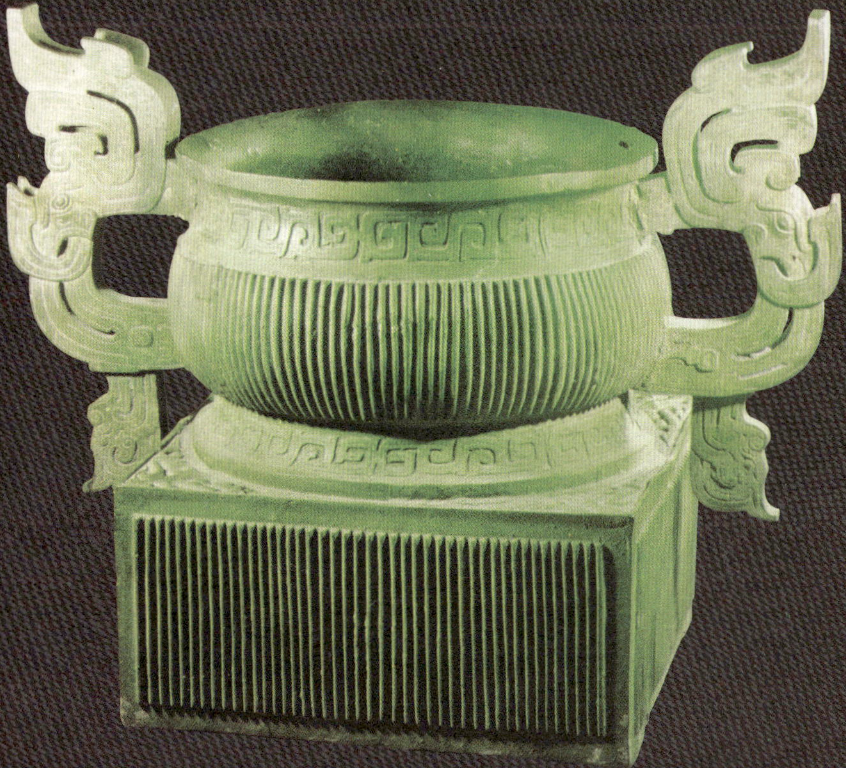

㝬簋

🔊 **㝬簋铭文**

周厉王自称其名，表明自己是作器者。在西周金文语境之中，齍彝与宗彝对言，后者多指酒器，而前者常指烹煮及容盛食物的器皿，这也表明了㝬簋的用途与功能。祖考指的就是祖先，在祖考前加"皇、文、烈"三个形容词的情况在西周金文中并不多见，意思是伟大的、有文德的、功绩显赫的祖先，如此称颂祖先，强烈地表达、渲染了周厉王对先王的尊敬。帝廷，也可称作帝所，是上帝的所在之处。

在西周人的宗教观念、信仰体系之中，天空中有一个与地面上相对应的王朝，地上的王死去了，如果德行很好，就可以到天上去。在周人看来，历代去世的先王都在帝廷上帝的左右，经常在天上、地下来回走动，当人间的周王祭祀祖先时，祖神们就纷纷来到地下的宗庙之中，歆享人们供祭的牺牲醴酒等物品，并降赐给子孙福佑平安。这如同《诗经·大雅·文王》中所记："文王陟降，在帝左右。"总体而言，在对祖先的祭祀之中，如果祖先对周王的祭品满意，能够保佑后世子孙，那么祭祀的目的也就达到了，祭祀就算是圆满完成了。

中国的古礼，传统上分为吉、嘉、宾、军、凶五种，然而"礼有五经，莫重于祭"，祭礼最为重要。在祭礼之中，又以祭祖礼最为重要。作为中国文明重要标

🐾 **牛首四耳簋·西周**

此簋高 23.8 厘米，1981 年出土于陕西宝鸡纸房头村，现藏于宝鸡青铜器博物院。

志的礼在经历夏、商两代以至周初数百年发展之后，终于步入它制度化的鼎盛时期，也就是说，西周礼制终于正式确立。孔子曾说："殷因于夏礼，所损益，可知也；周因于殷礼，所损益，可知也。"周人对祖先崇拜观念的进一步加强、对祖先神的进一步重视和祭祀宗庙祖先之礼的社会功能化与政治化，应该说是周礼非常鲜明、突出的特点。从西周金文的内容来看，周人对祖先十分崇拜，并为此制定了很多相应的礼仪。西周的这种"敬祖"的观念和意识对后世影响极为深远，历代统治者所宣扬的"周礼"，其核心就是这种意识，而以孔子为代表的儒家所大力倡导的"孝道"，其根源也在于此。

西周的宗法制

宗法制是西周的重要政治制度，它的核心就是嫡长子继承制和余子的分封制，通过"大宗"和"小宗"的区分层层分封，最后形成天子、诸侯、卿大夫、士以至庶民、工、商的金字塔式的宗法社会。按照宗法制的原则，西周的继承制是"立嫡以长不以贤，立子以贵不以长"，即立嫡夫人所生的长子，如果嫡夫人无嗣则立身份尊贵的夫人所生的儿子，这就是嫡长子继承制：嫡长子为大宗，其他旁系庶子为小宗。植根于血缘关系的宗法制度，是西周贵族相互联系的黏合剂，周天子与诸侯之间关系的连接纽带，故宗法制对周代的社会秩序具有积极的稳固作用。

030 | 金文中的皇皇巨著
毛公鼎

年　代：西周晚期，公元前 877—前 771 年

尺　寸：通高 53.8 厘米，口径 47.9 厘米

材　质：青铜

出土地：1843 年陕西省岐山县

收藏地：中国台北故宫博物院

　　商周时期，是中国青铜文明臻于鼎盛的重要历史阶段。出土的青铜器不仅种类繁多、工艺高超、绚丽精美，并且相当一部分还带有文字，我们常常称之为金文、铭文或者钟鼎文等。青铜器上的铭文，少则三五字，多则上百字。特别是到了西周中期，铸有上百字铭文的青铜器已较为常见。这些铭文真实地记载了当时社会政治、经济、文化、思想等多方面的内容，既弥补了传世文献的阙如，也可以印证、还原历史，还能够纠正传统记载的谬误，具有重大的文献、历史价值。从目前的发现来讲，西周晚期的毛公鼎是铭文字数最多的青铜重器，其文字洋洋洒洒，是最为宏大的一篇青铜史诗。

毛公鼎的流转过程

　　清朝道光末年，陕西省岐山县董家村的村民在种地时无意间将毛公鼎发掘了出来。之后，毛公鼎辗转落入西安古董商人苏亿年之手。咸丰二年（1852），苏亿年

将毛公鼎运到北京，时任翰林院编修、国史馆协修、著名金石学者、大收藏家陈介祺以三年的俸银1000两将其购买下来。不久，陈介祺辞官回家，毛公鼎也一同来到了山东潍坊。陈介祺收藏毛公鼎之后，一直秘不示人，外人很难一睹真容。这样，毛公鼎一直在陈介祺手中秘藏了30年。陈介祺死后，毛公鼎在陈家又收藏了20年。不过，随着陈家家道衰落，1902年，两江总督端方依仗权势派人至陈家，强行将毛公鼎买走。1911年，端方在四川被保路运动中的新军刺死。端方之女出嫁河南项城袁氏，欲以毛公鼎作陪嫁，而袁家不敢接受，端氏后裔于是就将该鼎抵押给天津俄国人开办的华俄道盛银行。1919年至1920年间，一个美国商人欲出资五万美元将毛公鼎买走。消息一经传出，国内舆论一片哗然。时任北洋政府交通总长的大收藏家、书法家叶恭绰买下了此鼎。于是毛公鼎又来到叶家，先是放在其天津家中，后又移至上海叶氏的懿园。抗日战争爆发后，叶恭绰避走香港，毛公鼎仍旧留在上海。日本人得知了毛公鼎的消息，抓住叶恭绰的侄子叶公超，逼问鼎的下落。叶公超为了避免这件国宝落入敌手，丝毫没有透露毛公鼎的消息。为救性命，叶家制造了一件假鼎交给日军。叶公超被释放后，将毛公鼎秘密地带到了香港。抗战胜利前，叶家又托人将毛公鼎带回上海。此时，叶家已经财力不支，无奈之下只得变卖这件宝鼎。上海商人陈永仁愿买此鼎，并发誓抗战胜利后捐献国家。于是，毛公鼎又转至陈氏手中。后来有人把毛公鼎送给了戴笠。戴笠死后，毛公鼎被收存于"上海敌伪物资管委会"。抗战胜利后，时任国民政府教育部长的徐伯璞为了防止毛公鼎再次流落，竭尽全力，从"上海敌伪物资管委会"将宝鼎取回，移交给当时的中央博物院收藏。1948年11月，毛公鼎与众多故宫文物珍宝一道被国民党运到台湾。1965年，"台北故宫博物院"正式建成，毛公鼎入藏博物馆，成为其镇馆之宝之一。

金文之最的毛公鼎铭文

毛公鼎自出土以后，就一直备受关注，曾享有晚清"海内三宝"之美誉。器形为直口折沿，半球状深腹，圆底，兽蹄形足，口沿上树立形制高大的双耳，口沿下饰一周重环纹。毛公鼎造型浑厚而凝重，装饰简洁而朴素，显得庄重而典雅。如果我们通览一下西周时期的青铜礼器，很容易就会发现，毛公鼎在造型上并无奇特之处，纹饰上也无华丽之巧，那么为什么会享受国宝级的待遇呢？其中的奥秘，就在于毛公鼎的铭文。

毛公鼎的腹内，铸有铭文 32 行，连重文共计 497 字，是迄今为止青铜器铭文之中字数最多、篇幅最长的，称得上"金文之最"。王国维先生曾称赞道："三代重器存于今日者，器以盂鼎、克鼎为最巨，文以毛公鼎为最多。"

毛公鼎的铭文文体特征鲜明，整篇铭文分五段，每段以"王若曰"或"王曰"为开头，分别讲述一个主题，具有极强的层次性和条理性。"王若曰"是商周甲骨文、青铜器铭文，以及《尚书》之《商书》《周书》中较为常见的一个词语，它出现在王发布的"命"或"诰"的前面，起着引领全篇的作用。因此，毛公鼎铭文是一篇典型的、写实的诰命体史料。铭文的第一段追述了周文王、武王开国时的文治武功；第二段周宣王策命毛公治理邦家的内外事务；第三段给予毛公以宣示王命的特权；第四段告诫并鼓励毛公以善从政；第五段记录了宣王赏赐给毛公大量华贵的物品，如美酒、玉器、祭服、车具、宝马等。毛公为感谢和称颂周王的赏赐与美德，专门铸造此鼎以示纪念。

周宣王是周厉王之子，是西周晚期一名比较有作为的周王。当时王室衰微，礼崩乐坏，诸侯离心，社会动荡，周宣王即位后，确实有所革新与改变。他吸取教训，虚心纳谏，广开言路，不再一意专行；选贤使能，任用了尹吉甫、仲山甫、程伯休父、

毛公鼎

虢文公、申伯、韩侯等一大批贤臣辅佐朝政；在经济上安定农民，减轻服役，恢复并促进了社会生产的进一步发展；军事上改善装备，扩充人员，外攘夷狄，平定寇乱；种种举措造就了为后世史家所称道的"中兴"之势。毛公鼎铭文记录了周宣王在位初期力图革除积弊、中兴王室的决心，任命重臣毛公厝辅佐周王、处理事务的举措；而毛公也尽心尽力，效力王室，拥戴周王。由此可知，毛公鼎铭文颇为生动、真实地反映了"宣王中兴"时的局面。

从历史观点来看，周宣王承厉王之积弊，北有猃狁的侵袭，南有淮夷的叛乱，危机四伏。并且当时的社会财富的分配已严重失衡，此前的金文并未出现社会婚姻情况的记载，没有鳏寡现象，而此鼎铭文中特意强调这一点，说明这一社会问题已经引起了宣王的注意。铭文中宣王对庶民财产和男女婚姻表现出的忧虑，表明了宣王对当时的周王朝的危机认识比较深刻，因此才对毛公进行谆谆训诫，以期扭转周王朝的困局。

毛公鼎铭文和《尚书·文侯之命》以及《诗经·大雅·韩奕》的用语和内容颇为近似，是非常珍贵的西周晚期的文献资料。毛公鼎的铭文还有很高的书法艺术价值，笔道圆润，书写便捷，结构和谐优美，弧形笔画柔美，直形笔画刚劲；大部分字趋于长方，相当一部分字长、宽之间比例接近于黄金分割，是大篆最成熟的形态。晚清著名书法家李瑞清对毛公鼎铭文推崇备至，称赞道："毛公鼎为周庙堂文字，其文则《尚书》也；学书不学毛公鼎，犹儒生不读《尚书》也。"

师趛鬲·西周

这是传世的青铜鬲中器形较大的一件，器身上有铭文五行三十字，记述了名为师趛的贵族做此器纪念去世父母的故事，现藏于故宫博物院。

国家宝藏

THE NATION'S GREATEST TREASURES

博物馆里的中国史

国家宝藏

THE NATION'S GREATEST TREASURES

博物馆里的中国史

【第二卷】

佟洵 王云松 主编

石油工业出版社

第四章　争霸与争鸣的时代潮流

031　铁器时代的来临
　　青铜柄铁剑 /168

032　从复国到践土之盟
　　子犯和钟 /173

033　来自楚国的青铜重宝
　　王子午鼎 /180

034　冠绝天下的铸剑术
　　越王勾践剑 /185

035　中国音乐史上的璀璨华章
　　曾侯乙编钟 /192

036　中国最早的建筑平面规划图
　　错金银铜版兆域图 /198

037　青铜器上的史诗画卷
　　宴乐渔猎攻战纹青铜壶 /203

038　战国的军队是这样调动的
　　杜虎符 /208

039　老子和他的精神世界
　　郭店竹简《老子》 /212

040　匈奴帝国的草原狂飙
　　匈奴金冠 /218

第五章　秦汉大一统的历史狂飙

041　秦始皇巡幸天下的见证
　　铜车马 /226

042　度量衡的统一
　　铜量 /236

043　解读秦代的法律
　　睡虎地秦简 /243

044　秦汉印玺制的明证
　　文帝行玺 /250

045　西汉高超的丝织技术
　　　素纱襌衣 /258

046　来自西域的天马形象
　　　鎏金铜马 /264

047　古滇国的社会风貌
　　　诅盟场面青铜贮贝器 /270

048　汉代王侯的丧葬服
　　　金缕玉衣 /280

049　汉代的节能环保灯
　　　长信宫灯 /288

050　诙谐幽默的民间娱乐
　　　击鼓说唱俑 /294

051　天马徕兮从西极
　　　铜奔马 /300

第四章 争霸与争鸣的时代潮流

春秋战国时期，青铜文化延续着曾经的辉煌，不同的地区发展出了不同风格的青铜艺术。比如，北方的中山王墓和南方的曾侯乙墓都是很著名的考古发现，但墓中文物的风格差距就像今天北方和南方的语言一样大。春秋战国的主旋律就是战争，各国君主之间经常打仗，争当一言九鼎的霸主，这被我们称为"争霸"；有追求的思想家们也在争论谁的理论更接近真理，这被我们称为"争鸣"。在争霸和争鸣的背后，春秋战国给我们留下了丰厚的物质遗产。曾侯乙编钟是中国古代音乐界最大牌的乐器，越王勾践剑是古代铸剑师最走心的作品，匈奴金冠则展示了北方游牧民族对美的看法……这一切，都是争霸的见证；这一切，也都是争鸣的体现，这就是看得见、摸得着的春秋战国时代。

推荐博物馆：
中国国家博物馆、内蒙古博物院、河北博物院、故宫博物院、陕西历史博物馆、湖北省博物馆、中国台北故宫博物院

031 铁器时代的来临
青铜柄铁剑

年　代：春秋，公元前 770—前 476 年
尺　寸：柄长 85 厘米，镡长 4 厘米；剑叶残长 9 厘米，宽 3 厘米
材　质：青铜、铁
出土地：1957 年甘肃省灵台县景家庄
收藏地：中国国家博物馆

　　自古以来，人类为了开疆拓土，便免不了战争。人和动物最本质的区别就是人会制造和使用工具而从事劳动，渐渐地，兵器从众多的生产工具中分化出来，成为一种单独的作战工具——冷兵器时代开始了。青铜柄铁剑作为一件春秋时期的兵器，残缺的锈迹斑斑的铁质剑叶向我们证明了，这是中国迄今发掘出土的最早的人工冶铁制品之一，证明至迟在春秋早期，中国已经掌握了冶炼生铁的技术，铁器时代来临了。

中国冷兵器的起源与分类

　　远古时期的人类发明了许多生产工具，例如河姆渡居民和半坡居民用石头打磨出耜、刀等，用于农耕。在那一段漫长而久远的岁月里，原始人类的社群之间，如果发生了战争，他们的战争可能是单挑式或群体式的，使用的工具可能都是棍棒、兽骨或是石头。不过这些考证起来特别困难。能够肯定的是，在兵器作为一种独立

青铜柄铁剑

的作战工具之后，冷兵器时代就正式开始了。有的学者认为，中国的兵器最早是由蚩尤或黄帝发明的，约在 4600 年前，因此中国的兵器从生活和生产工具中分化出来的时间，可能距今至少有 4600 年了。

冷兵器，顾名思义，就是指不带火药、炸药或其他燃烧物，在战斗中直接杀伤敌人、保护自己的近战武器装备。冷兵器的种类非常丰富，有短兵相接的，也有远程攻击的，有主要功能是防守的，也有负责强攻的，等等。现在人们熟知的"十八般武艺"，全指冷兵器，曲艺界将其俏皮地总结为：刀、枪、剑、戟、斧、钺、钩、钗、鞭、锏、锤、抓、镗、棍、槊、棒、拐子、流星，带钩儿的，带尖儿的，带刃儿的，带刺儿的，带峨眉针儿的，带锁链的，扔出去的，勒回来的……1957 年出土于甘肃省灵台县景家庄的青铜柄铁剑，就属于排在第三位的剑这一大类。

此剑柄镡相连，皆用青铜铸成，两面有对称纹饰，柄中部有长形镂孔 4 个，焊接于铜镡上。铁剑叶全部锈蚀，从铁锈上可以清楚地看出有用丝织物包裹的痕迹。春秋时期，周王室衰微，大国争霸、土地兼并的事件此起彼伏。在两千多年前兼并战争的冷兵器战场上，剑是主要的战斗工具，而当时普遍使用的是青铜剑，用铜锡铅合金铸造而成，质地较脆，在长度和硬度两方面逐渐不能适应战场上士兵的要求。随着人们对铁的进一步认识，将铁运用在剑制作上的想法也就油然而生。

中国铁器时代的到来

古籍《越绝书》中记载了著名铸剑师欧冶子铸造的"越国五剑"：鱼肠、湛卢、胜邪、纯钧和巨阙。它们在春秋时代的争霸中扮演过重要的角色，是早前青铜剑中的翘楚。楚王邀请欧冶子为其铸造铁剑，在当时冶铁技术并不发达的情况下，这对欧冶子来说是一个巨大的挑战。铁的熔点在 1500℃左右，当时的冶炼技术达不到这个温度。欧冶子在浙江龙泉找到了一种材料——松木炭，它产生的松脂可以将铁

玉柄铁剑·春秋

的熔点降低，促进铁矿石的熔化，从而炼出毛铁。欧冶子将毛铁放到熔炉里反复加热，反复折叠锻打，逐步去掉其中的杂质。这样就大幅度提高了铁的韧性，增加了铁块含碳量，铁的强度也随之增加。最后是最重要的工序——淬火，把剑在炉中烧到一定温度，然后让它在水里迅速冷却，使在加热中聚集到铁表面的碳原子突然被水冷却，来不及扩散迁移，被强制限制在铁原子之间，铁的硬度得到大幅度提高。经过淬火，剑的硬度得到了质的改变，再经过十几道的研磨工序，一把锋利无比、寒气逼人的宝剑就最终制造完成了。

　　铁剑相比青铜剑有更加锋利、不易折断、韧性更强等优点，使它可以使用更长时间，这都是利于作战的。随着春秋晚期铁剑的铸造，金戈铁马的战国拉开了序幕。目前出土的铁剑，以在楚国发现的为多，1957 年于甘肃省灵台县景家庄出土的这把铜柄铁剑，剑柄和剑柄末端的突起部分直接相连，为青铜铸成；剑叶为铁质。这柄铁剑和 1990 年河南省三门峡市春秋早期虢国一号墓出土的铜柄铁剑一样，都被证明为人工冶铁制品，绝非陨铁,这证明了最晚在春秋早期,中国已经迎来了铁器时代。

石器时代、青铜时代、铁器时代是冷兵器时代发展的三个重要阶段,铁器时代也是人类发展史中一个重要的阶段。铁器时代的来临有着重大的意义。一般来说,铁器的硬度超过青铜器,在作战中可以提高作战效率,在日常生活中可以提高工作效率,促进生产力发展。加上青铜的成本高,主要用于兵器和礼乐器,只有国家大事才可以使用,而地壳中铁元素的蕴藏量远超过铜元素,铁矿的分布非常广阔,丰富的铁矿资源为铁器的生产提供了原材料,使铁器生产的成本降低。因此,铁器的大量使用,让中国进入了一个生产力更强、战斗力更高的时代。

最早的铁器

根据目前考古发掘得到的文物来看,中国最早的铁器大约产生于春秋时期,目前发现的春秋时期的铁器主要集中在甘肃、湖南、江苏等地。经过考古学家的考证,这一时期中国的冶炼技术已经能够打制熟铁(含碳量低于 0.02% 的铁,一般由生铁精炼而成)和生铁(含碳量高于 2% 的铁碳合金,生铁坚硬耐磨,但过脆,不容易锻压)。在整个春秋时代,铁器多为小件的刀、锥、削等工具和农具,像青铜柄铁剑这样的大件铁器并不多见。到了战国时期,随着冶铁技术的迅速发展,铁矿资源不断开发,铁器的使用遍及了当时的战国七雄,从农具到兵器,铁器都有大量出现。更难能可贵的是,这时的铁制工具甚至经过脱碳处理,表层有了类似钢的组织。

032 | 从复国到践土之盟
子犯和钟

年　代：春秋，公元前 770—前 476 年

尺　寸：全套大小八件，最大者通高 71.2 厘米，最小者通高 28.1 厘米

材　质：青铜

出土地：传 1992 年山西省闻喜县

收藏地：中国台北故宫博物院

　　子犯和钟是一组编钟，成组八件，各有刻铭，记载了晋文公重耳"晋公子复国""城濮之战""践土之盟"等重要史实。子犯和钟由大小不同的扁圆钟按照音调高低的次序排列起来，悬挂在一个巨大的钟架上，用丁字形的木槌和长形的棒分别敲打铜钟，能发出美妙的乐音。它是春秋时期特定历史事件的物质载体。

晋文公霸业的主推手

　　1994 年 11 月，中国台北故宫博物院收入了 12 件编钟。据传闻，这些编钟来自山西省闻喜县某春秋墓葬，全套编钟大小不一，高低轻重颇有次序。其形制大体相同，造型为长腔封衡，鼓部较宽，饰以雷纹和夔纹。根据编钟钲部的铭文可以得知，这些编钟的制作者是子犯。

　　子犯可以说是春秋时期大名鼎鼎的人物，在《左传》中曾多次出现。子犯是晋

子犯和钟

文公重耳的舅舅，本名狐偃，生年不详，卒于周襄王二十三年（前629）至二十四年（前628）间。他曾经担任晋上军佐将，父亲狐突、兄弟狐毛也是晋国名将。《史记·晋世家》说："狐偃咎犯，文公舅也。"可知子犯为重耳的舅父，典籍称舅犯，一作咎犯。狐偃一生最大的功绩即在于钟铭所记的三件大事：一为护佑重耳出亡以及返回晋国，夺回君位；二为晋楚城濮之战中大败楚国；三是城濮之战胜利后在践土召集天下诸侯，确立晋文公重耳的霸主地位。

晋献公二十一年（前656），晋国发生"骊姬之乱"，太子申生自杀，公子重耳、夷吾出奔。在这个危急关头，子犯作为公子重耳的舅父和随从，和赵衰、颠颉、司空季子等人保护着重耳出逃狄国，结果在狄国待了10余年，反晋复国大业毫无进展，重耳决定离开狄国，周游天下。在流亡途中，经过五鹿，子犯说服重耳接受乡下人馈赠的土块，并认为这是上天赏赐的土地，是重耳夺回君位称霸诸侯的象征。后来重耳到了齐国，锦衣玉食，"安齐而有终焉之志"，这时候子犯的作用就显示出来了，他和其他人谋划"醉重耳，载以行"，显示了他的果敢和当机立断的魄力。

子犯追随重耳在外前后流亡达19年之久，在秦穆公派兵护送下，重耳回到晋国。在黄河岸边，子犯拿起一块宝玉献给公子重耳以示请罪，说："臣从君周旋天下，过亦多矣。臣犹知之，况于君乎？请从此去矣。"公子重耳说："若反国，所不与子犯共者，河伯视之！"说着把那块宝玉扔到了河里，以示求河神作证。这是子犯聪明的地方，在复国大业即将实现的时候，子犯很聪明地想好了自保之策。后来晋、楚城濮之战，战前晋文公梦到和楚王搏斗，楚王伏在自己身上吸吮自己的脑浆，因而感到十分恐惧害怕。子犯根据人死仰身葬表示"得天"，俯身葬表示获罪被杀的不同葬式的情况，比附晋文公与楚成王的搏斗情形来鼓舞晋文公，认为这个梦非常吉利，这是上天在帮助晋国打败楚国称霸诸侯。果然晋文公听后大受鼓舞，不但因此消除了恐惧，而且信心倍增，主动"退避三舍"，避开楚军的锋芒，最终大获全胜。

公元前 632 年，晋文公重耳在践土这个地方会集诸侯，邀请周天子参加，正式确立了霸主的地位。

通过上述史实可以看出，子犯作为晋文公的左膀右臂，既有智慧，又有谋略，在晋文公复国和称霸的过程中，子犯运筹帷幄，促成了晋文公的霸业，可以说是晋文公称霸的主推手。而子犯和钟的出土，结合现有的历史资料，对于揭示晋文公称霸的真实面目和子犯的作用，具有不可忽视的意义。

子犯家族的传世国宝

"子犯和钟"之所以称"和钟"，是直用钟上原铸铭文所称，意为调和组合成套的钟。该钟全铭 132 字，铭文释写如下：

唯王五月初吉丁未，子犯佑晋公左右，来复其邦。诸楚荆不圣（听）命于王所，子犯及晋公率西之六师博（搏）伐楚荆。孔休，大上楚荆，丧厥师，灭厥禹（渠）。子犯佑晋公左右，燮诸侯，俾朝王，克奠王位。王易（赐）子犯辂车、四马、衣、裳、带、市、冠。诸侯羞元金于子犯之所，用为和钟九堵，孔淑且硕，乃和且鸣，用燕用宁，用享用孝，用祈眉寿，万年无疆，子子孙孙，永宝永乐。

子犯编钟自中国台北故宫博物院张光远先生公布于世以来，受到学术界的极大关注，不少学者就编钟的排次、钟铭释文、史事以及历日等问题展开了热烈的讨论。铭文中主要记叙了三件大事：第一，子犯佐晋公子重耳返晋复国。铭文中的"唯王五月"指的是晋文公五年（前 632），表明了时间，而此年正是晋文公践土会盟的年份。"来复其邦"则是陈述子犯辅佐文公复国之事。第二，晋、楚城濮之战。铭文以简洁的文字追述了晋、楚城濮之战，虽然内容很简练，却完全能和《左传》《史记》的记载相印证，足见此铭文史料价值之高。第三，践土之盟。关于这一历史事件，《左传》有详细记述，尤其是晋文公接受周天子赏赐的内容最为详尽。而铭文中则重点

🔴 **子犯和钟局部**

记载了子犯接受赏赐的内容，更重要的是子犯铸钟所用
的铜乃是参与会盟的诸侯的赠品，这些足以说明子犯的
身份与地位。作为历史、考古的一手材料，通过对钟铭
文的释读，证明了子犯在晋文公一生中的重要作用，他
是当之无愧的一代贤臣。而将子犯和钟铭文与《左传》

等历史著作进行印证，很容易发现其吻合之处甚多，并且铭文中的记载还可以补文献之不足。从铭文内容看，子犯在晋文公称霸的过程中起到了举足轻重的作用，为我们重新审视晋文公称霸这一历史事件提供了难得的考古资料，可以说，子犯和钟是关于晋文公称霸历史时期的最直观见证。

音乐体系形成

从对春秋时代传世的编钟等青铜器分析来看，中国古代"宫商齐奏、八音克谐"的音乐体系应形成于西周，至春秋战国有所发展。十二律（又称十二律吕或律吕）形成于何时，尚无法明确界定。周景王（前544～前520）的乐师伶鸠在回答他的询问时提到十二律的名称是黄钟、大吕、太簇、夹钟、姑洗、仲吕、蕤宾、林钟、夷则、南吕、无射、应钟。同时提到宫、角、羽，指出"大不过宫，细不过羽"，虽未直接说出商、徵，但也表明五音（五声）的体系已经形成。后来加上变宫、变徵合称七阶。《左传》鲁襄公二十九年记载吴公子季札曾用"五声和"来评论"颂"，时为公元前544年。

晋侯苏编钟·春秋

这套晋侯苏编钟共计 16 件（图中 14 件现藏于上海博物馆，另有 2 件藏于山西博物院），以 8 件为一组，大小不一，大的高 52 厘米，小的高 22 厘米，都是甬钟。钟上都刻有规整的文字，共刻铭文 355 字，最后两钟为 2 行 11 字。铭文可以连缀起来，完整地记载了周厉王三十三年（前 846）正月八日，晋侯苏受命伐夙夷的全过程。

033 | 来自楚国的青铜重宝
王子午鼎

年　　代：春秋，公元前 770—前 476 年
尺　　寸：高 67 厘米，口径 66 厘米，重 100.2 千克
材　　质：青铜
出土地：1978 年河南省淅川县下寺 2 号墓
收藏地：中国国家博物馆等

　　春秋晚期所铸造的王子午鼎是王子午的器物，王子午是位列春秋五霸之一，有志"问鼎中原"的楚庄王的儿子。该鼎造型独特，纹饰精美，被誉为春秋时期楚国青铜器的巅峰之作。

河床里挖出青铜鼎

　　王子午鼎在 1978 年出土于河南省淅川县下寺楚墓，它的出土可谓"天时地利"。当时久旱不雨，淅川县境内的丹江水库趋于干涸，河床出现了裂缝。有一天，一个孩子在水库边玩耍，不小心被绊倒在地，仔细一看，竟然是个铜制的东西，而在它的旁边还有几件模样相似的青铜器露出一角。孩子不明白这是什么，回去将这一消息告诉大人们，因为淅川县以前就发现过文物，人们意识到这也许又是哪个朝代的文物，于是立即拿起工具赶到河床。他们发现，河床上露出很多大小不一的"铜角"。

王子午鼎

大家不敢怠慢，立即上报了淅川县文物局，淅川县文物局得到消息后，立即组织考古人员进行保护挖掘工作。三天之后，发现这是一个墓葬。根据墓中出土的礼器、乐器、兵器、玉器判断，墓葬所处时代为春秋时的楚国。墓葬虽曾被盗，但还是出土了不少陪葬物，且八成以上为国家一级文物。在出土的诸多文物之中，2 号墓出土的一系列鼎让人尤为惊叹，一共是七件，造型纹饰几乎相同，只是大小有所差别。好几个鼎出土时已破碎，专家们经过近四年的修复，终于让其中的五个鼎重现了当日的华美。

铭文印证王子午的存在

这些鼎的拥有者是谁呢？专家们发现这七个鼎内均有铭文，而且这些铭文字体不规则，且有很多装饰性的线条，与以往的篆书等字体差别甚大。这种文字呈鸟虫形，是流行于春秋中期至战国早期的吴、越、楚等地的一种金文字体，因为字体形制优美，因此鸟虫文被称为"中国最早的美术字"。

随着工作人员对鼎中铭文的研究、释读，发现铭文中十分清晰地记载了"王子午"的字样。铭文中记载有："王子午睪其吉金，自作彝嘼鼎。"又云："令尹子庚，毆民之所敬。"这几句对判断鼎的主人意义重大。王子午在史籍中有据可查，《左传》等史籍中有多个地方讲到他。根据这些记载和后人的注释，可知王子午，字子庚，是春秋五霸之一楚庄王的儿子，也是楚共王的弟弟。他在楚共王时任司马之职，参加了对吴国的庸浦之战，大败吴师，楚康王二年担任令尹，康王六年曾率军伐郑，康王八年去世。据史料记载，有一次王子午护送王后秦嬴（秦景公之妹）回娘家，却被秦国扣留。他的弟弟以三百金贿赂了晋国大臣，让晋国修筑壶邱城（陈国地，在今河南新蔡），并对秦国说，如果你们放了楚王的弟弟，我们就不筑城，秦人怕晋军因此长驻陈地，只好放了王子午，为此楚国又送了三百车重礼给晋国以示感谢。

王孙诰戈·春秋

这件楚国兵器出土于河南淅川下寺 2 号楚墓，戈上有错金铭文一行 6 字："王孙诰之行戟。"王孙诰是什么人呢？考古学界认为其是王子午之子。现藏于河南博物院。

从这些记载中，我们可以想象王子午在当时对楚国是何等重要。

铭文中记载了王子午一生的功德，说他有德于民，有功于国，所以受人尊敬。同时铭文中还表明此鼎是用来祭奠先王和盟祀用的，可见这是王子午生前所铸。王子午鼎不仅昭示了墓主人的身份，鼎中的铭文还印证了王子午的存在。

七鼎之尊

王子午鼎是春秋时期楚国的青铜器，七个鼎由大到小排列。中国国家博物馆里陈列的是其中最大的一件，另外的几个鼎现分别收藏在河南省文物考古研究所和淅川县博物馆。

王子午鼎从造型到花纹都十分精美，具有典型的楚国风格，它内收的腰腹和外撇的双耳，与一般棱角分明或是鼓腹、立耳的中原鼎明显不同，具有强烈的动感和曲线美，不禁让人联想到"楚王好细腰"的故事。鼎的周围攀附着六个立体怪兽，每个都由两条夔龙蜷曲盘绕而成，结构复杂，构思奇巧，风格诡异。在鼎的细部装饰上，花纹细密精致，更有特点的是它遍布全身的浮雕、镂雕等精巧的雕饰，堪称工艺精湛。优美的造型、精湛的工艺、浪漫的题材，这些都显示了古代楚人丰富浪漫的想象力和鲜活的创造力。

在王子午的墓葬中出土的七件青铜器鼎，每件鼎内都放置有牛的肢骨，还放有捞取牛肉、牛骨的铜匕。那么，为什么鼎又会被赋予王权、尊贵之意呢？传说夏禹曾收九牧之金铸九鼎于荆山之下，以象征九州。自从有了禹铸九鼎的传说，鼎就从一般的炊器而发展为传国重器，后来成为最重要的礼器，即作为祭祀时向祖先神灵献享的容器，因此人们把铜鼎等礼器又称为"宗庙重器"。但鼎更重要的作用是体现贵族的权力、身份和地位。七个大小不一的王子午鼎属于列鼎。关于"列鼎制度"，周代的礼制规定：天子用九鼎，诸侯用七鼎，大夫用五鼎，士用三鼎或一鼎。以鼎的数量来体现王权贵族的地位和高低，不能随意改变，否则就是僭越，有犯上作乱之嫌。礼器既然代表死者生前或死后的政治或社会地位，那么，七个随葬的王子午鼎，可见墓主人的尊贵地位。

昔日楚国的历史已经随风而去，但从这件鼎上，我们仍可以看到楚国贵族的赫赫威势与钟鸣鼎食的生活，它不但让我们欣赏到楚国工匠们高超的雕塑技巧和巧夺天工的青铜铸造工艺，鼎内的铭文还让我们更深入地了解了那段历史，昭示着那个时代的辉煌。

神秘的鸟虫篆

鸟虫篆也称鸟书，因为笔画很像鸟形而得名。作为一种艺术性文字，鸟虫篆起源于商周时期，是一种由甲骨文、金文演变而来的特殊艺术文字。和甲骨文不同，鸟虫篆是一种特别的书法艺术，而且是贵族阶层专用的文字，它从商代开始出现，到秦汉时期仍然是官方使用的文字。从目前发掘的出土文物中可知，鸟虫篆广泛使用在青铜器上，比如前面提到的王子午鼎。某种程度上鸟虫篆就是青铜文化的一个分支。

034 | 冠绝天下的铸剑术
越王勾践剑

年　代：春秋，公元前 770—前 476 年
尺　寸：长 55.7 厘米，宽 4.6 厘米
材　质：青铜
出土地：1965 年湖北省江陵县江陵楚墓望山一号墓
收藏地：湖北省博物馆

　　越王勾践剑有着独特的铸造工艺，剑面光滑明亮，剑体毫无锈蚀，并且非常锋利。其艺术设计理念也体现了中国春秋时期青铜技艺的顶峰，在其剑身表面独特的黑色菱形花纹图案，光洁如玉，晶光熠熠，给观者带来非凡的艺术美感。越王勾践剑将实用与艺术完美结合，深深地体现出了中国古代人民的智慧和创造力。

楚国墓中越王剑

　　湖北省荆州市荆州区境内纪南城，是春秋战国时期楚国都城的郢都旧址，这里至今仍保留着较为完整的楚国土筑城垣，规模相当庞大，而且其地下文化遗存也很丰富，在纪南城的四周存在着大量的楚墓群。中华人民共和国成立以来，为了配合当地的水利和基础设施建设，湖北省的考古工作者对这里曾进行过多次发掘清理。20 世纪 60 年代之前，在纪南城西的八岭山、城北的纪山、城东的雨台山尚保留着

越王勾践剑

大量有封土堆的大型墓葬。

　　1965 年秋季，当时的荆州专区漳河水库渠道工程动工，施工范围涉及纪山西麓和八岭山东麓一带，而这一带分布着有封土堆的大中型墓葬 20 多座和无封土堆的小型墓葬 30 多座。为了配合工程的顺利进行，考古工作者除清理了部分小型墓葬外，重点对编号为望山一号、望山二号和沙塚一号的三座大型墓葬进行了清理发掘。

　　这三座墓葬位于现在荆州区川店镇望山村，距离纪南城约 7 千米，距离荆州城区约 18 千米，处于八岭山东北约 5 千米的一片较为平坦的岗地上。清理工作从 1965 年 10 月中旬开始，到 1966 年 1 月中旬完成，历时三个月。三座大墓出土文物约 700 件，种类繁多，其中以望山一号墓出土文物为最多，达 400 多件，其中有青铜器 160 余件、陶器 60 余件和竹木漆器 100 多件。在出土的青铜器中就包括大名鼎鼎的越王勾践剑。

　　此剑出土时置于墓主人骨架的左侧，下面压着一把铜削。出土时，剑身插在素漆木剑鞘中。剑首向外翻卷，呈圆箍形，内铸 11 道极细小的同心圆圈，距离仅为 0.2 毫米，和现代的机床技术相比也毫不逊色。剑格正面

越王勾践剑铭文

用蓝色玻璃、背面用绿松石镶嵌出美丽的花纹，剑身饰菱形暗纹，近格处有"越王鸠浅（勾践）自乍（作）用剑"八个错金鸟篆体铭文，笔画圆润，字迹清晰，阴阳可辨，宽度只有0.3 ~ 0.4毫米，可见当时刻字水平的卓越。剑的制作工艺十分精细，正像《中国兵器史稿》中所说："冶铸淬炼之精，合金技术之巧，外镀之精良，剑上天然花纹之铸造，均为艺术上之超越成就。"此剑埋于地下2300多年，出土时寒光闪闪，仍完好如新，锋光夺目，刃薄锋利，世人无不为之叹服。

越王勾践剑经复旦大学静电加速实验室等单位检测，该剑的主要成分为铜、锡、铅、铁、硫、砷诸元素，但各部位元素的含量不同。剑脊含铜量较多，韧性好，不易折断；刃部含锡高，硬度大，非常锋利；脊部与刃部成分不同，是采用了复合金属工艺的结果，即先浇铸含铜量高的剑脊，再浇铸含锡量高的剑刃，这是因为剑脊的熔点高，可以承受第二次浇铸的高温而不致熔化。这种复合金属工艺，能使剑既坚韧又锋利。

越王剑何以流落楚国

为什么越王勾践的宝剑会在楚国故地出现？这个问题从宝剑一出土就困扰着考古工作者。

越王勾践剑出土之后，首先在考古发掘工地上就引起了轰动。剑身上的八字铭文为吴越地区流行的鸟篆文，颇为难认。当时经过著名历史学家方壮猷先生和工地上的考古工作者一起分析研究，首先对其中的六个字的释读达成一致，即"越王××自作用剑"，而另外两字虽然可以推断为是越王的名字，但不能十分确认。方壮猷先生初步解释为"邵滑"二字，并推断其为越王无疆之子，进而推论此墓为越王墓，然而这一观点并未得到大家的一致认可。这一问题不解决，解读宝剑本身和墓葬就无法继续进行。因此，考古工作者就对铭文进行了临摹、拓片和拍照，准备做进一步研究。1965 年 12 月底至 1966 年元月上旬，方先生先后将相关资料和自己的观点写信寄给了郭沫若、夏鼐、唐兰、陈梦家、于省吾、容庚、商承祚、徐中舒等十余位国内著名的历史学家、考古学家和古文字学家，以征求意见。其中最具代表性的是古文字学家、北京故宫博物院研究员唐兰先生的意见，他在复信中指出，剑铭中的二字为"鸠浅"，即"勾践"，此剑为越王勾践剑，并且认为望山一号墓为楚墓，不是越王墓，而此剑很有可能是楚国灭越之后所得的越国宝物。而著名的古文字学家陈梦家先生也在复信中明确指出此剑是越王勾践剑，并且认为望山一号墓很可能是楚王墓或者楚国贵族之墓。郭沫若先生也认同此剑为越王勾践剑这一观点。至此之后，此剑的命名便没有任何疑义了。

但是为什么唐兰和陈梦家认为此墓不是越王墓而是一座楚墓呢？这是因为该墓出土的竹简已经证明墓主人是楚国贵族，其身份大致相当于楚国的下大夫，墓葬的年代应为楚威王至楚怀王时期。既然这是一座战国楚墓，为什么春秋末年的越王剑会出现在这里？这是考古学家争讼最多的问题。著名考古学家陈振裕曾对该问题做过深入细致的研究，当时主要的观点是，作为越王勾践的随身宝剑，此剑是越国灭亡之后楚国得到的战利品，之后楚王赏赐给灭越功臣邵滑，后来邵滑将此剑殉葬。陈振裕认为，墓主并非邵滑，他从职位、经历、年龄、墓葬规模、随葬器物、墓葬年代以及名字的通假诸多方面进行了详细分析，确定墓主人是楚国贵族悼固，与邵滑无关，因此排除了作为战利品的可能。陈振裕认为在春秋时期，青铜剑不仅是重要武器，也是上层人物身份的象征，并以吴季札赠剑为例，说明在当时宝剑是可以作为礼品进行馈赠的。

从相关典籍的记载看，楚国和越国之间的关系，在楚威王之前还是很密切的，而后才逐渐疏远并相互攻伐，以致楚国灭了越国。望山一号墓的年代应该是楚威王时期至楚怀王前期，这一时期楚越两国的关系并不紧张。况且，楚惠王的母亲，据史料记载是越王勾践的女儿，这就很有可能是当年越王勾践将女儿嫁到楚国时，这把宝剑是作为嫁妆一起来到楚国的。而根据考古发掘的材料证明，墓主人是楚悼王的后代，作为王室宗亲，墓主很有可能是比较受当时的楚王重用的，因此才会将这把名贵的宝剑赠给墓主人，并以之殉葬。这虽然是一家之言，却也为越王勾践剑流落楚国提供了一个可能。实情究竟如何，还有待考古工作者提供更多的材料。

举世闻名的吴越铸剑技术

按照《越绝书》的记载，越王勾践对宝剑特别钟爱，当时在他的手里有鱼肠、巨阙、湛卢、胜邪、纯钧等五把宝剑。按照书中记载，这五把宝剑都是著名铸剑师欧冶子锻造的神兵利器。书中形容纯钧剑时写道："扬其华，捽如芙蓉始出。观其钑，烂如列星之行；观其光，浑浑如水之溢于塘；观其断，岩岩如琐石；观其才，焕焕如冰释。"可见越国宝剑之精美。至于我们看到的这把剑是否属于其中的一把，目前很难判断。但是，春秋时期吴越的铸剑技术绝对是首屈一指的，涌现出了干将、欧冶子、风胡子等在史籍中留下赫赫威名的铸剑大师，越王勾践剑很有可能就是出自大师之手。

根据史料记载和考古发掘可以得知，春秋末年，中国的青铜器铸造已经达到了将器身和附件分别铸造后再用合金焊接的技术，在冶炼过程中已经采用了皮囊鼓风加温的新技术，而青铜剑的铸造方法在《考工记》一书中也有详细记载。即便如此，这些资料并不足以解释越王勾践剑的铸造工艺和防锈技术。越王勾践剑材质虽是青铜，但其合金成分却很复杂。根据科学实验的结果证实，此剑的主要成分有铜、锡、铅、铁和硫等，其中剑脊的含铜量高，保证了剑具有很好的韧性，不易折断；而两刃的含锡量高，保证了此剑的锋利度。这种合理的合金成分，充分反映了越王勾践剑的铸剑技术之高超。

宋公栾戈·春秋

宋公栾戈全长 22.3 厘米，1936 年出土于今安徽省寿县。此戈有铭文 6 字，为"宋公栾之造戈"，现藏于中国国家博物馆。

越王勾践剑不只有独特的铸造工艺，其艺术设计理念也代表了中国春秋时期青铜技艺的顶峰。在其剑身表面独特的黑色菱形花纹图案，光洁如玉，晶光熠熠，令观者产生非凡的艺术美感。这种效果也是由独特的铸造工艺形成的，根据研究模拟测试显示，这种工艺应该是先用高锡粉末在金属表面涂上一层涂层，再在该涂层上雕刻花纹图案，之后进行特殊的加热处理，使得氧化层掉落，才构成了双色相间的菱形图案。在数千年的时间磨蚀下，因宝剑独特的埋藏环境，黄白相间的图案演化为黑白相间的图案，越王勾践剑给现代人带来的观感，就是因此而来。

没有高超技术作为基础，当时的铸剑师即便有再高的艺术造诣也无法将其呈现在剑的造型上，越王勾践剑精美绝伦的艺术造型有力地证明了春秋时期顶级的铸剑师和铸剑技术明显在吴越两国。

035

中国音乐史上的璀璨华章

曾侯乙编钟

年　代：战国，公元前 476—前 221 年

尺　寸：曾侯乙编钟包括钮钟 19 件，甬钟 45 件，外加楚王赠送的一件镈钟，共 65 件。最大的一件通高 153.4 厘米，重 203.6 千克；最小的一件通高 20.4 厘米，重 2.4 千克。钟架长 748 厘米，高 265 厘米。整套编钟总重达 2500 多千克

材　质：青铜

出土地：1978 年湖北省随州市西郊擂鼓墩曾侯乙墓

收藏地：湖北省博物馆

曾侯乙编钟自出土以来，有关专家学者们一直对这件令人啧啧称奇的稀世珍宝保持着高度的研究热情，对其进行了各方面的研究，现代音乐家们也以此创作出了许多优秀的作品。它不仅是中国古代音乐殿堂中的稀世珍宝，更是世界文化宝库中的一颗璀璨明珠。

地下音乐宝库

1978 年发掘的曾侯乙墓位于湖北省随州市城郊的擂鼓墩。曾国是楚国的附庸小国，春秋之时，它还存在于当时的各种史册之中，但到战国时期，就淹没在历史长

河之中了。曾国虽然是一个历史上"失踪"了的小国，但墓中随葬的灿烂夺目的众多乐器构成了一座巨大的地下音乐厅，其宏大的规模令人惊叹不已，这是一次轰动世界的音乐考古重大发现。

曾侯乙墓共出土 7000 多件文物。在青铜器时代，青铜是最重要的财富，该墓出土文物以青铜器最为丰富，精美的青铜器比比皆是。这座墓使用青铜总量可能达到 10 吨以上，此外还有金器 9件，总重量 7.29 斤，这些都是过去考古发掘中没有见到过的。然而，墓葬中最有学术价值的乃是出土的 124 件乐器，这是中国古代音乐史方面的重大发现。

曾侯乙墓的随葬乐器集中在大墓的中室和东室（墓主人的棺在东室），仿佛是正殿和寝宫的排场。中室几乎成了演奏厅，全套钟、磬架安排了三面，占据了突出的位置，恰如典籍所载"诸侯轩悬"的规格。在这些出土乐器中，最引人注目的就是曾侯乙编钟。

这套编钟是由 65 件青铜编钟组成的庞大乐器，其音域跨五个半八度，十二个半音齐备。曾侯乙编钟是目前所出土的保存最完好、铸造最精美的一套编钟，它高超的铸造技术和良好的音乐性能，改写了世界音乐史，被中外专家、学者称为"稀世珍宝"。

震惊中外的音乐奇迹

编钟是中国古代大型打击乐器，兴起于西周，盛于春秋战国直至秦汉。中国是制造和使用乐钟最早的国家。它用青铜铸成，由大小不同的扁圆钟按照音调高低的次序排列起来，悬挂在一个巨大的钟架上，用丁字形的木锤和长形的棒分别敲打青铜钟，能发出不同的乐音，因为每个钟的音调不同，按照音谱敲打，可以演奏出美妙的乐曲。

曾侯乙编钟数量巨大，完整无缺，以大小和音高为序编成 8 组，悬挂在 3层钟架上。最上层 3 组 19 件为钮钟，形体较小，有方形钮；中下两层 5 组共45 件为甬钟，有长柄；钟体遍饰浮雕式蟠虺纹，细密精致。整套编钟外加楚惠王送的一枚镈钟，共 65 枚。钟上均有

曾侯乙编钟

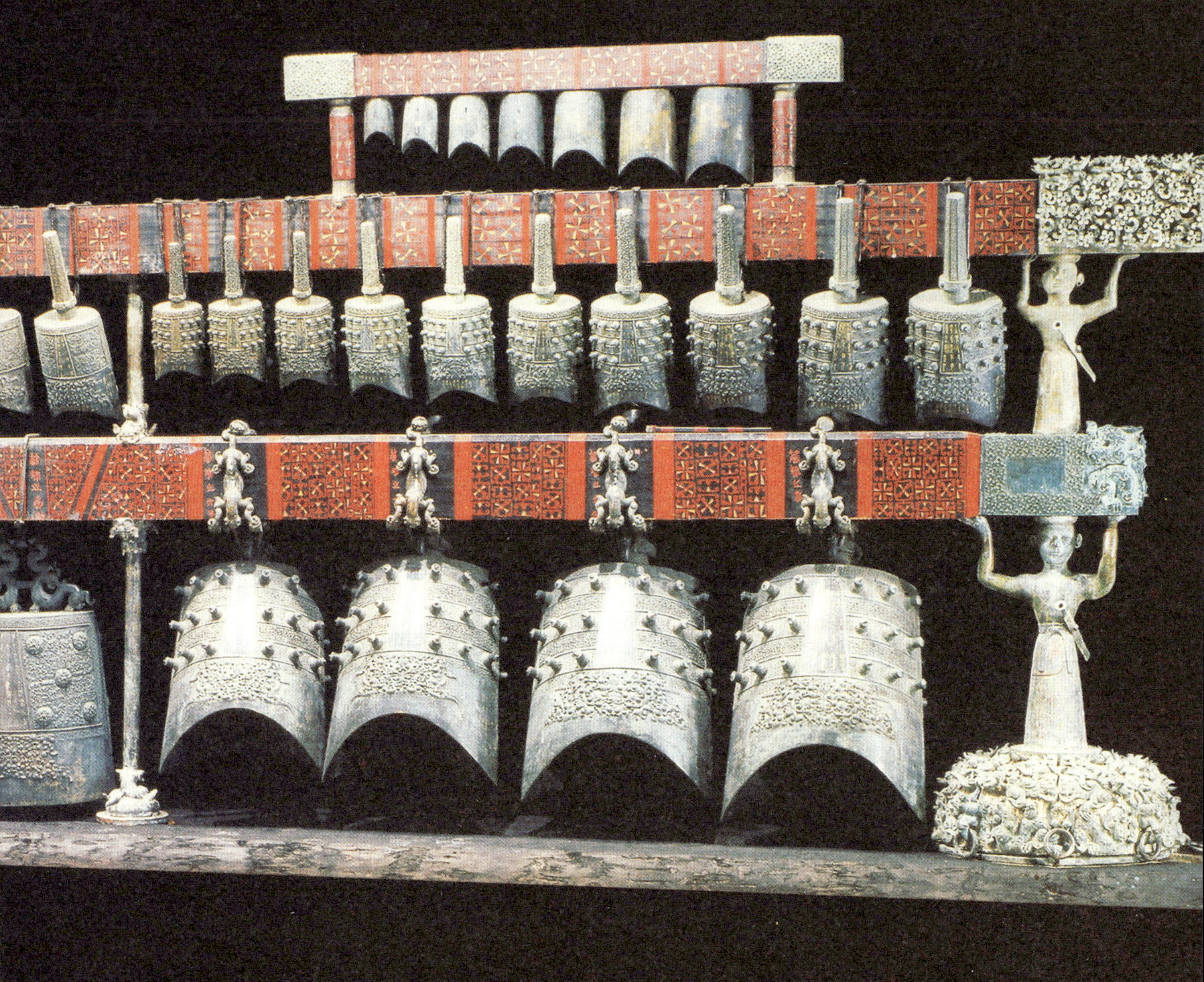

篆体铭文，绝大多数为错金文字，共 2800 余字，除"曾侯乙乍（作）持"外，都是关于音乐方面的，可以分为标音铭文与乐律铭文两大类。乐律铭文中记乐律名称 53 个，其中有 35 个是过去所不知道的。将标音铭文与实际测音对照证明，编钟音律准确，每个钟都能敲出两个乐音，整套编钟的音阶结构与现今国际通用的 C 大调七声音阶同一音列，总音域包括五个八度，中心音域十二个半音齐备，可以旋宫转调。

🎵 曾侯乙编钟的镈钟

在鼓中部和左面标出不同音高如宫、羽等 22 个名称，另一面铸有律名、调式和高音名称以及曾国与楚、周、齐、晋的律名和音阶名称的对应关系，反映了当时各诸侯国之间在文化艺术领域里相互交流的情况，是研究先秦音乐史的珍贵资料。另有一件镈钟，位于下层甬钟中间，形体硕大，钮呈双龙蛇形，龙体蜷曲，回首后顾，蛇位于龙首之上，盘绕相对，动势跃然浮现，器表亦作蟠虺装饰，枚扁平。镈钟上有铭文，记述此镈钟乃楚惠王赠送的殉葬品。

钟架近旁有 6 个"T"字形髹漆彩绘木槌和两根彩绘髹漆长木棒。钟架横梁上髹漆，并有彩绘花纹和刻纹，横梁两端有浮雕及透雕龙纹或花瓣形纹饰的青铜套。中下层横梁各有 3 个佩剑铜人分别用头、手顶托，并通过横梁的方孔以子母榫牢固衔接，中部还各有一铜柱承托横梁以加固。全套钟架由 245 个构件组成，可以拆卸，设计精巧，历经 2000 多年，出土时仍矗立如故。

曾侯乙墓编钟音色优美，音域很宽，变化音比较完备，至今仍能演奏各种曲调，说明当时的铸造工艺已能满足音响设计的要求。它的出土，令世界考古学界震惊，因为在 2000 多年前就有如此精美的乐器、如此恢宏的乐队，在世界文化史上是极为罕见的。曾侯乙墓编钟的铸成，表明中国青铜铸造工艺的巨大成就，更表明了中国古代音律科学的发达程度，它是中国古代人民高度智慧的结晶，也是中国作为"文明古国"辉煌历史的见证。

彩漆排箫·战国

排箫是中国最古老的吹奏乐器，又称"参差"或"箫"。孔子所欣赏的韶乐，因主要由排箫演奏而被称为"箫韶"。曾侯乙墓出土的排箫共有两件，均由 13 根长短参差的竹制箫管经三个竹夹缠缚而成。现藏于湖北省博物馆。

古代乐器大发现

曾侯乙墓中出土了大量春秋战国时代的乐器，品种全面，是中国乐器史上的大发现，展现了当时音乐艺术的辉煌成就。根据《周礼·春官》，中国传统乐器按制造材质可分为"八音"，即金、石、木、革、丝、土、匏、竹八类。曾侯乙墓出土的乐器按"八音"分类，编钟为金，编磬为石，建鼓、悬鼓、手鼓为革，琴瑟为丝，鹿鼓为木，匏有葫芦笙，排箫等为竹，只缺土质乐器。这些乐器件件制作精美绝伦，在地下埋藏 2400 余年而不朽，出土时摆设位置还保持着当年下葬时的原状，这在中国考古史是没有前例的。

036 中国最早的建筑平面规划图
错金银铜版兆域图

年　代：战国，公元前 476—前 221 年
尺　寸：长 94 厘米，宽 48 厘米
材　质：青铜
出土地：1977 年河北省平山县三汲乡南七汲村中山王墓
收藏地：河北博物院

考古专家都难以辨认的古文字，极少历史资料流传后世的神秘国度，错金银铜版兆域图有着怎样的秘密？同时期的地图全都灰飞烟灭，同样藏于地下两千多年的错金银铜版兆域图为何得以幸免？

中山王墓的发现与挖掘

1974 年冬天，在河北省平山县的上三汲公社，社员们正在田间忙碌，平整农田。因为需要的沙土比较多，他们就不停地到旁边的沙丘上运土。就在铲土、运土的时候，有农民不经意间一看，发现了好多较为整齐、片状较大的瓦片。考古人员得知这个消息后，第一时间赶到了上三汲公社。在清理大土丘的时候，他们惊奇地发现：土丘里埋了很多瓦片，这些瓦片质量优良，体积比较大。根据考古人员的经验，这些瓦片一般被用来建筑宫殿。后来经过检测，这些瓦片属于战国时期。

错金银铜版兆域图

🔴 **十五连盏灯·战国**

这件战国灯具于 1978 年出土于今河北省平山县中山王墓，全灯像一株枝条茂盛的大树，由长短不同的八节枝干插接而成，伸出的枝条上托着十五个圆盘灯盏，现藏于河北博物院。

就在考古人员为之惊叹的时候，这次挖掘工作的负责人陈应祺发现了一些有帮助的信息。在询问当地的村民以后，陈应祺得到了一块刻石，上面刻的是中国古代的文字。奇怪的是，身为考古工作者的陈应祺并不认识石头上的古文字，他马上意识到这些文字的重要性。于是，他赶快把文字拓片邮递给了著名的历史学家和古文字学家李学勤先生，让他帮忙辨认释读。一个多星期以后，李学勤先生给陈应祺回信说，为了释读更为准确，需要陈应祺回答三个问题：一是在发掘地附近有没有高大的土丘，二是附近有没有山和树林，三是山和树林附近有没有河流和小溪等。除了没有树林，其他问题的回答陈应祺都是肯定的。据此，李学勤先生正式回信，释读出了石头上十几个字，大概意思是这样的：原来负责监察、管理捕鱼的公乘得在这里看守陵墓，他原先的部下曼要把这件事情告诉后辈。这些文字有力地证明三汲乡附近有一个战国时期的王族陵墓。

考古人员猜测这个陵墓可能属于神

秘的中山国。中山国是战国时期一个面积并不大的国家，但实力雄厚，只是微微落后于"战国七雄"，位列战国十二强之一。说它神秘，是因为它不但没有给后人留下多少历史资料，反而留下许多未解之谜。在发掘过程中，考古人员发现了几座墓，为了便于区分，他们给陵墓做了编号，其中规模最大的被称为一号墓。

在发掘一号墓时，考古人员在外面发现了盗洞，二号墓里的场景更让考古人员心碎。一号墓经历了两次被盗，盗墓贼偷了一号墓的陪葬品不说，还纵火焚烧墓室，然而就是这个被盗墓贼洗劫又焚烧过的一号墓里居然还出土了几千件文物。

错金银铜版兆域图就在一号墓中被发掘。1977 年秋，中山王墓的发掘进入了最后阶段，意外地发现了错金银铜版兆域图。

错金银铜版兆域图内容

错金银铜版兆域图的正面是中山王陵区的建设规划图，规划图上的指示方向和我们现在的地图方向是相反的，上面是南方，下面是北方。这个规划图是用金、银的薄片和银线嵌入铜版，做出规划建筑轮廓。而且从它的出土来看，中山国当时的生产水平已很高，冶金技术也很高，在技术和经济实力都足够的情况下，才能在铜版上制作出如此细致的地图。它的出土表明了中山国高超的冶金技术和精美的制作工艺。

从图上可以看出，中山王陵区的规划是：中间是中山王的享堂，两旁各分布着王后堂、哀后堂和夫人堂。然而从中山王的周围墓葬看，只在东边有一个墓，是哀后墓，而其他三个规划墓并没有被找到。这可能意味着错金银铜版兆域图上规划的墓葬最后没能成功建好，它只是一幅墓葬建筑的规划地图。错金银铜版兆域图的价值在于，图上有明确的数字和文字说明，有明确的比例——1：500，是目前世界上发现的最早的有比例铜版建筑规划图，对于研究战国时期的比例关系有重要意义，也为研究中国古代陵园建筑和平面建筑提供了珍贵而准确的资料。

错金银铜版兆域图的绘制

方位是地图必备的一个内容，错金银铜版兆域图虽然没有明确说明每一面的方向，但是可以根据地图的内容，确定错金银铜版兆域图是有一定方位的，而且也很容易找出来。从新石器时期开始，人们居住地方的大门开口都是朝南的，所以，根据图上"门"的开口方向可以推断出：错金银铜版兆域图的上方当指的是南方，所以下方指北，左面是东，右面是西。而长沙马王堆汉墓出土的同为春秋战国时期的《驻军图》上，关于方位其明确标记出上面是南方，左面是东方。错金银铜版兆域图的出土，给我们提供了解战国时期地图指向的证据。

错金银铜版兆域图上一共标注了 38 处数字，采用两种不同的单位，其中用"尺"作为单位的注记有 24 处，用"步"作为单位的有 14 处。这是已经发现的最早的使用数字作为单位标记的地图。从铜版上我们测量出来的长度和实际的长度相比，得出错金银铜版兆域图采用的比例是 1：500，而且依据数字标记的长度和后来的实际长度的比较，发现错金银铜版兆域图比例尺有一些误差。我们只能猜测可能是在铜版制作的过程中产生了误差，但也可能受到当时的技术所限，导致量测精度不准确。

虽然战国时期有很多关于地图的记载，但是一直缺少足够的实物来证明，如今这件错金银铜版兆域图是唯一一幅完整出土的战国时期绘制的地图，它是在马王堆汉墓出土的帛片地图后的另一重大发现。而且因为马王堆汉墓出土的地图是绘制在丝织品上的，不易保存，现在我们只能看到它的复原图，但错金银铜版兆域图是雕刻在铜版上的，不易损坏，这也是现在我们还能看到它的原因。

037 青铜器上的史诗画卷
宴乐渔猎攻战纹青铜壶

年　代：战国，公元前 476—前 221 年

尺　寸：高 31.6 厘米，口径 10.9 厘米，腹颈 21.5 厘米

材　质：青铜

出土地：不详

收藏地：故宫博物院

当我们在故宫博物院参观时，那一件件布满饕餮纹或者夔龙纹的青铜器足以令人感慨。而一件来自战国时期的青铜壶则更突出，器身上绘满了人物，俨然一幅战国时期的"连环画"，向我们讲述了来自两千多年前的故事。

盗抢国宝案

1945 年，抗日战争胜利后，在重庆成立的清理战时文物损失委员会（简称"清损会"）专门对战争时期损失的文物进行追查索偿。1945 年 9 月，刚从燕京大学研究院毕业不久的王世襄，在马衡和梁思成两位副主任的引荐下进入了"清损会"，并担任平津区助理代表。进入"清损会"不久，王世襄得知在日本侵华战争期间，有许多青铜器、瓷器、古代名画被日本人和德国人或强取豪夺，或廉价收买。于是他开始走访京城大大小小的古玩商，了解战时古董的下落。经过打听，他得知沦陷

宴乐渔猎攻战纹青铜壶

时期出土于河南等地的重要青铜器，几乎都被一个叫杨宁史的德国人买走了。

就在王世襄赶到天津展开调查时，杨宁史却向当时北平警察局报案说自己在天津仓库的一批青铜器被人抢走了。而刚刚找到杨宁史存放这批青铜器的秘密仓库的王世襄，被警方作为怀疑对象抓了起来。王世襄向警方说明了自己的身份之后，被释放。他立刻回到北京到杨宁史经营的禅臣洋行了解情况，他在洋行发现了一份英文的文物目录，宴乐渔猎攻战纹青铜壶就在其中。

王世襄返回天津，找到杨宁史，杨宁史却称这批文物被国民党九十四军化装成盗匪抢走了。王世襄直奔九十四军的所在地，要求见军长牟廷芳，一个副官接待了他，要他回去等消息。几天之后，没有得到任何消息的王世襄焦急万分，他辗转联系到了当时国民政府行政院院长宋子文，宋子文听说后亲自过问此事，但是也没有在九十四军的驻地找到这批文物。

迫于王世襄的坚持和宋子文的压力，牟廷芳将所有怒火都发到了杨宁史身上，下令要立刻枪毙杨宁史。之后，宋子文派出一位外交官与杨宁史反复谈判，最后达成的方案是杨宁史以捐献的名义将收藏的青铜器全部上交。终于，宴乐渔猎攻战纹青铜壶在台基厂一处仓库（当时被外国商人用来作秘密仓库）出现。

正是王世襄的坚持，保护了包括宴乐渔猎攻战纹青铜壶在内的一批珍贵古代青铜器，使它们不至于流失海外，从此得以存放在故宫博物院中供世人观看。

青铜器上的战国生活画卷

宴乐渔猎攻战纹青铜壶侈口，斜肩，鼓腹，矮圈足，肩上有二兽首衔环耳。花纹从口至圈足分段分区布置，以双铺首环耳为中心，前后中线为界，分为两部分，形成完全对称的相同画面。自口下至圈足，被五条斜角云纹带划分为四区：

壶颈部为第一区，上下两层，左右分为两组，主要表现采桑、射礼活动。采桑组树上下共有采桑和运桑者五人，妇女在桑树上采摘桑叶，可能表现的是后妃所行的蚕桑之礼。画中男子束装佩剑，似在选取弓材。习射组四人在一建筑物下依次较射，前设侯，侯为箭靶。《小广雅·释器》："射有张布谓之侯，侯中者谓之鹄……"这里描绘的应是古时举行射礼的场景。

第二区位于壶的上腹部，分为两组画面。左面一组为宴享乐舞的场面，七人在亭榭上敬酒如仪，榭栏下有二圆鼎，二奴仆正从事炊事操作。下面是乐舞部分，簴簴上悬有钟磬，旁立建鼓和丁宁，图中三人敲钟，一人击磬，一人持二桴（鼓槌）敲打鼓和丁宁，尚有一人持号角状的吹奏乐器在演奏，表现了载歌载舞的热闹场面。右面一组为射猎的场景，鸟兽鱼鳖或飞、或立、或游，四人仰身用缯缴弋射，一人立于船上亦持弓作射状。

第三区为水陆攻战的场面，位于壶的下腹部，界面宽，图中人物也最多。一组为陆上攻守城之战，横线上方与竖线左方为守城者，右下方沿云梯上行者为攻城者，短兵相接，战斗之激烈，已达到白热化程度。另一组为两战船水战，两船上各立有旌旗和羽旗，阵线分明，右船尾部一人正击鼓助战，即所谓鼓噪而进。船上人多使用适于水战的长兵器，两船头上的人正在进行白刃战，船下有鱼鳖游动，表示船行于水中，双方都有蛙人潜入水中活动。画中的战斗情景虽受画面的限制，仅能具体而微，然而刻画生动，战士们手持武器，头裹巾帻，射者支左居右，张弓搭矢；持戈者前握后运，双足稳立；架梯者高擎双手，大步跑进；仰攻者持弓戈矛盾，登梯勇上；荡桨者前屈后翘，倾身摇荡；潜泳者扬臂蹬足，奋力游动。制作者以极其丰富的想象力，准确地抓住每一人瞬间的具有特征的动作，构成了一幅惊心动魄的战争场面。

第四区采用了垂叶纹装饰，给人以敦厚而稳重的感觉。

这件宴乐渔猎攻战纹青铜壶，整个纹饰中人物近百个，却没有一个重复的姿势，造型极其优美，比例合理准确，构图严谨。画面中，人物、动物、植物及其他器物有机结合，浑然一体，疏密得当，使得整个画面气氛热烈、生动活泼，再现了当时的社会生活面貌。其价值有，首先，这件青铜壶是中国较早记载生产、生活、战争、建筑、音乐、礼仪的综合图案，是战国时期社会情况的综合体现；其次，此壶通过对采桑、射猎、乐舞、战争的刻画，为后人研究战国时期的生活提供了形象依据，尤其是水陆攻战图所反映的战争场景，为研究战国军事提供了完整的形象资料；最后，从艺术角度来说，此壶图案采用连环画式的手法，开创了秦汉时期画像砖、画像石艺术的先河。总之，此壶不仅可以说是中国古代青铜器中具有代表性的礼器，更是中国工艺美术史上不可多得的艺术珍品。

宴乐渔猎攻战纹青铜壶图案拓片

青铜器上的绘画

春秋战国时期，为了使青铜器更加华丽，当时的工匠铸造时想方设法形成器表花纹，还利用金银等贵金属来装饰和嵌错器物，形成铜器画。铜器画主要分为镶嵌画和锥刻画，这取决于制作的工艺。铜器画的题材涉及建筑、车马、人物、鸟兽、战争、狩猎、宴饮各方面，生动地再现了当时生产生活和政治活动的真实面貌。

038 战国的军队是这样调动的
杜虎符

年　代：战国，公元前 476—前 221 年
尺　寸：长 9.5 厘米，高 4.4 厘米，厚 0.7 厘米
材　质：青铜
出土地：1975 年陕西省西安市南郊北沈家桥
收藏地：陕西历史博物馆

今天我们打开词典查找"符合"一词，得到的解释是："（数量、形状、情节等）相合。"而在两千多年前的秦朝，"符""合"是两个词，"符合"一词的来源就与调动军队的虎符有着密不可分的关系。

"将军令"

两千多年前，魏国公子信陵君为得到兵符去救赵国，不惜铤而走险。秦军已经包围了赵国都城，唇亡齿寒，赵国灭国，魏国也将危在旦夕，而魏王因为害怕秦国报复，已经数次拒绝了增援赵国的请求。信陵君的艰难在于他要不要想办法盗走虎符，增援赵国。最终他还是这么做了，兵符即合，万军齐发。赵国因此得救，魏国也有了暂时的安全。

现存于世的虎符只有三个。阳陵虎符、新郪虎符以及现藏于陕西省历史博物馆的

杜虎符

杜虎符。1975 年冬，西安郊区山门口公社北沈家桥，农民杨东锋在平整土地时，捡了一块绿锈斑驳的铜制品，当时他本想把它当废铜卖掉，但因分量太轻，卖不了多少钱而作罢。他觉得挺稀奇，就放到家里给孩子当玩具。然而，几年之后，这个物件上的绿锈磨落，露出了闪闪发光的金字。杨东锋意识到这可能是件文物，便揣着这件器物辗转找到了陕西省博物馆，碰巧遇到了考古专家戴应新。一番审视后，戴应新初步断定眼前的器物是一枚十分罕见的战国虎符。杨东锋因献宝有功获得了一张陕西省博物馆发给他的表扬信，并得到了 7 元奖金。

合符以行军令

"符"是中国古代常用的一种信物，一般分为两半，两半相合，就能作为办理某类事务订约和践约的凭证。杜虎符为左半符，虎作行走状，昂首，尾巴卷曲，背面有槽，颈上有一小孔。虎符上有错金铭文 9 行共 40 字，字体为小篆：

兵甲之符。右才（在）君，左在杜。

凡兴士被甲，用兵五十人以上，必会君符，乃敢行之。燔燧之事，虽母（毋）会符，行殹（也）。

内容大意是：右半符掌握在国君手中，左半符在杜地军事长官手中，凡要调动 50 人以上的带甲兵士，杜地的左符就要与君王的右符相合，才能行动；但遇上烽火报警的紧急情况，不必会君王的右符。铭文反映出秦以"右"为尊，秦国的军权高度集中，凡征调 50 人以上的兵士必须经国君认可。战国时代战火频繁，军情紧急，稍有闪失就可能丢城失地。山高水远，没有现代通信手段，君主就是靠虎符传达军令，为了保密，虎符通常设计成小巧隐匿的造型，实现"账户"和"密码"的有效对接。

杜虎符铭文的一处差异恰是判断杜虎符年代的关键。其中铭文有"右在君"的文字，学者最初的解释是认为"君"指的是秦始皇的弟弟长安君，因而断定此虎符是秦始皇八年以前的东西。但结合其他两件虎符铭文"右在王""右在皇帝"的记载，可知"王"和"皇帝"

皆为秦国国君的时代，故"君"必然是秦的国君而非长安君。检索史籍，可知秦国称君的只有秦惠文王，在继位后的前十三年恰好称惠文君，依此可断定虎符是秦惠文王十三年前的文物。

　　春秋战国时期，君权和军权更加集中。军事将领都必须由国君任命，将领只有带兵权，没有调动军队的权力，想要调动军队，就必须有国君的虎符。兵符虽然不大，但它是君权至高无上的产物，具有不可替代的地位。虎符是君主与将领建立有效联系的重要工具，保障了君王对军队的控制权，军队的稳定才能带来政权的稳定，军权的收归，加强了君权的控制，从而达到维护统治的目的。

王命传龙节·战国

这件王命传龙节，青铜制，长条形，首端铸龙头形纹饰，正背两面分镌"王命命传赁一棒饲之"九字。通过上面的文字可以看出，凡因公事往来之人，如信使等，持之可以宿止驿传，并得饮食。

符节的故事

　　符节是中国古代使者所执的一种信物，是持有者身份和使命的凭证。源于何时已很难考证，但在战国时期，已普遍使用。制符材料有金、玉、铜、竹、木等，上面刻有文字，形状各异，以虎形最具代表性。大多数的符都是一分为二，剖为两半，半存朝廷，半存外官。朝廷有事遣使者持半符至，外官复出半符勘合，以验真伪。

039

老子和他的精神世界
郭店竹简《老子》

年　　代：战国，公元前 476—前 221 年

尺　　寸：分作三类：第一类长度在 32.5 厘米左右；第二类长
26.5 至 30.6 厘米；第三类长 15 至 17.5 厘米

材　　质：竹

出土地：1993 年湖北省荆门市郭店村郭店一号墓

收藏地：湖北省博物馆

　　根据联合国教科文组织的统计，《老子》是被传播得最广的世界名著之一。这部流传千年的道家经典，由后代学者不断地整理编纂形成了今日我们看到的传世本《老子》。道家的学说深奥难懂，每个人都有自己不同的理解。而两千多年前的老子真正的想法到底是怎样的，郭店竹简《老子》让读者更加接近历史的真相。

惊现《老子》"母本"

　　1994 年，湖北省荆门市郭店村的两座墓葬被盗，这一情况被报告到警方，随后文物部门对两座墓葬进行了抢救性发掘。经发掘，专家发现这是两座下葬于战国中期偏晚、公元前 4 世纪中期至公元前 3 世纪初的楚国墓葬。墓葬形制不大，在其中一座墓葬头厢北侧发现了大量竹简，虽然经历了两千多年的侵蚀，竹简依旧坚韧挺拔、字迹清晰。这些竹简大部分保存完好，只有少量残损。经过清理后得知，竹简

共 804 枚，其中有字竹简 730 枚，共记录有 13000 多个楚国文字。竹简上记载的全部是儒、道典籍，共 16 篇先秦时期的哲学思想著作。

郭店出土了竹简《老子》和《太一生水》两部道家著作。郭店竹简《老子》共两千余字，有甲、乙、丙三篇，而传世本《老子》有五千余字，八十一章。郭店竹简是目前关于《老子》的最早的实物资料，它将《老子》的版本推到了先秦时期。在《老子》成书后的流传过程中，由于流传途径和传授人员的差异，不同版本的《老子》在内容上差异还是很大的。我们现在所说的"五千言"本《老子》，就是众家精心校订的版本。有学者认为，郭店竹简《老子》可以认为是传世本《老子》的母本。

被颠覆的《老子》学说

郭店竹简《老子》与传世本《老子》在内容上有诸多差异，甚至颠覆了传世本《老子》的部分观点。其中最重要的是，传世本《老子》在第十九章写到"绝仁弃义，民复孝慈"直接否定了以"仁""义"为主要观点的儒家学说，作为儒道两家思想对立的有力证据。而在郭店出土的《老子》澄清了这个问题，其中关于这部分的记载为"绝伪弃虑，民复孝慈"。可见，道家在最初阶段排斥的绝不是"仁义"。这向我们展示了早期儒道两家和谐共存的关系。

另一个差异较大的观点是关于万物的本源。中国古代的哲学著作中认为"气"是形成世间万物的关键。我们所熟知的《老子》中的"道生一，一生二，二生三，三生万物"。其中，"道"即"气"，由此顺序模式产生了"天地"及世间万物。气源说不仅道家赞同，几千年来也得到几乎所有中国学者的一致肯定。但是郭店竹简中不仅完全不存在这句话，而且在出土的《太一生水》中，提出了完全不同的水源说。"太一生水，水反辅太一，是以成天。天反辅太一，是以成地。天地复相辅也，是以成神明。神明复相辅也，是以成阴阳。"此处认为水才是万物的本源，而且世间万物是

郭店竹简《老子》

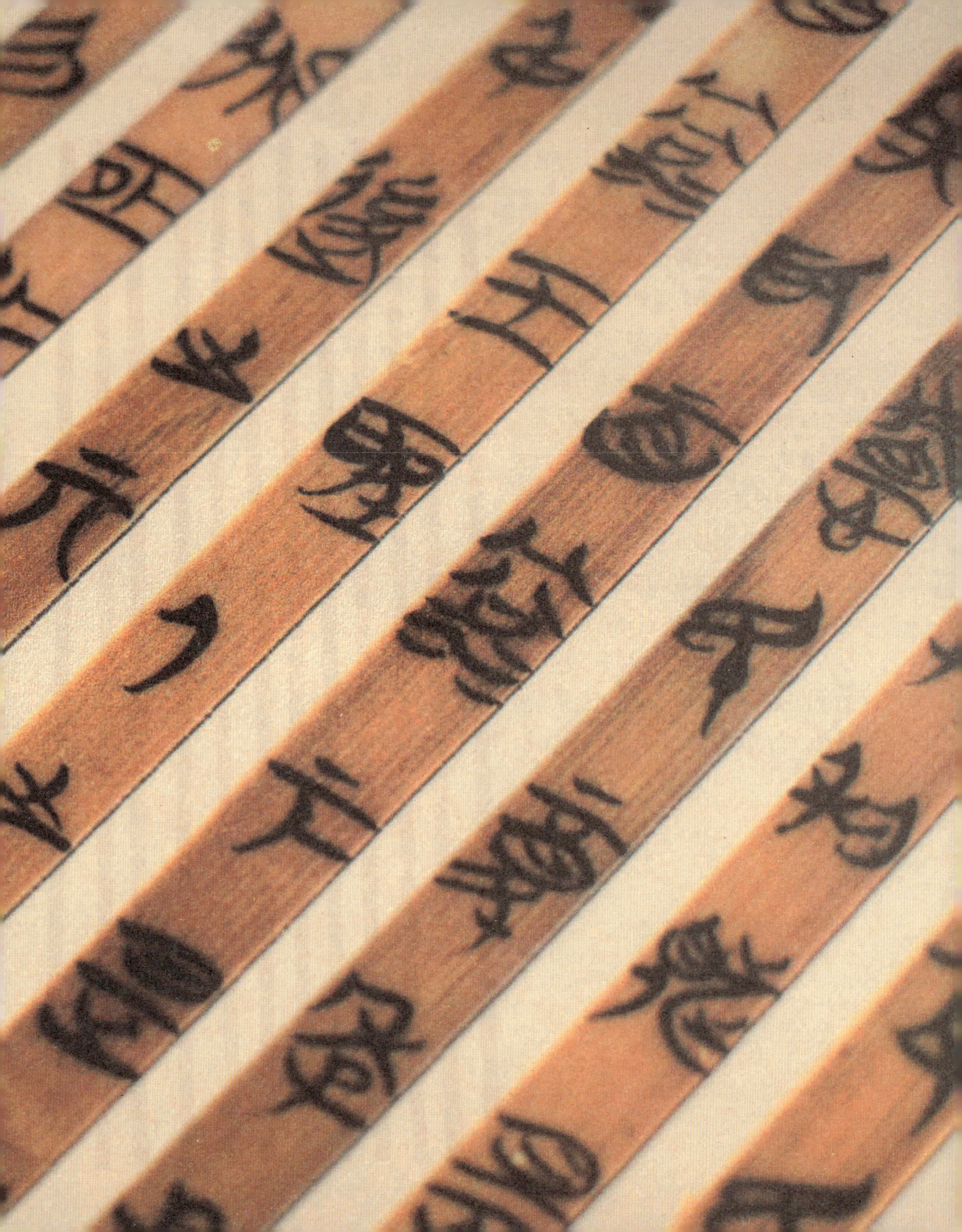

一个循环产生的模式。由此可见，两千多年前古人就已经科学地认识到水在地球生态形成中起到的重要作用。《太一生水》的出土进一步充实了道家学说的内容，这也是首次发现的先秦时期有关宇宙生成的重要文献。

郭店竹简产生的时间距离老子生活的年代只有三百多年，可以认为这个版本的《老子》最接近于原著，一定程度上填补了中国先秦时期思想史方面的一些空白，让我们对道家学说有了全新的认识。它记录了古代先贤原始、朴素的哲学思想，使我们更加接近道家学说的本质，更加接近千年之前老子和他的精神世界。

郭店竹简《老子》局部

老子，姓李名耳，字聃，楚国苦县厉乡曲仁里（今河南省鹿邑县）人，曾担任周王室守藏室的官职，掌管国家图书，晚年西出函谷关退隐，著《老子》一书。《老子》亦称《道德经》，成书略晚于《论语》，共81章。《道德经》是道家学派的经典著作。书中以"道"来说明宇宙万物演变生息的规律，包含着朴素的辩证法思想。

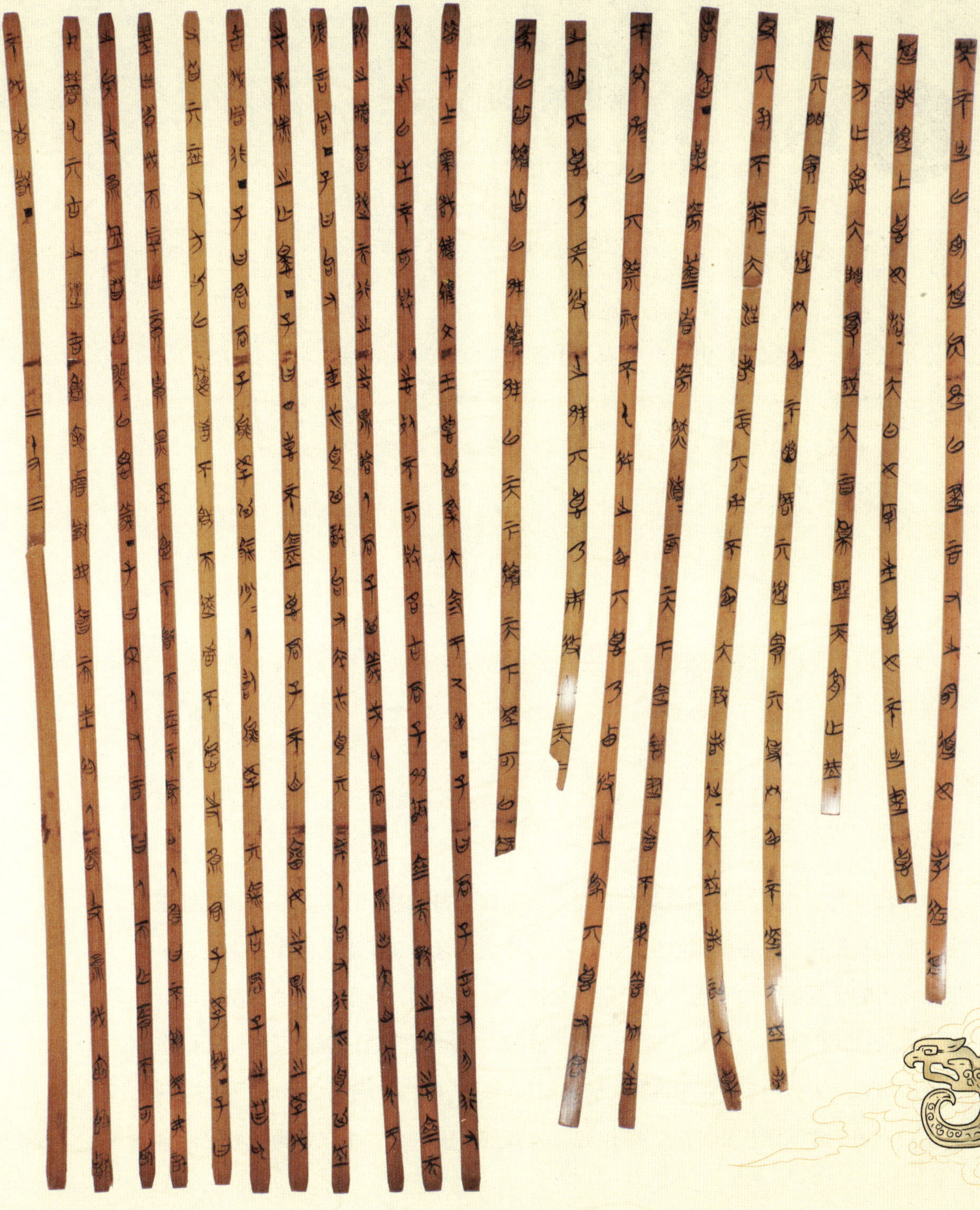

040 | 匈奴帝国的草原狂飙
匈奴金冠

年　代：战国，公元前 476—前 221 年
尺　寸：高 7.3 厘米，带长 30 厘米
材　质：金
出土地：1972 年内蒙古自治区鄂尔多斯市杭锦旗匈奴墓地
收藏地：内蒙古博物院

　　中国历史上中原地区的汉文化，与其他民族的文化共生共存，彼此的文化相互交流融合。这些民族在历史上是过着怎样的生活？匈奴金冠从另一角度向我们展示了古代历史。

"河南地"遗珍

　　1972 年冬，内蒙古自治区鄂尔多斯市杭锦旗阿鲁柴登阿门其日格公社桃红巴拉生产队的社员在进行冬季副业生产时，在阿鲁柴登以南 3 千米的沙窝子中发现了一批极珍贵的金银器。由于当时人们保护文物的意识薄弱，这批金银器有所流散，一些文物被村民们当作金银制品卖给了当地银行。当地政府通过群众反映得知挖出金银器的消息后十分重视，立即将有关情况报告给了内蒙古自治区文化局。1973 年春，内蒙古文物工作队派出田广金、李作智前去调查。田广金、李作智到了当地后，一

匈奴金冠

方面在当地政府的配合下，走到村民中去宣传国家文物保护的相关政策法规，让村民们了解到文物保护的重要意义，使他们对文物和文物保护有了一定的认识。经过半年的努力，被银行收购的文物全部追回，而一些当地村民也主动地将自己手中的文物捐献出来。另一方面，田广金、李作智在当地群众的帮助下，开始了现场调查和发掘工作。他们根据现场发现的人骨和兽骨，判断这批遗物分别出土于两座古墓之中，共出土金器218件、银器5件、石串珠45枚，其中就包括大名鼎鼎的匈奴金冠。

匈奴是战国、秦汉时称雄中原以北的强大游牧民族，兴起于公元前3世纪的战国时期，匈奴金冠的出土地点杭锦旗阿鲁柴登地区属于史书中所记载的"河南地"的范围。《史记·赵世家》记载，公元前306年，赵武灵王"西略胡地，至榆中，林胡王献马"，所以当时林胡驻牧在"河南地"。公元前214年，秦始皇命蒙恬率军北击匈奴，匈奴被逐出"河南地"。公元前209年，匈奴冒顿单于继位，开始对外扩张，在大败东胡王之后，随即并吞了楼烦、白羊河南王，并得到了蒙恬所取的匈奴地及汉之朝那、肤施等郡县，还对汉之燕、代等地进行侵掠，匈奴再次占领"河南地"。公元前127年，"卫青复出云中以西至陇西，击胡之楼烦、白羊王于河南……遂取河南地，筑朔方"。匈奴又一次失去了对"河南地"的控制。根据上述《史记》的记载，我们可以推断出，战国时期居于"河南地"的是匈奴的林胡王、楼烦王和白羊王，因此匈奴金冠的所有者应该是战国晚期至秦汉之际活动于此的林胡王、楼烦王或白羊王这一层级的匈奴贵族。

在内蒙古阿鲁柴登战国晚期匈奴墓出土的金银器中，包括大型虎咬牛纹金牌饰、镶宝石虎鸟纹金牌饰、虎形金饰片、羊形金饰片、嵌绿松石金耳坠、金项圈、金串珠、金锁链等，充分展现了匈奴贵族佩饰的高贵与奢华，其中以金冠饰最具特色。金冠由一鹰形冠顶饰和3条金冠带组成。冠顶饰的下部为厚金片锤打成的半圆球体，表面錾有四狼咬四羊的浮雕图案，球体顶端立一展翅金鹰，鹰的头、颈用两块绿松石磨制而成，用一根金丝从鼻孔穿入，通过颈部与腹下相连，双眼用金片镶嵌，头颈可左右摇动，整个冠顶构成了雄鹰傲立鸟瞰狼咬羊的生动画面。金冠带呈半圆形，三条冠带的中间部位均为发辫纹，两端分别有相对称的虎、马及盘角羊半浮雕图案，背部有榫卯，可插合成一个完整的圆形冠带。这件金冠饰可能为匈奴部落酋长或王的冠饰，故此被称为"匈奴金冠"。这些匈奴金饰件最突出的特征是造型与装饰艺术独具特色，多以草原地区习见的动物形象作为装饰图案，并以钣金、浇铸、捶揲、錾刻、压印、扭丝、焊接、镶嵌等工艺技巧和圆雕、浮雕相结合的艺术表现手法，将金饰件塑造成形态生动的各种鸟兽形象，富有浓郁的游牧生活气息和独特的民族风格，是匈奴文化最具代表性的遗物。

草原丝绸之路的见证

匈奴金冠所蕴含的艺术价值、文化价值和历史价值令人惊叹，同时它的纹饰、造型和制作工艺反映出匈奴这个驰骋在北方草原上的强大民族，通过草原丝绸之路与中原地区和西方国家进行经济、文化方面的交流和碰撞，并对开通和繁荣草原丝绸之路做出了很大贡献。

草原丝绸之路是连接中原文化和西方文化交往的通道，目前的考古资料显示，其初步形成于公元前 5 世纪前后。欧亚草原游牧民族非常钟爱以黄金和青铜为主要质地的装饰品，这些装饰品通过草原丝绸之路进行交换与流通，促

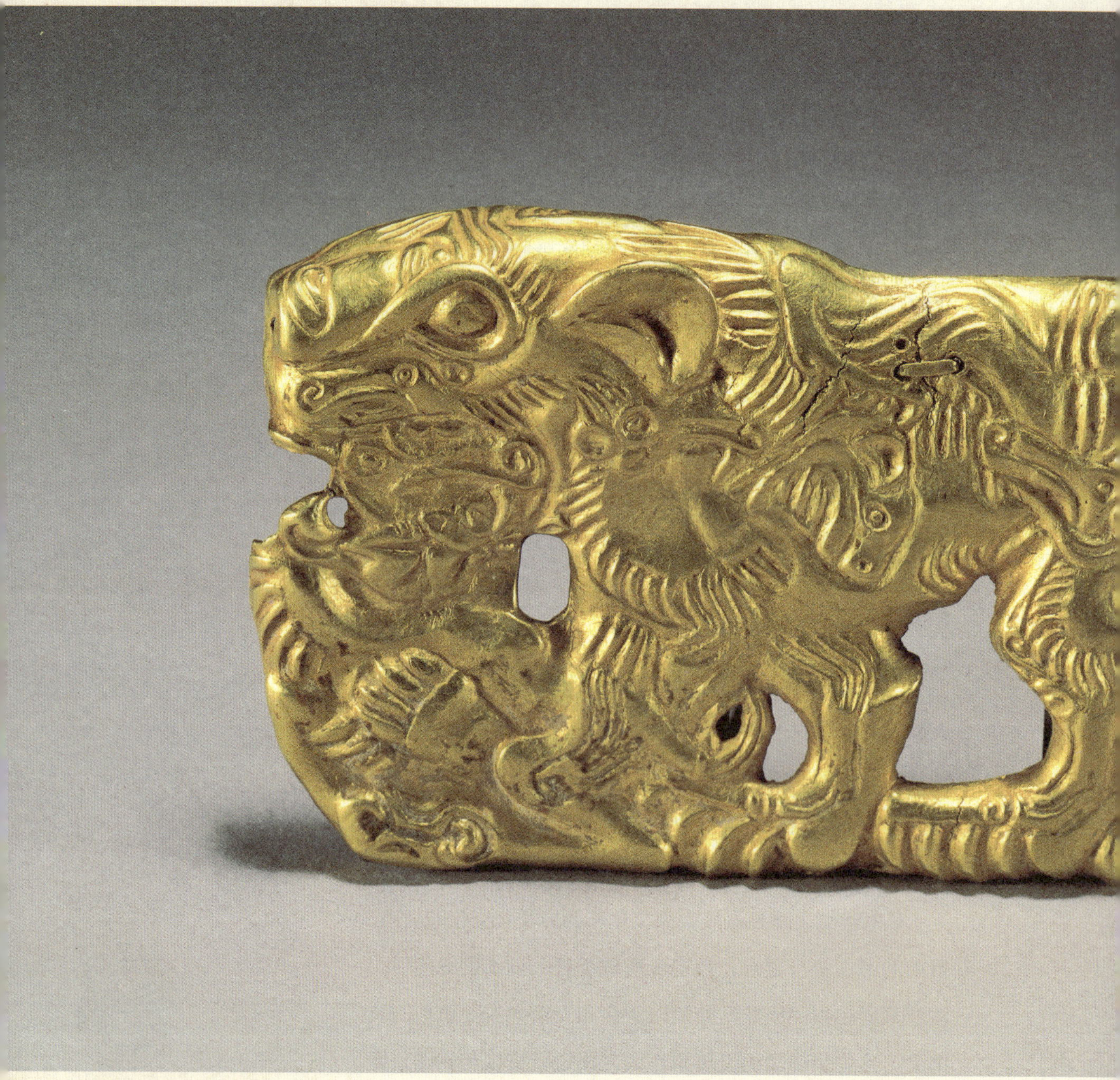

进了不同地区游牧文化的发展和繁荣。匈奴金冠的动物纹饰与欧亚草原斯基泰文化中的动物纹饰类似，但其并不产生于斯基泰文化，而是在相同的地理环境和生活方式方面有文化的共同性。在制作工艺上，金冠采用了欧亚草原斯基泰金银制造中常见的捶揲工艺，而与该金冠类似的制品，在欧亚草原斯基泰文化中更是常见。从而证实，鄂尔多斯地区的匈奴部族与欧亚草原民族存在着密切的技术和文化交流，战国时期匈奴的对外交流已经很频繁了。

鄂尔多斯地区南接中原、北通大漠，活跃着匈奴部族，是草原文化分布的集中地，也是草原丝绸之路的重要纽带和中西方文化交流、传播的重要场所。东西方国家间的交往，是通过农耕地区民众与北方游牧民族的接触，然后又通过其传递而实现的。匈奴在其形成和发展过程中，不可避免地受到来自东方文明和西方文化的共同熏陶。而鄂尔多斯青铜器文化通过草原丝绸之路的广泛传播与交流，以匈奴帝国的崛起和鼎盛为契机，造就了欧亚大陆草原丝绸之路上游牧文化的趋同现象，形成了草原丝绸之路上民族的大融合和文化、技术、物品的大交流。

❀虎狼搏斗纹金牌饰·战国

这件具有明显草原风格的艺术品于 1986 年出土于内蒙古自治区伊克昭盟，造型为虎狼搏斗状，现藏于鄂尔多斯博物馆。

国家宝藏 博物馆里的中国史

THE NATION'S GREATEST TREASURES

大一统是古代人的文言文说法，用今天我们现代人的说法就是国家统一。一个统一的国家才会是富强而自信的国家，最好的例子就是中国历史上的秦和汉两个朝代。秦始皇统一了六国，而汉高祖终结了秦朝末年的战乱，在秦汉这两个朝代，国家经济、对外交流、科学技术、思想文化都有了发展。从象征秦始皇巡幸天下的铜车马，到代表汉代高超丝织技术的素纱襌衣；从云梦县睡虎地秦墓的秦简，到为汉宫的夜晚带来光明的长信宫灯，无不彰显出秦汉"高科技""重律法"的一面。另一个需要大家了解的知识是，中国是一个多民族的国家，一共有 56 个民族。在这些民族中，汉族是人口最多的民族，我们所使用的语言被称为汉语，而汉语在书面上的文字被称作为汉字，而这都是和汉王朝有关系的。

第五章

秦汉大一统的历史狂飙

推荐博物馆：
中国国家博物馆、甘肃省博物馆、河北博物院、
陕西历史博物馆、湖北省博物馆、湖南省博物馆、
中国台北故宫博物院

041 | 秦始皇巡幸天下的见证
铜车马

年　　代：秦，公元前 221—前 206 年

尺　　寸：一号车舆车上可以载人载物的部分宽 74 厘米，进深
　　　　　48.5 厘米。车輢（车厢两旁供人倚靠的木板）较低，
　　　　　四面敞露，车舆内竖立着一个高杠铜伞，伞下有一立
　　　　　姿御官俑，车上配有铜弩、铜盾、铜箭镞等兵器。二
　　　　　号铜车马，出土时破碎为 1555 块，经修复，完整如初。
　　　　　车通长 3.17 米，高 1.06 米，相当于真车马的一半，
　　　　　总重量为 1231 千克

材　　质：青铜

出土地：1980 年陕西省临潼市秦始皇陵坟丘西侧

收藏地：秦始皇帝陵博物院

　　秦始皇陵兵马俑被称为"世界第八大奇迹"。经过了春秋战国漫长的诸侯争霸，秦朝成为中国历史上第一个大一统王朝，秦始皇成为中国第一个称皇帝的君主。秦始皇陵作为中国历史上第一个皇帝陵园，其巨大的规模、丰富的陪葬物居历代帝王陵之首，而出土于其中的铜车马是秦始皇的陪葬品之一，象征着秦始皇銮驾的一部分。铜车马的出土使今人能够清楚地看到古代御用车驾的真实面貌。

铜车马的发现及发掘

秦始皇陵兵马俑的发现震惊世界。之后，陕西省秦俑考古队继续在皇陵周边进行发掘，向庞大的陵园内挺进，以钻探地下埋藏的秘密。没想到过了几个月，又一次发现了足以震惊世界的文物——铜车马。

在皇陵封土西侧 20 米处，考古人员发现了一个铜车马坑，这是靠近陵墓的一个大陪葬坑中的一小部分。据探测，这个铜车马坑有五个存车马的过洞。1980 年冬，考古人员发掘了最北的一个过洞，在其中发现了一前一后共两乘大型彩绘铜车马。

而整个发掘过程，还要往前追溯。那是 1978 年夏天，考古队的程学华先生带领钻探人员手持洛阳铲在秦始皇陵封土西侧约 20 米的地方不知疲倦地寻找着、挖掘着。时间一天天过去，程学华小分队仍一无所获。10 月 3 日，钻探队员杨绪德将深入地下 7 米的探铲费力地拔出来，接着认真观察探铲带出的泥土，突然被一晃而过的金属光泽吸引，他看到了一个指肚大小的金泡，就是这一个金泡的发现，揭开了发现秦陵铜车马陪葬坑的序幕。带着疑问，他随手擦拭掉了覆盖在金泡上

秦始皇铜车马·秦

这件铜车马是考古史上年代最早、体型最大、保存最好的车马。青铜车身装饰华丽，绘有流云和几何图案的彩色花纹，骏马为乳白色。它们结构复杂，制作工艺高超，整套车马由 2462 个零部件组装而成，零部件均是铸造成型，组装方法采用了铸接、焊接、子母扣连接、活铰连接等多种工艺，是古代青铜制品中的瑰宝。

铜车马

的泥，小小的金泡在太阳的照耀下发出炫目的金属光泽。看了好一阵，杨续德仍想不出这金泡究竟是什么，环顾四周，他跑去不远处和程学华说："程老师，我钻出一个圆珠。您看，像是金子做的。"程学华接过金泡，来回把玩，霎时，他突然想到了什么，就催促杨续德："快带我去看看！"程学华详细察看了金泡出土的位置，这里离秦始皇陵封土20米左右，这样近的距离内陪葬的物品应该不同寻常。他重新拿起探铲，将其深入地下，和从前差不多的泥土被探铲带了上来。程学华小心地扒开土层，一个银泡和一片金块显露出来，不大，但他的手开始颤抖，凭着多年考古经验，他感觉这地下的器物一定是件稀世之宝。当最后一块金丝灯笼穗出现在眼前时，他的心剧烈地跳动，他的预感被这块金丝灯笼穗证实了，在这7米深的地下，暗藏着的是他辛辛苦苦找寻了4年的稀世珍宝——铜车马。

1980年10月至12月，根据时任国家文物局局长任质斌的意见，考古队对铜车马陪葬坑进行了发掘清理。11月3日，考古学家袁仲一先生和程学华先生根据当时钻探的情况，做了周密的计算，在铜车马的覆盖土层上划出一个长方形图路，即第一过洞。钻探小分队队员依照图路下挖，开工第一天就深入地下50厘米。11月19日，当考古人员挖至地表下2.4米深的时候，发现了一块完整的秦砖。再往下挖，发现了棚木朽迹和下面的木椁。这些棚木和木椁在黄土的重压和泥水的浸蚀下，全部腐朽塌陷，考古人员只好按发掘程序一层层、一点点，认真细致地清理。12月3日，就在开工刚好一个月时，当清理至5米多深时，在五花土中发现了青铜残片。铜车马深埋在地面7米以下，况且已被土层压碎，仅一乘铜车就破碎成1500余块，按考古人员的计算，光清理一个马头就需要半年时间。为了安全起见，考古队袁仲一、程学华两位先生在铜车马坑旁用干草搭起了一个简易棚，日夜守护。然而，仅靠人守护并不是办法，按传统的清理办法所需时日又久，更难以保证铜车马的安全，所以，如何将铜车马安全、完整、尽快地运入博物馆，成为一个重大而首要的难题。

复杂的现状，使秦俑馆每个人都知道，不能再有丝毫的耽误，必须打破常规，另辟蹊径。秦俑坑考古队负责修复的副队长柴忠言建议采取整体提取的方案，即在铜车马底部铺上一块大钢板，四周用土板钉成一个大盒子，顶部用木板封盖，这样，铜车马就从整体上被加固封闭起来。因为是一个整体，用吊车吊装就成为不算困难的事情，吊出后，可运至室内慢慢清理修复。这一方案不仅可以尽快将铜车马一次性提取，而且最关键的是可以防止铜车马等文物在发掘工地遭遇意想不到的闪失。方案一经通过，接下来就是付诸行动。准备就绪，考古人员在铜车马的四周挖了几条深达 10 米的宽沟，选用大型木板，将铜车马连同 1 米厚的土层包裹起来，成为 4 个大型木箱。钢板簸箕用吊车放入坑中，簸箕口对着铜车马，板台架设千斤顶，使簸箕向铜车马的底层慢慢推进，以使整个木箱进入簸箕。12 月 28 日，吊车开始起吊，4 个木箱裹挟着铜车、铜马完整地进入汽车拖斗，在一片欢呼声中，汽车冒着浓烟，轰鸣着驶往秦俑馆。至此，历时 50 余天的铜车马发掘提取工作画上了句号。铜车马室内清理工作由吴永琪、柴中言主持，一号车由吴永琪主持修复，二号车由柴中言主持修复。历时 3 年，1983 年 8 月，二号铜车马修复完成，10 月 1 日正式对外展出。1987 年 5 月，一号铜车马修复完成，与二号铜车马一起对外联展。

秦始皇陵铜车马坑出土了两乘金光灿灿、五光十色的大型彩绘铜车，以及 8 匹铜马、2 个铜驭手。尽管经过了两千多年埋藏的历史岁月，铜车马被上面的覆土压塌变形，但整套车马革皮具齐全，银质饰品色泽光洁，金质器物闪闪发光，秦铜车马向后人首次展现出了它的英姿。

铜车马的作用

　　铜车马是中国考古史上发现最早、体形最大、保存最完整的青铜车马。这组铜车马按出土时的前后顺序编为一号车和二号车，是按照皇帝御用车队中属车的形制缩小二分之一做成的。

　　一号车叫立车，又叫戎车、高车，乘车时驾车者立于车上。以功能而言，此车是在主人乘坐安车出行时，在前方开路警戒的，其作用类似于今天的警车。二号铜车马为后车，驾车人坐姿驾车，称为"安车"，是供主人出行乘坐的。

　　铜车马是青铜文化艺术积累和青铜器技术发展的必然结果。商周时期，青铜器冶炼发展到第一个高峰期，青铜冶炼作为一个重要的手工业生产部门，经济及文化意义突出，但是器型等相对固定。春秋战国时期，青铜器逐渐被铁器所替代，但是青铜器的器型有所突破。

　　秦始皇统一六国后，随着国力的不断强盛加上追求盛大气势的传统，青铜器制作开始呈现高大化的趋势。秦始皇曾经多次到全国各地出巡，每次出巡都伴有宏大的车马队伍，以显示秦朝强盛的实力。因此，车马成为秦始皇生活中彰显地位的必要部分，而随着青铜

兵马俑局部身姿

兵马俑每个体重有 300 多千克，身高平均 1.8 米，仿真人大小，按照秦时的将士形象塑造，体格魁梧，服饰逼真，神态生动。可以从他们的装束、体态、神情、手势以及细微的发须，对其职务、兵种、性格等辨明一二。

❀秦俑面部表情

秦俑艺术的鲜明特征是写实的艺术风格和神与形的统一。秦俑的制作者塑造了多种多样的典型人物，千俑千面，秦俑的面部特征可以归纳为目、国、用、甲、田、由、申、风等八种基本脸型，也反映了中国人面部特征的共性。

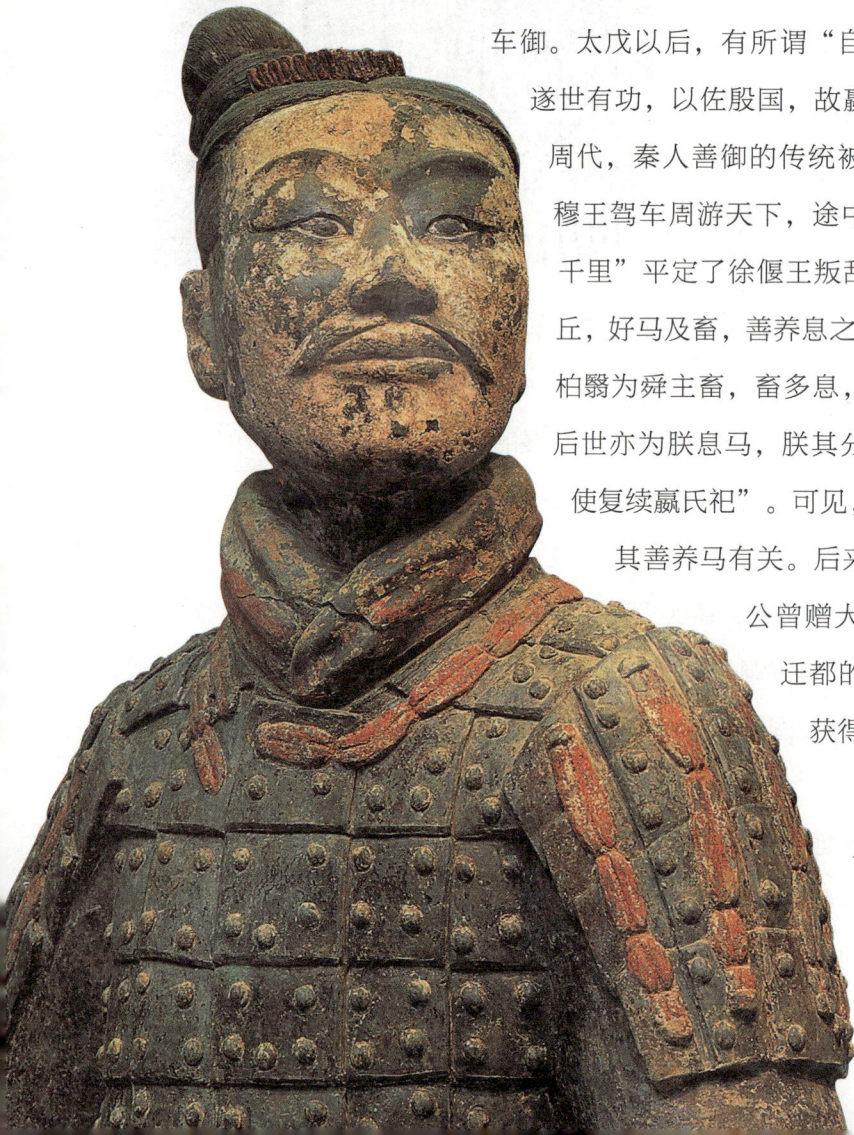

冶炼技术的提高，为适应帝王"事死如生"的需要，大型的青铜彩绘铜车马应运而生。

秦人与车马的联系密切，车马一直与秦人相伴。秦的祖先大费为帝舜"调驯鸟兽，鸟兽多驯服，是为柏翳，舜赐姓嬴氏"；其后，费昌亦曾"去夏归商，为汤御"；后来的孟戏和中衍，也因为善御，被征为商王太戊的车御。太戊以后，有所谓"自太戊以下，中衍之后，遂世有功，以佐殷国，故嬴姓多显，遂为诸侯"。周代，秦人善御的传统被发扬光大。造父曾为周穆王驾车周游天下，途中"长驱归周"，"一日千里"平定了徐偃王叛乱。其六世孙非子"居犬丘，好马及畜，善养息之"，于是"孝王曰：'昔柏翳为舜主畜，畜多息，故有土，赐姓嬴。今其后世亦为朕息马，朕其分土为附庸。'邑之秦，使复续嬴氏祀"。可见，嬴氏秦姓的得来，也与其善养马有关。后来，周平王东迁时，秦襄公曾赠大批良马相助，作为护送迁都的动力，由此立了大功，获得赠地封爵的赏赐。

地处西北边陲的秦人，凭借优越的自然地理环境形成了养马的习惯，并在积累丰富的饲养经验的同时掌握了马的各种习性。一方面，大批良马的养成为秦国的进一步发展强大创造了有利条件；另一方面，娴熟的养马技术又为艺术家们塑造艺术作品提供了绝好的素材，这便成为秦陵周围出土的铜车马达到惟妙惟肖、入木三分的真实效果的重要原因。

由于马具有超人的力量和速度，所以当时不论是在征战、交通，还是生产、商贸等各个方面，马都成为不可或缺的工具。在战国七雄中，正是秦国具备了马这一充裕的动力，才有了战胜他国的得天独厚的条件。据史载，当时魏国拥有"骑五千匹"，燕国拥有"骑六千匹"，而此时的强秦已是"车千乘，骑万匹"了。人们常说赵武灵王"胡服骑射"，将骑兵的出现归于赵，其实，秦穆公时，已有"畴骑五千"，较赵武灵王早了三百多年。

养马爱马又体现在秦人的各类活动中，秦人与车马总有着不解之缘。《诗经·秦风》中"有车邻邻，有马白颠""游于北园，四马既闲。辎车鸾镳，载猃歇

骄""四牡孔阜，六辔在手。骐骝是中，騧骊是骖"等诗句，正是对这些良马的赞歌。

从秦的立国及后来的统一战争来看，车马都起到了难以替代的作用，因而，秦王朝建立以后，在全国建立起了一整套马政机构并颁布了有关的法律政策。中央九卿之一的太仆是主管马政的最高官吏，其下设丞二人为副手，京师咸阳附近有若干官马机构，如大厩、左厩、中厩、宫厩等。除了官方养马之外，秦王朝还鼓励私人养马，如乌氏倮就养了大量的马牛，多到要以山谷来计算的程度，秦始皇曾赐给他封邑。

在秦国的祭祀活动中，车马也体现着其独特的地位。《史记·封禅书》记载，秦对上帝祭祀，襄公筑西畤，以骝驹（黑鬣红马崽）、黄牛、羝羊各一为牲祭祀白帝。秦始皇统一天下后，自华山以西的"名山七，名川四"，增加"骝驹四"；陈宝则"春夏用骍、秋冬用骝"。同时，在雍城四畤中，用"畤驹四匹"以祭之，且均采取活埋的方式（秦人一直有以马

牲作为祭品的习俗）。

秦人与周人长期杂居，受其"天命论"的影响，自称"受命于天"，来完成统治天下的大命。因此，秦人频繁在"陈宝"中以马为牲举行盛大的国祀大典。然而，以大量活马为牲祭祀，很明显的一个特征，就是因秦人早期以养马擅长，与马已经建立起了深厚的感情。车马成就了秦人的事业，秦人自然也就以最高的礼遇对待马。

总而言之，秦人祖先以养马发迹，而当秦之世，又以"车千乘，骑万匹"的规模，横扫六合，一统天下。随后，在全国设立一系列马政机构，对其社会、经济、政治、军事等的发展均起到了积极作用。正如汉代大将马援所言："马者甲兵之本，国之大用。"秦人与车马结下了浓厚的历史情结，车马也贯穿了秦社会的始终，为秦社会的发展做出了不可磨灭的贡献。

战国武器博览会

秦始皇陵兵马俑中出土的兵器包括了战国时代流行的全部武器种类，而且各种武器皆制作精良。秦军兵器制造分为中央和地方两大系统，由政府统一调配。中央系统生产的兵器品质精良，主要配备给中央直接管辖的军队；地方郡县所造兵器，由郡太守督造，质量不及中央，但是产量大，主要配备给地方和边防部队。秦时还设置了专门的兵器管理体系和保管兵器的仓库，并制定了各项保管武器的规定。秦军使用的兵器，主要以青铜兵器为主，铁兵器虽始于燕、赵，但仍处在发轫阶段，没有广泛使用。兵马俑中的剑、刀、矛、戈等几乎全为青铜制成，注重实用而少华丽，长短结合以便相互救助。

中级军吏俑 · 秦

秦兵马俑一号坑出土的中级军吏俑头戴双版长冠，手中握剑，有的立于高级军吏俑身旁似为副手，有的立于士兵队列中似为领队。

042 | 度量衡的统一 铜量

年　代：秦，公元前 221—前 206 年

尺　寸：高 6.2 厘米，深 6.07 厘米，长 21.9 厘米，
　　　　口径 9.2×17.1 厘米

材　质：青铜

出土地：不详

收藏地：中国台北故宫博物院

　　打开高中历史课本，我们了解到秦始皇统一中国成就霸业，而秦孝公时期就推行的商鞅变法为后来秦始皇统一度量衡奠定了基础。商鞅在变法时将秦国量器容量定为一升，并以此为标准统一了秦国的量器。为什么秦国能从战国众多国家中脱颖而出，成为历史上第一个统一的帝国？答案就藏在小小的铜量里。

混乱的战国制度

　　春秋战国时期，随着周王室的日趋衰微，各诸侯国有实力长时间割据一方，并执行自己的一套度量衡标准。但是，各国的度量衡制度是非常混乱的，各国度量衡的长短、大小、轻重不同，单位不同，进位也不同，计量单位很不一致。例如量，秦国以升、斗、桶（斛）为单位；齐国以升、豆、区、釜、钟为单位。又如衡的斤以下单位，秦国有两和铢，楚和魏则有镏（镏），魏国又有大于斤的镒，同时，还

有公制和私制的不同。度量衡的诸多不同严重桎梏了社会经济的发展。基于这种状况，一些政治理论者提出了要制定统一的度量衡制度，这样有利于国家的稳定和经济的发展。秦国的商鞅在《商君书·修权篇》说："故法者，国之权衡也。"为此商鞅在秦的变法实践中，实行了"平斗桶、权衡、丈尺"，这就是统一度量衡，具体即对长度、重量、容积、面积进行了比较全面的改革。商鞅在秦孝公十八年（前344），监制了标准量器商鞅方升，以大良造的名义颁发了一个法律条文："爰积十六尊（寸）五分尊（寸）壹为升"，即规定 16.2 立方寸为一升。

秦始皇统一全国之后，沿用商鞅制定的度量衡器并以此为标准在全国范围推行。他为推行标准的度量衡器采取了四大措施：一是颁布诏书确定统一的度量衡；二是确定了度量衡的标准；三是制造了大量的标准度量衡器，并分发各地；四是制定严格的校准制度。秦量大多为椭圆、广口、瓢状、有柄，中国台北故宫博物院中所藏的秦铜量即是秦朝时期全国通行的标准度量衡器之一。量器的单位名称和单位系列，有斛、一斗、三分之一斗、四分之一斗铜量和一升铜量、陶量。现存出土的秦权、秦量均铸或刻有秦始皇诏书，有的还加刻了秦二世的诏书。足以说明秦朝当时每年对全国度量衡器进行定期鉴定，以保证计量器具的准确和统一。

秦度量衡的统一及发展

秦的度量衡改革开始于秦孝公六年（前356）的"商鞅变法"。秦孝公十二年（前350），商鞅开始第二次变法，"平斗桶、权衡、丈尺"是其重要改革内容。与此同时，商鞅制作了一批制造精良的度量衡标准器颁行各地。如今出土或传世的诸多两诏铜器，在同一件标准度量衡标准器上分别刻秦始皇二十六年和秦二世元年诏，说明秦二世即位后，延续了秦始皇统一度量衡的制度。由此可见，秦自孝公十二年商鞅"平斗桶、权衡、丈尺"，至秦始皇二十六年颁布诏令，再至秦二世元年重申诏令，秦

铜量

之度量衡制度可谓一贯如故。

　　春秋时期，各诸侯国纷纷改革旧制，制定了各自独特的度量工具和度量标准，如齐国的铜权、楚国的铜环权、邹国的廪陶量等。当时齐国的一位士大夫，在贷给贫民粮食时用自家的大斗称量，而在回收或者征税时则用公用的小斗，用这样的方式让农民获得余粮，减轻赋税，以笼络人心。随着度量衡日益成为掌权者进行政治斗争的工具，久而久之，每个诸侯国甚至同一国的不同世家，度量工具的单位和名称都不相同。

🔖 **铜量上的铭文（局部）**

　　这样一来，在春秋战国时期，人们就可能会遇到这样有趣的景象，秦国人和楚国人同时拿出十釜粮，结果就可能相差数倍。对战国时期的诸子来说，他们要周游列国，至少也要记住七种不同的计量方法，这样就造成了不同地区之间的货物交易极为不便，大大阻碍了地区间的经济发展。

　　当时，多国君主已意识到了度量衡的混乱对于经济发展的阻碍。尤其是秦国，在商鞅第二次变法时，将土地公有变为私有，统一交税，税的形式是粮食，交税需要按照统一的标准，需要有统一的量器。于是商鞅就利用国家机器的力量，统一了度量衡制，并颁布了度量衡的标准器，就是这种商鞅量，在它底部有明确的铭文标注容积，现在实测结果为 202.15 毫升。这种度量制定的初衷，是为了保证秦国赋税的收入、生产活动的高效，也有助于秦国跟其他地区贸易往来。正是因为这样的改革，使地处西陲的秦国以更快的速度发展起来。

公元前 221 年，秦王嬴政灭六国，一统天下。统一后的秦始皇面临着巨大的考验，如何在全国范围内统一法度、文字、度量衡就是其中之一。铜量上面篆刻的铭文记述了秦始皇统一天下度量衡的史实。铭文上写道："廿六年，皇帝尽并兼天下诸侯，黔首大安。立号为皇帝，乃诏丞相状绾，法度量则不壹歉疑者，皆明壹之。"这一诏书，以皇帝的身份要求全国推行统一的度量衡制度，而这段铭文，在秦朝所有计量工具上都有篆刻。这些计量器具是官方统一督造并分发各地的，以彰显度量衡的权威性。秦朝还有专门的法律，维护监督计量标准的执行，任何人不得违抗。而对于度量器具的误差，秦朝也有专门的制度进行规范，并定期检查。

秦始皇制定十进制的引、丈、尺、寸、分来计量长度，用十进制的斛、斗、升来计算容量，用石、钧、斤、两、铢来计量重量。度量衡的统一为秦朝国家机器的正常运转和社会活动的进行提供了有力的保障。

秦度量衡对后世的影响

秦朝的度量衡制度一直沿袭到民国。即使在现代的计量法律制度中，也包括了类似秦朝度量衡法制的单位制度和器具制造制度等内容。可见，秦朝度量衡法制对后世影响深远。

首先，全国上下有了标准的度量准则，为人们从事经济文化交流活动提供了便利的条件。例如电视剧《芈月传》第十六集中芈月拿着楚国医生的药方在秦国抓药一节，不仅提到了秦、楚两国文字和货币各异，还具体论及两国之间的度量衡也存在很大差别，因此还招致秦国药铺掌柜的误解，拒绝按照药方剂量取药，怕害人性命。幸运的是，药铺主人庸芮博学多识，自称早年曾游学楚国，知悉"楚国的计量方法"，最后亲自帮助芈月解决了困难。秦的标准化建设在经济上具有更加重要的意义，其打破了贸易壁垒，结束了内耗局面，有力地推动了各地物资交流，加强了全国经济联系，有利于中央集权的巩固与国家的稳定，促进了社会进步，为西汉盛世的到来打下了坚实的基础。

其次，度量衡的统一对赋税制和俸禄制的统一产生了积极作用。商鞅变法前，秦国各地度量衡并不统一，导致赋税标准不能统一，各县上缴的粮食数量不一致，给秦国的赋税统计带来了极大的麻烦。商鞅变法时变土地公有为私有，并为方便赋税的统一制作了秦铜量，度量衡的统一使得秦国的赋税便于统计，各县交上来的赋税单位数量能够统一。

再次，度量衡的统一有利于消除割据势力的影响，维护秦朝大一统的局面。秦的一切制度，始于商鞅，总成于始皇。秦从商鞅开始依法治国，在社会方方面面制定律令，律令制定都非常具体化、细节化、生活化，使各阶层的社会行为各按其律令实施，使其有法可依，依法治国。这种律令的保证，使秦的标准化建设得到迅速发展，使秦国一跃成为战国时期最强大的国家，为统一六国提供了物质基础。随着秦始皇吞并六国，这些标准和规范也扩大到了整个庞大的秦王朝近乎全部的国土上。秦通过一系列的标准化建设，建立了标准化体制，

🔸 **两诏升·秦**

这件秦代量器高 6.6 厘米，长 23.3 厘米，器形呈椭圆形，外壁一侧刻秦始皇二十六年诏书四行，另一侧刻秦二世诏书七行，内容为秦二世下诏强调秦始皇统一度量衡的功绩并继续推行的命令。现藏于上海市博物馆。

改变了各国分裂割据形成的不同的标准，社会各领域形成了一定规范，有利于消除各国割据余毒，加强了中央集权，从而巩固多民族国家的统一，维护政治上的稳定。

最后，度量衡的统一为以后朝代度量衡标准奠定了基础，两晋南北朝以前都大体沿袭秦制。秦始皇统一度量衡制是中国古代历史上的一个重要事件，对中国统一多民族国家的形成和社会经济的发展，起着重要的作用。

度量衡的统一

战国时期各国度量衡制度也不统一，以量器而论，赵国以斗、升、分、益等为单位，齐国则以升、豆、区、釜、钟等为单位，各国千差万别，严重影响了经济秩序。因此，秦完成统一以后，就以秦制为基础，以法令形式将秦国原有制度推广到全国。秦朝还以法令形式保证统一的度量衡标准。云梦秦简《效律》就曾规定："衡石不正，十六两以上，赀官啬夫一甲；不盈十六两到八两，赀一盾。"凡度量衡存在误差超过限度，基层官员都要受到不同程度的惩罚。

043 | 解读秦代的法律
睡虎地秦简

年　代：秦，公元前 221—前 206 年
尺　寸：长 23.1 ~ 27.8 厘米，宽 0.5 ~ 0.8 厘米
材　质：竹简
出土地：1975 年湖北省云梦县睡虎地秦墓
收藏地：湖北省博物馆

　　绚丽而短暂的秦王朝二世而亡，在历史长河中留下了浓墨重彩的一笔。后世人们研究其速亡原因时，严刑峻法成为绕不开的一个话题，中学语文课本中《过秦论》和历史课本中关于秦朝的介绍都向我们展示了一个暴政的秦王朝。严刑峻法的真正情况到底如何，史料记载语焉不详。睡虎地秦简的出土终于为人们揭开了秦代法律的神秘面纱。

云梦初醒

　　睡虎地竹简，顾名思义，是在睡虎地这个地方出土的竹简，又称云梦竹简，因为睡虎地位于湖北省云梦县。湖北省云梦县睡虎地本是一个名不见经传的小地方，战国时属于楚国，后秦灭六国，一统天下，睡虎地又成了秦朝的土地。就是这个地方，在两千多年后，因为一个农民的偶然发现而名扬天下。

睡虎地秦简

那是 1975 年秋天，田里的庄稼基本收割完了。云梦县城关公社肖李生产队的社员张泽栋有一块生产队的田地在睡虎地附近，因排水不好，经常发生涝灾，他决定利用收割完庄稼的农闲季节挖一条排水渠。挖着挖着，他突然发现土的颜色发生了变化，由黄色变成了青黑色，他似乎预感到了什么。因为两年前在当地大坟头曾出土过古墓，他曾去看过，那泥土的颜色跟这里的一样。莫非这里有古墓？他不由得放下镐头，连家也顾不得回，就向县文化馆跑去。

这件事引起了县文物工作者的高度重视，因为这里曾是战国的楚地和秦朝疆域，如果真的也有古墓待发掘，那将对秦代社会研究意义重大。他们迅速将这一情况逐级上报，湖北省博物馆考古队赶到云梦县后，经过探测，于 1975 年年底至 1976 年春，正式开始发掘工作。本次发掘，国家文物局还特地从北京派来了重量级学者李学勤等人。

随着考古活动的展开，大量竹简被发掘清理出来。这些竹简就是在竹片上用墨书写文字，再用绳索将其编组而成的书。竹简用细绳分上、中、下三道编结，按顺序编组成册，共 1155 枚，残片 80 枚，近 4 万字，为秦始皇时期的人所手书。秦简上的内容反映的时间长达一百年之久，早至商鞅变法，晚到秦始皇三十年。两千多年过去了，它们依旧保存完好，这是由于竹简与空气隔绝，延缓了自身的氧化。是什么造成竹简与空气隔绝？参与过发掘的考古学家认为有两个原因：一是睡虎地墓葬修建于秦统一六国后不久，虽为秦墓，却还是楚墓形制，墓里内棺外椁，墓外六面均以"青膏泥"密封，这些青膏泥质地细腻、黏性较强，起到了隔绝空气的作用；二是云梦曾为古云梦泽的一部分，地下水位很高，使睡虎地墓葬长期浸于水中，有益于隔绝空气。对于竹木器的保存，干燥环境反而是不利的，考古界素有"干千年，湿万年，半干半湿只半年"的说法。但是，长期保存在与空气隔绝的地下水中，这一出土，与空气接触，反倒面临保存的难题了。1976 年 3 月，国家文物局将这批竹简急调北京，进行科学保护，具体的处理方法是脱水，脱水处理后的竹简变得较软，被分别保存在玻璃试管中。

秦法之争

睡虎地秦墓中沉睡着的是一个叫"喜"的人，他是这座墓葬的主人，是秦国的一个基层官吏。据考证他青年时从军，参加过秦始皇统一六国的战争，他所任最高职务"令史"也在县令属下，是一位下层官吏，睡虎地秦简多为他抄录。

睡虎地秦简被分类整理为十部分内容，包括《秦律十八种》《效律》《秦律杂抄》《法律答问》《封诊式》《编年记》《语书》《为吏之道》甲种与乙种《日书》。这些内容也已被整理为书籍《睡虎地秦简》出版，其中法律部分记载了秦代施行的二十几个单行法规的条款原文，共记载法条六百条，记载的秦律形式主要有：律、令、式、法律问答和廷行事。我们熟知的《秦律十八种》就属于"律"，"律"即法、法律，内容涉及经济、政治、社会生活的方方面面。时至今日，尚未见到完整的秦代法典，所见最多的法律条文也仅是睡虎地云梦竹简所载的一千多枚竹简记录的秦朝条文。而这些记载是相比文学作品更接近历史真相的文物，因此在学界掀起了一阵为秦代法律"正名"的浪潮。

部分学者认为，秦代法律有被儒生歪曲的可能，它更多的是严格而非残暴，讲述的道德约束比今日都更明确。例如《秦律》中关于"见义勇为"的规定："有贼杀伤人冲术，偕旁人不援，百步中比野，当赀二甲。"这话的意思是：若有在大庭广众下伤人的情况发生，周遭距离百步之内的人如不伸出援手的话，要罚款，罚两具盔甲那么多的钱。在当时，这是一笔很重的罚金了。再例如《秦律杂抄》中关于"工程质量"的要求："非岁红（功）及毋（无）命书，敢为它器，工师及丞赀各二甲。县工新献，殿，赀啬夫一甲，县啬夫、丞、吏、曹长各一盾。城旦为工殿者，治（笞）

人百。大车殿，赀司空啬夫一盾，徒治（答）五十。"
大意为：不按标准用料建工程的话，上到工程师下到包
工头，一律有罪，有的要被罚钱，有的要接受刑罚；修
城墙如果出现"豆腐渣"工程，要打一百大棍，那些残
次品生产者，监管部门要被罚款，再打黑心老板五十大
棍。如此来看，现在的很多社会问题在当时都已经被明
文规定写进了法律。但是，仍有另一部分学者认为，睡
虎地秦简的记载时间毕竟局限在战国中期至秦始皇前几
年，反映的社会现状与秦末有所不同，而秦法在秦始皇
至秦二世还在变化着，此秦简反映出的秦法已经展现出
了极其严苛的一面，那么秦代后期法律的弊端会更加明
显甚至荼毒后朝，是显而易见的。

　　虽然争论至今也没有得到明确的答案，但可以肯定
的是，睡虎地秦简是中国考古史上第一次发现的秦代简
牍，而且简文内容又极其丰富，这极大地填补了秦代史
料记载的空白，使战国、秦汉的考古学研究向前迈进了
重要的一步。

纵览古今

　　透过睡虎地秦简，我们不仅可以看到秦代法律的基
本情况，还可以进一步窥见秦代社会的风貌。

　　睡虎地秦简中提到，秦朝基本国策为耕战政策，这
沿用了商鞅的思想，用兵农合一的方式来提高国家的经

睡虎地秦简之《法律答问》（局部）

济与军事力量，从而维护政权、扩大疆域。可见小农经济下的秦朝重农思想盛行，鼓励农业生产，为统一的国家打下了坚实的物质基础。在吏治方面，秦律则严格要求官员清正廉洁，各级官员的任用需要明确的审批流程，用"良吏"和"恶吏"分别代指清廉守法的官吏和假公济私的官员，利用法律和舆论双重压力来约束领导者的行为。因此秦代社会呈现出政治清明、风气正的面貌。这种沿袭商鞅变法，以法家思想为主的治国方略，促使秦代国力迅速增强。睡虎地秦简中记载的秦律，不仅反映了当时的秦律制度，更对后代王朝起到了很深远的借鉴意义。

从艺术的角度看，睡虎地秦简简册是用墨书写的，字体是"秦隶"。这是一种从篆书往隶书转变的字形，有着十分重要的书法价值。篆书的特点是笔法瘦劲挺拔，直线较多，保存着古代象形文字的明显特点。而隶书字形多呈宽扁，横画长而竖画短，讲究"蚕头燕尾""一波三折"，开始化繁为简。篆隶的特点在秦隶中得以综合体现，这也使睡虎地秦简成为研究中国书法变化发展的一个重要根据，使得书法史在秦至汉的真迹研究有了确凿的实物资料。

提到隶书，人们往往认为是汉代的专利，其实在秦朝统一六国文字为篆书后，随着社会的发展，隶书很快因为它简易、方便和应用范围广的优势占据了主流，为后来日渐成熟的汉隶开了先河。秦简记录下的秦隶在中间作为一个过渡字体，承上启下，继往开来，完美地记录了汉字的"隶变"过程，即汉字由具象到抽象、由表形到表意、古汉字演变成现代汉字的过程。这一变化体现了正式进入封建社会的中国，在社会和语言上的进步、文化的发展。

云梦睡虎地秦墓竹简作为一种实物资料，像一个多面的镜子，无论从哪个角度去看，都能够看到背后蕴藏着的整个秦王朝的社会兴衰。

秦代的婚姻法

根据秦简，结婚须有一定的年龄限制，主要通过身高衡量。男子身高六尺五寸（秦制 1 尺约等于现在的 5.9 寸，即 19.5 厘米）才算成年，方可结婚。女子身高六尺二寸"许嫁"，"小未盈六尺"而"为人妻"在秦简中属违法的事例。而且，结婚须登记，即所谓"已官"才受法律保护。尽管秦受儒家思想濡染较少，但夫妻在家庭中的地位仍不平等。譬如，结婚后妻子须到夫家生活，成为丈夫的家庭成员。但男子入赘妻家，不仅受到观念歧视，还要受到法律歧视。尽管丈夫在家庭中居主宰地位，但也不得无故殴打妻子，否则按常刑论处。

044 | 秦汉印玺制的明证
文帝行玺

年　代：西汉，公元前 202—8 年
尺　寸：印面边长 3.1 厘米，宽 3 厘米，通高 1.8 厘米
材　质：金
出土地：1983 年广东省广州市象岗山西汉南越王墓
收藏地：南越王墓博物馆

　　在我们的生活中，很多习以为常的事物背后都有着它的历史渊源，也许还凝结着古人的智慧。当你拿起一块小小的印章时，你不会想到，早在千年之前，它就在古老的中华大地上留下了完整的规章制度，这一制度自秦汉影响至今，早已潜移默化地改变了人们的生活。透过文物文帝行玺，我们可以去探索它存在过的踪迹。

汉文帝与南越王金玺

　　汉文帝刘恒是西汉的第四个皇帝，他的母亲薄姬是汉高祖刘邦的一个嫔妃，地位不高，因此汉文帝小时候并不受重视。他的性格温和低调，做了皇帝后也继续这种宽厚的态度，于是在统治中就体现出擅长文治、亲民的风格。在经济上，他说："朕闻之，天生烝民，为之置君以养治之。"意思就是对百姓要管理和养育并行，既要减少赋税、鼓励生产，又要在天灾发生时给予补助。文帝将一些天文现象看作

老天对自己的警告，如果发生了蝗灾旱灾，诸侯可以不进贡，应为百姓开放山林水泽，同时开仓济粮，减少皇宫日常用耗，精简官吏，允许富人以钱买爵。他对百姓慷慨，但对自己严苛，即位二十三年来，皇宫设施一概没有增加，一切为天下先，就连古时最重视的墓冢都化繁为简，用瓦器代替金银装饰。在法律上，汉初沿袭了大部分秦法，但文帝认为，法律是立国之本，法律本身要禁止残暴，才能引导人们向善。如果百姓已经犯了罪，法律又用不公的刑罚去处置他，那不是在加害于民然后使他们去干更凶暴的事吗？因此，他先后废除了连坐法和肉刑。文帝曾和进谏者商讨，他认为，连坐法是将无罪的亲人一起定罪，是不公正的，无辜的人不应该受到处罚；肉刑是残忍的、不道德的，身体发肤受之父母，汉天子作为天下黎民的父母，不能使他们终生陷于皮肉之苦，应改为笞刑和杖刑。在民族关系上，汉朝边界的隐患在于匈奴和南越国。文帝对待匈奴继续沿用和亲政策安抚平稳，同时在匈奴侵扰边界时三次出兵抵御，将匈奴击退。南越国是位于汉地岭南地区的一个王国，聚集着大量少数民族人口。公元前 181 年开始，吕后对南越国实行禁绝关市的经济封锁，南越王赵佗和汉朝决裂。到了文帝时，他基于大一统的局面，对南越国采取安抚政策。公元前 179 年，文帝派遣使官陆贾出使南越，主动摆明友好态度，同时向南越国提供发展生产所需的铁器、农具、马牛羊等，并派人修葺南越王的祖坟。在文帝诚意的感召下，南岳王赵佗谢罪称臣。这样一来既维护了民族团结、边疆稳定，又促进了岭南地区经济文化的发展。

广州南越王墓是广东省汉代考古最重要的发现之一，该墓位于广州市市区北部象岗山。墓室全用砂岩大石板砌筑，由前室、东西耳室、主室、东西侧室和后藏室 7 部分组成，全长 10.85 米，宽 12.5 米。墓主身着玉衣，腰间两侧佩带铁剑 10 把，胸前戴玉佩饰和金、银、玉、铜、玻璃等珠串。墓主身上发现印章 9 枚（金印 2 枚、玉印 5 枚、绿松石印 2 枚），其中 2 枚金印最引人注目，1 枚方形龙钮金印，印面

文帝行玺俯视图

文帝行玺

文帝行玺印文

呈田字格状，阴刻"文帝行玺"4字，小篆体，书体工整，刚健有力。印钮作一龙蜷曲状，龙首尾及两足分置四角上，似腾飞疾走。这枚金印局部又用利刃凿刻而成，出土时印面槽沟内及印台四周壁面都有碰痕和划伤，并遗留有暗红色印泥，显然是因长期使用所致，说明金印是墓主生前的实用印。文帝行玺龙钮金印，是迄今所见最大的一枚西汉金印。（"玺"一般为帝王的印章，"行玺"是指秦汉时皇帝发布诏令使用的玉玺）。那么为什么行玺本应是玉器，而文帝行玺是黄金铸造的呢？文帝行玺为什么发掘于南越王的墓中呢？

从汉朝廷的角度说，文帝行玺确实是一枚伪印，但是此"文帝"非彼"文帝"。对于汉文帝来说，文帝是他的谥号，是他死后才被人这样称颂；对于南越王来说，文帝是他生前的尊号。这与南越国特殊的典制有关，他们不按汉朝传统——新继位的皇帝给先皇帝追谥"文帝""景帝"等名号，而是在位的南越王自封尊号，生前便在行玺上使用尊号，"文帝"就是南越王赵眜自封的。其次，"文帝行玺"以龙为钮，黄金铸成，与秦汉时期天子用玺以白玉为材料的规则也有所不同。南越文帝按考古发掘证实其名赵眜，而根据《史记》记载则为赵胡，赵胡是南越王赵佗的孙子，他继位之后，延续南越国的帝制，一切威仪皆仿天子，赵胡去世之后，这枚黄金玺印就成为他的殉葬品之一。

行玺的具体图形构造也很有讲究，汉印的钮形很多，用来象征主人的地位高低，常见的钮形地位由低到高排序为龟、蛇、虎、龙。此次出土的文帝行玺，钮作蟠龙形，非常罕见，显示了金印主人尊贵的地位和强大的权威。龙在中国古代向来是帝王的象征，这枚南越帝玺上的蟠龙钮，是到目前为止出土的最古老的龙形钮玺印。

官印私印的不同世界

印玺是一个带有浓厚中国传统色彩的物件，早在春秋中期，印玺就已经应用于社会活动中，那时作为信用物，还只能当作普通的印章，在封发物件时，把印盖于封泥之上，作信验，由私人制作和使用。当政府将其应用起来，用不同的材质制作、刻上不同的图腾形状后，印章摇身一变成为具有象征意义和执行力的印玺，印玺制度也随之诞生。印玺制度最早可以追溯到先秦，自秦汉开始，确立了正式的官印制度，并在历朝历代的发展中不断变迁。以秦汉的印玺制度为例，它是以官印的尺寸和材质区别来作为划分等级与用途的标志。官职越高，官印越大，权力就更大。首先是材质，材质由昂贵到轻贱有玉、金、银、铜、铁等；其次是印文的名称，有玺、印、章、印章；再次还有凿制钮制雕刻的内容，分别有龙、螭虎、骆驼、龟、蛇等；最后乃至与玺印有关的绶带用多少根丝、长短、颜色也都做了相应的规定。皇帝作为最高权力的拥有者，使用的玺印也是最高等级的官印，有专用的"六玺"，都是玉螭虎纽，印文分别是——"皇帝行玺""皇帝之玺""皇帝信玺""天子行玺""天子之玺"和"天子信玺"，印文不同用法不同。皇太后、皇后所拥有的玺印，其规制同于皇帝。诸侯王的印章也称玺，但印面小于皇帝，材质也由最初玉制改为黄金制，体现了皇帝对诸侯王权力和地位的控制。列侯、丞相、大将军等人使用黄金印，龟钮，印文称章，以此类推，及至再小的官吏便配半章印或不配印。

西汉是一个大一统的朝代，为了加强中央集权，在地

方上继承了秦朝的郡县制，同时也采用分封制，郡国
两制并行，一方面设郡分县，另一方面分封同姓
和异姓子弟为王，即建立诸侯国，
又叫郡国并行制。在这一
地方制度的运行中，印
玺制度起着举足轻重的作
用，它的推行保证了公文的严肃
性和有效性，在公文的传输中，起到了
防止伪造公文的作用，为国家实施有效的行政
管理创造了条件。

🔹 **文帝行玺侧面图**

　　官印的形制伴随着政治的发展而变化，印玺制度对
官印、私印有着明确的界限规定，不可混用，那么私
印在一定程度上，则代表的是民间对于印章的审美艺
术追求。秦代的私印，以凿制为多，由于体积都较小，
民间俗称"秦小印"。秦始皇统一文字后，官印上的
文字多为官方字体——小篆，私印的印文字体便比较
随意，印文内容也不拘一格，与字体相互照应和衬托，
形成一个和谐统一的工艺品。民间不乏技艺精湛的篆
刻者，私印展现了治印工匠高超的应变能力和工艺技
巧。相比之下，私印没有官印那样对称和齐整，但更
具有情趣和审美价值，是来自民间的艺术。到了汉朝，
私印的数量和质量有了更大的提升，而且外形更接近
官印，只是体积较小。在小小的方寸之间融进万千气象，

印工们精湛的技艺、杰出的构思创造性地发展了印章的艺术形式。例如朱白相间印，利用感官错觉，造成比重均衡、浑然一体的视觉效果；回文印的独特章法，四灵印文字的端庄与吉祥物的生动活泼对映成趣，等等。汉私印丰富多彩的形式，也体现了汉代宽松的社会氛围和民间雅致成风的社会风气。

印玺制度的前世今生

纵观历史，历代的公务文书皆有一套自己的用印制度，它们之间既有相同之处，又各具特色，呈现出鲜明的时代特征。魏晋南北朝时期，纸张开始广泛使用，官府文书都改用纸帛，而且用朱红色直接钤印于纸上，这是用印制度的一大变革。唐朝对公文制度进行了进一步地完备，对用印制度也有了更加严格的规定，例如"一文一印"，即一件公文如有两页以上的公文纸，则要在首尾纸缝间盖"骑缝印"，保证了每页公文的权威性与有效性。在前代，天子之印称为"玺"，武则天由于恶"玺"字，将其改为"宝"。及至宋朝，公文用印制度又有了新的变化。宋代规定：首先，明令禁止用官印加盖私人文书；其次，用印必须严格登记，并以文书中文字，印章的墨、朱先后而辨真伪；另外还规定"诸官文书皆印年月日及印封"，这种加盖骑缝章的做法，是针对公务文书被私拆的行为。元代用于文书的印章有两种，一种是官印，一种是在文书上签押的刻名印，是现代手印、签名章的前身。

中国古代公文的用印制度是封建社会中央集权制度下的产物，它一方面保障了中央对地方的管理与控制，另一方面将国家行政文书工作推进得有条不紊，促进了国家的大一统。从研究官制的角度看，由于印玺与官制间密切对应的联系，使得印玺文物的出土也是对官制研究史料的极大补充，为研究官制提供了线索和证据。现今社会仍保留了古代印玺制度许多合理的部分，例如单位专用的公章、骑缝章、个人姓名的印章，都在千年之后为人们的生活提供着秩序和便利。

滇王金印·西汉

这件滇王金印 1956 年出土于云南省昆明市石寨山古墓群，通体用纯金铸成，金印重 90 克，印面边长 2.4 厘米，通高 2 厘米，为汉武帝赐予滇国国王的印玺，现藏于云南省博物馆。

045 | 西汉高超的丝织技术
素纱襌衣

年　代：西汉，公元前 202—8 年

尺　寸：衣长 132 厘米，通袖长 181.5 厘米

材　质：纱料

出土地：1972 年湖南省长沙市马王堆汉墓一号墓

收藏地：湖南省博物馆

　　唐代大诗人白居易曾在一首诗中这样写道："应似天台山上明月前，四十五尺瀑布泉。中有文章又奇绝，地铺白烟花簇霜。"是什么东西这样绝美？像那天台山上、明月之前流下的四十五尺的瀑布清泉，织在上面的图案美得令人叫绝，底上像铺了一层白烟，花儿攒成一丛白雪。这首诗描写的是"缭绫"，缭绫是古代一种精美的丝织品。诗中的描写或许运用了夸张的修辞，但就在 40 多年前，考古学家在现实生活中找到了真实的例证——素纱襌衣。

惊艳面世

　　素纱襌衣于 1972 年在湖南省长沙市马王堆汉墓一号墓发掘出土，是西汉时期的丝织品，原产地为西汉时期襄邑县。用"薄如蝉翼""轻若烟雾"形容它一点都不过分，素纱襌衣由上衣和下裳两部分构成，衣长 132 厘米，通袖长 181.5 厘米，

但重量仅有 49 克，也就是不到一两。这样的一件褝衣在出土时交领、右衽、直裾，是属于一号墓的主人——辛追的。辛追是西汉初年长沙国丞相利苍的妻子。长沙国是西汉时期湖南历史上出现的第一个诸侯封国，当时西汉地方上实行郡国并行制，长沙国辖境是承袭了秦代长沙郡辖境，后将秦长沙郡治所"湘县"改名为"临湘县"，作为国都。长沙国自建立以来与西汉王朝的命运相伴，存在了 209 年，经历了吴氏长沙国时期和刘氏长沙国时期。利苍丞相和妻子辛追就生活在吴氏长沙国时期。

素纱褝衣在出土后很快被选为国家一级文物，它是世界上最轻的素纱褝衣，如果除去袖口和领口较重的边缘，重量只有 25 克左右，折叠后可以放入火柴盒中，透光率高达 75%，是西汉纱织水平的代表作，更是西汉陈留郡及长沙国文化的骄傲。它还是世界上出土文物中最早的印花织物，至今已超过 2100 多年。更让人惊奇的是，褝衣主人被发现之时，仍然形体完整，全身润泽，皮肤覆盖完整，毛发尚在，指、趾纹路清晰，肌肉尚有弹性，部分关节可以活动，几乎与新鲜尸体相似，是世界上保存最好的湿尸。素纱褝衣能够集如此众多之最于一身，根本原因在于其高超的工艺。它的制作材料是纱——中国古代出现最早的一种丝绸，是由单经单纬丝交织而成的一种方孔平纹织物，其经密度一般每厘米为 58 根至 64 根，纬密度每厘米为 40 根至 50 根纱。上乘的纱料，以蚕丝纤度匀细见长。素纱褝衣每平方米纱料仅重 15.4 克，并非因其织物的孔眼大，空隙多，而是纱料的旦数小，丝纤度细。旦数，每九千米长的单丝重一克为一旦，这是丝织学上对织物蚕丝纤度的一个专用计量单位，旦数越小，则丝纤度越细。经测定，素纱褝衣的蚕丝纤度只有 10.2～11.3 旦，而现在生产的高级丝织物，例如四眠蚕，其纤度足有 14 旦，足见汉代缫纺蚕丝技术的高超。可以说素纱褝衣代表了西汉初养蚕、缫丝、织造工艺的最高水平。

国宝劫难

很多人，尤其是湖南省民众，都应该知道素纱襌衣出土时实际为两件，一件为48克，一件为49克。49克的这件，就是现在被录入湖南省博物馆"镇馆之宝"的素纱襌衣，而48克的那件，出土面世了11年，还是没有保留下来，已经灰飞烟灭了。令人扼腕叹息的是，这并不是不可抗的天灾所致，而是一场人祸。

1983年秋天的一个深夜，17岁的青年许反帝，偷偷潜入湖南省博物馆，盗走了马王堆汉墓出土的珍贵文物31件。第二日上午8点多，湖南省博物馆解说员打开陈列厅大门时发现文物被盗。据《人民公安》杂志记载，公安机关查明，犯罪嫌疑人潜入该馆，在现场附近搬来了一把竹梯，爬上陈列厅北面西头通风窗户，击破窗户玻璃，爬窗入室。入室后，击破了六个陈列柜的玻璃，打开了一个陈列柜的封板。经清理，该厅陈列的312件文物中，被盗走珍贵文物31件，复制品3件，线装书4本，其中包括素纱襌衣这一文物珍宝。许反帝被抓获后，他的妈妈为了掩盖儿子的罪行，烧毁了4件文物，将3件丢进厕所，其中就包括48克的那件素纱襌衣，49克的那件被追回。1984年5月7日，长沙市中级人民法院对许反帝案进行公开审理，许反帝犯有重大盗窃罪和暴力抢劫罪，被依法判处死刑，因未满18岁缓期两年执行，其母许瑞凤因犯包庇罪、窝藏罪、破坏珍贵文物罪，被依法判处有期徒刑15年，剥夺政治权利4年。1992年许瑞凤首先获得假释，1994年，许反帝也因为有立功表现被假释，但他们给国家造成的损失是无法弥补的。

国宝失窃之后，为了不使劫后余生的这一件稀世珍品失传，南京市云锦研究所的研制人员扛起了研究素纱襌衣的重任，开始研究织造工艺，进行文物的复制工作。他们花了整整二十年时间，制作出了一件素纱襌衣，无论外观、色彩、尺寸、手感、质感都和原物一模一样，但就是比原物重了0.5克。这件复原品，就是今天人们能

素纱禅衣

在湖南省博物馆中参观到的素纱襌衣，虽然仅有 0.5 克的差别，但人们仍然能从中感受到来自千年前的丝织传奇，也仍然痛心于盗窃案导致的国宝被毁。

走向世界

素纱襌衣的出现证明了中国早在汉代，纺织技术就已经达到了很高的水平，汉代纺织业的高超之处就在于，简单的材料和复杂的工艺。汉代丝织品主要原料为麻和丝，成品品种很多，总称为缯帛。根据制作原料及染织技法的不同，又分为锦、绫、绮、罗、縠、纱、縑、缟、纨、绢等名目，如锦为多层织纹、纨为素缯、绮为文缯等。汉代丝织花纹可分为云气纹、动物纹、花卉纹、几何纹、茱萸纹等种类，从织造方法来说，平纹、斜纹和罗纹是汉代的主要丝织工艺。

在汉代，丝织品已经使用提花机制作，能在丝织品上织出各种精美的花纹，同时，染色技术也十分发达，能使丝织品产生万紫千红的颜色。除了介绍的素纱襌衣外，汉代还有许许多多绚丽的丝织品，比如耳杯型菱纹花罗、对鸟花卉纹绮、凸花锦和绒圈锦等高级提花丝织品，此外还有印花敷彩纱和泥金银印花纱等珍贵的印花丝织品。

在汉代，丝绸还是权力和地位的象征。例如在南昌海昏侯墓中，考古学家们发现了至少十余种汉代纺织品，在海昏侯墓出土的《筑墓赋》中记载："长绘锦周塘中兮，悬璧饰庐堂。"据史学家王金中的推测，这篇赋所记载的就是刘贺墓的修筑，而其中所提到的"长绘锦周"，说的就是锦绸，在汉代是一种经线起花的彩色提花织物，由于其生产工艺要求很高，制造难度很大，因此价格贵重如金，是权力和地位极高之人才穿得起的，最早丝绸织品只有帝王才能使用。

古代希腊人和罗马人称中国为丝国，和瓷器一样，丝绸是中国的另一个代名词。《山海经·海外北经》有记载："欧丝之野在反踵东，一女子跪据树欧（呕）丝。"

郭璞注："言噉桑而吐丝，盖蚕类也。"
唐代诗人杜甫的《白丝行》有写："缫
丝须长不须白，越罗蜀锦金粟尺。象床
玉手乱殷红，万草千花动凝碧。已悲素
质随时染，裂下鸣机色相射。美人细意
熨帖平，裁缝灭尽针线迹。"都说明中
国的丝织技术处在世界的领先地位。

　　丝绸织品技术曾被中国垄断数百
年，由于其编制技术在当时是一种复杂
的工艺，其特有的手感和光泽备受人们
的关注。自西汉时期开始向外输出蚕丝
和丝织品，中国丝绸种类多、绣工巧、
织造技术高超，图案花纹精美，以优良
的品质赢得了世界认可，在世界上一直
享有盛誉。丝绸在当时成为中国商人对
外贸易中一项必不可少的高级物品，是
对外贸易的重要物资。

🌸素纱禅衣局部

汉代是丝织繁荣的时代，马王堆 1 号墓及 3
号墓出土了大量的绢、纱、绮、锦等丝织品，
以美丽的花纹、柔软的质地、闪耀的光泽、华
贵的气质而闻名于世。这些丝织品，多是过去
闻所未闻、见所未见的，如"起绒锦"等。

046 | 来自西域的天马形象
鎏金铜马

年　代：西汉，公元前 202—8 年
尺　寸：通高 62 厘米，长 76 厘米
材　质：青铜
出土地：1981 年陕西省兴平市茂陵一号无名冢一号随葬坑
收藏地：陕西历史博物馆

马在冷兵器时代的战争中占据重要地位。中国的马文化从秦始皇陵兵马俑中就可见一斑。西汉武帝开疆拓土，求取大宛马。后来为纪念得到大宛马，武帝特意命人制成鎏金铜马，可惜铜马后来全都不见踪影，直到鎏金铜马在当代的出土，才让现代人有机会窥探到西汉时期的雄兵壮马。

鎏金铜马的出土

鎏金铜马是汉武帝赏赐给他的姐姐阳信长公主的物品，在阳信长公主过世时，鎏金铜马也作为她的陪葬品随她长埋地下，直到两千多年后重见天日。

1981 年 5 月的一天，陕西省咸阳市豆马村的农民正在进行农田基础建设，其中挖土组的一位农民挥下锄头，感觉好像挖到了什么东西。他把泥土扒开看了一眼，原来锄头碰到的是一件古代的文物，这才发现土层下面是一个墓葬。他立刻就将在

土地里发现了文物的情况汇报到当地的文物管理部门。了解情况后，考古人员以最快的速度来到了文物发掘现场。

豆马村的位置很是特殊，位于汉武帝的墓葬——茂陵附近。茂陵作为汉代一大墓葬区，其周围散布了好多汉朝时期王公贵族们的墓葬，而鎏金铜马出土的墓葬属于茂陵一号无名冢一号。

茂陵一号无名冢一号的封土堆是茂陵墓葬区里最大的，其南北长 95 米、东西宽 64 米、高 22 米。因为封土堆堆成的山丘形状和羊头的形状很像，南面又高又大像羊头的后部，北面又矮又小像羊头的前部，因此，当地的村民戏称这个封土堆叫"羊头冢"。那位农民锄头碰到的文物就属于一号坑。其中的随葬品主要分布在墓葬的东面和西面，数量最多的是铜器，同时还有铁器、漆器、铅器等器具，既有丧葬用品也有生活中的实用用具。在大约 4 平方米的一号坑里出土了超过 200 件文物，其中最引人瞩目的就属鎏金铜马了。鎏金铜马通高 62 厘米、长 76 厘米、重达 25.55 千克，在中国过去的考古发现中，这样贵重且美丽的铜马还是第一次被发现。从一号坑里出土了众多的文物，其中不乏鎏金铜马这样的精品，大概可以猜测到这茂陵一号无名冢一号的墓主应该是皇亲国戚或者达官贵人。同时，因为在茂陵一号无名冢一号的大量出土文物上面刻有"阳信"二字，所以专家推断，"羊头冢"的主人应当是西汉时期封号中带有"阳信"二字的人，根据史料记载和推断，墓冢的主人应该是汉景帝的女儿阳信公主，汉武帝即位后，作为汉武帝姐姐的阳信公主也被称为阳信长公主。

另外，她因为嫁给了平阳侯曹寿，也被称为平阳公主。阳信长公主在嫁给曹寿后不久，曹寿就不幸暴病而亡。失去了丈夫的阳信长公主不久又嫁给了汝阴侯夏侯颇，但是这段婚姻也并不长久，夏侯颇后来因为触犯了法律，畏罪自杀，阳信长公主失去了她的第二个丈夫。夏侯颇因犯罪自杀后不久，汉武帝就想为他的姐姐阳信

鎏金铜马

长公主再介绍一个丈夫，正巧大将军卫青当时没有妻子，经过汉武帝和当朝大臣们的撮合，阳信长公主就嫁给了大将军卫青。

其实阳信长公主和卫青很早就已经认识了，卫青的姐姐卫子夫在没有被汉武帝临幸之前就作为歌女在阳信长公主和平阳侯曹寿的府邸里侍奉。而卫青当时也是阳信长公主府里的一个仆人。在阳信长公主出行的时候，卫青也常常跟随在她身边。后来，因为姐姐卫子夫的得宠，卫青加入军队抗击匈奴，在与匈奴的战斗中立下战功。回朝后，卫青迎娶了阳信长公主，他们的婚姻持续大约十年，直到卫青病逝。卫青死后，阳信长公主也没有再改嫁，在她死后，与卫青合葬于茂陵陪葬墓中，鎏金铜马也作为汉武帝送给姐姐的礼物，随墓主人一起被深埋地下。

鎏金铜马的价值

鎏金铜马体型较大，呈站立形态，昂首挺胸，很是精神。铜马的两只耳朵高高立起，两耳中间有雕刻的鬃毛，脖子上的鬃毛更是栩栩如生。铜马的嘴微微张着，能够十分清晰地看到马嘴里有 6 颗牙齿，铸造得十分精致。马尾巴根根耸立，呈半圆形向下垂着。鎏金铜马的马尾和它的生殖器是另外通过铸造铆接或者是焊接的，但是因为后来铜马的表面又进行了鎏金工艺处理，因此我们并不能看到它的浇口在哪儿。铜马的肛门处有一个小小的洞口，通过洞口，我们能看到马的身子是中空的。铜马外部整体都是鎏金工艺，表面很是光滑，鎏金十分匀称，因此铜马看上去金光闪闪。此外，俊朗的外形、圆润的身体、强健的四肢表明，鎏金铜马应该是用来乘坐的马。尤其铜马两只耳朵和两只耳朵中间雕刻的鬃毛还保留着秦朝兵马俑的一些风格，因此也有人认为鎏金铜马是西汉时期战马的标志形态。

鎏金铜马作为一种艺术形式，首先出现于汉武帝时期。在那之后一直到唐朝末年的大约一千年的时间里，马俑的形式大概和鎏金铜马差不多。有专家学者考证过，鎏金铜马的原型有可能是西汉引进大宛的"天马"。西汉时期，中国已经引进了大宛马种（当时称为"天马"），此马种的引进对中国后来的军事、经济发展起到了重要作用。西汉以后，中国引进异域的良马就成为传统。尤其是隋唐时期，从异域引进良马的风俗很是流行，更有"既杂胡种，马乃益壮"的说法。鎏金铜马的铸造，是中国畜牧史上引进西域良马种这一具有重要意义的历史事件的见证。

　　鎏金铜马在铸造手法上有很高的艺术成就，其铸造是经过汉代的设计师和匠人长期对马匹进行细致入微的观察，在掌握了马匹的身体形态之后再进行的加工和创作。工匠和设计师利用已有的知识和长期积累的经验逐渐创造出铜马健壮的形象。

　　鎏金铜马对于研究西汉时期，尤其是汉武帝时期的马文化具有很重要的价值。西汉铸造铜马之风颇为盛行，其中一个重要原因就是作为相马时的参考标准使用的马式。《汉书·李广利传》有以下记载："天子既好宛马，闻之甘心，使壮士车令等持千金及金马以请宛王贰师城善马。"此处的"金马"即为专门鉴定大宛马的马式。张衡《东京赋》有"天马半汉"的诗句，注曰："天马，铜马也。……明帝至长安迎取飞廉并铜马，置上西门平乐观也。"说明这样的铜马到了东汉时期依然很受重视。之所以断定茂陵鎏金铜马是铜马式，还能从以下信息得到证明。长沙马王堆汉墓出土的帛书《相马经》中说："马头欲得高峻如削成，又欲得方而重，宜少肉、如剥兔头。"鎏金铜马的头部棱角分明、清秀高峻，确如剥掉皮的兔头。再看五官，《相马经》记载"目为丞相，欲得明""又欲得满而泽、大而光"，耳"欲得小而锐，状如削竹"，"鼻大，则肺大，则能奔"。而鎏金铜马的五官特征的确如此。此类相应内容甚多，可见鎏金铜马的铸造与当时流行的相马术有一定的关系。

　　总之，鎏金铜马在一定程度上也反映出西汉时期中国文化兼容并包、开放多元

🍂羽人天马玉饰·西汉

这件玉质的羽人天马 1966 年出土于陕西省咸阳市，高 7 厘米，长 8.9 厘米，塑造了飞驰云端的天马上骑乘着的羽人形象。现藏于咸阳博物馆。

的特点，体现了西汉的时代精神。汉代的艺术形式，不仅仅局限于本土，而是面向丝绸之路、面向全世界。鎏金铜马这一艺术形式充分体现出汉代能够将各个民族、各个文化的精髓进行交融并收为己用。鎏金铜马是西汉时期创新、蓬勃时代的产物，是丝绸之路经济、文化交流的一个见证。

047 | 古滇国的社会风貌
诅盟场面青铜贮贝器

年　代：西汉，公元前 202—8 年
尺　寸：通高 51 厘米，盖径 32 厘米，底径 29.7 厘米
材　质：青铜
出土地：1955—1960 年云南省昆明市晋宁区石寨山出土
收藏地：中国国家博物馆

　　两千年以前，在中国的西南部，有一个与当时的西汉王朝同时存在的神秘王国——滇国。它非常富裕而独特，具有辉煌而发达的青铜文化。然而，不久之后，这个有着五百年历史的神秘滇国和它的臣民竟然在历史中突然消失了。它为何突然出现又突然消失？当时究竟发生了什么？两千年后，持续了五十年的考古发现才慢慢揭开了通往这个神秘世界的密码。

神秘的古滇国

　　滇国是中国历史上一个突然出现又突然消失的古老文明，除了《史记》寥寥数百字的记载以外，之后的历史长河中并没有留下任何关于滇国的痕迹，这个曾经非常辉煌的王国在消失之后便陷入了长久的静默。

　　云南省玉溪市抚仙湖是中国第一深水湖，它的平均深度达 80 米，最深处可达

155 米，湖水的清澈让这里成为潜水探险家的天堂。在一次偶然的潜水经历中，人称"水鬼"的潜水爱好者耿卫发现了一个惊天的秘密，湖底有一座神秘的水下古城，它的规模十分庞大。耿卫先后数十次潜入湖底，每一次都宛若到了一个新的地方，却始终找不到古城的边际所在。这究竟是怎样的一座城市？究竟为什么会沉入湖底？在幽深的抚仙湖底究竟隐藏着怎样的一段传奇故事呢？

2001 年到 2007 年，考古学家对这个水下古城进行了四次大规模的水下考古。经探测，这座庞大的水下古城达到了 2.4 平方千米，规模不逊于一个普通的县城。史书记载此地曾出现过俞元古城和滇国。俞元是汉代益州郡下辖的一个县，史书记载其位置，就在今天的抚仙湖沿岸，但是俞元在唐代的史书中还有记载，显然不可能在两千年前就沉入水底，那么这座神秘的水下古城就正是那个遥远的古滇国。

公元前 279 年，这个隐藏在西南的神秘古国被中原王朝意外地发现，并被记录在了历史文献中，司马迁的《史记·西南夷列传》为我们重现了这段历史。两千年来，人们据此一直认为滇国是楚人庄蹻所建，历史果真如此吗？

两千多年前，当时的中原正处在战国天下大乱的时候，秦国为了统一天下，一方面向东攻打韩、赵、魏、齐这些国家，一方面往南攻打楚国。就在楚国面对秦国强大的进攻和夹击时，楚庄王的后裔、楚国的年轻将领庄蹻提出向西南拓展疆域的建议，既可增强国力，又可向各部族首领借兵，一起对抗强秦。而此时西南滇池区域内的人们，远离战火，正过着安宁稳定的部落生活，古滇国就是如此。庄蹻利用珍贵的丝绸礼物拉近了与滇王的距离，获得了滇王的信任。然而滇王出于本国利益的考虑，拒绝了庄蹻出兵援楚的请求。就在庄蹻一筹莫展之时，远方传来了楚国被秦国所灭的消息，并且秦国已经占据了黔中，庄蹻试图依托滇国的力量重整军队、杀回楚国的愿望彻底变成了泡影，他没有了回家的后路，也无家可回。最终，庄蹻变服从其

诅盟场面青铜贮贝器

俗，带领着两万楚军士兵，臣服于滇国，成为滇国人。后庄蹻与滇国公主成亲，成为滇王的女婿，在滇王死后，庄蹻成为下一位滇王，并且用自己的方式开始管理滇国。他在东边的曲靖布下重兵，防秦进攻；在西边进军楚雄，扩大滇国地盘。其势力北抵东川，南达蒙自，并开始结交滇东南的越人，自己则在滇池东岸，建都立国，据中心观望八方，以静制动，让滇国成为远离中原帝王统治的富裕王国，他也成为正式载入史册的一代滇王。据文献记载和考古发现，滇国在云南历史上大约存在了500年，出现于战国初期而消失于西汉初年。公元前109年，汉武帝出兵征讨云南，滇王拱手降汉。

奇特的社会风俗

古滇国出土的数万件青铜器物中，有一种被考古学者命名为"贮贝器"的青铜器最为引人注目。在这种青铜器的盖子上，都铸有一些神态各异的人物，每一组人物所构成的生活场景，就如同滇国社会生活某一瞬间的凝固。这种铸有大量写实人物的青铜器在中国考古史上还是第一次被发现，就像中原的史书一样，汉代写在竹简上，滇国就铸在青铜器上，实际上是他们国家大事的一种记载，是滇国的"史书"。

诅盟场面青铜贮贝器是其中之一，它记录的场景是这样的——在滇人用于祭祀的建筑中，有127人，坐在祭祀台里接受人们祭拜的是滇国的首席女巫，女巫手拿鸡卜卦口中念着神秘的咒语，一次活人祭祀仪式即将在这里进行，旁边人头攒动的就是滇人重要的祭祀广场。祭祀广场是滇人政治、宗教、军事和集市交易活动的中心，滇人重大的农业和战争祭祀都在这里举行。1956年出土于现昆明市晋宁区石寨山的贮贝器盖子上，滇人用青铜记载了在这个祭祀广场上举行的一次杀人祭祀场面。贮贝器上镌刻铸立了鲜活的滇人形象，还有栩栩如生的动物，犹如一部浓缩的滇人社会民俗影像，被称为"滇国的《清明上河图》"。广场中央矗立着巨大的祭祀柱，祭祀柱上盘绕着两条巨大的蟒蛇，顶上坐卧着虎状的怪兽，他们的信仰与他们的文化一样古老。最令人震惊的是，祭祀建筑后面放着两面巨大的铜鼓。神圣的铜鼓曾经是滇国最神圣的祭祀用品，铜鼓整齐地摆放在祭祀台的四周。考古学家按照人物的比例关系，复原了当时宏大的场面，这种巨大的铜鼓，如果没有相当的铸造技术和工艺以及滇国储备的铜锡资源是不可能铸造完成的。如果滇国文物的描述和记载是正确的话，那么这将是迄今为止，世界上发现的最大铜鼓。两面巨大铜鼓的前面放着用巨石做成的猎头柱，柱子上面的人就是即将献给神灵的祭品。其实广场就犹如一个热闹的集市，每当有重大祭祀仪式的时候，祭祀广场就变成了滇国最大的商品流通集市，人们会从四面八方载着需要交易的物品，聚集在这里。两千年前滇国就是南方丝绸之路的一个贸易中心，远至大夏（在今天的南亚、西亚地区）。此件青铜器上，人物的发型服饰都非常不同，有的高鼻深目，有的蓄有长须，

诅盟场面青铜贮贝器局部

有的耳带大环，有的头顶箩筐，有的牵着牛马携着货物赶往祭祀广场。

《华阳国志·南中志》中有记载滇人"其俗征巫鬼，好诅盟……官常以盟诅要之"。凡有大事，滇人必要设立祭坛，供奉祭品，举行盛大典礼。"诅盟"一词本身，是誓约或歃血结盟之意，这种盟誓仪式，代表了滇人对神灵的信仰和他们盛大的仪式感。

滇国是一个多民族的国度，在滇国的统辖范围内，可以看到身着不同服饰的人群有数十种之多，专家们根据历史记载和人类学家的田野工作（经过专门训练的人类学者亲自进入某一社区，通过直接观察访谈、住居体验等参与方式，获取第一手研究资料的过程）来判断他们不同的族属关系。滇国主体民族的标准着装有器物上的男巫师、女巫师、滇国土著仆人，被称为昆明人的羌人等的服饰打扮。滇国还有很多被俘获的人在这里给滇国人做奴隶，比如当时的三苗人等。通过不同的服装，人们发现了滇人的不同职业，由此专家们认为滇国

已经有精细的社会分工。古典的服饰非常丰富，经过复原后的服装和饰品更显示出它们的华丽纷呈，这都是滇国人埋藏于地下留给后人的不可多得的文化财富。贮贝器上铸有身着奇异服饰的具有超群法力的男祭司在舞蹈，这是滇人信仰的一部分，是一种祭祀仪式，也是一种带有宗教意味的舞蹈。通过他们的动作，我们依稀看见了滇人舞蹈的古老和神秘。另一个贮贝器的顶盖记录了一个佩剑武士骑马狩猎的场景，这证明滇人有着狩猎传统。因为狩猎是滇人获取食物的一个重要来源，因此上自滇王，下至普通百姓，滇人对狩猎的重视远远超出了我们的想象。

同时期的中原社会

滇国的社会风貌极具少数民族风情，滇国虽然地处边疆，但从文物中不难看出，那也是一个繁荣而富裕的社会。

从历史上看，中国是世界上较早进入青铜时代的国家之一，早在3000多年前，中国就已昂首跨入了青铜文明。

不但如此，中国青铜器的发展历史之久，在世界上也是罕见的。汉代青铜器的特殊性主要体现在独特的设计思想和特征上，具有卓越的科学功能，对当今设计有很大的启示作用。汉代青铜器很多都是素纹，大部分还是铸造的，也有的花纹、铭文是用錾子雕刻的，比如汉代的鎏金杯子、卮、盒、碗等用具上的花纹，多是雕刻的。汉代以后至唐代的铜器，铸造的花纹很多，其中有打料的铜、金、银器，并且有了大、小焊的技术。贮贝器的发现也体现了西汉货币的一个发展状况，西汉时期的流通货币有两种——半两钱和五铢钱。关于西汉货币的铸币量，史书有明确记载，汉武帝铸造三官五铢后，每年的铸钱量都很大，从武帝元狩五年至平帝元始五年的 123 年间，国家共铸钱 280 亿枚，西汉《新论》中记载当时国库与皇室年收入竟达 123 亿钱，如此大的铸币量是得益于西汉时期普遍使用的全新范铸方法——叠范法。叠范法是中

🌀 四牛骑士贮贝器·西汉

这件青铜贮贝器同样出土于云南晋宁石寨山，整器高 50 厘米，现藏于云南省博物馆。

国古代冶炼史上的伟大发明，以往的范铸钱币都是用陶、石、铁等材质作钱范，一范只有一层，内有钱币型腔与铜液的流道，叠范则是将原先的钱范上上下下叠放在一起，形成一个高起的台状范，从顶部浇口浇入铜液，铜液就会由上到下依次流入不同层叠的型腔中，从而一次性浇铸原来好几倍的铸造钱币的数量，大大提高了西汉铸钱的效率。

考古争论

对于滇国社会风貌的复原，考古界一直存在多种说法和争议，毕竟到目前为止，只有司马迁的《史记》对此进行了文字记载，但这唯一的记载还和出土的文物有很多相悖之处。

在两千年前，中原人对遥远边地的这些被称为蛮夷之地的接纳，并不是一件容易的事，如果司马迁对于庄蹻王滇的记载是真实的话，这将是中国史籍中中原汉人与西南地区少数民族完全融合的首次记录。庄蹻顺应了滇国的习俗，"被迎娶到"滇国，因为滇国保留着母系社会的习俗。可是在后来的考古发现中，出现了两个疑点：庄蹻为一代滇王，那么后来的历代滇王都应是他的后人，庄蹻还是楚人，他的后人也应有楚人的血脉和对楚人及中原的认识，怎么能在汉武帝时期对汉朝的使者问出"汉孰与我大"的问题呢？庄蹻领导的滇国，为何兵器出土中未发现任何楚制的兵器呢？对此，学者的观点主要有以下三种：第一，云南的青铜文化，是和楚国将军庄蹻有密切的联系，但是从现在考古发掘的结果来说，是不是有庄蹻这样一个将军来到了云南，还没有明确的证据，这是质疑《史记》的一个观点。第二，庄蹻到达的地点，不一定是滇池地区，因为司马迁可能把西南地区的各种小盆地，与滇发音相似的名称搞混了，这是质疑《史记》的另一个观点。第三，司马迁已经记载了"滇王之印"，而且滇王之印已经出土，这说明司马迁记载的庄蹻入滇的故事是真的，这是认同《史记》的观点。随着考古工作的进一步推进，问题的答案也许会逐渐清晰，目前为止，可以肯定的是，人们还找不到证据证明司马迁的记载有明确错误，庄𫏋来到滇国之前已经有了滇国文化。

诅盟场面青铜贮贝器是滇国人文历史和自然历史的缩影，它让人们有可能直接窥见遥远而古老的年代里滇人的社会风俗，同时它的发掘，也从另一个侧面完善了西汉历史的研究资料，这也是对中华民族史研究资料的完善。

古代的存钱罐——贮贝器

贮贝器是滇国特有的青铜器，是滇人用来贮存海贝的青铜容器，具有浓郁的地方特色和民族风格。由于滇人将海贝作为货币使用，所以这些贮贝器也可以理解成我们现在通常所说的存钱罐，不过，这是一种很特别的存钱罐。在这些贮贝器的器盖上，采用了分铸再焊接的技法，装饰了许多立体雕像。这些雕像既有人物，也有动物，雕琢细腻，形象生动，可以看作一部浓缩了的滇国人文历史和自然历史。

048 汉代王侯的丧葬服
金缕玉衣

年　　代：西汉，公元前 202—8 年
尺　　寸：约长 180 厘米
材　　质：玉片
出土地：1968 年河北省满城县西汉中山靖王刘胜墓
收藏地：河北博物院

"金缕玉衣，缀玉面幕，山岳精英，封其九窍，尸骨可同玉柙不腐。"如果单独作为一件陪葬品来看，它是一件价值连城的宝物；但若将它置于漫漫历史长河，它又是汉代王侯丧葬习俗演变的载体。让我们重返汉代，探秘古墓，揭开金缕玉衣的神秘面纱。

千丝万缕制玉柙

《三国演义》第一回在介绍刘备时写道："中山靖王刘胜之后，汉景帝阁下玄孙，姓刘，名备，字玄德。昔刘胜之子刘贞，汉武时封涿鹿亭侯，后坐酎金失侯，因此遗这一枝在涿县。玄德祖刘雄，父刘弘。"中山靖王刘胜何许人也？刘胜乃汉景帝刘启之子，汉武帝刘彻异母兄，西汉诸侯王。在政治舞台上刘胜或许并没有留下什么功名，只是庸人一个，但他墓中的一件陪葬品却让世人至今记住了他的名字，那件陪葬品便是金缕玉衣。

　　刘胜墓中出土的金缕玉衣全长 1.88 米，共用玉片约 2498 片，金丝约 1100 克。玉衣的外观和男子体型一样，宽肩阔胸，腹部突鼓，四肢粗壮，腹下有男性生殖器罩盒，头部有高高隆起的鼻子，三个狭窄的缝隙代表双眼和嘴。玉衣分为头部、上衣、袖筒、裤筒、手套和鞋六个部分，每一部分都可以彼此分离，犹如制衣工人裁剪缝制的一件衣服。其中头部由脸盖和头罩构成，上衣由前片、后片构成，袖筒、裤筒、手套和鞋都是左右分开的。所用玉片大部分呈长方形和方形，也有梯形、三角形、四边形和多边形。最大的玉片长 4.5 厘米，宽 3.5 厘米，用在脚底；最小的玉片只有成人拇指盖大小，用来表现手指。与金缕玉衣相伴的还有鎏金镶玉铜枕、玉九窍塞、玉握和 18 件殓尸用玉璧，组成一套规格最高的汉代丧葬用玉。

　　由于金缕玉衣象征着帝王贵族的身份，有非常严格的制作工艺要求，汉代的统治者还设立了专门从事玉衣制作的"东园"。这里的工匠对大量的玉片进行选料、钻孔、抛光等十多道工序的加工，并把玉片按照人体不同的部分设计成不同的大小和形状，再用金线相连。在 2000 多年前的西汉时代，根据当时的生产水平，制作一套"金缕玉衣"是十分不易的。从遥远的地方运来玉料，经过一道道的工序把玉料加工成为数以千计的、有一定大小和形状的小玉片，每块玉片都需要磨光和钻孔，大小和形状必须经过严密的设计和细致的加工，编缀玉片还需要许多特制的金丝。由此可见，制成一套"金缕玉衣"所花费的人力和物力是十分惊人的。制作一件中等型号的玉衣所需的费用几乎相当于当时一百户中等人家的家产总和。

　　这件玉衣的科学价值、历史价值和艺术价值更是不可估量。玉衣从玉片的锯片、钻孔、抛光、金丝的拔制及玉衣的整体编缀，都采用当时较为先进的制作工艺。锯片采用了"砂锯法"和具有较高效率的轮轴切割机械；钻孔采用"砂钻法"，有的

金缕玉衣

金缕玉衣头部

小孔直径仅 1 毫米，足见其工艺之高超；抛光采用了"砂轮"和"布轮"等先进的打磨工具；金丝采用"抽拔"工艺制作而成，在加工过程中采用退火的热处理工艺，有的金丝横断面直径仅为 0.08 ~ 0.14 毫米，足见当时拔丝工艺水平之高；玉衣编缀根据不同部位采用交叉式、套联式、并联式和结联式等不同编缀方法，具有较强的科学性。玉衣是用金丝将玉片编缀而成，玉片为岫岩玉制作，存世相对稀少。玉衣虽然在江苏等地也有出土，但作为中国考古发掘中最早发现并保持如此完整的玉衣，并不多见。

等级森严论丧葬

自古以来，无论是在奴隶制的夏商周，抑或是实行封建专制的秦朝，中国的社会阶级和阶层划分一直都很严格。等到了汉朝，这一现象得到了进一步延续。汉朝的社会大致上分为以下四个阶层。

第一个阶层是权力的核心层。核心层的核心自然是皇帝，这是所有权力的来源。核心层的成员还有这么几种——功臣、王室、外戚、宦官、高级官僚，其中功臣、王室进入核心层只见于西汉前期，宦官进入权力核心，只见于东汉后期。

第二个阶层是权力的分享者和后备军。他们与第一阶层的区别在于能否影响中央决策，主要由地方官吏、游侠、富商以及士人组成。其中游侠、富商分享权力在西汉前期；而士人阶层，主要是太学生分享权力，主要在东汉，特别是东汉后期。他们是社会的中坚力量，也是社会的稳定力量。

第三个阶层是基本没有权力，但还有人身自由者，包括农民、医生、方士、手工业者、小商贩、屠夫、街卒，也许还有一些虽读过书却不愿意做官的逸民高士。这是社会的中下层，同样是社会的稳定力量。士农工商，这个排列并不是没有意义的，士永远是第一位的，农则是名义上的第二位，工、商最后。之所以农民是名义上的第二位，那只是因为法律的规定，法律规定农民比商人尊贵，农民可以做官，而商人不能。

第四个阶层包括雇农、佃农、门客、部曲、奴婢以及流民。他们不仅几乎没有向权力阶层上升的空间，而且没有自己的土地，也缺少财产，有的甚至没有人身自由。

然而这些社会的等级性特征不仅表现在社会成员

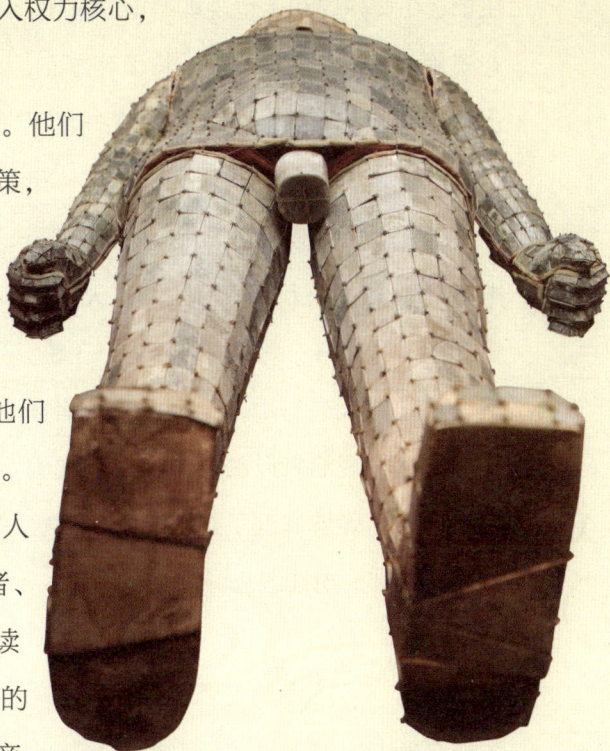

金缕玉衣足部

生前，在丧葬福利上也表现得十分突出。在丧假、赙赠、恤典赠官、荫子等方面，上自皇帝，下至平民，均需遵守一套严格的制度，例如"天子居丧三年""皇子始封薨者，皆赙钱三千万，布三万匹；嗣王薨，赙钱千万、布万匹""天子之棺四重，郑玄曰：尚深邃也。诸公三重，诸侯再重，大夫一重，士不重"。诸多丧葬制度被统治者以法律条文的形式固定下来，明确地体现了森严的封建等级秩序，以维护封建统治。

厚葬成风成奢侈

汉代人认为玉是"山岳精英"，将金玉置于人的九窍，人的精气便不会外泄，就能使尸骨不腐，可求来世再生，所以用于丧葬的玉器在汉玉中占有重要的地位。秦朝崇尚厚葬，作为一种风俗，它并没有因秦之灭亡而销声匿迹，反而对于两汉的丧葬习俗，产生了十分重要的影响。当然，由秦至两汉的厚葬风，表面上看是统治阶级身体力行倡导的结果，其实这中间包含了丰富的经济、文化等方面的原因。

在经济上，由秦而汉，生产力水平大为提高。经济上的殷实，使得生活上的奢华成为可能。"事死如生"，因而导致厚葬之风在社会中迅速蔓延。时人在事死问题上极尽财力，不惜倾家荡产，墓葬中埋藏之丰富，做工之豪华，令人叹为观止。

石刻技艺至汉代已有很大发展。汉代富贵之家，在葬埋尸体之后，不仅要垒一大坟丘，而且还要在其前面置立上墓碑，碑上刻上墓主的身份、官职及生平经历等。富豪大家在死后，不仅要立碑以识，而且要设立墓园，内中立墓阙，立石人和动物石像，以此象征主人的富有和排场。史载西汉中期以前，夫妻合葬，因二人死的日期不相同，所以多采用异穴合葬的新礼俗。为了解决二人死期不同的矛盾，礼俗中出现了"厝"的概念。厝者，置也，停柩待葬之义，即将先死者停柩一侧，再待后死者一同安葬。此俗历经数千年的沿袭，至今民间仍有厝的葬义。厝的实质乃为长丧久葬，是厚葬之风的重要表现。

　　南阳汉代墓室大多由石、砖、砖石混合三种建筑材料建成，而在石、砖上都刻绘有画。在汉代贵族官僚的住宅、神庙和陵墓里的壁上都出现了绘画。南阳早期的汉墓多以建筑物为题材，画像多刻绘在墓门、主室门的主柱和门扉上，将现实生活中的建筑刻划成画面，以象征阳间住宅，南阳赵寨汉墓就只在墓门的主体和门扉上刻绘双阙和厅堂。同时也出现了伏羲、女娲画像，雕刻在主室两侧的主柱，这是人们对生殖的崇拜，希望在阴间也繁衍不断。

　　就随葬物品而言，已经体现出社会的富有和奢侈。南阳汉代墓葬随葬品的种类和数量很多，主要是吃和用的东西。随着时代的不同，随葬的物品也不断发生变化，从材料上看有金属类和陶器；从用途上讲有生活用品和钱粮武器等。

　　汉武帝以前，承接秦统，阴阳五行，神仙方术于芸芸众生中极为盛行，敬鬼事神，建功修德，以求神鬼的点化而获长生不死。因此鬼神观念，深入人心，上自一国之君，下至平民百姓，于其各自的内心深处，将宗祖崇拜与鬼神崇拜紧紧地凝结在一起，事死如生，甘愿竭尽财力去营造地下的生活环境。

❁错金博山炉·西汉

此炉同样出土于河北满城陵山中山靖王刘胜墓中，是西汉时期贵族焚香时使用的香炉。炉身上部和炉盖合成层层叠叠的峰峦，点缀有树木、神兽、虎豹等等，还有肩负弓弩追逐野猪的猎手。现藏于河北博物院。

049 | 汉代的节能环保灯
长信宫灯

年　代：西汉，公元前 202—8 年
尺　寸：高 48 厘米
材　质：青铜
出土地：1968 年河北省满城县西汉中山靖王刘胜妻窦绾墓
收藏地：河北博物院

　　回顾中华文明史，青铜时代为我们留下了无数宝贵的财富。从商周时期形象、用途较为单一的祭祀用品，到秦汉时期形制不一、用途多样的生活用品，青铜器在中华文明史中占据着重要的地位。而长信宫灯作为西汉青铜器中的珍品，凭借其实用与美观的高度统一，又在青铜器发展史上写下了浓墨重彩的一笔。

长信宫灯的发掘

　　汉景帝前元三年（前 154），汉景帝把儿子刘胜分封在今天的河北省满城区一带做国王，这一带是先秦中山国故地，刘胜的封国就是中山国，刘胜即中山靖王。他喜好酒色，整日吃喝玩乐。为了确保死后也不乏享受，他和王后窦绾还命令工匠营造了规模庞大的陵墓，以便去世后把大量的精美随葬品一起带进陵墓。刘胜的陵墓很隐蔽，两千多年过去了，没有人知道它的具体位置。

长信宫灯

在原满城县县城城西一千米多的地方，有一个小村子，叫守陵村。据村里的老人说，他们的祖先早年就是为王侯守墓的。但是年代久远，村里的人早就不知道他们守的是谁的墓，墓地又在哪里。

1968 年，解放军某部在陵山进行国防施工，在山顶用炸药炸开了一个口子，与以往不同的是，这一次并没有崩落多少石头。他们觉得非常奇怪，于是上前探查。突然走在最前面的一名战士双脚失去支撑，掉进了一个漆黑的山洞里，由此，沉睡千年的谜团得以解开。

在墓穴中，考古人员根据酒器上的文字记载推测墓主人为西汉中山靖王刘胜。他们还发现了金缕玉衣，但令人奇怪的是，金缕玉衣是被压扁的，考古人员怀疑里面并没有尸体，而且自商周以来，一直流行夫妻合葬，陵墓中有可能还存在第二个墓穴。考古进行了一月有余，在墓穴的北侧，考古人员又发现了一个由砖墙封起的洞口，还出土了一件铜印，印上有"窦绾"二字。无疑，这就是刘胜妻子的墓穴。在窦绾的墓穴中，也有许多珍稀文物，其中就包括举世闻名的长信宫灯。

最初，考古人员在 2 号墓的后室发现了一些散落的灯构件，经过仔细拼合复原，将之拼

长信宫灯背部

成一件精美的铜灯，这就是名震中外的西汉长信宫灯。长信宫灯整体制作为一个跪坐着、双手捧持灯盘的宫女形象，全灯分为头、身、左臂、灯座、灯盘等部分，可以任意拆卸。宫女身体中空，右手被制作成为一个排烟管道；左手握着灯座，托起灯盘，右手提着灯罩，灯焰在圆形灯盘里燃烧，散发出的烟就通过右手排进宫女的体内，避免污染室内环境。灯盘还能够自如地旋转，两块挡光的瓦形罩板也能随意开合，这样就能任意调节灯光的照射角度和亮度。可见这座灯在科学上构思是十分巧妙的。

在艺术造型上，这座灯更为动人。宫女通体鎏金，体量合理，身着汉代流行的曲裾深衣，领和袖口处层次分明，衣料贴身，衣纹历历可数，线条流畅。腿部有衣角伸出，既表现了衣服的修长曳地，又像是延伸的底座一般，加强了整件作品的稳定性。宫女梳髻覆帼，神态端庄，这些造型特点使长信宫灯给人以安详恬静的审美体验。

宫灯上还刻有 9 处铭文，共 64 字，其中有 6 处刻有"阳信家"的字样。阳信家是西汉阳信侯刘揭的府邸，他被汉文帝封为侯，这件铜灯应该是他家制作的。但在景帝时刘揭被削除封爵，这件铜灯也被没收入长信宫，也因此在灯上留下了"长信尚浴"的铭文。长信宫是景帝的母亲窦太后居住的地方，刘胜是窦太后的孙子，这件铜灯可能是由窦太后赐予窦绾的，可见它在当时也是很珍贵的器物。刘胜夫妇死后，这件铜灯作为随葬品，放在窦绾的墓穴里。

最早的节能环保灯

美国前国务卿基辛格博士曾经这样评价长信宫灯说："你们中国人太了不起了，两千多年前就有了环保意识，长信宫灯可能是全世界最早的节能环保灯了。"长信宫灯的绝妙之处正在于它的环保理念，两千多年前的古人在实用工艺品的设计中就已经考虑到它的环保价值。

从灯罩上残留的少量蜡状遗留物来看，长信宫灯的燃料主要为动物脂肪。

🔴 长信宫灯局部

油脂在灯盘中会沿着灯芯慢慢燃烧，会产生一些未完全燃烧的炭粒，容易造成室内烟雾弥漫，污染环境，因此工匠们为了解决污染问题而研究改善的方法。据记载，汉代的青铜灯具中有一种釭灯，即带烟管的灯，简称为"釭"。导烟管还分单烟管和双烟管两种，釭灯上除了装导烟管，内部都为中空，用以储存清水。长信宫灯就是釭灯的一种，设计者巧妙地将宫女的身体组成部分作为烟管，一端连着中空的身体，另一端连着灯盖，当灯盘上的油脂被点燃后，烟尘就通过灯盖被吸入了导烟管，然后再溶于体内的清水中，达到了保持室内环境清洁的效果。

这是智慧的汉代工匠们的发明创造，在世界灯具史上也处于领先地位。在西方，直到 15 世纪才由著名的意大利科学家、工程师、艺术家达·芬奇发明了油灯的铁皮导烟罩，直到 18 世纪，玻璃罩代替了铁皮罩，才初步解决了油烟污染室内空气的问题。

此外，长信宫灯还有反射和聚光的功能，可以利用灯罩的开合来调节灯光的照度，这说明当时人们已注意到灯光的照度问题了。

长信宫灯的这种"取光藏烟"的技术发明，在世界灯具史上具有重要意义。

错银铜牛灯·东汉

灯高 46 厘米、长 31.5 厘米，江苏省扬州市邗江区甘泉出土，现藏于南京博物院。灯座造型是一头体态雄健的牛。背托灯盘，盘旁有柄，可以转动，牛体为空腔。这盏灯可以通过灯罩将燃烧后的烟气灰炱经弧曲的长管，吸入牛头而容纳在牛的体腔内，以保持室内清洁。

汉代灯具的"黑科技"

能挡风调光的灯罩和能消烟除尘的导烟管在汉代就出现了，说明早在 2000 多年前，中华民族的祖先就已经具备了环保意识，是最早解决灯烟污染的国家。而 15 世纪意大利科学家达·芬奇发明的铁皮导烟灯罩，比中国足足晚了 1500 年。

同时，化兽灯在汉代青铜灯具中比重较大，且造型多样，有兽面形灯、羊灯、雁鱼灯、鱼灯、朱雀灯、蛟灯、鹤龟灯，等等。化兽灯的造型有个特点，即所选动物多为祥禽瑞兽，象征着吉祥与瑞兆。

050 | 诙谐幽默的民间娱乐
击鼓说唱俑

年　代：东汉，公元 25—220 年
尺　寸：高 56 厘米
材　质：陶
出土地：1957 年四川省成都市天回山
收藏地：中国国家博物馆

　　川渝地区自古以来就依靠着特殊地形自成天地，人们生活轻松而闲适，娱乐方式多样。击鼓说唱俑直接带我们回到了东汉时期的川渝，体验俳优们诙谐幽默的说唱和娱乐。

东汉俳优

　　中国国家博物馆馆藏的东汉击鼓说唱俑头上戴一个小小的帽子，帽檐呈分叉状，高高地向上翘起。他袒胸露乳，两个肩膀高高耸立着，穿着宽松的裤子，光着脚。他左边的手臂环绕着一个扁扁的圆鼓，右手高高举起鼓槌做出想要击打的姿势，大张着嘴，嘴角向两边咧开。陶俑表情很是夸张、动作十分潇洒，活脱脱一个俳优正在卖力表演。

　　俳优是以乐舞谐戏为业的艺人，这一职业大约产生于春秋战国时期。俳优们或

击鼓说唱俑

献艺于君主，或服务于军队，更多的是生活在民间。俳优的表演一般来说呈现出搞笑、调侃、嘲讽的特点，他们以此来娱乐观众，在演出的时候，往往一边击鼓一边说唱。秦汉时期，很多王公贵族以拥有俳优为荣，俳优也成为一种身份的体现。《史记》载，汉武帝"俳优侏儒之笑，不乏于前"。桓宽在《盐铁论》中提道："富者……椎牛击鼓，戏倡儛像。"司马迁对俳优的评价很高，在《史记》中专门写了《滑稽列传》，证明秦汉时期蓄养俳优的盛行。中国的川渝地区有许多与东汉击鼓说唱俑类似的击鼓说唱俑出土，充分表明当年川渝地区俳优的流行。在保存至今的东汉时期的画像石《乐舞百戏图》中还能够找到一些有着粗短的身材、赤裸着上半身、动作夸张搞笑的俳优。在出土的一些汉代陶楼中，我们也常常能看到其中雕刻有俳优演出的画面。不论是有记载的文献还是出土的文物都表明俳优在秦汉时期的流行。

俳优在汉朝民间很是流行。许多俳优通过走街串巷的表演来获得经济收入。俳优通常是侏儒，他们身材短粗，社会地位不高，为了生存，不得不远离故土，用搞笑的说唱表演去掩盖生活的不易。司马相如就曾经说过："俳优侏儒，倡乐狎玩者也。"短短的一句话充分体现出俳优艺人的卑微地位。同时，俳优的出现也能够体现出汉代社会的安定和谐，人们需要俳优来使他们的生活更加丰富多彩。俳优的表演内容多取自百姓的日常生活，与百姓的生活相近使得俳优表演更加接地气。

击鼓说唱俑的价值

击鼓说唱俑的出土改变了我们过去认为的陶俑是以兵马俑、随侍俑为主的观念，并且击鼓说唱俑能够很好地反映社会生活，在丰富陶俑历史的同时，也

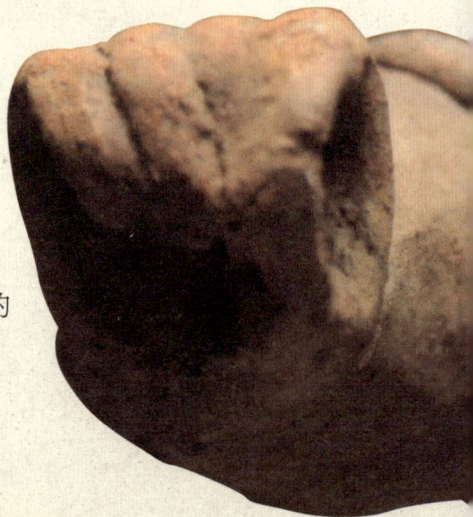

为我们提供了一个渠道去了解汉代戏曲文化，了解历史上的说唱艺人。从击鼓说唱俑，我们看到了汉代的"滑稽戏"的形式，更体会到汉代俳优的特殊的艺术形式与现代戏曲的联系，现今很多艺术表现形式都和汉代击鼓说唱俑有着不可分割的联系。

中国传统戏曲在秦汉之前就已经出现，经过秦汉至明清的发展，形成了不同风格、不同种类的戏曲表演艺术。距今已有两千年的汉朝，并没有流传下来太多记录俳优艺术的

🌀击鼓说唱俑面部特写

历史文献，现代对于俳优艺术、汉代民俗的研究主要是通过一些汉代墓穴中的壁画来进行的。例如，在很多汉代墓穴中的画像砖上经常能看到女舞者身边有一位上身赤裸、身材短粗的侏儒在进行夸张、滑稽的演出，让人开怀大笑。这些画面的出现，充分表明俳优在汉代的各种娱乐活动中已经是不可缺少的艺术表演形式了。同时，这件击鼓说唱俑也是研究中国话本小说萌芽的重要资料。在秦汉时期，话本小说还未正式出现，俳优已经成为一种职业，很多故事传说都是通过说唱的形式在民间广为流传，为后来小说创作积累了大量素材。

击鼓说唱俑是一件极具时代特征、饱含民间文化特质的雕塑精品，在它身上蕴含着丰富的时代文化信息，从一个侧面反映了当时社会的思想理念、审美趣味以及风气习俗，为今人深刻认识、了解汉代社会提供了鲜活、生动的宝贵资料，是我们研究、继承、发扬优秀传统文化的重要财富。

两汉陶俑各不同

西汉早期的陶俑作品，性质近于秦始皇兵马俑，是军阵送葬的模拟物，其形体大小则无法与秦俑相比。到了东汉时期，反映家居享乐的侍从乐舞俑及反映农牧耕作的庄园情趣俑像成为主流。四川地区出土的从东汉到三国时期的陶俑，常见的题材是骏马拖驾的马车及成群的男女侍仆，而反映庖厨执炊及短衣赤足劳动者的形象。俑群中最生动写实的作品，是舞乐百戏的表演者，如昂首鼓琴的乐师，如长袖善舞的舞伎，如幽默滑稽的说唱者等。其形象鲜明生动，使人能够轻易感受明快欢欣的气氛。

击鼓说唱俑·东汉

这件陶俑上身赤裸，下穿长裤，但肚皮凸露于裤腰之上，赤足，布满皱纹的脸上满是笑意，还吐着舌头做出滑稽的表情，一臂挟鼓，另一手持鼓槌随意敲击，应为东汉贵族豪强驱使艺人取乐的情景刻画。现藏于四川博物院。

051 | 天马徕兮从西极
铜奔马

年　代：东汉，公元 25—220 年
尺　寸：高 34.5 厘米，长 45 厘米，宽 13 厘米
材　质：青铜
出土地：1969 年甘肃省武威市雷台汉墓
收藏地：甘肃省博物馆

　　铜奔马是中国旅游局确定的旅游标志。骏马腾飞踏于飞鸟之上的造型，让人们看到了古代匠人巧夺天工的制造工艺，更让人们赞叹于设计者的巧思，奔腾的马匹凌空而起，掠过飞驰的鸟背。铜奔马以其特有的造型和神韵，在中国青铜铸造史上留下了浓墨重彩的一笔。

铜奔马的意外发现

　　在甘肃省中部有一座城市叫作武威，这就是古人笔下"凉州七里十万家，胡人半解弹琵琶"的凉州。早在唐朝前期，凉州是与扬州、益州齐名的大都市，"七里十万家"人口之众，展现出了这座西北重镇的旧日荣光。凉州在边塞，居民中少数民族很多。他们能歌善舞，善弹奏琵琶。"胡人半解弹琵琶"这句诗写出了凉州城的歌舞繁华、和平安定，同时带着浓郁的边地情调。武威市最早得名于汉武帝，"武

威"二字是为了显示西汉王朝强大的军事实力。作为西北地区最重要的城市之一，武威历史文化遗迹众多。武威北部有一座5万平方米左右的夯土台，当地人把它叫作雷台。雷台上是一座道教建筑雷祖观，传说是专门用来祭祀雷神的。没有人想到建筑下面还有地下世界，更没有人意料到，在这里将会出土闻名中外的铜奔马。

1969年初秋，一次日常挖掘在无意之间揭开了雷台的神秘面纱。9月22日上午，武威市的一些农民像往常一样来到雷台，挖掘防空洞，他们在这里已经挖了一个多月了。蔡耀就是这群人中的一员，当他挖到9米多深的时候，锄头突然碰到了什么硬物，那是一堵砖墙。怀着好奇心，大家把砖刨掉了，刨出了一个洞口，蔡耀就往里看，发现洞里面有东西。于是村民们把洞口刨大，爬了下去。

借着煤油灯昏暗的灯光，村民们惊诧地看到在砖块铺成的地面上放着一堆奇怪的车、马和小人儿，所有的东西上面都覆盖着一层很厚的绿锈，拿在手里感觉沉甸甸的。因为没有任何考古知识，村民们把发现的车、马等装进随身携带的麻袋里面，运出洞口，放到了村里的库房。当时在武威文化馆工作的党寿山无意中听说了这个消息，便急忙赶到村子里，在村民的帮助下，他进入了雷台的地下。一进洞口，党寿山发现洞里满地都是铺地钱，凭着多年从事文物工作的经验，他马上判断出这是一处规模庞大的古代墓葬。党寿山认为这处墓葬里面肯定不止车、马和小人儿，一定还有别的文物。在党寿山的不断要求下，村民把他带到村里的库房。党寿山发现库房里堆积着数量巨大的文物，他立刻对库房里的文物进行了清理、登记，并将它们转移到当地的文庙中进行妥善保管。

1970年，这批文物被送到甘肃省博物馆进行收藏。这时候，还没有人意识到这个意外会给中国考古界乃至整个中国带来怎样的惊喜。经过清理，雷台墓共出土两百余件文物，文物种类众多，

铜奔马

包括青铜器、陶器、玉器等。当时这些文物并没有引起多大关注，直到 1971 年。

1971 年 9 月，郭沫若陪同外宾访问兰州，在参观博物馆时，他突然被一件文物吸引住了。这件文物的形象是一匹正在奔驰的骏马，四蹄离地，只有右后蹄踏在了一只展翅飞行的鸟背上，飞鸟十分震惊地扭转头。一个不可思议而又无比梦幻的瞬间就此定格。见过无数珍贵文物的郭沫若被深深打动，他惊讶于雕塑无可挑剔的姿态和完美的平衡感。这件文物就是后来轰动海内外的铜奔马。1973 年，铜奔马在英法两国展出，吸引了无数人的目光。

铜奔马的修复

铜奔马这一举世闻名的艺术品，在刚刚出土时是残缺不全的，再加上储存、搬运不当等原因，损坏情况十分严重。甘肃省有关部门将其送到了故宫博物院，交由著名青铜器修复专家赵振茂先生修复。当时，马的颈部有很多 1 平方厘米左右的小洞，马头和马尾巴的几缕鬃毛已经脱落。即使铜奔马残缺不全，赵先生依然感叹于

骑兵建设从马政开始

为了建立强大的骑兵集团，同北方强悍的匈奴对抗，西汉初年推行了精细化的蓄养战马政策。一方面，统治者高度重视战马的饲养和繁殖，设立专门的"马苑"，并对之进行严密防护；另一方面，政府鼓励民间养马，严禁良马出境，以防为敌人所用。汉武帝即位之初，马政已大有成效，"众庶街巷有马，阡陌之间成群"。武帝甚至不惜出动大量兵力，征讨大宛，寻求品种优良的"汗血马"，以改良马种。这些正是汉朝骑兵部队得以组建，并取得对匈奴作战胜利的前提。

古人的大胆设计和精湛技艺。他在仔细查看铜奔马的残缺、损坏部位后，决心尽最大努力，让这件伤痕累累的文物珍品再现昔日风貌。

在修复过程中，赵先生首先将整件文物清理干净。将马头、马尾脱落的鬃毛清洗到茬口见新，然后用锡焊方法连接焊实。把马颈上的残缺洞孔清理干净后，用铜和锡焊补，把洞孔填好，然后仔细磨平。有的纹饰之间有间断，修复时有些对不上了，他就用刻刀和小錾子修饰一下，使其连接通顺。在修补以后，赵先生又使用传统的做旧方法，做出底子及青铜的锈迹，让整个文物看不出一点儿修复的迹象。最后，赵先生看到腾空的3个马蹄是空心的，认为这可能会使铜奔马在展出时不太美观，他就凭借多年的文物修复经验，把土和一些章丹红用胶调和好后，放入马蹄蹄心填满，使之修复后看上去和铜奔马原来的铸模泥土差不多。

铜奔马的艺术价值

设计并制作一匹马或许不难，但是如何表现一匹日行千里的神马良驹，则不是易事。铜奔马的设计和制作者构思精巧，让马昂首长啸，四足腾空，右后蹄踏上一只飞鸟。马头上的鬃毛雕刻得好像在随风飞舞，不仅将奔马的力量和速度充分展示了出来，而且以鸟的飞翔衬托马的疾驰，飞鸟与奔马的有机结合，成就了一件伟大的艺术品。

更令人惊叹的是这样的构造完全符合力学的平衡原理，马头轻微向左扬起，马的右后足踏飞鸟，整件雕塑虽只有飞鸟着地，却稳稳矗立，轻灵、匀称、协调、统一。奔马仿若御风而行的潇洒姿态，令人叹为观止。难怪郭沫若赞其达到了"形神兼备、气韵生动、形妙而有壮气"的境界。

"马踏飞燕"，一个美丽的错误

铜奔马还有一个流传更广的名称——"马踏飞燕"。可能因为人们对于这件珍宝过于喜欢，而"马踏飞燕"这个名字又是那么生动而富有诗意，谁不希望美丽的作品有个美丽的名字呢？所以"马踏飞燕"不胫而走，迅速传遍了大江南北。

其实，以"马踏飞燕"来命名这件珍宝并不十分准确。因为马踏的并不是燕子，燕子的尾巴是分叉的，而这座青铜器上鸟尾巴并没有分叉。有的学者猜测这只飞鸟是龙雀，也有的学者猜测是鹰隼，还有的学者猜测是金乌，并认为铜马应为天马，整件雕塑的含义为天马伴金乌，体现了汉魏人死后亡灵升天成仙的美好愿望。而对于马的身份和意象，学界也有分歧。关于马和鸟的身份、意象问题，学界一直在讨论，至今仍莫衷一是。探讨仍在继续，而铜奔马穿越千年的时光，无声地讲述着那段辉煌的岁月。

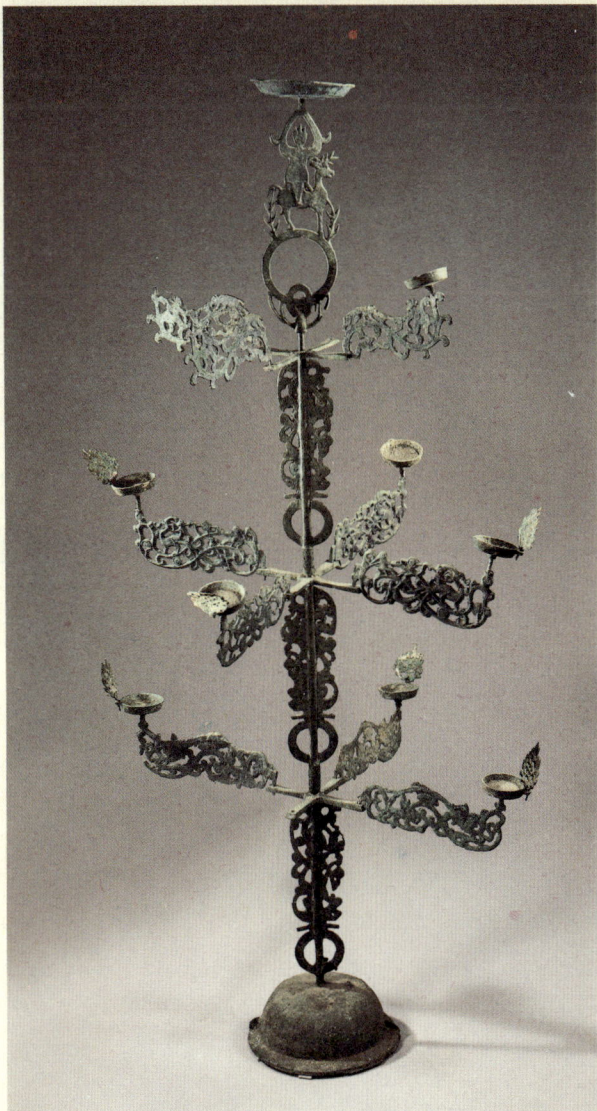

🔸 **十二连枝灯·东汉**

这件汉代灯具于 1969 年出土于甘肃省雷台汉墓，灯高 146 厘米，原有 12 灯盏，出土时已有缺失。这件铜灯制作精巧，当所有灯盏都点燃后，灯光透过枝叶，光影重重，美不胜收。现藏于甘肃省博物馆。

国家宝藏

THE NATION'S GREATEST TREASURES

博物馆里的中国史

国家宝藏

THE NATION'S GREATEST TREASURES

博物馆里的中国史

【第三卷】

佟洵 王云松 主编

石油工业出版社

第六章 民族大融合的多彩时代

052	魏晋时期的农业生产 嘉峪关魏晋壁画墓壁画砖 /308	057	越窑青瓷和佛教文化 青瓷莲花尊 /337
053	一件漆器引发的热议 漆木屐 /314	058	南朝生活的瘦骨清像 邓县画像砖 /341
054	天下行书第一帖 《冯摹兰亭序》卷 /320	059	南北文化融合的佳例 北魏漆屏风画 /346
055	中国绘画史上的典范 顾恺之《洛神赋图》（宋摹）/326	060	北齐的天子生活 高洋墓壁画 /349
056	草原丝路的见证 鸭形玻璃注 /332	061	祆教在中国传播的见证 安伽墓石门 /353
		062	丝绸之路上的文化交流 鎏金银壶 /357

第七章 万国来朝的盛世时光

063　来自异域的珍宝
　　嵌珍珠宝石金项链 /364

064　粟特贵族的宗教生活
　　虞弘墓石椁 /369

065　汉藏一家亲的历史画卷
　　阎立本《步辇图》/374

066　丝绸之路上的胡人胡乐
　　骑驼乐舞三彩俑 /379

067　精妙的科学设计
　　葡萄花鸟纹银香囊 /386

068　大唐王朝兴衰的见证
　　鎏金舞马衔杯纹银壶 /391

069　奢华茶具里的茶文化
　　法门寺地宫金银茶具 /396

070　九秋风露越窑开
　　八棱秘色瓷净水瓶 /403

071　别开生面的唐代书法
　　颜真卿《祭侄文稿》/408

072　夜宴之后的寂寞萧条
　　顾闳中《韩熙载夜宴图》/414

国家
宝藏 博物馆里的中国史

THE NATION'S GREATEST TREASURES

第六章　民族大融合的多彩时代

汉朝灭亡后，中国历史又进入了动荡纷争的时代，历史学家称这一段时间为三国两晋南北朝时期。三国就是打破汉朝统一的魏、蜀、吴三个国家，之后晋朝短暂实现了统一，又很快被进入中原的北方少数民族打破，形成南北朝对峙的局面。三国两晋南北朝持续约 360 年，虽然战乱不断，人民生活困苦，却是不同民族互相融合的一个时期，中国的对外交往也更加频繁，丝绸之路上的佛教和祆教随着绵延不绝的商队进入中原地区。中国特有的书法和绘画艺术在这几百年也出现了很多大师，王羲之、顾恺之就是艺术银河中最耀眼的两颗恒星。

推荐博物馆：
中国国家博物馆、甘肃省博物馆、辽宁省博物馆、河北博物院、故宫博物院、陕西历史博物馆、马鞍山市博物馆

052 | 魏晋时期的农业生产
嘉峪关魏晋壁画墓壁画砖

年　代：魏晋，公元 220—420 年
尺　寸：高 16～18 厘米，宽 34～36 厘米
材　质：砖
出土地：1972 年甘肃省嘉峪关市东北戈壁滩魏晋墓
收藏地：甘肃省博物馆

在甘肃省嘉峪关市东北戈壁滩上有一些不起眼的小土包，没有人会想到土包下竟然掩埋着一千四百多座魏晋时期的砖墓群。这些墓大部分由画像砖垒砌而成，这些画像砖在构图、线条表现和设色上都独具匠心。它们不仅真实地反映了当时的社会生活，还是古代劳动人民向往美好生活的写照。

嘉峪关魏晋墓室壁画

嘉峪关位于甘肃省西部河西走廊中段，因建置于嘉峪山西麓地势险要的关隘而得名。在距离嘉峪关市东北 20 千米的戈壁滩上，有一个分布长达 20 多千米的古墓群，多为魏晋时期的古墓。较大一些墓葬的墓主人具有郡县级官阶和地方乡绅的身份，其墓室内多绘壁画，基本保存完好。

1972 年，当地牧羊人偶然发现了这片魏晋时期的墓葬。当年发掘了其中 8 座墓，

6座墓中均有壁画，共有画面600余幅。壁画以宴饮、出行、狩猎、农耕、采桑、畜牧、打场等生活场面为主，勾画出了一幅幅古代的民间风俗画，古朴、真实地再现了当地半耕半牧的经济生产和日常生活情景。

这些魏晋墓室壁画反映了中国古代绘画从汉朝向魏晋逐渐演变的过程，以及魏晋时代河西地区的绘画发生了由概念到具体、由粗到细、由装饰性绘画向独立的单幅绘画逐渐演变的情况，也说明了在北朝佛教壁画兴盛之前河西地区传统的壁画艺术已有了成熟的面貌，它不仅填补了中国绘画史上魏晋时期的空白，也为研究河西石窟艺术渊源等问题提供了珍贵的实物资料。

嘉峪关魏晋壁画普遍用白土粉涂底，有的先用土红色起稿，然后用墨线勾出轮廓，线条富于动感，用笔迅疾如

🔸**甘肃嘉峪关新城5号魏晋墓出土的《骑射图》画像砖**

飞，有着酣畅淋漓的气势。墨线轮廓中再填入赭石、朱红和石黄等色，呈现出热烈而明快的色调。壁画图像非常简洁，形象鲜明，善于捕捉各种动物的神态，以奔动的气势给人以强烈的艺术感受。以上这些方面构成了嘉峪关魏晋壁画豪放雄健的艺术风格。

其6号墓是西晋一位官吏的墓葬，虽历经1700多年，却依然保持原貌。墓穴顶部有一个小洞，一条金属丝自上垂下，原为悬挂油灯之用。建墓工匠在封墓前先点上油灯，再砌以七层砖封死，油灯燃烧尽墓中氧气后，墓穴自然形成真空状态，使墓中壁画和古物得以

嘉峪关魏晋画像砖《骑射图》

完好保存，色泽如新。3号墓中的《屯营图》和《屯垦图》，提供了当时军屯的形象资料。5号墓中的《武官出行图》，用笔熟练，色彩绚丽，有较高的艺术水平。壁画中更多地表现了劳动人民的各种生产活动，完整地描绘了从播种到收获的一系列农业生产过程，生动地刻画了河西各族人民的农作、畜牧、桑林、炊庖等劳动场景。如《双驼》《门犬》《宰猪》《屠牛》等，都是构思巧妙而意趣横生的艺术作品。

嘉峪关魏晋画像砖之《耕地图》

河西走廊的农业文化

汉朝建立以后，河西走廊的农业生产得到了迅速发展。汉武帝"列四郡、据两关"，修筑河西长城，开辟丝绸之路，使经济文化交流空前活跃，吸引大量移民到此，引进了中原先进的农业生产技术，开垦利用了大片荒地，兴修农田水利设施，耕地面积不断扩大，农作物的生长有了物质保证。到了魏晋时期，河西走廊出现了"畜牧天下饶、农桑赛江南"的局面。在这样一个历史背景下，嘉峪关魏晋墓的砖雕和砖壁画所呈现的丧葬风俗，也与农业文化有关。

有些墓室内绘有人身牛首、人身羊首、人身鸡首等图像，这些都与传统的农神崇拜有关。在远古传说中，农神即炎帝，是人首牛身之神。《艺文类聚》引《帝王世纪》曰："炎帝神农氏，姜姓也，人首牛身，长于姜水，有圣德，都陈，作五弦之琴，始教天下种谷，故号神农氏。"嘉峪关一带的百姓有信奉巫术、祭祀农神的传统。

在嘉峪关魏晋墓1号墓、3号墓、4号墓、5号墓、6号墓、7号墓等出土的大量壁画中，反映人们辛勤耕种劳作的

甘肃嘉峪关新城5号魏晋墓出土的《驿使徒》画像砖

画面比比皆是。如播种：一农妇在前播种，左手抱盆，右手高高扬起，有节奏地撒种，一农夫随后举耱碎土。如犁地：一人一牛一犁，农夫一手攥着缰绳紧握犁把、一手举鞭，耕牛前曲后躬，力度感强烈。如耙地：一褐衣披发的少数民族农夫蹲在耙上耙地，突出了劳动者的身份。据史书记载，羌人"披发覆面""衣裘褐"，由此推断该农夫为羌族。农耕文化对游牧民族的巨大影响也可略见一斑。如糖地：一农夫左手执鞭，右手揽着缰绳，利用身体的自重，站在二牛抬扛牵引的耢（用来碎土保墒的农具）上耱地，这幅砖壁画是中国最早的二牛抬扛的形象资料之一。如打枷：一农夫手持木枷打场，枷为脱粒的农具，由长柄的一平排的木条或竹条构成，这些从一个侧面反映了魏晋时期的生产力水平。从这些耕田、耘地、收获的农事画面中可以看出古代的农民对精耕细作的重视和付出的辛劳，而这些最基本的生产活动是他们日常生活的重要组成部分。

石头上的美术

盛行于两汉、至魏晋时期达到艺术上的黄金时代的画像石、画像砖，是重要的美术作品。由于存世数量浩大、雕刻技法多变和表现内容丰富，因而被誉为"图谱式的百科全书"。画像石和画像砖，多作为墓葬和祭祀性场所的装饰，与汉代世家显贵崇尚奢华厚葬的风气密切相关。画像石以石为底，用刀代笔，先绘图案，然后刻出。画像砖的制作，多是先制模，然后用模子压印在未烧的细泥砖坯上，再进行必要的修饰和刻画，烧成后再在表面施以彩绘。画像石、画像砖的内容，或围绕显现汉代一般民众的精神信仰世界而展开，或围绕墓主人生平、财富、社会地位以及为其服务的生产活动而展开，如表现死者生前显赫地位的车马出行、燕居宴饮等场面，如表现经济活动的纺织、冶铁、酿酒等活动。

053 一件漆器引发的热议
漆木屐

年　代：三国吴，公元 222—280 年
尺　寸：长 20.5 厘米，宽 9.6 厘米，厚 0.9 厘米
材　质：木质
出土地：1984 年安徽省马鞍山朱然墓
收藏地：马鞍山市博物馆

众所周知，日本人对木屐情有独钟，一般认为漆木屐是日本人最早发明的，而三国东吴朱然墓出土的一件漆木屐，则证明漆木屐并非最早由日本人发明，而是由中国传到日本的。日本人之所以会对朱然墓如此感兴趣，是因为这件漆木屐颠覆了他们的"日本人发明漆木屐"这一观念。

一座漆器宝库的开启

1984 年 6 月，安徽省马鞍山市郊发现一座三国时期的古墓，墓主人是东吴的一位大将，与孙权关系密切，还曾参与擒杀关羽，这位古墓的主人就是朱然。朱然率军"从讨关羽，别与潘璋到临沮禽羽"，因擒获关羽的功劳，他被封为昭武将军、西安乡侯。之后朱然参与东吴一系列重大军事行动，先是在夷陵之战中打败刘备，接着据守江陵六个月，在缺兵少员的情况下，击退曹魏的十数万大军，"名震于敌

国"。之后朱然官至左大司马、右军师、大都督，深得孙权信任，可以说朱然是东吴的一员名将。249 年，68 岁的朱然病死，孙权十分悲痛，"素服举哀，为之感恸"。但谁也没有想到，在朱然去世一千七百多年后，他的墓室会重见天日。

朱然墓为土坑砖室结构的古墓，坐北朝南，墓道位于墓坑正南，为阶梯式。墓室位于墓坑中间，外侧总长 8.7 米，宽 3.54 米，自南而北分别为甬道、前室、通道、后室。地面有两层"人字纹"铺地砖，墓壁采用"三顺一顶"的砌法。甬道上有半圆形的拱顶和挡土墙，下砌封门砖。墓前室平面近正方形，有四隅券进式穹隆顶，顶上两侧有四个加固支撑的砖垛，后端有挡土墙。青灰色的墓砖上模印篆文吉语"富且贵，至万世""富贵万世"等。墓内共出土了青瓷器、漆木器、铜器、陶器等文物一百四十多件和铜钱六千多枚，其中漆木器价值尤为不凡。同时出土的还有朱然的十几个"名片"，写有"故鄣朱然再拜问起居字义封"等字样。此外还有漆尺、凭几、漆盘等物品。

漆木屐出土引发的热潮

朱然墓的发掘，被认为是有关三国时期考古的一项重要发现，在国内外产生了强烈反响。日本国家电

朱然墓出土的漆勺

漆木展

视台先后两次来朱然墓园拍摄大型文
物系列片《三国万里行》和《中华
五千年》，部分出土文物亦于
1987 年应邀赴日本巡展，引
起了日本各界的浓厚兴趣。
为何日本人会对朱然墓这么感
兴趣呢？这和里面的一件文物
有关。众所周知，日本人对木屐情有独钟，并认为漆
木屐是日本人最早发明的，而朱然墓出土的一件漆木
屐距今已经有一千七百多年的历史，是目前中国最古
老的漆木屐。这件实物证明漆木屐并非最早由日本人
发明，而是由中国传到日本的，所以日本人才会对朱
然墓如此感兴趣。

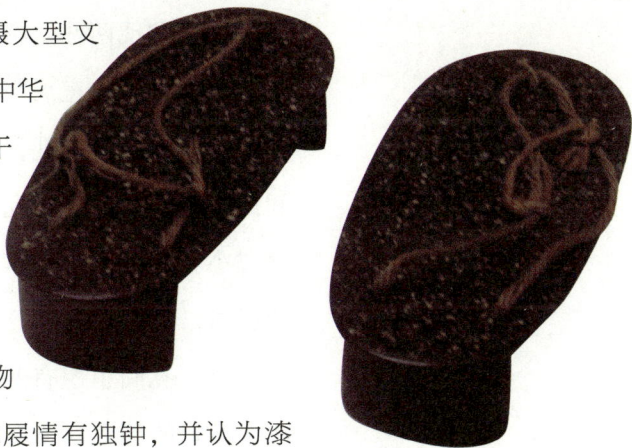

漆木屐复原图

　　这件漆木屐的屐板和屐齿由一块木板刻凿而成。屐
板前后圆头，略呈椭圆形；屐齿为前后两个；系孔有
三个，前端一个，后端两个，彩绳早已腐朽不见。木
屐主体刻凿完成后，工匠又在木胎上打灰腻，一面刷
黑漆，漆面光泽，另一面在灰腻中镶嵌细小的彩色石粒，
然后上漆，磨平，露出点缀其间的彩色小石粒，使之
呈现一定的美感。

　　在中国，木屐是汉服足衣的一种，是最古老的足衣。
据文献记载，中国人穿木屐的历史至少有三千多年。
1987 年，考古工作者在浙江省宁波市慈湖新石器时代

晚期遗址发现两件残存的木屐，均为左脚所穿，屐木扁略呈足形，前宽后窄。其中一件木扁身平整，上有五个小孔，头部一孔，中间和后跟处各有二孔，两孔间挖有凹槽，槽宽和孔径相同，推测其用途是在绳子穿过小孔后将其嵌入槽内，以使表面平整。出土时绳带已腐，也不见屐齿；另一件为圆头方跟，开有六孔，后跟处二孔间也挖有凹槽。据研究，这两件木屐已有四千多年的历史，属良渚文化遗物。木屐是汉人在清代以前，特别是汉朝至唐朝时期的普遍服饰，汉代汉女出嫁的时候会穿上彩色系带的木屐。晋朝时，木屐有男方女圆的区别，南朝梁的贵族也常着高齿屐，南朝宋之时，贵族为了节俭也着木屐。除了两齿木屐以外，汉人在军队里还采用了平底木屐，以防止脚部被带刺杂草划伤。不仅军人如此，平民也往往在路上穿着木屐，防止脚被带刺植物划伤。李白《梦游天姥吟留别》有"脚着谢公屐，身登青云梯"的诗句，因此

🔷朱然墓出土的犀皮黄口羽觞

日本又称谢公屐为"山屐"。

不仅是漆木屐，墓中出土的其他漆器如漆榻、漆凭几、谒、刺等文物，都能从日本找到与之对应的东西。尤其是刺——这种中国古代的名片，在日本现代依然称为刺，足见三国时期吴国对外交流的兴盛。漆木屐的出土，也足以使人窥见当时中日文化、经济交流的盛况。

🐚**朱然墓出土的素面漆方盘**

漆器的历史很悠久

用漆树自然分泌的漆液涂在各种器具上，这就是原始的漆器。漆树的液汁经搅拌后变为熟漆，生漆或熟漆加入熟桐油调制即成漆膜坚硬、光亮、耐温的广漆，再添入颜料或染料就形成彩色漆层。考古发现证明，中国是世界上最早使用天然漆的国家，漆器的制造有着悠久的历史。古代以漆涂于物称"髤"，用漆绘制图案花纹谓"饰"。六七千年前的河姆渡文化遗址出土的木胎朱漆碗是现知最早的漆器。商周时期开始用色漆和雕刻来装饰器物，还设立有皇家漆园。

054 天下行书第一帖
《冯摹兰亭序》卷

年　代：唐，公元618—907年
尺　寸：纵24.5厘米，横69.9厘米
材　质：纸本
收藏地：故宫博物院

　　《兰亭序》又名《临河序》《兰亭集序》《禊帖》等，共28行，324字，东晋永和九年（353）王羲之书，被米芾誉为"天下行书第一"。真迹殉葬唐昭陵，有摹本、临本传世，以"神龙本"为最佳。此帖用笔以中锋为主，间有侧锋，笔画之间的萦带，纤细轻盈，或笔断而意连，提按顿挫一任自然，整体布局天机错落，具有潇洒流利、优美动人的无穷魅力，在中国书法史上具有崇高的地位。

兰亭雅集

　　晋穆帝永和九年（353）三月初三"上巳节"，正是春天的修禊日，王羲之与谢安、谢万、孙绰、孙统、王凝之、王徽之、王献之等名士举行风雅集会。修禊活动的地点兰亭就在临水之处，修禊的人可以"漱清源以涤秽"，即通过洗漱的方式把一切污秽的东西清除干净；洗漱过后，把酒洒在水中，再用兰草蘸上带酒的水洒到身上，借以驱赶身上可能存在的邪气，而求得平安、幸福。仪式结束之后，作为东道主的王羲之提议，既然今日"群贤毕至，少长咸集"，大家不妨玩个曲水流觞、饮酒赋诗的游戏。游戏规则是：大家在蜿蜒曲折的溪水两旁，席地而坐，由书童或仕女将斟上一半酒的觞，用捞兜轻轻放入溪水当中，让其顺流而下。根据规则，觞在谁的面前停滞不动，就由书童或仕女用捞兜轻轻将觞捞起，送到谁的手中，谁就得痛快地将酒一饮而尽，然后赋诗一首；若才思不敏，不能立即赋出诗来的话，那他就要被罚酒三斗。这一提议得到了谢安等人的一致支持，活动中共有 11 个人各作诗两首，15 个人各作诗一首，16 个人因没有作出诗而罚了酒，总共成诗 37 首，汇集成册，称之为《兰亭集》。大家公推王羲之为之作序，孙绰作后序。王羲之趁着酒兴，一气呵成写下了《兰亭集序》。

兰亭雅集作为中国古代最著名的一次文人集会，与会者曲水流觞、临流赋诗、宴游赏花、各抒怀抱并抄录成集，使得兰亭成为中国山水园林的发源地，自兰亭雅集后，中国兴起造园之风。兰亭集会的风雅精神，也成为后世文人骚客倾慕不已的集会典范，宋代苏轼的"相将泛曲水，满城争出。君不见兰亭修禊事，当时座上皆豪逸"，写的就是东晋豪逸山阴兰亭雅集的风流韵事。

《兰亭序帖》的流传

《兰亭序帖》真迹一直由王羲之后人保存，传至第七代后，为唐太宗所得。唐太宗对王羲之推崇备至，曾亲撰《晋书》中的《王羲之传论》，推崇其书法"尽善尽美"。又敕令侍臣赵模、冯承素等人精心复制一些摹本。他喜欢将这些摹本或石刻摹拓本赐给一些皇族和大臣，因此当时这种"天下真迹一等"的摹本亦"洛阳纸贵"。此外，还有欧阳询、褚遂良、虞世南等名手的临本传世。今天所谓的《兰亭序》，除了几种唐摹本外，石刻拓本也极为珍贵。最富有传奇色彩的要数《宋拓定武兰亭

永和九年歲在癸丑暮春之初會
于會稽山陰之蘭亭脩稧事
也羣賢畢至少長咸集此地
有崇山峻領茂林脩竹又有清流激
湍暎帶左右引以為流觴曲水
列坐其次雖無絲竹管絃之
盛一觴一詠亦足以暢敘幽情
是日也天朗氣清惠風和暢仰
觀宇宙之大俯察品類之盛

米記韓馮惜朱見蘭亭帖……
……
壬辰暮春月中澣渮題

心 師

臨川王安禮黃慶基
同閱元豐庚申閏
月十日
朱光裔李之儀觀
元豐五年三月二十七日
李祉王景通同觀
王景脩張太寧同觀
繼觀文安王景脩題
又同張保清馮澤
又仍王朱光庭石蒼節觀
元豐四年孟春十日
元祐元年四月廿八日

長樂許將照寧丙辰
孟冬開封府西齋閱
雪積仰觀寥為鳳鈔
品類之滋亦以樞一時視聽
三舍延試同邸而攜李廷珪
墨書此以識息翁永陽清
必大字景歐父

甲午禊日靜坐集賢官房
潛翁出此帖共觀之為鳳鈔

定武舊帖在人間者如晨星矣此又
崔蒨明者耶元貞元年夏六月僕
將歸吳興孫亮圖以此卷示是正
為鑒定如右甲寅日甲寅人趙孟頫書

晋唐

兰亭八柱第三

《冯摹兰亭序》卷

永和九年歲在癸丑暮春之初會
于會稽山陰之蘭亭脩禊事
也羣賢畢至少長咸集此地
有崇山峻領茂林脩竹又有清流激
湍暎帶左右引以為流觴曲水
列坐其次雖無絲竹管絃之
盛一觴一詠亦足以暢敘幽情
是日也天朗氣清惠風和暢仰
觀宇宙之大俯察品類之盛
所以遊目騁懷足以極視聽之
娛信可樂也夫人之相與俯仰
一世或取諸懷抱悟言一室之內
或因寄所託放浪形骸之外雖
趣舍萬殊靜躁不同當其欣
於所遇暫得於己快然自足不
知老之將至及其所之既惓情
隨事遷感慨係之矣向之所
欣俛仰之間以為陳迹猶不
能不以之興懷況脩短隨化終
期於盡古人云死生亦大矣豈
不痛哉每攬昔人興感之由
若合一契未嘗不臨文嗟悼不
能喻之於懷固知一死生為虛
誕齊彭殤為妄作後之視今
亦由今之視昔悲夫故列
敘時人錄其所述雖世殊事
異所以興懷其致一也後之攬
者亦將有感於斯文

敘時人錄其所述雖世殊事
異所以興懷其致一也後之攬
者亦將有感於斯文

長樂許將照寧丙辰
孟冬閏封府西齋閱

臨川王安禮黄慶基
同閱元豐庚申閏
月十目

朱光商李之儀觀

元豐五年三月二十七日

李祐王景通同觀

王景脩張太寧同觀

元豐四年孟春十日
又同張保清馮澤
從觀文安王景脩題

序》。不管是摹本，还是拓本，都对研究王羲之有相当的说服力，同时又是研究历代书法的极其珍贵的资料。《兰亭序》是否真的是王羲之所书，历来有很多争议，清末和20世纪60年代都曾引发过相当激烈的学术大论战。但无论《兰亭序》是不是王羲之所书，也不管《兰亭序》真迹是否还存在，王羲之作为书圣以及《兰亭序》作为"天下第一行书"的地位早已不可动摇，王羲之和他的《兰亭序》已经成为超越书法艺术的文化符号而彪炳史册。

《兰亭序》现存五个唐代摹本，分别为虞（世南）本、褚（遂良）本、黄绢本（褚的另一摹本）、欧（阳询）本、冯（承素）本。这些摹本都曾被收入清乾隆内府，成为著名的"兰亭八柱"中的名作，清末局势动荡，这些摹本从宫

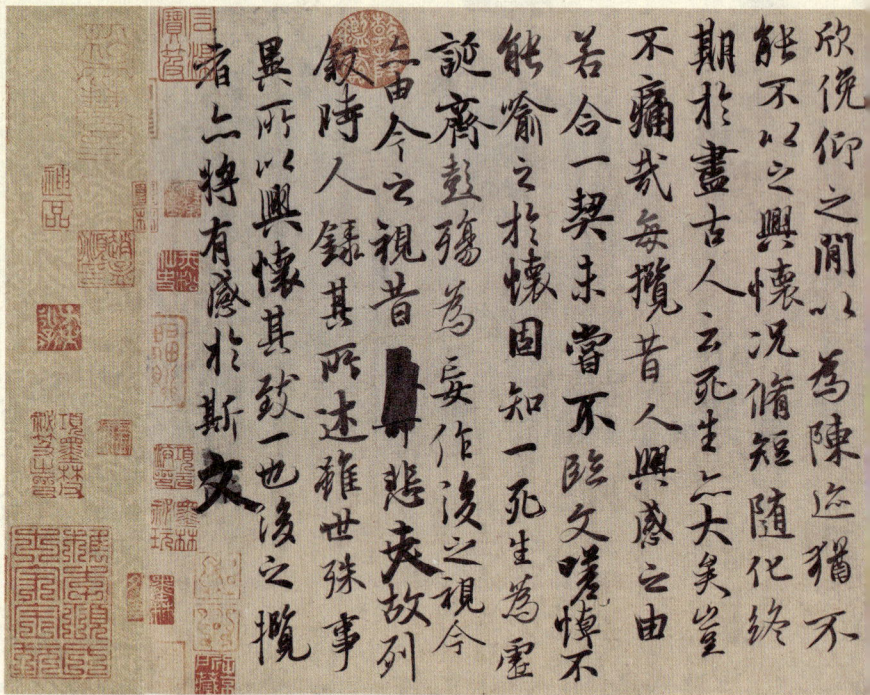

冯承素摹兰亭序（神龙本画心）·唐

中佚出，流散四方。虞本、褚本、冯本现藏于北京故宫博物院。

冯本为唐代内府榻书官冯承素摹写，因其卷引首处钤有唐中宗李显"神龙"二字的年号小印，后世又称其为"神龙本"，此本使用双钩摹法，摹写精细，原本的笔法、墨气、行款、神韵都得以体现，为唐人摹本中最接近兰亭真迹者。

飘逸的晋代书法

晋代的精神风尚对其书法艺术的特征有很大的影响，以王羲之为代表的晋代书法艺术风神疏逸、姿韵萧散，达到了一种蕴秀简静、自然洒脱的审美境界，后人称赞晋代书法"韵胜""度高"，是很有道理的。王羲之的书法艺术成就典型地体现了这种时代风尚，他的书法运笔丰盈多变而又含蓄温婉，气势稳健洒脱而安逸平和，笔画线条变化丰富，运笔轻重快慢自然和谐，字体结构疏密有致，章法虚实分布、浑然一体，总体上达到了一种很高的艺术境界。其代表作品流传颇多，其中尤以《兰亭序》为著名，该帖有"天下第一行书"之称，极典型地体现了晋代书法的美学特征。

055 | 中国绘画史上的典范
顾恺之《洛神赋图》（宋摹）

年　代：东晋，公元317—420 年

尺　寸：纵27.1 厘米，横572.8 厘米（宋摹）

材　质：绢本

收藏地：故宫博物院

　　《洛神赋图》是东晋著名画家顾恺之依据曹植《洛神赋》内容创作的作品。《洛神赋图》全卷分为三个部分，曲折细致而又层次分明地描绘了曹植与洛神真挚纯洁的爱情故事，其中最感人的是曹植与洛神相逢，但是洛神却无奈离去的情景。该图被称为"中国十大传世名画"之一。

曹植与《洛神赋》

　　曹植的《洛神赋》主要讲述了主人公从京都回到封地的途中，经过洛水，遇到洛水女神宓妃的故事。原文中主人公虽然对宓妃充满爱恋，但最终却不得不离去的故事情节，表现了作者在现实中的伤感与无奈。曹植写作此赋的目的是什么？有人认为这是他思恋亡嫂甄后或亡妻崔氏所作，这其实是个误会。

　　要解开这个误会首先要从宓妃的传说说起。相传她是伏羲的女儿，因为迷恋洛河美景来到人间。那时洛河两岸住着洛氏族人，宓妃教他们结网捕鱼、狩猎养畜，还在劳作之余为他们弹奏七弦琴。优美的琴声被黄河河伯听到了，他潜入洛水，被宓妃的美貌深深吸引，就化身一条白龙把宓妃摄走。宓妃被带至河伯的水府深宫，终日寡欢，只能用七弦琴排解愁苦，后羿听到琴声就将宓妃救出，将她带回洛氏族中，并与宓妃产生了爱情。河伯大怒，再次化身白龙潜入洛河，吞没大片良田、村庄。后羿于是大战河伯，射中河伯的眼睛，河伯逃走，来到天庭告状，但天帝知晓人间一切，河伯没能得逞。后羿于是同宓妃在洛水一带住下来，过上了幸福生活。天帝后来封后羿为宗布神，封宓妃为洛神。对于因受人诬告而身处逆境、孤立无援的曹植而言，后羿的无私帮助，以及天帝的明察秋毫、秉公裁断才是他最需要、最渴望的，他渴望得到公正的对待，更渴望未来不用担惊受怕，施展胸中抱负。相对于儿女私情，这大概才是曹植创作时的所思所想。

《洛神赋图》的内容特点

该画卷以曹植的《洛神赋》为题材，描绘了作者对洛水之神宓妃的爱慕以及神人殊隔、不能交接的惆怅。作品将不同情节置于同一画卷，洛神和曹植在一个完整的画面的不同场景中反复出现。图卷以山石、林木和河水等背景，将画面分隔成不同情节，使画面既分隔又相互连接，和谐统一，丝毫看不出连环画式的分段描写迹象。画中山石、林木反映了早期山水画的表现技法和面貌。

《洛神赋图》虽然是人物画，但以大量山水为故事展开背景。由于顾恺之本人就是较早地涉及山水画创作和理论的大家之一，故我们有足够的理由相信《洛神赋图》中山水部分的画法是具有那一时代代表性的艺术式样。图中山石、树木造型稚拙，比例关系混乱，确如张彦远在《历代名画记》中所描述的那样：
"魏晋已降，名迹在人间者，皆见之矣。其画山水，则群峰之势，若钿饰犀栉，或水不容泛，或人大于山，率皆附以树

顾恺之《洛神赋图》（宋摹）

石，映带其地。列植之状，则若伸臂布指。"从而为我们在理论与实物考据上揭示了早期山水画的特征。从线条来看，《洛神赋图》线条细劲有力，如张彦远所言"顾恺之之迹，紧劲连绵，循环超忽，调格逸易，风趋电疾，意存笔先，画尽意在，所以全神气也"。线条的表现力内在含蓄，以表现意态为先。山石树木结构单调，状物扁平，但富于装饰性。作者以凹凸晕染的方法来增加立体感，这来自对青铜铸造艺术和帛画艺术手法的借鉴，来自那一时代随着佛教的传入，中西文化交流的发展和相互影响。此外，图中人物的塑造也非常成功。人物虽然散落于山水之间，但相互照应，并不孤立，神情顾盼呼应，使得人物间产生了有机的视觉联系，这不能不归功于作者对人物神态的准确刻画。

艺术研究家巫鸿曾认为，从美术史的角度来说，《洛神赋图》具有两大进步，其一就是人物画连续性故事风格的成熟，表现在同一人物的反复出现上；其二是风景画艺术得到了发展，画面中的山河树木不再是孤立的静物，而是结合故事情节起到了渲染比喻的双重作用。以这两方面来说，将《洛神赋图》喻为"中国绘画始祖"，诚非过誉。

顾恺之作为唯一一个有作品流传的

《女史箴图》（唐摹）·东晋·顾恺之

《女史箴图》纵 24.8 厘米，横 348.2 厘米，东晋画家顾恺之作于 400 年左右，是目前世界上尚能见到的中国最早的专业绘画作品之一，被誉为中国美术史的"开卷之图"。1860 年第二次鸦片战争中流失，唐摹本现藏于英国大不列颠博物馆。史书记载，西晋大臣张华收集了历史上各代先贤圣女的事迹写成《女史箴》一文，以劝诫和警示晋惠帝。后东晋著名画家顾恺之根据文章分段为画，除第一段外每段皆有箴文，各段画面形象地揭示了箴文的含义，故称《女史箴图》。

魏晋南北朝时期画家，毋庸置疑地成为中国美术史上的一个标杆。对其个人风格予以准确把握，对了解六朝风格以及对中国六朝时期人物画的形成与发展形势进行更好的认识与了解具有十分重要的作用。可以说，是顾恺之成就了享誉古今的世界级经典名作——《洛神赋图》，在清朝时，乾隆皇帝就这样称赞顾恺之："子建文中俊，长康画里雄（子建指曹植，长康为顾恺之的字）。"从根本上说，顾恺之所创作的《洛神赋图》完美地塑造了清雅动人、空灵脱俗的洛神形象，是中国六朝时期绘画艺术的巅峰之作。

056 | 草原丝路的见证
鸭形玻璃注

年　代：东晋十六国北燕，公元 407—436 年
尺　寸：长 20.5 厘米，腹径 5.2 厘米
材　质：玻璃
出土地：1965 年辽宁省北票县（今北票市）西官营子北燕冯素弗墓
收藏地：辽宁省博物馆

　　魏晋南北朝时期，中原动荡，中西商路严重受阻，而此时的北方草原由于特殊的地理位置，为中西交流搭建了另一个平台。不断增多的考古发现足以证明，北方草原丝绸之路在魏晋南北朝时期得到了长足发展，并且形成了双向交流的局面。十六国时期北燕冯素弗墓出土的一批精美的玻璃器皿，应是当时经由草原丝路从罗马传入的舶来品，见证了十六国时期中西的经济文化交流。

冯素弗墓出土的玻璃器

　　1965 年北票县西官营子发现了两座石椁墓，其中 1 号墓中出土了"范阳公""辽西公""车骑大将军""大司马"四枚印章。按《晋书·冯跋载记》中记述，北燕的冯素弗曾先后受任范阳公、侍中、车骑大将军、大司马、辽西公等官爵。结合墓葬的所在地和相关资料，考古学者很快便推知了这两座墓是北燕天王的弟弟，当时

鸭形玻璃注

的重臣冯素弗和他妻子的墓葬。根据史书记载，冯素弗死于公元 415 年，可推算其死时年龄为 30 余岁。

1 号墓随葬的器物十分丰富，并且制作精美，仅玻璃器就出土有 5 件之多，晶莹剔透，色彩艳丽，其中鸭形玻璃注最为引人注目。众所周知，玻璃器易碎不便保存，鸭形玻璃注埋入地下长达 1500 年，保存如此完整，不得不承认这是一个奇迹。鸭形玻璃注为淡绿色玻璃质，质光亮，半透明，微见银绿色锈浸，其体横长，鸭形，口如鸭嘴状，长颈鼓腹，拖一细长尾，尾尖微残。背上以玻璃条粘出一对雏鸭式的三角形翅膀，腹下两侧各粘一段波状的折线纹以拟双足，腹底贴一平正的饼状圆玻璃。此器重心在前，只有腹部充水至半时，因后身加重，才得放稳。此器造型生动别致，在早期玻璃器中十分罕见。

鸭形注是舶来品

中国传统国产玻璃器有着悠久的历史。春秋末战国初，西亚玻璃珠饰经过中亚游牧民族的中介，作为商品输入中原地区。战国中晚期，中国已经能够制造外观上与西亚相似，而成分又完全不同的玻璃珠。这种受西亚影响建立起的玻璃业很快与中国文化传统相融合，开始生产仿玉制品，并采用与金属成型工艺相似的铸造法制作。

而冯素弗墓出土的玻璃器以透明深浅绿色为特征，器胎较薄又是卷边，玻璃碗下仍留有粘疤残痕。鸭形玻璃注更是造型奇特，以粘贴玻璃条装饰细部，这一切都是以吹制工艺闻名于世的古罗马玻璃器的重要特征。

玻璃吹制工艺最早产生在公元前 1 世纪左右的地中海东岸古罗马帝国，并迅速传播到古罗马帝国各个玻璃烧造工艺地。吹制玻璃技术向东方传播，尚缺乏文献记载。从出土的玻璃器判断，大约在 5 世纪的北魏时期，中亚的工匠将吹制玻璃技术传到中国，其制作的玻璃器质量不精，很难与冯素弗墓出土的这批玻璃器相媲美。

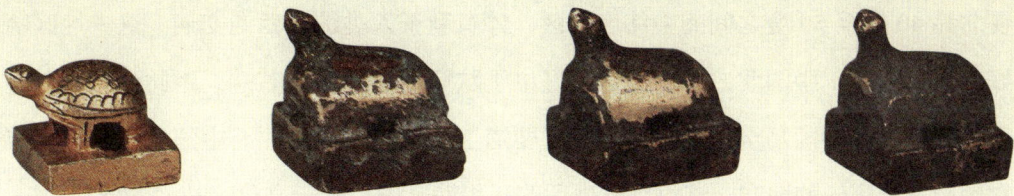

从目前全国出土外国玻璃器数量甚少的情况可以想象，那时进口的玻璃器，尤其像鸭形玻璃注这样精美的产品数量有限，因此统治者和富人视如珍宝。

🔴辽宁省北票县出土的北燕冯素弗四枚鎏金铜印·东晋十六国

繁荣见证

这批玻璃器是如何从遥远的罗马来到辽宁西部的呢？

公元前 139 年，汉武帝派张骞出使西域，开通了长安（今西安市）经河西走廊、塔克拉玛干沙漠至中亚、西亚的商道，即举世闻名的丝绸之路。但在沙漠丝绸之路尚未开通前，古希腊已经称中国为塞利斯（Seres），意为"丝绸之国"。那时的西方世界又是通过什么渠道了解到中国这个东方文明古国的呢？大量的考古发现证实，在丝绸之路开通前，早已存在着一条鲜为人知、沟通东西文化交流的路径，那就是途经欧亚草原的草原丝绸之路。

草原丝绸之路的形成，与自然生态环境有着密切的关系。从整个欧亚大陆的地理环境来看，要想沟通东西方是极其困难的。环境考古学资料表明，欧亚大陆只有在北纬 40 度至 50 度之间的中纬度地区，才有利于人类的东西向交通。这一地区恰好是草原地带，中国北方草原地区正好位于欧亚草原地带的东端，因此中国北方草原地区在古代中国乃至世界东西方交通要道上具有重要作用。而中国北方草原是游牧民族常年居住的地方，游牧民族生活的迁移性，更有利于文化、技术的传播。

草原丝绸之路经过长时间的发展，到了十六国时期已经进入了繁荣阶段，以龙城（今辽宁省朝阳市）为中心的慕容鲜卑地处草原丝绸之路的东端，在东西文化交流中起过重要作用。北燕西与柔然为邻，各民族间互相渗入和掺杂，交往频繁，而且北燕与柔然有通姻，北燕天王冯跋的女儿乐浪公主就嫁给了柔然可汗斛律，而冯跋也娶斛律亲生女儿为妻，建立了稳固的和亲关系，这就为草原丝绸之路的畅通，提供了重要保障。

北燕冯素弗墓出土的玻璃器是中国出土的年代较早、数量最多的一批，与其形态相似的玻璃器在朝鲜半岛和日本也有发现。从这些玻璃器的发现看，草原丝绸之路东到辽宁，又通过辽宁连接着朝鲜半岛和日本。

另类的燕国

在东晋十六国时期，北方以燕为国号的政权一共有五个，分别是前燕、后燕、南燕、西燕和北燕。前四个燕国的建立者都是鲜卑族慕容氏，只有北燕的建立者冯跋是汉族。这个冯跋是后燕皇帝慕容熙的将领，慕容熙建立政权后残忍嗜杀，动辄就处死大臣。出于自保，冯跋发动政变，杀死了慕容熙。公元 409 年，冯跋自立为天王，他的政权也被称为北燕。

057 越窑青瓷和佛教文化
青瓷莲花尊

年　代：南北朝，公元 420—589 年
尺　寸：高 63.6 厘米，口径 19.4 厘米，足径 20.2 厘米
材　质：瓷
出土地：1948 年河北省景县封氏墓
收藏地：中国国家博物馆

青瓷莲花尊，是南北朝时期名贵的青瓷器。南北朝时期，南朝青瓷日益成熟，北朝青瓷迅速崛起，南北朝青瓷中都出现了青瓷莲花尊，青瓷莲花尊以器形硕大、纹饰精美、制作工艺复杂著称于世。以当时窑炉烧制技术，一次烧成，难度相当大。可以说，青瓷莲花尊的烧制成功代表了南北朝时期瓷器制作工艺的最高水平。

青瓷名品

青瓷是南北朝时期瓷器的主流，缥瓷、千峰翠色、艾青、翠青、粉青等都是就青瓷而言的，但有些青瓷因含铁不纯，还原气焰不足，色调便呈现黄色或褐色。商代出现的原始青瓷发展到东汉有了重大突破，在浙江、江苏、江西、安徽、湖北、河南、甘肃等地东汉墓葬和遗址中，都出土了东汉的青瓷。科学实验测定结果表明，此时的青瓷釉中含铁量比原始青瓷少，透明度也达到了较高水平，说明东汉时期青

青瓷莲花尊

瓷烧造技术已经较为成熟。三国两晋南北朝时期，南北
各地烧制青瓷更为普遍，瓷窑增加，瓷器种类繁多，质
量也进一步提高。南方和北方青瓷各具特色，南方青瓷，
胎质坚硬细腻，呈淡灰色，釉色晶莹纯净，人们常用"类
冰似玉"来形容；北方青瓷，胎体厚重，釉面玻璃质感
强烈，流动性大。作为南北朝时期瓷器的主流，青瓷施
含铁成分的釉，便可烧出怡人的青绿色。中国国家博物
馆收藏的这件青瓷莲花尊形体高大，胎质厚重，形如橄
榄，比例协调，线条优美，通体施青绿釉，器物表面有
九层仰覆莲花瓣装饰，器身中有团花、菩提叶和飞天等
纹饰。整件器皿集刻画、雕塑、模印、粘贴等多种技法
为一体，纹饰繁缛，上下辉映，浑然一体，精美绝伦，
代表了南北朝时期制瓷工艺的高超水平。

黄釉绿彩四系罐·北齐

这件瓷罐出土于河南省濮阳
市北齐李云墓，罐肩附四系，
在米黄色釉彩下，自罐口至
罐腹，垂挂着六条鲜艳的绿
彩，整器造型稳重，釉色艳丽，
是北朝瓷器中的精品。现藏
于河南博物院。

佛教与灵魂观念的融合

南北朝时期，中国传统的儒、道与外来的佛教文化
融合交汇，瓷器烧造业也受其影响，造型与装饰带有浓
厚的佛教色彩。从陆续出土的实物来分析，青瓷莲花尊
应该是容纳墓主灵魂的器皿，类似于魂瓶，是佛教精神
和中国传统灵魂观念相结合的产物。

这类瓷器多出土于大型墓葬中，装饰的莲瓣、团花、
飞天、神兽等图案与佛教艺术题材相吻合，是贵族使用
的有一定宗教意义的随葬品。有学者从莲花尊的仰视图

中发现，以尊盖上正中的盖钮为中心，向外层层扩展仰覆莲的莲花瓣、团花、飞天，这种造型与佛教曼陀罗非常相似。曼陀罗是梵文"mandala"的音译，意译为"坛场"，以"聚集"为本义，指一切圣贤、功德的聚集之处。魏晋时期流行以安息死者灵魂的魂瓶作为随葬器。在此基础上加入佛教因素，便形成了青瓷莲花尊。按照佛教的说法，此种器物能超度死者的亡魂，使其免遭轮回之苦，进入涅槃境界。

丝绸之路再开发

自汉代开辟丝绸之路以来，中国经西域通向欧洲的道路一直在拓展，中国封建王朝与欧洲的罗马帝国之间的交往也在加深，东晋更是与拜占庭建立了正式的交往关系。在晋穆帝时拜占庭使者曾到达长江流域，晋哀帝时也派使者前往拜占庭，双方一度建立了丝绸等物品的贸易关系。北魏时期，拜占庭与北方政权的关系也很密切。这一时期频繁的交往中，罗马的很多技术和特产也源源不断地传到了中国，如石棉布、水银、琉璃、药材等，都是这一时期外域文化传入中国的历史见证。

058 | 南朝生活的秀骨清像
邓县画像砖

年　代：南北朝，公元 420—589 年

尺　寸：长 38 厘米，宽 19 厘米，厚 6 厘米

材　质：砖

出土地：1958 年河南省邓州市许庄村南朝墓

收藏地：中国国家博物馆

提到南朝的画像砖，代表性的作品就是 1958 年出土于河南省邓县（今邓州市）的画像砖。这些模印彩色的画像砖，都是预先设计，精工制作，砌缝紧密；画面构图紧凑，人物造型颀身丰腰，面相圆润，姿态生动，具有南朝人物画"秀骨清像"的特征，深刻再现了南朝时期的贵族生活。

邓县画像砖艺术

1957 年 12 月，邓县许庄村村民在兴修水利时发现了一座墓穴。1958 年，河南省文物工作队开始进行考古挖掘，清理出陶器、钱币等各类器物几十件，发掘出了 34 种不同类型的彩色画像砖，其中有一块战马画像砖，侧面有墨书"家在吴郡"等字样，由此该墓被断定是南朝刘宋时期的墓穴，这是中原地区到目前为止，发现的唯一一座南朝彩色画像砖墓。邓县南朝彩色画像砖墓发掘后，曾引起中国艺术界、

邓县画像砖

建筑界的高度重视。彩色画像砖运抵北京后被定为国家一级文物。范文澜在《中国通史》中称："河南邓州许庄南朝画像砖墓是一个重大发现。"

　　画像砖是古人营造祠堂、墓室、石阙等壁面的一种重要的装饰性图像材料，始于战国晚期，盛于提倡厚葬的汉代，创新于魏晋南北朝，流行至隋唐宋元，是中国历史文物宝库中的一朵奇葩。邓县画像砖呈长方形，砖体边框为凸线，外沿饰莲花、忍冬纹样图案。一砖一图镶砌于甬道、墓室的 34 种模印画像砖，填涂红、黄、绿、蓝、棕、紫、黑 7 彩，色泽如新。画像砖图案内容大致可分 3 类：一是表现车骑出行的场面，以牛车为中心，包括具装盔甲战马、执棒武士、乐队舞蹈、供献仪仗、牛车、步辇、贵妇出游、仕女出行等；二为汉代以来流行的孝子画像，有"郭巨埋儿"等孝子故事；三是与当时宗教迷信有关的内容，如代表宇宙四方的青龙、白虎、朱雀、玄武，代表祥瑞的凤凰、麒麟、天马、珍禽等，代表道教神仙的王子乔、浮丘

河南博物院藏邓县画像砖·南北朝

邓县画像砖之《丽人出行图》·南北朝

公、商山四皓、跨虎仙人、天人骑龙等；反映佛教题材的供养飞仙、伎乐天人等。这些画像砖与墓中所出土的 55 个神态各异、着装不同、手头身可转动的仪仗陶俑相配合，彰显了墓主生前的生活实际。每块模印彩色画像砖都是预先设计，精工制作，砌缝紧密；画面构图紧凑，人物造型颀身丰腰，面相圆润，姿态生动，具有南朝人物画"秀骨清像"的特征；凸出画面的线条流畅奔放，是极富有装饰性的艺术珍品。

从画像砖看南朝人物画的艺术风尚

中国人物画发展至魏晋南北朝已进入成熟期，一改汉代淳朴古拙的特点，开始追求人物潇洒风流的外貌神韵。发展至南北朝，南朝人物画在沿袭魏晋风流的基础上对风流洒脱有着更狂热的追求，甚至趋向于颓然萎靡、放纵任情的精神状态与审美倾向，从其中的人物形象可以看出这种特点。

从邓县画像砖的内容我们不难看到，人物的品性气质决定人物的形象表现，南朝人物的内在性格倾向于随意率真、任性纵情。南朝人物画在某种程度上倾向于表现精神，即绘画的主要侧重点不在于表现画面的实在内容，而是通过绘画中线条、色彩的特殊处理来表现人物自身的审美高度与思想品性，体现了整个时代的审美风尚。邓县南朝画像砖中的人物形象反映了南朝人物画在容止上追求的是举止风流、神采奕奕的风貌，一如《颜氏家训》中有关世人外貌气质的记载："无不熏衣剃面，傅粉施朱，驾长檐车，跟高齿屐，坐棋子方褥，凭斑丝隐囊，列器玩于左右，从容出入，望若神仙。"由此可见南朝人物画倾向于褒衣博带、秀骨清像、神采飞扬、望若神仙般的审美风尚。

这一时期，社会政治的动荡不安使文人士大夫采取了避世隐逸的态度，于是，在精神上寻求与残酷现实相悖的"极乐之境"，魏晋玄学、清谈应运而生。这样的社会风气造就了时人看似荒诞离奇的行为与空灵的审美意识。也正是由于残酷现实的极大束缚和长期压抑，才使得时人对审美风尚的追求如此大胆至性、空前绝后。这是南朝人物画留给世人的最珍贵的艺术财富。

059 南北文化融合的佳例
北魏漆屏风画

年　代：北魏，公元 386—534 年

尺　寸：长约 80 厘米，宽约 20 厘米

材　质：木质

出土地：1965 年山西省大同市石家寨司马金龙墓

收藏地：山西博物院

20 世纪 60 年代中期，在山西省大同市考古工作者发掘了北魏琅琊康王司马金龙墓，其中出土了 5 块较为完整的木板屏风漆画。漆屏风画以娴熟的绘画技法，描绘了十几幅丰富多彩的历史人物故事，并辅以大量的题记，生动地反映了当时的社会意识形态和经济文化生活，弥足珍贵。

漆画内容与工艺

司马金龙是司马懿四弟司马馗的九世孙，其父司马楚之系东晋显贵，元熙元年（419）司马楚之因刘裕诛杀东晋宗室而窜逃降魏，封琅琊王。司马楚之去世之后，司马金龙承袭父爵。据此墓中出土的墓志铭记载可知司马金龙墓的确切纪年为北魏孝文帝太和八年（484）。司马金龙在北魏袭爵做官，备受宠信，死后赠大将军、冀州刺史、谥康王。此墓墓葬规模较大，除出土大批陶俑、石雕柱础、石棺床和

司马金龙墓漆屏风画·北魏

生活器具外，尤以制作精美的木板漆画著名。这批漆画被视作珍贵的古代绘画实物。

　　漆画绘于床榻周边围立的屏风上，残存5块，每幅约长80厘米，宽20厘米，两面绘制，分上下4层。其上朱漆髹地，线描勾勒人物，墨书榜题。画面内容延续汉代以来帝王将相、烈女、孝子等传统故事，如帝舜、周太姜、周太姒、周太任、卫灵公、齐宣王、晋文公、孙叔敖、汉成帝与班婕妤以及孝子李充、卫灵公夫人、蔡人妻等。屏风的工艺制作采用榫卯联结，继承战国、汉代漆画的传统技法，设色富丽、边框装饰精巧。人物描绘运用铁线描法，兼施浓淡色彩渲染，形象生动逼真，并有纵深的空间感和立体感。构图上重在突出主题，中心人物大于陪衬人物。画风古朴，富有装饰性。漆屏风画的出土，弥补了北魏前期绘画实物的空缺，画法上与传为东晋顾恺之的《女史箴图》酷似，亦与传为初唐阎立本的《古帝王图》之间有着承继关系。此外漆画上的榜题，较典型地反映出由汉隶向唐楷演变中的魏书发展面貌，字体圆润俊秀、气势疏朗，是不可多得的北魏墨书真迹。

漆画之价值

　　汉代为维持社会秩序，巩固封建政权，将绘画艺术与儒家伦理观念密切结合，用圣君、忠臣、节妇、义士、孝子这些三纲五常的典范鉴戒子民，把他们绘于屏风和墙壁之上是一种常见的做法。这些宣传画一直延续下来，乃至北

🔴司马金龙墓漆屏风画·北魏

了细劲的铁线描，笔触干净利落，流畅准确，线描勾绘得心应手，一蹴而就。其人物形象，生动逼真，栩栩如生，从姿态中表露出身份和远近纵深的空间关系。构图上采用了突出主题、中心人物大于陪衬人物的手法，色彩谐调沉稳。人物渲染浓淡适宜，尤擅表现衣纹的转折流畅程度，来增强人物的活力和肤色的立体感。特别是鱼尾状裙摆垂地后拖衬托以轻拂的裙带，陡增人物飘逸灵动之神韵，其画风已颇近似于顾恺之的《女史箴图》，表现出了一种正如《历代名画记》所讲的"春蚕吐丝""吴带当风"的画风和意境。

司马金龙墓漆画为研究南北朝时期的髹漆工艺提供了可贵的实物资料，通过此漆画我们可以目睹 1400 多年前，古人那流畅自如的线条勾勒，绚丽多彩的设色渲染，是如何使笔下的人物个性卓然，取得浑然天成的艺术效果。它的绘画风格、技法、设色富有强烈的时代特征，上承秦汉，下启隋唐，不失为南北朝时期的一件杰出代表作。

朝时期也争相效仿，司马金龙墓漆画即是最好的佐证。

司马金龙墓漆画在汉代单勾线和大笔平涂的基础上前进了一大步。它采用

060 北齐的天子生活
高洋墓壁画

年　代：北齐，公元 550—577 年

尺　寸：长 37 米，最高处 8.2 米

材　质：壁画

出土地：1989 年河北省磁县湾漳村高洋墓

收藏地：河北博物院

　　北齐文宣帝高洋墓墓道壁画 1989 年出土于磁县湾漳村。墓道呈斜坡状，在墓道两侧和底部地面都有彩绘图案，面积约 320 平方米。地面绘莲花和缠枝花卉组成的装饰图案，东西两壁绘制 106 位真人大小的仪仗人物和 41 个祥禽瑞兽。壁画内容丰富，技艺高超，代表了北朝时期绘画艺术的最高水平。

发现高洋墓

　　1958 年，河北磁县湾漳村村民因为建房修路需要大量取土，便开始将村子附近一座原本高大的土丘渐渐夷为平地。后来这里突然塌陷出一个大洞，村民们发现洞内有很深的积水，以为是口古井，便把洞口整修成一个简易的井台，用积水来浇灌附近的菜地，就这样，村民们与"古井"生活了 28 年。1986 年，邺城考古队来到湾漳村调查时，发现了这口"古井"的真实身份。考古队员通过塌陷的大洞，看

高洋墓壁画

到巨大的井壁内积水面以上绘有彩色的壁画，从而断定，这口与村民们相依为命的"古井"竟然是一座古墓。次年，考古队开始对这座大墓进行抢救性发掘。

🔴 高洋墓壁画中的《神兽图》

这座大墓原来的坟丘有 25 米高，直径超过 100 米，像座人造小山，墓南还有宽 15 米，长约 270 米的神道。神道东西两侧，排列放置高大的石刻人像，祭祀用的享殿台基范围超过了 2000 平方米。这种规模和布局，彰显着皇家的威严和气派，显然是一座帝陵。虽然这座墓室被打开后发现有多次被盗的痕迹，但是仍然出土了 2000 余件文物，遗憾的是，没能发现证明墓主人身份的文字实物。但通过对墓葬形制、结构、壁画内容、随葬品等进行分析，再结合文献资料推测，考古专家初步断定墓主人为北齐开国皇帝高洋。高洋（529—559）即北齐文宣皇帝，高欢次子，东魏时封齐王。东魏武定八年（550）代魏自立，改元天保。高洋热衷佛教，改定律令，连年击败柔然、突厥，修筑长城，后来却嗜酒混狂，荒唐残暴。

匠心独运的高洋墓壁画

北齐高洋墓壁画的出土，使 1400 多年前的北朝真迹重见天日，在中国考古界和美术史论界引起了不小震动。高洋墓是一座帝陵，级别很高，壁画艺术水平也最高，洋溢着皇家气息，它代表了北朝时期宫廷绘画的最高水平。壁画古朴典雅，遍布整座墓葬，仅墓道两壁就达 320 平方米，气势恢宏，让人称奇。墓道中，在莲花纹和忍冬纹的地毯上，4 列共 106 位手持各种仪仗的人物在前面的青龙、白虎引领下，在近 4 米高的大朱雀的凝望中，缓缓前行。天空中彩云朵朵，飘落着莲花、摩尼宝珠和忍冬，飞奔着各种神禽瑞兽，出行的场景极其豪华、壮观。北朝绘画继承了汉晋传统，借鉴和吸收了南朝文化和西域的艺术风格，有着强烈而鲜明的时代气息和艺术特色，墓室壁画艺术也在延续和发展，不断融入外来式样和时代新风。高洋墓壁画突破了传统的空间布局，开启了在墓道两壁绘制壁画的先河，通过墓主人出行时的仪仗等画面，来炫耀墓主人高贵的身份和地位。

高洋墓壁画中的人物，极为写实，脸型多样，个性鲜明，气韵生动。绘制更为精细，更为传神，色彩也更为华丽。在壁画的布局上，面对向同一个方向行进的众多人物，画家充分利用人物侧面、正面、回首等不同角度，避免单调呆板；神禽异兽中也绘制了几个回头张望的形象，使之成为前后呼应的整体。这就使得众多的人物、神灵、禽兽，彼此呼应，浑然一体，满壁生辉。画家在用线上，也极为灵活，因表现对象不同，线条或豪放洒脱，有粗细变化；或匀细流畅，富有弹性。在用色上，画家注意浓淡搭配和色彩对比，或平涂，或晕染。画家将西域的凹凸晕染与中国传统的晕染法相融合，使那些人物形象非常鲜活，呼之欲出。

061

祆教在中国传播的见证
安伽墓石门

年　　代：北周，公元 557—581 年
尺　　寸：高 2.24 米，宽 1.46 米
材　　质：石质
出土地：2000 年陕西省西安市未央区大明宫乡炕底寨村安伽墓
收藏地：陕西历史博物馆

安伽墓是中国发现的最早有确切纪年的粟特人墓葬，其中有墓志和一套完整的石棺床围屏图像。这 12 幅围屏图像，生动展现了 6 世纪中原地区粟特人的社会风貌，为我们研究北周史，特别是北周时期旅居中国的粟特贵族的服饰、生活习惯、宗教信仰、汉化程度以及葬俗等方面内容提供了极为珍贵的资料，值得我们细细品味。

中亚来客

2000 年 5 月，在西安市未央区大明宫乡炕底寨村西北约 300 米处，发现了一座粟特胡人墓葬。墓葬距汉长安城遗址 3.5 千米，地处西安北郊龙首原。墓葬保存完好，没有被盗掘过，其中没有珍贵的陪葬品，但墓室门额和石围屏上的画像却引起了广泛关注。

🔊 安伽墓石围屏局部

这座墓葬的主人是一位长期旅居于北周的粟特人——安伽。安伽，字大林，姑藏人，在北周为同州萨保、大都督，卒于大象元年（579），享年62岁。姑藏即凉州，是南北朝时期粟特胡人的聚居地。唐代林宝《元和姓纂》记载，安氏"出自安国，汉代遣子朝，国居凉土"。粟特胡人到唐时又称为昭武九姓，这九姓是指康、安、曹、石、米、何、火寻、戊地、史。因之，可知安伽祖先是原居住于中亚锡尔河与阿姆河之间的安国粟特胡人，两河之间大约即今乌兹别克斯坦和塔吉克斯坦、土库曼斯坦等地区。

安伽是北周时期粟特贵族，安伽的祖先曾生活在东西往来的交会点——凉州，随着民族文化交流的日益频繁，他也加入了来华的潮流，长期定居中国并担任萨保这一特殊官职。安伽作为北周的萨保，发挥着外交官的职能，主要负责管理来华贸易、定居人员以及主持宗教祭祀等活动。

安伽墓石门

拜火圣坛图像

安伽除管理入华贸易的粟特胡商外，还是宗教首领，管理着祆教事务。祆教是世界上历史最悠久的宗教之一，又称为拜火教、火祆教，公元前 6 世纪由索罗亚斯德（前 628—前 551）在波斯东部创立，阿契美尼德王朝（前 550 — 前 330）和萨珊王朝（226—651）均奉其为国教。该教以《阿维斯塔》为经典，基本教义是善恶二元论，认为宇宙初有善与恶两种神灵：善神叫阿胡拉·马兹达，意谓智神之主，是光明、生命、创造、善行、美德、秩序、真理的化身；恶神叫安格拉·曼纽或阿里曼，是黑暗、死亡、破坏、谎言、恶行的化身。该教认为火是善神的儿子，象征着神的绝对和至善。因此，礼拜圣火是教徒的首要义务。

在安伽墓的雨道前有一石门，门楣及门框刻有大回旋的葡萄卷枝；门额呈半圆形，刻祆教祭祀图。祭祀图之正中有三驼圣火坛，三驼头部外向，三尾相接，驼峰上之仰覆莲座上置一大圆盘，中有垒成井字形的燃料，冒着熊熊烈焰，驼足下有覆莲一周，圣坛之顶有忍冬花纹。从画面比例分析，三驼圣火坛约有一人高，较两侧之小型火坛要大得多，这可能是迄今为止在中国境内发现的各类圣火坛中，体量最大的火坛。之所以用骆驼来承托，是因为祆教认为骆驼是益兽。据《阿维斯塔》，公驼是巴赫拉姆即战争和胜利之神的化身，三头公驼承托的圣火坛，可能寓意战胜邪恶具有更大的力量。

圣坛之右上侧有弹拨箜篌的天人，左上侧有手持琵琶的天人，天人身侧祥云缭绕，飘带飞扬。圣坛之左右两侧各有一人首鹰足的神祇，神祇前方各有一六足祭案，上置各类金银器。在门额左右下方，又有跪坐的男女胡人，前置小型拜火圣坛。这幅图像雕刻在门额这样显要的位置上，不仅证实了墓主安伽的萨保身份，同时也是北周时期祆教在中土流行的物证。

062 | 丝绸之路上的文化交流
鎏金银壶

年　代：北周，公元 557—581 年

尺　寸：通高 37.5 厘米，最大腹径 12.8 厘米

材　质：银质，外表鎏金

出土地：1983 年宁夏回族自治区固原市原州区南郊乡深沟村李
　　　　贤夫妇合葬墓

收藏地：宁夏固原博物馆

胡瓶最早可以上溯到西晋时期，其来自西域，细颈鼓腹、高脚带柄的造型，以及迥异的图案，拓展了中原民族的艺术想象力，被形容为"奇状"。随着人们逐渐接受了这种风格，它也就成了丝绸之路上的常客，穿过重重大漠来到中原汉地，被珍视，被仿制，幻化出各种造型。

丝路西端的美丽传说

1983 年 9 月至 12 月，宁夏回族自治区博物馆和宁夏固原博物馆发掘了著名的北周柱国大将军李贤及其妻子的合葬墓。在这座古墓里，出土了金、银、铜、铁、陶、玉等各种质地的随葬品达 700 多件，特别是鎏金银胡瓶、玻璃碗、金戒指、漆棺画、陶俑等最为珍贵。李贤夫妇合葬墓是固原历史上最具代表性的墓葬之一，也是 1984 年全国重大考古发现之一。

鎏金银壶

这座墓葬中出土的一尊带有古希腊神话故事的鎏金银壶，一时之间引起了国内外广大考古学家、艺术家、历史学家的注意。这是一件通过丝绸之路流传到中国的具有古希腊风格的金银器，精美绝伦，独一无二，被誉为宁夏固原博物馆的镇馆之宝。

李贤墓曾被盗掘而扰动严重。在墓室西北角，因早年塌方，这件鎏金银壶被土掩埋，幸而未被盗走。瓶重1.5千克，长颈，鸭嘴状流，上腹细长，下腹圆鼓，环形、单把，把上方铸一头戴贴发软冠、高鼻深目的人头。高圈足，足座高8厘米；壶颈部与腹部相连处有13个凸起的圆珠组成的联珠纹一周；壶腹与高圈足座相接处以及足座下部亦分别焊出一圈11个和20个凸起的圆珠，形成联珠纹饰；围绕腹部则有用凸纹锤揲出的6个人物图像。

这六个人物，可分为三组。第一组：左侧男子束发戴盔，身着短袖衣裤，右手持盾，左手执矛；右侧女子束发，身着衣裙，披斗篷，转身回顾男子，左手持一物，右手抬起指向自己。第二组：一女一男相对而立，左侧青年女子侧身站立，右侧男子身着短袖衣裤，披斗篷，右手在腹前持一物，似乎欲将此物送与女子。第三组：右侧男子肩披斗篷，赤身裸体，左手握住女子右腕，右手伸出二指托女子下颌；女子长发束带，身着衣裙。三组图像相互联系，人物形象相似，可以肯定是一对男女的三段故事。

这三组图像反映的故事是古希腊著名的"帕里斯裁判"和"特洛伊战争"。传说在古希腊爱琴海有个岛国特洛阿德，都城叫特洛伊。神王宙斯让该国王子帕里斯评判三位女神（天后赫拉、智慧女神雅典娜、爱情女神阿芙洛狄忒）谁最美丽。为了得到刻有"给最美丽的女神"的金苹果，阿芙洛狄忒许诺把世上最美的女子嫁给帕里斯。于是帕里斯将金苹果给了阿芙洛狄忒。此时，愤怒的赫拉和雅典娜发誓要报复所有的特洛伊人。后来，帕里斯也确实在阿芙洛狄忒的帮助下从斯巴达拐走了王后海伦，制造了特洛伊战争的导火索。第一组人物表现的是帕里斯劫持海伦上船的情景。第二组人物表现的就是"帕里斯裁判"，男子为帕里斯，手中拿着金苹果，女子为阿芙洛狄忒。第三组人物表现的是海伦被丈夫夺回的情景。由"红颜祸水"海伦引发的特洛伊战争，造成死伤无数。战争结束后，丈夫准备杀死她，可当他看到海伦的倾国之貌后，又下不了手，最终原谅了她。

银壶生动地反映了上述故事，而且从发型与衣饰来看都带有古希腊、古罗马的艺术风格。此外，壶把上的人物头像，与瓶身上的人物不同，是中亚的巴克特里亚人形象。由此可见，这件鎏金银壶确实是 4—6 世纪中亚与欧洲两地文明频繁交流的成果。

胡瓶对中国酒具的影响

胡瓶是从西方传入的有别于中原瓶状器皿的一种特殊形式，它的出现对中原民族饮酒方式的影响甚为深远。汉代以前的瓶子是侈口、细颈、鼓腹、圈足的盛容器，日常主要用于汲水、洒水。而在早期的饮酒活动中，均没有瓶的出现，盛酒、挹注酒、

🔵 彩绘陶武士俑·北周

这件陶俑同样出土自宁夏固原北周李贤夫妇墓，俑高18.2厘米，现藏于宁夏固原博物馆。

饮酒，用的多是尊、勺、耳杯等器具。

在西方，胡瓶与饮用乳品、葡萄酒有关，其作用主要是为饮者分别注饮品入杯中，从而形成了单把环柄、其流细长如喙、其足环而稳定的挹注液体的特点。李贤夫妇墓出土的鎏金银壶正是这样一件承前启后、时代特征明显的早期胡瓶，既是隋唐时期各式胡瓶艺术品的先导，也是尊、勺等酒具向酒壶过渡的有力物证。总之，这件融汇了中亚、希腊文化因素的胡瓶，反映了丝绸之路上各种文化的交融，是不同民族文化审美共同作用的产物，对中原地区的审美情趣、生活方式影响深远。

粟特人东迁

早在两汉时期，粟特人就已经来到中国经商。三国两晋时期，粟特人整批地东迁。到 6 世纪时期，粟特人在罗布泊以西地区建立了自己的部落群体。粟特商人的足迹遍布中国的北方和南方，从北方的南阳、洛阳，到南方的建康、广州、成都，都有粟特商人的足迹。在北魏建国时，粟特人安同就作为北魏道武帝拓跋珪的使者，四处出使。在中国各地也出土了不少有关粟特人的文物，为研究粟特人在中国的活动提供了第一手资料。

国家宝藏 博物馆里的中国史

THE NATION'S GREATEST TREASURES

今天在世界各地都有华人居住，他们在国外城市居住的街道被称为"唐人街"，这就是中国第二个大一统的盛世——隋唐盛世影响力的最好证明。包容、开明、开放是隋唐时期对外交往的主题，在隋唐两代王朝的都城——长安，居住着许多外国的王侯、供职于唐朝的外国人，以及留学生、学问僧、求法僧、外国的音乐家、舞蹈家、美术家乃至大量外来的商贾，大食、天竺、真腊、狮子、新罗、日本等许多国家的使臣络绎不绝。在宗教方面，除了道教和佛教，伊斯兰教、祆教、景教和摩尼教也都得以传播。唐太宗设立的十部乐，其中四部来自唐朝境内少数民族，四部来自国外。在隋唐五代的传世文物中，大量的国宝级文物充分体现了这一历史时期中华文明的辉煌。

第七章 万国来朝的盛世时光

推荐博物馆：

中国国家博物馆、山西博物院、故宫博物院、陕西历史博物馆、法门寺博物馆、中国台北故宫博物院

063

来自异域的珍宝
嵌珍珠宝石金项链

年　代：隋，公元 581—618 年

尺　寸：周径 43 厘米

材　质：金

出土地：1957 年陕西省西安市李静训墓

收藏地：中国国家博物馆

　　项链的历史可以追溯到遥远的史前时期，及至现代，它仍在女性的脖颈间熠熠生辉，绽放光彩，成为女性最重要的装饰品之一。不管是贝壳、兽骨，还是玛瑙、玉石、珍珠、金银，甚至是一片羽毛、一根丝带，做成各种形状，排成不同序列，挂在脖颈上，举手投足间便增添了无限光彩。若说中国已知的考古发现中最为精美、最为贵重的项链，非陕西省西安市李静训墓出土的那件黄金镶嵌各种珠宝、充满异域风情的项链莫属了。

九岁小女孩的奢华之殇

　　1957 年的 8 月，中国社会科学院考古研究所在陕西省西安市玉祥门外发掘了一处隋朝竖穴土坑墓葬，墓室正中为一座精美的石棺椁，棺椁周围放置着陶屋、陶灶、陶罐、陶井、陶牛及木马、瓷器、镇墓兽和陶俑等。一个年仅九岁的小女孩静静地躺在石棺中，她头朝南，两手抱在胸前，身上穿着丝、麻材质的精美衣服，手腕上套着金手镯，手指戴着金戒指和银戒指，身体周围放置着金杯、银杯、银筷、银调羹、玉环、骨梳、玛瑙串、波斯银币、琥珀饰品、铜镜等大量珍贵文物。正如墓志铭所载："戒珠共明珰并曜。"众多珍宝中，最引人注目的是她脖子上戴着的那条奢华的黄金项链。

这件项链周径43厘米，由28颗直径1厘米的金质球形链珠组成，每个链珠均由12个小金环焊接而成，小金环上又焊接小金珠1圈、大金珠5颗，链珠上再镶嵌10颗珍珠，多股金丝编制的索链连接成链身。项链上端为扣钮，正中为圆形，内嵌1颗凹雕鹿纹的青金石，链身与扣钮连接处分别有方形、圆形的青金石装饰。链身的下端是一组垂饰，居中为一个大圆金饰，上面镶嵌一块鲜艳的红宝石，四周围绕24颗珍珠，下端为一水滴形镶嵌火蛋白石的金饰，左右又有青金石、珍珠装饰。光灿的黄金、宝蓝的青金石、鲜红的宝石、洁白的珍珠，穿越数千年时空仍然交相辉映，光彩夺目，项链堪称举世无双的精品。

墓中的这个小女孩年仅九岁，名李静训，家世显赫。她的曾祖父李贤为北周骠骑大将军、河西郡公。祖父李崇为一代名将，先后随周武帝宇文邕、隋文帝杨坚打天下，战功赫赫，官至上柱国，48岁时以身殉国。父亲李敏因李崇之故得到隋文帝的恩宠，养育宫中。外祖母是有名的北周皇太后杨丽华。墓志记载，其"幼为外祖母周皇太后所养，训承长乐，独见慈抚之恩；教习深宫，弥遵柔顺之德"。这位小女孩自出生便尊贵无比，集万千宠爱于一身，只可惜九岁时就因病殁于汾阳宫中，其外祖母杨丽华悲痛万分，隋炀帝"频蒙诏旨，礼送还京"。可能是受礼佛的周太后影响，最终李静训厚葬于当时的皇家寺院——万善尼寺，除了在坟墓之上构建重阁，还陪葬着堪比王侯的奢华宝物。悲痛的杨丽华一定是把最好的宝物给了这位英苕春落的掌上明珠，包括这件精美无比、璀璨夺目的项链。

嵌珍珠宝石金项链

当年的重阁已淹没在历史的喧嚣中，只剩下巨大的台基，其宏大与辉煌人们无法窥知，仅能透过陪伴李静训千年之久的无数珍宝，去感知她生前所受的恩宠。年仅九岁的她也许知道这件项链是来自异域的珍宝，但不会明白这件项链是何等的宝贵，也不会想到这件充满异域风情的项链是如何跋山涉水、历经险阻来到她身边。对于锦衣玉食的她来说，这只是她众多宝物中的一件而已，然而对于今天的考古学者来说，这件项链却承载了隋朝中外文化的交流和传播，是东西文化交流的重要见证。

饰品折射出的中西文化交流

这件金项链无论是制作工艺、造型设计还是装饰特征，都充满浓郁的异域风格，学者们普遍认为这是一件来自异国的珍宝。

从制作工艺上来说，这件项链的链珠由 12 个小金环焊接而成，即国外学者认为的"12 面珠"，这种金珠在越南南部和巴基斯坦均有发现。西方学者马

贡称这种金珠技术可以追溯到美索不达米亚的两河流域，在公元前 4 世纪的乌尔第一王朝已经出现，后来逐渐流行于克里特、波斯、古埃及等地，并随着亚历山大东征流传到印度地区。中国境内的金珠工艺很可能是来自两河流域，经过欧亚草原、阿尔泰地区，大约在战国时期传入中国北方，再进一步传入内地。到了西汉，中国工匠已经掌握了这种将自然金加工成细小金珠的工艺，东汉时期金珠工艺发展成熟，到了隋唐时期发展到了鼎盛。当然，中原地区的丝绸、瓷器、铜镜等物品也顺着这条道路一路向西，成为西方上层贵族凸显地位、炫耀财富的资本。

从装饰宝石来看，项链上镶嵌的青金石非中国所产，古代的阿富汗巴达克山是其主要产地。项链扣钮中间的青金石上凹雕一只大角鹿，类似装饰的宝石在巴基斯坦发现了 3 件，时间为公元前 4 世纪。凹雕技法源于两河流域和伊朗高原，以鹿、虎、狼等动物装饰的风格广泛流行于欧亚草原，无论是青铜器还

是金银器上甚为常见，而中原地区鲜有发现。凹雕大角鹿的青金石装饰为这件项链的来源提供了参考和佐证。

从项链的设计来看，环形的链身下部镶嵌青金石、珍珠，正中垂挂水滴形装饰，同类型的设计在印度、阿富汗及中国新疆地区均为常见。

北京大学杭侃教授认为整条项链的设计和工艺混合了罗马和西亚的因素，暗示其可能制作于不同文化的交融地带，也许是西亚或者是中亚西部。学者熊存瑞把这件项链的产地定位于巴基斯坦或阿富汗。除了这件项链，李静训墓还出土不少异域珍宝，一件装饰风格与项链基本一致的金手镯可能也是来自中亚地区，也许来源于印度。还有一件金银高足杯，属于罗马拜占庭传统造型，很可能来自更为遥远的西方。正如考古学家孙机所言，这些金银器的产地在古代世界星罗棋布，正反映当时中国对外交流之广泛。

1983年，李静训的曾祖父李贤墓在固原市被发现，墓葬中出土的鎏金银壶、蓝宝石金戒指、玻璃碗也都来自异域。这些珍宝的出现与李氏家族的社会地位和其在西北的经营是分不开的。它们也许是战争中获得的战利品，也许是与西域商人交换所得，也许是来自皇族的赏赐。不管怎样，项链、手镯、波斯银币、鎏金银胡瓶等来自异域的珍贵宝物，既是东西文化交流的见证者，也是传递者，它们悄悄地开启了万国来朝的盛世曙光。

064 粟特贵族的宗教生活
虞弘墓石椁

年　代：隋，公元581—618年
尺　寸：通高217厘米，长295厘，宽220厘米
材　质：汉白玉石
出土地：1999年山西省太原市晋源区王郭村虞弘墓
收藏地：山西博物院

　　丝绸之路是历史上横贯欧亚大陆的贸易交通线，不仅促进了欧、亚、非各国和中国的友好往来，也促进了相应的物质文化与精神文化的交流。其中中国境内出现的波斯风格祆教文化就是丝绸之路宗教交流的产物，要想了解这个古老的宗教信仰，山西省太原市晋源区王郭村一处隋朝古墓出土的虞弘墓石椁就是最好的材料。

沧海掘明珠

　　1999年7月的一天，山西省太原市晋源区王郭村的村民正在热火朝天地整修道路。突然，在距离路面十几厘米的深处挖到一块坚硬的石板，继续清理便发现了一座古代墓葬。随后，考古队对该墓葬进行清理，发现这是一座由墓道、甬道、墓门、墓室组成的砖室墓，为男女合葬墓，墓中出土了石椁、石柱、石人俑、陶俑、白瓷碗、墓志、钱币等几十件文物。

🌐 虞弘墓石椁之《宴饮歌舞图》

　　葬具仅存一汉白玉石椁。石椁呈三开间、歇山顶式殿堂建筑，由底座、椁壁和坡面顶三部分组成。椁座下四周各垫两狮头，头向外，背上负着椁座。当考古人员细心清理之后，发现石椁上刻满了精美绝伦、充满异国风情的图案，四周内外皆有浮雕，并施以彩绘和描金，彩绘浮雕由五十多幅不同主题的单体图案组成，每幅图案由彩绘或雕刻成的龛门、壶门或用束腰柱自然分隔。有男女主人宴饮宾客、欣赏乐舞的场景，有骑马狩猎、人狮搏斗的残酷场景，还有旅途驻足、饮食休息的场景等等，高鼻深目的胡人形象、系带飞翔的小鸟、鱼尾有翼的神马、欢腾旋转的胡腾舞无不充满着异域风情。尤

虞弘墓石椁

其值得一提的是前壁下排正中的祭祀礼仪图案：灯台形的火坛正燃烧着熊熊烈火，两位人首鹰身的祭祀左右相对而立，头戴发冠，身披丝带，一手捂嘴一手扶着火坛。这是与中国古代佛教、道教等宗教完全不同的宗教信仰形式。

虞弘的世界

石椁的出土震惊了考古学界，诸多学者对石椁图案进行解读和研究，普遍认为这些图像具有古代波斯祆教文化特征。

祆教，即琐罗亚斯德教，崇拜太阳、光明与火，流行于中亚古国，是波斯萨珊王朝的国教，于公元前5—前1世纪沿丝路向东方传播，被认为是最早传入西域的宗教。石椁浮雕彩绘告诉我们，墓主人一定与祆教有着紧密的联系。

从出土墓志可知，墓主人姓虞名弘，字莫潘，鱼国尉纥驎城人，曾奉茹茹国王之命，出使波斯、吐谷浑等国，后出使北齐，随后便在北齐、北周和隋为官，在北周一度任"检校萨保府"，职掌入华外国人事务，隋开皇十二年（592）卒于晋阳，时年59岁。2006年吉林大学边疆考古研究中心的古DNA实验室对虞弘夫妇遗骨分析检测结果显示：虞弘的DNA属于西部欧亚大陆特有的U5单倍型类群，带有这种基因的人群主要分布在今塔吉克斯坦和中国新疆喀什地区。北京大学考古系教授林梅村认为，虞弘的祖先是曾经活跃在甘肃东部至山西北部的杂胡之一，虞弘出生地"尉纥驎城"在今新疆伊吾县。

虞弘的经历十分丰富，不是单纯在北周居住的异族人，还先后担任诸多官职，其中"检校萨保府"一职最值得注意。这是一个由朝廷任命的管理本地粟特人及其宗教事务的官职。能够担任这一官职显然与他来自西域又有异族的宗教信仰有关。

石椁上的诸多图案都带有祆教文化因素。石椁底座上的祭祀火神的图案体现了祆教的火崇拜；人狮相斗是祆教善恶论的反映；人物头上的光芒象征祆教灵光对人们的庇护；头戴日月冠是祆教主神阿胡拉·马兹达的象征，画面的装饰也具有典型的萨珊艺术风格，可以说虞弘墓具有丰富的波斯祆教文化内涵，反映了西域或中亚、西亚祆教信奉者的民族风情和精神世界。石椁的歇山顶、三开间造型又呈现了中国建筑风格，让人们感受到中国文化元素与中亚宗教气息。中央美术学院研究汉唐墓葬艺术的郑岩教授认为，这件房屋形的石椁在形制上借鉴了汉地早期地上墓祠的建筑形式。汉文化与祆教文化在石椁上的融合，与虞弘墓志的记载内容相吻合，印证了虞弘具有在不同地域生活的社会经历和文化背景。

这件浮雕彩绘石椁保存完整，内容丰富，不仅是世界顶级艺术珍品，也是反映汉唐时期中外文化交流的器物和图像资料，是学术界研究丝绸之路和东西文化交流的重要素材。

丝绸阅古今

两千多年前，张骞"凿空"西域，打开了一条充满梦想和传奇的神秘之路，丝绸、瓷器等物品沿着这条道路一路向西，成为西方人认识东方文明的主要途径，西方文明也翻过山岭，穿过沙漠，到达古老的东方。丝绸之路沟通了不同民族、不同文化的相互交流和合作，成为东西方文化交流的卓越贡献之路。

祆教如同当时的摩尼教、景教一样在这个黄金时期沿着丝绸之路来到中国，大量的有着不同宗教信仰的胡人在中国定居，中央政府设置萨保管理胡人事务。那时，从河西走廊到长安洛阳都可以看到祆教信徒的圣地——火祆祠。虞弘死后能享受如此规格的墓葬，与他的政治身份和宗教身份是分不开的。我们无法知道石椁图案是技艺高超的汉族工匠按照既定的样稿雕刻而成，还是信奉祆教的工匠按照宗教传统雕刻的纹样，或是胡汉工匠共同完成的杰作，但无论其艺术成就还是研究价值都弥补了史书记载的缺漏，为现代人们了解当时社会生活提供了重要的资料。

065 汉藏一家亲的历史画卷
阎立本《步辇图》

年　代：唐，公元618—907年
尺　寸：纵38.5厘米，横129.6厘米
材　质：绢本
收藏地：故宫博物院

　　唐代是中国封建社会政治、经济、文化发展的顶峰时代之一，从贞观之治到开元盛世，国家富强，人民安居乐业，在民族团结方面也达到了前所未有的新高度。阎立本的传世名画《步辇图》就是汉藏友好往来的记录与见证。

画里画外《步辇图》

　　2018年2月27日，首都博物馆的"天路文华——西藏历史文化展"开展，引得博物馆门外排起了长长的队伍，大家最为关注的要数频频出现在美术、历史课本上的《步辇图》了。

　　展开《步辇图》，可以看到一幅觐见的场面：左侧三人恭恭敬敬地站立着，右面是数位宫娥簇拥下的帝王。画面表现的是仰慕大唐文化的吐蕃王朝第33任赞普松赞干布派使者禄东赞到长安通聘，朝见唐太宗的情景。画面左侧站立恭敬而拘谨

的三人，最右侧者身穿大红袍，是这次仪式的引见官员，旁边身穿白袍者应为一名内官，中间拱手而立的，就是吐蕃派来的求亲使臣禄东赞。画面右侧坐在步辇上的是面目俊朗、神情庄重的唐太宗，旁边娇小的宫女或执扇，或抬辇，或趋行。画面自右向左，由紧密到疏朗，节奏鲜明，重点突出。

松赞干布为什么会请求通婚？禄东赞有何才能堪担此大任？这就要从吐蕃王朝的赞普松赞干布说起。松赞干布是吐蕃王朝第 33 任赞普，史书记载他"为人慷慨才雄""骁武绝人""通达工艺、历算、武技"，是一位聪明有才干的君主。松赞干布对于大唐有着深厚的仰慕之情，因此他派出使者禄东赞携大量贵重礼物赴长安与唐朝通聘问好，请求通婚。禄东赞为人雅有节制，懂信明理，足智多谋，能言善辩，在许多方面都颇有建树，因此成为使节的最佳人选。不料，天竺、大食、仲格萨尔以及霍尔王等同时也派了使者求婚，他们都希望能迎回唐朝的公主。唐太宗李世民决定，

让请婚使们比赛智慧，胜利者才可以迎回公主，这便是历史上的"六试婚使"。禄东赞在众人之中脱颖而出，通过了层层婚试，赢得了头筹。唐太宗将美丽多才的文成公主许婚于松赞干布，禄东赞终于完成了迎亲使命。

松赞干布知道后极为高兴和重视，亲率迎亲队伍由拉萨出发直奔青海。成亲后与文成公主恩爱有加，为了表示对文成公主的爱慕，松赞干布按照唐朝的建筑风格，在拉萨为公主修建了城郭和宫室。

文成公主入藏时，带去了大批丝织品和典籍，还有许多树木、果蔬的种子，和大批的中原地区的能工巧匠，将中原地区的先进文化和生产技术带进了青藏高原，促进了藏族文化的发展。吐蕃也派送了大批的贵族子弟到长安学习诗书，长安的妇女间也一度风行吐蕃人将脸涂红的风俗，称为"吐蕃妆"。

这些历史事件的发生并不是偶然的，是与唐代繁荣昌盛的时代大背景分不开的。唐代初年，唐太宗吸取隋朝灭

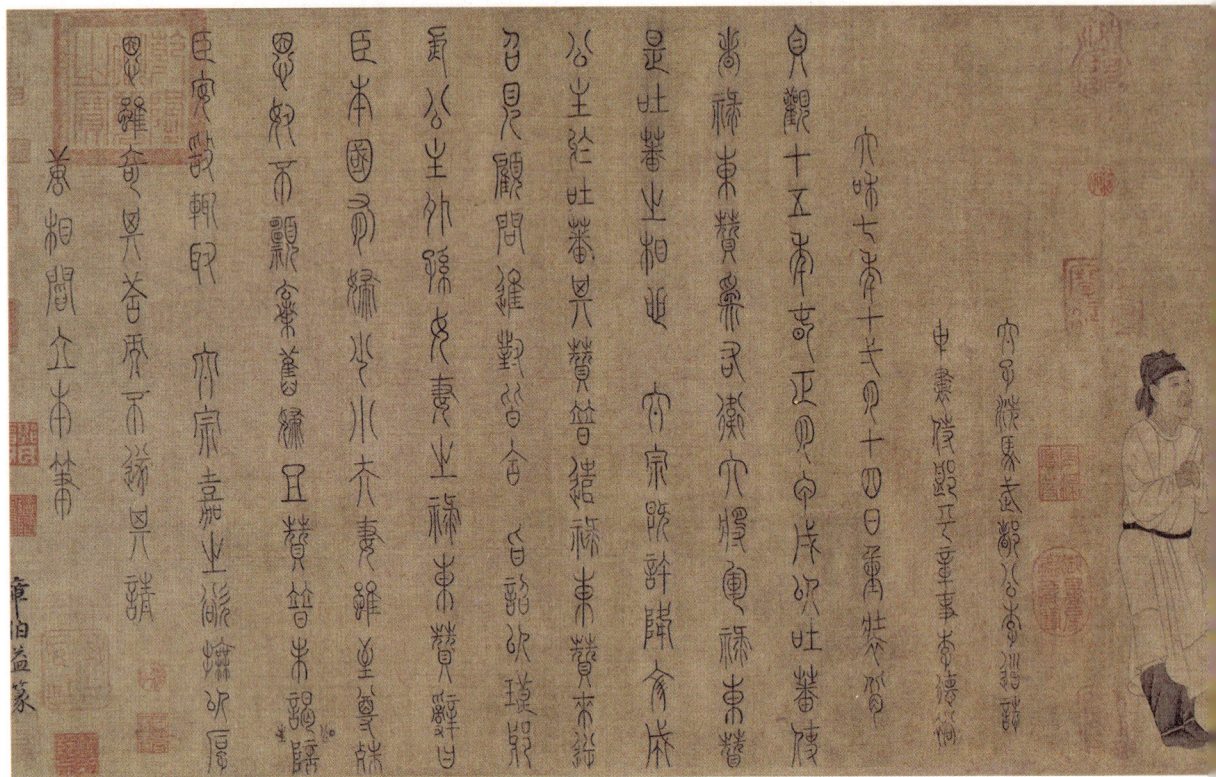

亡的经验与教训，励精图治，虚心纳谏，在政治、经济、文化、民族交流等方面采取了积极政策，使得国家实力不断增强，达到空前繁荣的程度，史称"贞观之治"。周边的少数民族纷纷来华，想与唐朝通好。《旧唐书·太宗本纪》记载："高丽、新罗、西突厥、吐火罗、康国、安国、波斯、疎勒、于阗、焉耆、高昌、林邑、昆明及荒服蛮酋，相次遣使朝贡。"大唐对周边的影响可窥一斑。正是处于这样的背景之下，阎立本运用高超的绘画技艺绘制了《步辇图》，记录了汉藏友好往来的新局面。

汉藏一家亲

中国自秦汉以来就奉行天下大一统

阎立本《步辇图》

的主流价值观，这是一个王朝长治久安、繁荣昌盛的重要体现，不论是统治者还是普通百姓都有这般强烈的诉求。

在唐初，边境的安定无疑对于王朝的发展大有裨益，采取和亲的方式当然比战争有更好更持久的积极影响。松赞干布在平定叛乱后，开创了历史上统一的吐蕃王朝，自然需要为以后的长期发展做长远打算。面对如此强大昌盛的唐王朝，目光长远、颇具政治头脑的松赞干布希望通过和亲加强与中原王朝的联系，在姻亲的基础上友好往来，互通有无，以便于更好地学习中原王朝先进的文化。在大唐的兼容并包、文化开放的政策背景之下，汉藏和亲得以应运而生。

这种民族团结友好相处的融合思想是促成汉藏联姻的重要原因。

出嫁的文成公主热爱富饶美丽的西藏，不仅带去了先进的工匠和技术，还多次上书唐朝皇帝，请求支援和帮助吐蕃，唐朝皇帝也满足了她的请求。公主的积极行动促使松赞干布更加努力地发展与唐朝的关系。为了表示对唐太宗的尊敬和对汉藏两族关系的珍视，松赞干布曾冶铸一只高 7 尺、能盛酒 3 斛的"大金鹅"，遣使送往长安，奉献给太宗皇帝。高宗皇帝也把松赞干布的石像刻列于昭陵之中，以表示对他的恩宠。

按照当时的规矩，和亲的公主在夫君去世后可以请求回娘家。但是，松赞干布去世后，文成公主却没有要求回长安，她继续在吐蕃生活了整整 30 年。公主的高尚品德，博得了藏族人民的无比爱戴和尊敬，被藏族人民亲切地称为"阿姐甲莎"，意即汉族阿姐。在藏族人民心中，文成公主是两族兄弟情谊的化身。

松赞干布和文成公主对加强汉藏两族的联系，发展藏族的经济文化做出了重要的贡献，拉萨布达拉宫内至今还保存着他俩的塑像。

继文成公主之后，金城公主与赤德祖赞（又称尺带珠丹）通婚修好，汉藏两族的关系，在密切的经济文化交流中得到不断的加深和发展。两位公主并没有因作为和亲公主远离亲人、远嫁异域而忧伤和怨愤，相反她们担负起朝廷赋予的安邦重任，致力于汉藏文化交流，兴佛教、创文字、建宫室、制法律，提升了吐蕃地区的文明程度，在 7 世纪中叶的中国发挥了重大的历史作用。

文成公主与金城公主给吐蕃人民带去了文明的曙光，带去了当时中国乃至世界上最为先进的文明，打破了吐蕃地区的原始与闭塞，架起了吐蕃人民与中原文明沟通的桥梁，引领了吐蕃政治、经济、文化的发展，为吐蕃社会的发展开辟了前进的道路。

066 丝绸之路上的胡入胡乐
骑驼乐舞三彩俑

年　代：唐，公元 618—907 年
尺　寸：骆驼头高 58.4 厘米，首尾长 43.4 厘米，舞俑高
　　　　 25.1 厘米
材　质：釉陶
出土地：1957 年陕西省西安市鲜于庭诲墓
收藏地：中国国家博物馆

　　唐三彩是一种低温釉陶器，釉彩有黄、绿、白、褐、蓝、黑等色彩，但以黄、绿、白三色为主，所以人们习惯称之为"唐三彩"。唐三彩主要作为陪葬明器之用，造型以动物、家禽、人俑居多。其中的三彩骆驼往往背载丝绸或高鼻深目、赤髯碧眼的胡人，这些栩栩如生的艺术品，让人很容易联想起当年中亚胡商带领驼队行走于丝绸之路上的景象。出土于陕西省西安市鲜于庭诲墓的骑驼乐舞三彩俑则可谓唐三彩中的精品。

揭开唐三彩的面纱

　　史籍中关于唐三彩的记载甚少，在河南省洛阳市邙山唐墓三彩俑出土之前，人们几乎不知道唐三彩的存在。近代以来，洛阳、西安等地唐三彩大量出土，无论是人物俑还是动物俑都富有强烈的生活气息，它们生动逼真，色泽艳丽，线条自然流畅，风格古朴典雅，引起日本和欧美各国人士的注目，不惜以高价购藏。唐代无数不知名陶艺家以其智慧的结晶征服了世界。

洛阳、西安、扬州等地是出土唐三彩的主要地区，唐三彩在这些地区兴起有其历史原因。陶瓷业发展到唐代已经达到成熟，唐代以前，人们多使用单色釉，唐人审美的变化，使工匠对釉色的运用更加在意，对于釉料的认识和使用水平也大大提高。他们用铜、铁、钴、锰等矿物作为着色剂，以石英和铅粉做助熔剂，经过800℃～900℃的高温，便形成各种颜色。为了达到某种特殊的效果，工匠们又对各种金属矿物的比例进行调配，成功烧制出了褐红、橙黄、淡青、翠绿、深绿、天蓝、褐色、茄紫等色彩。在高温烧制时，釉色流淌形成了独特的流窜工艺。匠人们的不断探索给予唐三彩数种不同的色泽，唐三彩中的钴蓝是中国最早运用钴土矿作陶瓷彩料的例证。

🔴骑驼乐舞三彩俑局部

决定唐三彩造型的是陶坯的制作工艺。陶坯基本成型方法包括轮制、模制、雕塑三种。轮制类似现在做陶艺使用的转盘，由工匠人力带动，将泥坯拉成各种形状。模制是将泥料放入已经做好的模子中挤压来制器，做好的器物与模子的形状基本相似，按照这种方法能够快速做出多件同样的器物。对于造型复杂、形体较大的器物，多采用雕塑的方式。一件器物上，往往是上述几种方法结合使用，才能达到良好的效果。因此，唐三彩工艺融合了制瓷技术、雕塑技术和建筑艺术。

唐三彩原料随处可见，就地取材，即可烧造，造价也不是十分昂贵，富裕些的家庭便能够消费得起。另外唐三彩明丽的颜色、多变的造型相对于其他明器来说更易于为世俗生活中的人们所接受。于是，唐三彩就在唐代发展起来，进而大放异彩。

唐三彩中的盛唐文化

唐三彩不仅仅是一种器物符号，它的工艺特点、造型艺术以及其所表现的内容都反映了唐代风貌，是唐代特有的一种文化现象。它的出现丰富了唐代的艺术形式，在中国艺术发展史上留下了惊人且辉煌的一笔。

唐三彩中的陶俑内容丰富，题材广泛，从乐工、侍女到兵士、官吏，再到胡人俑，人物造型多种多样，反映了不同的社会阶层的真实面貌。仕女俑体型丰腴，艳妆高髻；伎乐俑或歌或舞；骑马女俑英姿飒爽。这些女俑有的身着襦裙，袒胸露乳；有的甚至身着男装，扮作男儿相，反映了唐代人们对女性的审美要求和开放的社会风气。还有那高鼻深目的胡人俑，或头戴尖顶帽、身穿开领衣；或手拿胡瓶、身背包袱，一副匆匆而来的行商模样。

唐三彩马俑体型健硕，构造复杂，眼睛、耳朵、筋骨、肌肉等部位雕琢精细，展现出马的内在精神和神韵。腾空奔马俑扬蹄飞奔，快如闪电，动感十足；提腿马俑，三蹄落地，右前蹄抬起，似乎在悠闲地休息；立马俑四蹄着地，立于长方形底板之上，或伸颈低头，或回首张望，似乎在呼唤主人的到来。

唐三彩镇墓兽头生双角，龇牙咧嘴，面目狰狞，凶恶无比；或为胡人面相，圆目怒瞪，张口露齿，扇形大耳，头顶生尖形高角一只，附小支角，身有双翼，作蹲踞状，背部塑状锯齿形脊饰，表情威猛，极具震慑力，反映了当时外来文化之影响，同时也反映了人们驱除邪恶、祈求安宁的思想。

唐三彩骆驼负重而行，双峰间搭挂驮囊，驼囊满载货物，高高鼓起。一些骆驼还悬挂毡帐、鸡冠壶等胡商日用品，胡人高鼻深目、赤髯碧眼，牵驼而行，再现了旅人商贾在迢迢丝路旅途中披星戴月、风餐露宿的艰辛生活场景。悠悠的驼铃昭示着丝路的繁荣生机，绵延的驼蹄印迹，印证着丝绸之路的延续与艰辛。三彩骆驼成为丝绸之路经济文化交流繁荣的象征性符号。

骆驼载乐百戏盛

众多唐三彩中，最引人注目的是那些造型奇特的三彩骆驼俑，这些充满异域风情的陶俑，被公认为当今众多表现唐代丝绸之路文化交流的文物中最具特色的珍品。其中最值得一提的是出土于陕西省西安市鲜于庭诲墓，现藏于中国国家博物馆的骑驼乐舞三彩俑。

这件骑驼乐舞三彩俑造型优美，设计巧妙，釉色鲜明，代表了唐三彩的最高水平。骆驼昂首挺立，背上驮载五个汉、胡成年男子。中间一个胡人身着绿袍，右臂曲于胸前，左手甩袖于腰间，正在跳

三彩绞胎骑射俑·唐

这件骑射俑描人物横跨马上，身体右倾，头颈扭动，目光凝视上方，左臂伸向空中，右臂回勾作射箭状，手中弓箭已失。腰间佩剑，胯下马匹神态安详，驻足直立，反映出唐代骑兵的风采。现藏于中国历史博物馆。

骑驼乐舞三彩俑

舞，其余四人围坐演奏，神情专注、姿态各异，他们手中的乐器仅残留下一把琵琶。据夏鼐先生研究，应该是一人拨奏琵琶，一人吹筚篥，二人击鼓，这些乐器均属胡乐。陶俑巧妙地改变了人与驼的比例，五个成年人在骆驼背上悠闲地奏乐起舞，牵引着人们的思绪穿越时空，飞向一千多年前的唐都长安，感悟繁华之所在。

驼背空间较小，五位艺人在驼背完全没有围栏的平台上歌舞，若无高超的平衡技巧实难想象，他们应当是专门从事表演的艺人。陶俑表现的应该是长安百戏中的一个杂技节目，当时，长安城的娱乐活动较为丰富，东市和西市都有专门的百戏班子，可以自主演出，人们也可花钱雇其演出，表演的百戏有盘杯伎、吞剑伎、猕猴缘竿伎、透飞梯伎等。据说，唐玄宗曾和杨贵妃闹矛盾，一气之下将贵妃遣送出宫外，后因思念又将她接了回来，并专门召来两市百戏做专场表演哄杨贵妃开心，也许骑驼乐舞三彩俑

表演的节目就是其中之一吧。

骆驼载乐是百戏中的一个节目，集乐舞、杂技和马戏于一身。骆驼经过训练能够很好地配合演员歌舞，身手敏捷的艺人做着各种高难度动作，以自己高超的技艺给观众带来刺激、惊险的感受。参与表演的艺人不仅有汉人，还有大量的胡人，这与唐代开放包容的民族政策是分不开的。长安城内，散居着许多中亚商人、乐师、歌舞者，他们与汉族人一样自由生活，可以有自己的信仰，有才能的人可以入朝做官，安国出生而长居长安的安叱奴就曾做唐高祖的散骑常侍。唐朝统治者还设立专门管理胡人事务的机构——萨保府，为胡人在长安的生活提供多种保障。

丝绸之路是当时中原通过西域沙漠前往西亚、地中海和欧洲的商道，要想穿过茫茫戈壁，作为"沙漠之舟"的骆驼是旅人和商队的最佳代步工具和驮载货物的工具。当年行走在这条连接东西方商贸文化之路上的各国使臣、胡商贩夫、宗教信徒……他们骑着骆驼，怀着

执着信念，经历艰辛跋涉，使得一条开通于公元前一百多年，意在加强政治交往的陆上通道演化成一条连接东西方、涉及欧亚非几十个国家和地区的政治、商贸和文化通途，并绵延千年之久。这些出土的大量文物默默诉说着这条道路的历史和发生在这条道路上的故事，给世人以无尽的遐想和思索。丝路行人凭着无比坚强的意志、勇气与艰苦自然环境博弈，通过丝绸之路促进东西方文化的交流融合与共同发展，带给我们深刻的启示。

墓葬专用唐三彩

唐三彩制品主要是为殉葬而做的明器，它的器型种类非常丰富，大体可分为器皿、人物、动物、建筑模型四类，尤以人物俑、马俑、骆驼俑最多、最出色。其中人物俑有男俑、女俑、文官俑、武士俑、乐舞俑、骑马俑等。唐代工匠们运用生动写实的手法，对各类人物的社会地位、形态动作、性格特征等各方面的细节均做了认真细致地刻画；再加上巧妙的釉色点染，使得塑造出来的人物姿态优美，表情逼真。

067 　精妙的科学设计
葡萄花鸟纹银香囊

年　代：唐，公元618—907年

尺　寸：外径4.6厘米，金香盂直径2.8厘米，链长7.5厘米

材　质：银

出土地：1970年陕西省西安市南郊何家村唐代窖藏

收藏地：陕西历史博物馆

　　一提到香囊，人们不由会想到《红楼梦》中黛玉"赌气铰香囊"的情节。《红楼梦》中的香囊是用彩色丝线在彩绸上绣制出各种图案纹饰，然后经过缝制而成的形状各异、大小不等的绣囊，内装多种浓烈芳香气味的中草药研制的细末，因此又名香袋、花囊，也叫荷包。古代的香囊大多是布锦制作的，但也有其他材质的，比如金银，其中最具代表性的是陕西省西安市南郊何家村唐代窖藏出土的葡萄花鸟纹银香囊。

浪漫的旧时猜想

　　1970年在今西安市何家村的基建工地上，施工人员从土里挖出了两个大陶瓮和一个银罐，里面装满了金银器、钱币、药材等珍贵而精美的文物，这个精致的葡萄花鸟纹银香囊便在其中。人们看见这件圆乎乎的香薰用饰品，并不知其来历，便给

葡萄花鸟纹银香囊

它取了个名字——熏球，它的真实名字因另一个重大的考古发现而确定。17 年后，在陕西省扶风县法门寺也出土了两个香囊，在记载地宫器物名称《物账碑》中提到"香囊两枚，重十五两三分"，考古学家才给它正名为"香囊"。

历史文献里面记载过很多关于香囊的内容，比如说白居易的诗句"暖手小香囊"，说明香囊是可以用来焐手。汉代古诗《孔雀东南飞》中也提到"红罗复斗帐，四角垂香囊"，说明香囊可以用来装饰。还有书籍记载了香囊的使用方法为"妃和贵人之所用也"，说明香囊的使用人群社会地位较高。而在安史之乱中，唐玄宗在马嵬坡被迫赐死杨贵妃，并葬于当地，悲恸欲绝，念念不忘。《旧唐书》卷五一中记载："上皇自蜀还……密令中使改葬于他所，

葡萄花鸟纹银香囊内部构造

初瘗时以紫褥裹之，肌肤已坏，而香囊仍在。"当初埋葬时用于裹尸的丝织品以及尸体都已腐烂，唯有香囊尚存。这一记载也说明杨贵妃身上佩戴的香囊可能是金属制作。

精巧的匠人工艺

该香囊外壁直径 46 毫米，壁厚 0.5 毫米，外层银机制环通体为纯银材质制作，镂空呈圆球形，并以葡萄花鸟纹样做装饰。内层金香盂素面，直径 29 毫米，壁厚 1 毫米，链长 75 毫米，重 36 克。香囊由挂钩、挂链、上下半球构成的球盖与球身、内置焚香盂及内外持平环组成，等大的球盖和球身之间用环扣相互扣合，可开启。球身内部又设有内外两个等大同心环和一个半球形焚香盂，通过银质铆钉与外壁铆接。当半球合拢后，由于内外持平环和焚香盂自身重量的作用，香盂重心向下，使外部球体无论怎样转动，焚香盂都能始终保持水平状态，不至于焚香散落于外。这是古人利用机械原理所制作，精巧的设计体现了唐代工匠高超的技艺和聪明才智，令后人叹绝。

葡萄花鸟纹银香囊直径不足 5 厘米，镂空装饰动植物纹样工艺可谓精美。金银自古以来就是贵金属，是财富的象征，香料本身亦属于奢侈品，这件小小的器物尽显奢华之色。香囊以球体形状为主，圆润的弧线结合银质的柔和色泽，给人以温和、舒适的感觉。香囊上镂空装饰着枝叶繁茂的葡萄，蕴含丰产的期盼和愿望，花鸟飞翔在葡萄间，动感十足。仔细观察会发现，花纹分布延续了中国传统的对称布局，结合球体的圆润、光滑，更加体现了对称的形式美。这种带有链条的镂空银香球和奇特的设计，便于使用。点燃香囊内的香料，芳香很快从镂空处溢出，沁人心脾；寒冬的时候借助香囊的温度焐手取暖；挂在床帐四角既可以起到装饰作用，还可使床帐伸展平整；也有就寝前用香囊熏烤被褥的记载，真可谓锦衣香袭。当然这种讲究必定是社会上层人物的奢华生活一角。

金银材质较软、延展性强、易于

加工，极好的韧性更好地展现了香囊特定的加工工艺和表现手法，匠人在这件小小的器物上熟练使用锤揲、錾刻、镂空、鎏金等方式，最大限度地展示金银器物之美。取一块合适大小的银块，反复锤击敲打，直至成为厚度适中的银片，通过模具把预先设计好的图形敲击锤揲出凹凸起伏的形状，操作者再一手拿錾子，一手拿锤子，用锤子在金银素坯上以娴熟的錾刻工艺边走边打，勾勒出基本纹样，接着按照图案设计，刻挖掉不需要的部分，完成镂空处理，最后经过鎏金工艺，银的白、金的黄就在不经意间熠熠生辉。真可谓匠心独运，巧夺天工。

葡萄花鸟纹银香囊奇巧的功能性设计表现在匠人对平衡原理的充分理解和运用上。持平装置完全符合陀螺仪原理，不论香囊处在何种状态，总是外部球体在转动，机环使中间的焚香盂跟着转动，而由于重力作用香盂是一直保持平衡的，这样里面的香料就不会散落出来，充分满足了在各种环境条件下的使用需求。欧美国家直至近代才发现这个原理并广泛应用于航空、航海领域，而中国最晚在1200年前的唐代就已掌握了此项原理并熟练应用，古代劳动人民的智慧可窥一斑。

葡萄原产于西方，汉代由西域传入中国，随之而来的还有西方的金属制作工艺。因此，香囊的纹饰、加工工艺，都反映了丝绸之路带来的文化传播和交流。据北京大学考古学专业齐东方教授考证，包括这件香囊在内的何家村遗宝主人可能为唐代官位显赫的尚书租庸使刘震，因唐德宗建中四年(783)爆发泾原兵变，刘震仓皇出逃，埋藏了这些宝物。

通过一个器物，我们可以和一个时代联系在一起，和一群古人联系在一起，和一个社会联系在一起。葡萄花纹银香囊就使我们与大唐、与唐代社会上层贵族的生活和丝绸之路联系在一起。

068 | 大唐王朝兴衰的见证
鎏金舞马衔杯纹银壶

年　代：唐，公元 618—907 年

尺　寸：通高 14.4 厘米，口径 2.2 厘米，底径 8.9 ～ 9.2 厘米

材　质：银鎏金

出土地：1970 年陕西省西安市南郊何家村唐代窖藏

收藏地：陕西历史博物馆

　　一千多年前的大唐王朝似乎离我们非常遥远，我们无法想象大唐帝王君临天下时的豪情，也无法想象"更有衔杯终宴曲，垂头掉尾醉如泥"的宫廷娱乐如何奢华。当一千多年后，一件叫鎏金舞马衔杯纹银壶的珍宝以一种近乎炫耀的方式出现在世人眼前时，唐代宫廷生活的奢华仿佛就在昨天。

银壶重现

　　1970 年 10 月 5 日，在今陕西省西安市南郊何家村的一个基建工地上，施工的工人发现了一个大型陶瓮，打开瓮盖，金光闪闪，里面装满了各种珍贵文物。随着考古工作者的清理和勘探，另一个陶瓮被发现。这两个陶瓮里装满了金银器、玉器、钱币和药材等器物，多达千余件，琳琅满目。唐代鎏金舞马衔杯纹银壶就是这次窖藏出土中发现的珍贵文物，现藏于陕西历史博物馆。

鎏金舞马衔杯纹银壶

银壶扁圆形状，形似游牧民族日常使用的皮囊壶和马镫壶，用银片锤打、焊接而成。壶口略呈圆柱状，位于壶身顶端的一侧；壶盖为覆莲样式，以一条银链与提梁连接；壶腹扁圆，略鼓，两侧面锤揲凸出鎏金舞马纹样，骏马体态康健，口衔银杯，奋首鼓尾，跃然起舞；壶下端焊微向外撇的圈足。鎏金的舞马、壶盖、提梁与壶身的白银交相辉映，色调格外富丽。整件作品不到15厘米高，却造型饱满，富有张力，线条圆润自然，比例恰当，具有极好的形式感和空间感。

根据壶身留下的加工痕迹看，工匠先用银片锤打出壶的大致形状，再以模压的方法在壶腹两面模出两匹相互对应的舞马形象，然后再将两端焊接，反复打磨致平，所以不仔细观察或借助仪器，几乎看不出焊接的痕迹。工匠们精湛的锤揲技法，在银壶骏马的细节上发挥到了极致，口鼻眼的轮廓、躯干的肌肉线条、飞扬的马尾及鬃毛、飘扬的彩带历历可见，定格了舞马表演的瞬间，使舞马献寿时"屈膝衔杯赴节，倾心献寿无疆"的场面跃然眼前。

舞马，顾名思义就是能够按照节拍起舞的马。不过，低级官员和一般百姓可能是无缘观看舞马表演的，因为舞马表演主要在宫廷。关于舞马的记载最早可以追溯到三国时期，曹植《献文帝马表》云："臣于先武皇帝（曹操）世，得大宛紫骍一匹，形法应图，善持头尾，教令习拜，今辄已能，又能行与鼓节相应。"可见，舞马的马匹是要经过严格训练的。有关唐代舞马的描述则更为详细，有时甚至是上百匹舞马同时表演，动作整齐划一，场面十分壮观热烈。虽然关于舞马的记载很多，但毕竟年代久远，人们无法一窥舞马表演的盛景，只能根据诗文描写加以想象。唐代舞马衔杯纹银壶的出土为所有文字材料提供了实物印证。

丝路马鸣

西域自古以产名马著称于世，西域人民很早就开始将马匹与西域乐舞相结合，驯化出舞马供人取乐，形成了古老而著名的舞马艺术。

当年汉高祖被匈奴人围困于白登，靠贿赂匈奴阏氏才得以解围，意识到马匹在行军打仗中的重要性。随着张骞"凿空"西域，中原与西域的往来日益频繁，西域良马逐渐进入中原地区，奔行急速、筋骨强健的"天马"对于汉唐时期军事力量的强大功不可没。

唐代舞马的盛行与唐代社会对马的喜好分不开。除了军用，很多马匹还用来娱乐，打马球就是一项极受欢迎的活动。唐人尤其喜欢"胡马"，根据产地可知有"突厥马""康国马""大宛马"等，品种达80多种，不同的马匹习性、特征、用途各不相同。当时在西域各国非常流行的舞马活动也随之传入中原，格外受到上层统治者的青睐。西域的舞马分为两种，即马匹独舞和人骑在马上让马舞蹈，这些训练过的马匹能够根据节拍表演有节奏的舞蹈动作。唐玄宗对舞马甚是喜爱，曾下令教习四百只舞马，这些马被分为左右两部，每匹还取有"某家骄""某家宠"的名字，并"衣以文绣，络以金银，饰其鬃鬣，间杂珠玉"。玄宗还经常亲临训练场观看、指导。开元、天宝时期，每逢"中元节""千秋节"等重要节日，都要在兴庆宫的勤政楼前举行盛大宴会，接受文武百官及外国使臣、少数民族首领的朝贺，并进行大型的舞马表演。王建《楼前》诗云："天宝年间勤政楼，每年三日作千秋。飞龙老马曾教舞，闻著音声总举头。"

随着舞马活动的风靡，一种以模拟马神态、动作的民间舞蹈——马舞也开始盛行。1960年吐鲁番市阿斯塔纳336号墓出土的彩绘马舞泥俑，三人一组，两人装扮成一匹马，披上马形的衣服，一个人顶着马头，双足作为马的前肢，另一个人扮成马的后部，双足作为马的后肢，骑马者戴黑幞头，穿绿短衣，双手或作舞状或一手牵疆一手挥鞭，形象地表现了骑士勇猛刚毅的性格和意在征服奔驰翻腾的骏马。

舞马与马舞传入中原后，与中原艺术相结合形成精彩绝伦的马舞艺术，不仅是一项共享的娱乐，更代表一种文化的交融，悠悠丝路，马声长鸣。

狂欢后的落幕

唐代在太宗至玄宗前期，经济繁荣、国富民强，威名远扬，万国来朝，胡马品种的引入使皇家有条件大规模驯养舞马。

玄宗生日时，舞马表演是必不可少的节目。《倾杯乐》的音乐响起时，身披锦带、颈系黄铃的舞马随着节拍出场，群马翩翩起舞，或奔腾，或旋转，或双蹄腾空，或引颈长嘶，随着音乐节奏的高涨，马群数十回奋首鼓尾，纵横应节。有时候表演的马会跃上三层高的板床，如飞似的旋转，跳起胡旋舞；有时候数位壮士共举一榻，马即舞于榻上，周围还有着黄衫、文玉带、长相俊美的乐工数人，曲终前，舞马"屈膝衔杯赴节，倾心献寿无疆"，把祝寿活动推向高潮。

物极必反是亘古不变的规律，表面看大唐四海升平、一片祥和，内部却潜伏着深刻的社会危机。还沉浸在大唐盛世美梦中的玄宗皇帝，在天宝十四载（755）惊闻平卢、范阳、河东三镇节度使安禄山举兵反唐，一时间惶恐无措，待安史叛军一路势如破竹，轻而易举地攻陷长安，骄奢淫乐的玄宗李隆基带着自己的宠妃杨玉环仓皇而逃，大唐江山陷入战祸之中，盛极一时的舞马表演成为历史长河中的一朵浪花。安禄山兵败后，这些舞马归其大将田承嗣所有，但在他眼中这些马就是一般的战马。一天，军中宴乐，鼓乐声起，舞马应声而舞，军士鞭之，长鞭之下舞马更是奋首鼓尾，田承嗣以为是马怪，下令鞭挞至死。从此，舞马祝寿这一独特的宫廷娱乐形式便在中国历史舞台上销声匿迹了，大唐的盛世犹如舞马的消逝般一去不复返。

鎏金八瓣人物纹银杯·唐

此银杯同样出土于陕西省西安市何家村，银杯通体鎏金，重 209 克，具有典型的粟特银器的外形特征，现藏于陕西历史博物馆。

069 | 奢华茶具里的茶文化
法门寺地宫金银茶具

年　代：唐，公元 618—907 年

尺　寸：其中鎏金壶门座银茶碾子通高 7.1 厘米，长 27.4 厘米，
　　　　槽深 3.4 厘米，辖板长 20.7 厘米，宽 3.0 厘米

材　质：金银

出土地：1987 年陕西省扶风县法门寺塔地宫

收藏地：法门寺博物馆

中国是茶的故乡，是茶文化的发祥地。古代先民种茶、制茶、品茶、斗茶，还发明了一系列精美的茶具与之相配合，从一片树叶到一杯香茗，从一盏茶碗到一套茶具，凝聚了无数人的才智。法门寺出土的那套唐代宫廷茶具是目前世界上现存的最为讲究、最为精美的茶具。

大唐茶具

茶具，古代亦称茶器。"茶具"一词最早见于汉代辞赋家王褒《僮约》中的"烹茶尽具"。唐代白居易有"此处置床绳，旁边洗茶器"之句，皮日休有"萧疏桂影移茶具"之语。茶文化在唐代发展到顶峰，集茶文化精髓的《茶经》就诞生于大唐茶圣陆羽之手。陆羽将茶具定为二十四事，即二十四种，并对各种茶具的制作和用途做了详细的说明，唐人吃茶的讲究可见一斑。一般百姓尚且如此，皇室贵胄吃茶

法门寺地宫出土的鎏金壶门座银茶碾子

自然更加奢华。

法门寺地宫出土了一套唐代宫廷茶具，这是世界上唯一一套唐代茶具精品，系唐僖宗李儇御用珍品。《物账碑》中记载着这套茶器的"身世"：懿宗供奉"火筋一对"，僖宗供奉"笼子一枚，重十六两半。龟一枚，重二十两。盐台一副，重十二两。结条笼子一枚，重八两三分。茶槽子、碾子、茶罗、匙子一副，七事共重八十两"。这批茶具，展示了从烘焙、研磨、过筛、贮藏到烹煮、饮用等制茶工序及饮茶的全过程，且配套完整，自成体系，为目前世界上发现时代最早、等级最高的金银茶具，它们不仅是一件件完美到极致的艺术精品，更反映了唐代茶文化所达到的最高境界，是唐代宫廷茶道、唐代宫廷饮茶风尚的历史见证。

从功能上分，这套茶具可以分为烘焙器、碾罗器、贮茶器、贮盐椒器、烹煮器等5种。金银丝结条笼子、鸿雁球路纹银笼子是烘焙器，这两件器物一件扁圆柱状形、一件圆柱状，均由极细金银丝编制而成，由梁、盖、器身、足等部分组成。唐人会把做好的茶饼放进笼子里进行烘烤，然后储存使用。鎏金壶门座茶碾子、鎏金仙人驾鹤纹壶门座茶罗子是碾罗器。茶碾子形如如今中药铺的药碾子，由碾槽、碾轮组成，更为巧妙的是为了保持卫生、防止茶渣飞溅，碾槽上还有可以抽出推进的辖板。茶罗子形似长方形盒子，上面盖子可以打开，有两层屉，上层有网，可以过滤，下层的屉，可以收纳。鎏金龟形银盒，便是贮茶之器，龟背为盖，龟身为盒，使用时可以打开龟背取出茶沫，也可以从龟口倒出茶沫。鎏金人物画银坛子、莲蕾纽摩羯纹三足架银盐台、鎏金团花纹葵口圈足小银碟用来贮存盐椒，因唐人饮茶要放入盐粒和花椒之类的调味品。莲蕾纽摩羯纹三足架银盐台设计尤为巧妙，它由盖、台盘、三足架组成，盖上有莲蕾捉手，莲蕾中空，上下两半可以开合，捉手下端是一片翻卷的荷叶，作为台盘的盖子，台盘为绽放的莲花，三足也有莲花装饰，造型十分别致。烹煮

器为鎏金鸿雁纹银则、鎏
金卷草纹长柄银则，则面
呈卵圆形，微凹，匙柄扁长
錾花鎏金，柄背光素。另有系链
银头箸。依陆羽《茶经》所记："则
者，量也，准也，度也"。有学者认
为银则是煮茶放盐时的量具，有学者认
为是点茶时用来击拂的茶具，也有学者认为是投茶时
所用的量具。

鎏金龟形银盒

大唐茶韵

唐人饮茶与现在十分不同，一般分五步。先是烘焙
茶饼，使之有香气，再用纸包裹，陆羽《茶经》载"剡
藤纸双层缝制"为最佳。待茶叶冷却后捣碎，放入茶
碾中碾成粉末，再用罗细细地筛，罗下的茶末放入贮
茶器中待用。取山泉水放入锅中煮沸，气泡如鱼目为
一沸时，要放入盐、胡椒。气泡如连珠为二沸时，舀
出一瓢沸水备用，用则量茶末沿一个方向倒入锅内，
搅匀，称作击拂。最后一次水沸时，放入先前舀出的
沸水。最后就可以分茶，盛入碗中，趁热品饮。这些
步骤看似简单，实际操作十分复杂，每一步都需要掌
握一定的分寸、火候才能煮出符合唐人需求的好茶。
就分茶来说，善于此道者，能在茶盏上用水纹和茶沫

形成各种图案，创造独特的艺术美。

　　唐人充分认识到了饮茶的作用，认为茶叶可以提神醒脑、荡涤烦恼，可以消除疲劳、消除腥膻，还可以延年益寿。与现代人们对茶叶的认识基本一致。诗僧齐己的《尝茶》诗："味击诗魔乱，香搜睡思轻。"《茶谱》载："泸州之茶辛而性热，饮之疗风；峡川石上紫花芽主治头痛。"李德裕、李白、皎然等诗人均对茶叶的功用有一定的描述。文人墨客或在春季采茶之时三五相约，趁着春光，及时采茶行乐；或是相聚品茗，举办茶会、茶宴，吟诗作画，畅谈理想和抱负；对于非产茶区的友人，还以茶叶寄赠，以表惦念。如齐己《谢中上人寄茶》："地远劳相寄，无来又隔年。"李咸用《谢僧送茶》："殷勤寄我清明前。"茶成为增强社交、沟通联系、增进感

🌸鎏金仙人驾鹤纹壶门座茶罗子

情的纽带。

唐代饮茶之风与佛教之间的关系非常密切。唐代佛教以禅宗最盛，禅宗注重"坐禅修行"，主张排除心中杂念，专注虔诚，以达到身心合一、大德圆满的境界，所以要求参禅的僧人"跏趺而坐""过午不食"。上述茶叶的功能在佛门得到充分应用，饮茶可以提神醒脑、促进思考，又能减轻饥饿感，故寺庙崇尚饮茶，种植茶树，制定茶礼，设立茶堂，有的寺院门口还设有施茶僧。佛教寺院的茶称为寺院茶，茶事活动成为佛事活动之一。寺院饮茶之风大盛，也直接影响到社会的各个阶层，全国各地的善男信女在有能力的情况下皆来模仿。法门寺出土的茶具就是僖宗皇帝将其作为供养品而供奉给佛祖释迦牟尼真身舍利的，是献给佛祖的重器，一是表示虔诚礼佛、一心向佛的心愿，二是代表佛教的茶供养。

《茶经》中说："茶有九难：一是制造，二是识别，三是器具，四是火力，五是水质，六是炙烤，七是捣碎，八是烤煮，九是品饮。"对于一杯好茶来说，这些步骤缺一不可。对于唐代的爱茶之士来说，品尝、斗茶不仅仅是喝茶这么简单，更是一种生活的乐趣，一种饮茶的艺术，一种精神的享受。

中国茶文化与日本茶道

茶叶在古代曾与丝绸、瓷器齐名，很早就是中国对外贸易的传统出口商品。唐代是中国古代经济文化高度发展的鼎盛时期，随着中国与邻国经济文化交流的加强，当时的长安城已成为世界经济文化交流的中心。被誉为"绿色金子"的中国茶叶在唐代已传播到世界许多国家和地区，饮茶风习向西传至阿拉伯地区，向东传至朝鲜、日本。

中国茶叶传入日本，一般认为始于汉代，但有确切史料记载的，却是唐代。唐玄宗开元十七年（729），时值日本圣武天皇天平元年，圣武天皇曾召集百僧听讲《般若经》并亲自赐茶，随后又派高僧到中国学习佛经。森本司郎（日本）在《茶史漫话》一书中认为茶传入日本有两人非常关键：一是753年东渡日本的鉴真，带去了中国的茶叶；二是最澄法师，他在贞元二十年（804）到中国浙江天台山学法时，到当地寺院采茶区进行学习，并把茶树树苗带到日本种植，被看作日本植茶第一人。另外，空海和尚也带回茶籽，推动了茶道的发展。宋朝是茶文化东传日本的又一高潮。荣西禅师两次来到中国，遍访各地，居住达24年之久，回国时又携带茶树种子亲自种植，到晚年根据在中国考察的情况及自己在日本种茶经验而写成《吃茶养生记》。其时，日本全国开始推广饮茶，并养成以"和、敬、清、寂"为根本精神的日本茶道。可见，茶对促进中日文化交流起了十分重要的作用。

一片小小的植物叶子，经过数千年的形成和发展，融入了人们的哲学思想，实现过程和精神的相互统一，成为一种融合茶叶品评技法、各种艺术操作手段、品茗美好意境的文化现象。它源远流长，历史悠久，文化底蕴深厚，与宗教结缘，与道法自然融合，沟通中外文化交流，成为优秀中华传统文化的组成部分和独具特色的一种文化模式。这就是中国茶，中国茶文化。

鎏金捧真身银菩萨·唐

这件金银器是唐朝第十七任皇帝唐懿宗为迎奉佛骨舍利而铸造，器身上刻有唐懿宗咸通十二年（871）敬造等铭文十行六十五字，1987年出土于陕西扶风法门寺地宫，现藏于法门寺博物馆。

070 九秋风露越窑开
八棱秘色瓷净水瓶

> 年　代：唐，公元 618—907 年
> 尺　寸：高 21.6 厘米，口径 2.2 厘米
> 材　质：瓷
> 出土地：1987 年陕西省扶风县法门寺塔地宫
> 收藏地：法门寺博物馆

　　唐代著名诗人陆龟蒙曾在《秘色越器》一诗中写道："九秋风露越窑开，夺得千峰翠色来。好向中宵盛沆瀣，共嵇中散斗遗杯。"秋天的晨风中，露水沾衣，透过风露可见出窑后的越窑器，如千峰叠嶂，其色似青如黛，与周围的山峰融为一体，似夺得千峰万山之翠色。这首诗里描绘的便是中国古代最为神秘的瓷器——秘色瓷的绝美风采。然而秘色指哪种颜色，秘色瓷的实物是什么样子？一直没有明确的资料记载，直至法门寺地宫的开启，才解决了这个争论不休的话题。

拨开疑云

　　中国古代名窑之一的越窑出产一种神秘的瓷器，它色泽青绿，晶莹润泽，如冰似玉，人称秘色瓷。关于"秘色"二字的争论一直从宋代持续到明清时期，有人说这是吴越国供奉的瓷器，一般大臣乃至平民百姓不能使用，故称为秘色；也有人说

"色"字除了颜色的意思外，还有配方的意思，"秘色"指的是这种瓷器的制作工艺和配方保密。古人关于秘色瓷的描写精美异常，无可比拟。五代人徐夤赞叹曰："捩翠融青瑞色新，陶成先得贡吾君。巧剜明月染春水，轻旋薄冰盛绿云。"由于人们一直未曾见到秘色瓷的实物，更增添了这种瓷器的神秘性，这个困扰人们多年的谜直到 20 世纪 80 年代的一天才徐徐揭开。

1987 年的一天，摇摇欲坠的陕西省扶风县法门寺宝塔轰然倒塌，一批稀世之宝随着地宫的暴露逐渐出现在世人面前。这些精美绝伦的珍宝数量众多，出土的《物账碑》中记载了这批珍宝的名称。十四件秘色瓷穿过千年历史，重见天日，秘色瓷的千古未解之谜露出了谜底。

这批瓷器造型简洁大方，造型美观，共有碗 7 件，盘、碟 6 件，瓶 1 件。这件八棱秘色瓷净水瓶是珍贵的佛教用品，瓶颈细长，直口，圆唇，肩部圆隆，腹呈瓣瓜棱形，圈足稍外侈。在瓶颈与瓶身相接处装饰有相应的八角凸棱纹三周，呈阶梯状，通体施明亮青釉，有开片。足底露胎，胎色浅灰而精致细密。器型端庄规整，釉色晶莹，胎质细密，莹润无比。出土时瓶口覆有一颗大宝珠，瓶内装有 29 颗五色宝珠，属于佛教供养"五贤瓶""五宝瓶"之类的佛具。这件器物虽然《物账碑》中没有记载，但其釉色、胎质与其他秘色瓷完全相同，确认是秘色瓷无疑。

何为秘色瓷

人们惊奇地发现法门寺中的 13 件秘色瓷，其釉色并非都是"千峰翠色"，而是有青有黄，这曾让人感到困惑不解。其实，秘色瓷指的是一种稀见的颜色，后来演变成盛赞当时越窑瓷器之精美的专有名词。秘色瓷是青瓷中的极品，技术上难度极高，除了釉料配方，几乎全靠窑炉火候的把握。因为不同的火候、不同的温度，烧造的瓷器釉色可以相去很远。也许人们称之为"秘"和这种特殊的要求有关吧，但"秘色"两个字确

八棱秘色瓷净水瓶

实吸引了人们千年之久。

　　唐代是封建社会发展的顶峰之一，政治稳定，国力强盛，经济繁荣，手工业门类众多、规模庞大。饮茶风气的盛行使人们对于瓷器的要求没有局限在实用价值上，更多地关注其审美价值。越窑青瓷因其釉色便于烘托出茶色的碧绿而受到人们的青睐。为满足皇家奢华生活的需要，9 世纪初，朝廷率先在上林湖设置"贡窑"烧制"秘色瓷"。这一时期，作为生活实用器具的瓷器与其他珍宝一样成为皇家御用珍品。法门寺出土的秘色瓷可能就是上林湖贡窑出产的精品，贡献朝廷后，又被赏赐给法门寺。

　　秘色瓷表面釉面光滑，釉色纯净，只在底部留下细小的支烧痕迹。其实，秘色瓷颜色的纯净与其烧造方式是分不开的。越窑瓷器采用先进的匣钵技术，把瓷器放在陶盒里，瓷器与陶盒接触的地方有细小的支钉，这样，既可减少支烧缺陷，又隔绝了釉面与明火的接触，所产瓷器釉色鲜亮，质量明显提高，是唐代制瓷业的工艺创新。

　　中国是瓷器的故乡，瓷器是中国古代劳动人民的智慧结晶，为人类社会的进步与发展做出了重大贡献。从 8 世纪末开始，中国陶瓷开始大量外销，除了"丝国"，

秘色瓷莲瓣式碗·唐

中国又以"瓷国"闻名于世，"China"的英文名字即来源于瓷器。瓷器从扬州、明州（今宁波）出发，或经朝鲜，或直达日本；或从广州出发，到东南亚各国，或出马六甲海峡进入印度洋，经斯里兰卡、印度、巴基斯坦到波斯湾沿岸，成为海上丝绸之路贸易的主力军，中国南海周边沉船中发现大量瓷器也证实了中国瓷器贸易的辉煌。

小小的瓷器，推进了人类文明进步，成为促进海上丝绸之路沿线各国繁荣发展的重要纽带，是东西方交流合作的见证，也是世界人民共有的历史文化遗产。

青瓷是主流

如果说秘色瓷是唐代非主流瓷器，那么青瓷就是唐代生产中的绝对主流瓷器。唐代的青瓷名窑遍及南方各地，其中最著名的是越窑。越窑青瓷的特点是胎质坚硬细腻，釉色青翠莹润。后人评价其"青如天，明如镜，薄如纸，声如磬"。西安李爽墓出土的越窑青瓷瓶，釉色纯青，晶莹光亮可以照人。据史料记载，越窑青瓷所制茶具被陆羽在《茶经》中列为第一。此外，青瓷还被用作宫廷的酒器和乐器。

071 别开生面的唐代书法
颜真卿《祭侄文稿》

年　代：唐，公元 618—907 年
尺　寸：纵 28.3 厘米，横 75.5 厘米
材　质：纸本
收藏地：中国台北故宫博物院

　　唐代是中国书法艺术的全盛时期，颜真卿为唐代最杰出的书法家之一，他创造性地将篆隶笔法和民间书法的精华融入笔端，吸收新营养，终于形成刚强雄伟的行草书风，其书法艺术在中国书法史上占有极其重要的地位。《祭侄文稿》匆匆起草，任由一腔忠义、悲愤、痛悼之情，诉诸笔端，倾泻于纸上，其笔画的质性遒劲而舒和，与沉痛切骨的情感融合无间，是血与泪凝聚成的不朽巨作，元代鲜于枢评此作为"行书天下第二"，其当之无愧。

安史之乱中的颜氏兄弟

　　"山雪河冰野萧瑟，青是烽烟白人骨。"唐天宝十四载（755），安禄山、史思明起兵反唐，这场叛乱给繁盛的唐王朝带来了空前的浩劫。安史之乱之于唐人，就像是天外飞来的陨星，将盛唐历史拦腰斩断，把一个"一百四十年，国容何赫然"

的锦绣帝国变成了修罗屠场。

叛军于范阳挥师南下，河北地区大片沦陷，当时颜真卿因得罪当朝奸相杨国忠，被贬为平原太守，其兄颜杲卿在常山任太守，兄弟二人联合起来，高举义旗，起兵讨贼。真卿之侄、杲卿之子颜季明在两城之间来回联络，通报消息。颜杲卿父子设计杀死镇守土门关要塞的安禄山大将李钦凑，夺回土门关口，并由颜季明领兵把守，为唐王朝赢得了启用郭子仪，调动大军平息叛乱的时间。安禄山见势不妙，急召正在攻打潼关的史思明返回河北，夺取土门关和常山城。河东节度使王承业坐视不救，杲卿激战三天，城内水尽粮竭，寡不敌众，城池终陷于敌手。叛军将兵器架在颜季明脖上，威逼颜杲卿投降，颜杲卿不屈，叛军砍下了颜季明头颅。颜杲卿遇害时，至死骂不绝口。颜氏家族一门忠烈，三十余人在这次叛乱中壮烈殉国。

安史之乱平息之后，颜真卿特地派人寻找颜杲卿一家尸骨，仅得颜杲卿一足、颜季明头颅。面对国难家仇，50岁的颜真卿一时百感交结，老泪纵横，悲从中来，因而撰文作祭，挥笔写成流传千古的《祭侄文稿》，计25行，共230字。

无意入情深

《祭侄文稿》开篇为"维乾元元年、岁次戊戌、九月庚午朔、三日壬申。第十三（'从父'涂去）叔银青光禄（脱'大'字）夫使持节蒲州诸军事、蒲州刺史、上轻车都尉、丹杨县开国侯真卿"，颜真卿说明了书写的时间和自己的身份官职，以及祭文的目的，感情尚未迸发。

接着为"以清酌庶羞祭于亡侄赠赞善大夫季明之灵曰（一释作'曰'，一释作'今'）：惟尔挺生，夙标幼德。宗庙瑚琏，阶庭兰玉（'方凭积善'涂去），每慰人心"，追忆侄儿颜季明小时候的聪颖与睿智，充满了怀念之情，字体大小均等，舒朗适宜，如行云流水般流畅。

当写到叛乱时，"方期戩谷，何图逆贼间衅，称兵犯顺。尔父竭诚（'制'涂去，改'被迫'再涂去），常山作郡。余时受命，亦在平原。仁兄爱我（'恐'

大蹙
賊臣不救
孤城圍逼　父陷子死　巢
傾卵覆
天不悔禍　誰為荼毒
念爾遘殘　百身何贖
嗚呼哀哉　吾承天澤
移牧河關
泉明比者　再陷常山
攜爾首櫬　及茲同還
撫念摧切
震悼心顏　方俟遠日
卜爾幽宅　魂而有知
無嗟久客

颜真卿《祭侄文稿》

颜真卿像

唐宋两代，书法造诣可以和颜真卿相提并论的大家不在少数，但能集高超的书法艺术和高尚品格于一身的，只有颜真卿一人，宋代文学家欧阳修就曾慨叹："忠义之节明若日月，而坚若金石，自可以先后传世无穷，不待其书，然后不朽……"

涂去），俾尔传言"，开启了如交响乐的第二乐章，颜真卿内心的悲愤开始凝结汇聚，涂改的线条不加修饰，显示作者心中积郁已久的悲愤已经无法控制，接下来一笔奔腾，一蹴而就，直抒胸臆，如飞瀑直下，一泻千里。

行文至"尔既归止，爰开土门。土门既开，凶威大蹙（'贼臣拥众不救'涂去）。贼臣不（'拥'涂去）救，孤城围逼。父（'擒'涂去）陷子死，巢倾卵覆。天不悔祸，谁为荼毒"时，颜真卿心中的愤恨像火山迸发，狂涛倾泻，字形时大时小，行距宽窄不一，内心的悲痛通过书法呈现了出来，让文稿达到了第一个高潮。

"念尔遘残，百身何赎？呜乎哀哉！吾承天泽，移牧（'河东近'涂去）河关。泉明（'尔之'涂去）比者，再陷常山（'提'涂去）。携尔首榇，及兹同还（'亦自常山'涂去）。抚念摧切，震悼心颜"时，反复涂抹，随情挥洒，苍凉悲壮，韵律激昂涌动，悲伤又一次猛烈地涌上心头，撕心裂肺之痛让颜真卿声泪俱下，掀起了文稿的第二个高潮。

最后的文字是："方俟远日（涂去二字不可辨），卜（'为'涂去）尔幽宅（'舍'涂去）。魂而有知，无嗟久客。呜呼哀哉，尚飨！"无奈的颜真卿期待侄子"魂而有知，无嗟久客"，早日魂归故里。

书法艺术让颜真卿一千年前的内心世界跃然纸上，苏轼称之为"书法无意乃佳"，元人鲜于枢更赞之为"行书天下第二"，可见评价之高。此稿是在极度悲愤的情绪下书写，顾不得笔墨的工拙，故字随书法家情绪起伏，纯是忠义情怀和深厚功力的自然流露，这在整个中国书法史上都是极为罕见的。

薪火相承

颜真卿是中唐时期书法创新的代表性人物，其楷书字体方正茂密，笔画横轻竖重，笔力雄强圆厚，气势庄严雄浑，"颜体"缔造了一个独特的书学境界。其行书有着遒劲郁勃的风格，体现了大唐帝国繁盛的风度，是书法美与人格美完美结合的典例。三百多年后，北宋出现一人将行书推向另一个高度，他就是苏轼。苏轼的书法受颜真卿的影响极大，并且在一定程度上有异曲同工之妙。

如果将二人的人生奋斗史做一个比较，我们可以惊奇地发现他们有许多相同之处：他们都经科举考试而中进士，又由进士入朝为官，在政治上都有远大的抱负，为官都具有正直勤奋、不畏强权的品质。颜真卿因为官清廉、刚正不阿而遭杨国忠、元载等人迁怒、诽谤，四次遭贬终不改其志；苏轼因多次上书反对王安石变法，几经贬迁，后来以司马光为代表的旧党当权，全面废除新法，苏轼又以国家和人民利益为重，主张参用所长，再次遭贬谪。在升沉与漂泊中，他们饱尝人世间的困苦，但依然性情旷达、襟怀开阔。因此，他们的书法都具有大气磅礴、豪放雄健的一面，极具人格魅力。

《祭侄文稿》虽是有感而发，随意挥洒，意不在书，却以震撼人心的艺术感染力使之成为唐代乃至整个书法史上最富抒情性的作品之一。三百多年后，苏轼被困黄州，每为寒食、清明之雨所苦，感时伤怀，以神来之笔写下《寒食帖》，沉郁幽怨之情，动人心魄，成为宋代尚意书风的压轴之作。在中国书法史上，再难以找出第三件如此具有情感冲击力和穿透力的作品了。

072 | 夜宴之后的寂寞萧条
顾闳中《韩熙载夜宴图》

年　代：五代，公元 907—960 年

尺　寸：高 28.7 厘米，长 335.5 厘米

材　质：绢本

收藏地：故宫博物院

　　《韩熙载夜宴图》是战乱纷争的五代时期产生的最具有现实主义精神的代表性作品。作为中国十大传世名画之一，它有着无可估量的历史文化价值，它是中国美术史的丰碑，是华夏文明的巨作。在这里可以看得见古老东方民族独特的艺术气质，它且吟且舞且歌，令我们品味之、品赏之、咀嚼之，韵味无穷无尽。

觥筹交错掩盖的凄凉

　　五代十国，纷纷扰扰，争斗不休。

　　公元 937 年南唐立国，在江南建立政权，是十国当中版图最大的王朝。南唐烈祖李昪休兵罢战，对外敦睦邻国，同时结好契丹牵制中原政权，以保境安民；对内轻徭薄赋，劝课农桑，鼓励工商业发展。息兵安民的国策为江南地区的发展提供了安定的社会环境，经济文化逐渐繁荣发展起来。南方的安定与富足和江北

的战祸与萧条形成鲜明对比，成为饱经战乱沧桑的文人士大夫理想的栖身之所，江北士人多流落至此，"儒衣书服盛于南唐""文物有元和之风"。文人的大量涌入，再加上江南地区深厚的文学底蕴和文化基础，使南唐成为一个艺术的王朝，为后来《韩熙载夜宴图》的面世提供了必要的环境。中主李璟时期，南唐与吴越战祸频起，北方后周政权三度侵入南唐，寿州一战，南唐军队一溃千里，被迫尽献江北之地。为避后周锋芒，李璟迁都洪州，自此国力受损，不复昔日强盛。待后主李煜即位时，南唐政治、社会矛盾积重难返，党争愈演愈烈，人心涣散，处于即将亡国的风雨飘摇之中。就在这一时期，画家顾闳中的《韩熙载夜宴图》面世，成为南唐最后的欢宴。

"宴罢又成空，魂迷春梦中"，看到《韩熙载夜宴图》总是令人不经意想到李后主的这句词。画面中的韩熙载是一位很有才华的官员，出身北方望族，投顺南唐，初期深受南唐中主李璟的宠信，后主李煜继位后，南唐已经处于衰落的状态，李煜的软弱加剧了南唐的灭亡。

李煜一方面向威胁南唐的北周屈辱求和，一方面又猜疑陷害北方来的官员，南唐统治集团内部斗争激烈，朝不保夕。在这种环境之中，身居高职、又是来自北方的韩熙载为了保护自己，以声色为韬晦之所，每每夜宴宏开，与宾客纵情嬉游，期望以此迷惑李后主，不要怀疑、迫害他。但李煜对他还是不放心，派出两名宫廷画师——周文矩与顾闳中"夜至其第，窃窥之，目识心记，图绘以上之"。韩熙载心知肚明，将夜夜笙歌、醉生梦死的生活来了场淋漓尽致的演绎，顾闳中凭借着他那敏捷的洞察力和惊人的记忆力，把韩熙载在家中的夜宴全过程默记在心，回去后即刻挥笔作画，成就绝世名画。李后主看了此画后，韩熙载等人才得到了暂时的安全。

这幅画卷，描绘的就是韩府夜宴的整个过程，绘面采用传统的表现连续故事的手法，将琵琶演奏、观舞、宴间休息、

太常御筵經筵侍　書程闓雲題

唐宮圖

顾闳中《韩熙载夜宴图》局部

🔴 《韩熙载夜宴图》局部

清吹、欢送宾客五段场景一一展现，各段独立成章，又能连成整体。第一段为"听乐"，为夜宴初开时，几案上酒菜罗列，教坊司李嘉明之妹手捧琵琶，轻拨琴弦，七男五女或坐或立，主人公韩熙载跏趺坐于围床，似乎沉寂在琵琶声中。第二段是"观舞"。韩熙载宠妓王屋山扭动柔软的腰肢，随着鼓乐声跳起六幺舞，韩熙载在一面半人高的红漆阑鼓前击鼓助兴，神态自若。其他人或拍手迎合，或手持云板，或凝神观舞，最有意思的是韩熙载的知心好友德明和尚，低头合掌，目不斜视，似乎十分尴尬。第三段为"休憩"。韩熙载略有疲惫，正与四位女妓围坐内室榻上休息，另有两侍女似乎在商量新一轮的宴乐。第四段为"清吹"，韩熙载着白色宽衣，袒胸露腹，微摇绢扇，盘坐在胡椅上，面前一位女子与他交流着什么，五位乐伎神情娴雅地坐成一排吹奏箫笛。第五段为"调笑"。数位宾客与女妓调笑取乐，韩熙载着黄衫，复执鼓槌，端立正中，暗示着欢宴即将重开。

作者的观察细致入微，把韩熙载生活的情景描绘得淋漓尽致，画面中四十多个人物神态各异，栩栩如生。画家从一个生活的侧面，生动地反映了当时统治阶级奢靡的生活场面。画家用惊人的观察力，和对主人公命运与思想的深刻理解，在看似整个宴会沉浸在纸醉金迷的行乐中，暗示着韩熙载以失望收场。而这种落寞心情，反过来又加强了韩熙载对美好生活的追求与向往。

这幅巨作完成不久，后主李煜兵败降宋，南唐国运在存在39年后戛然而止，《韩熙载夜宴图》与后主李煜的亡国后词一样，成为南唐最后的奢华。

差异的晚宴

在人类灿若星河的艺术世界里，绘画是对现实对象的浓缩与精炼、概括与简化，有属于它自己的美学价值和哲学观念。《韩熙载夜宴图》是中国工笔人物画的代表作，是中国传统绘画艺术的骄傲。在西方绘画世界里，《最后的晚餐》是达·芬奇用他的笔将晚餐的情景在瞬间定格，是世界美术宝库中最完美的典范杰作。两幅中西方的名画描绘的都是晚宴的情景，里面人物各有特征，绘画技法各有千秋，东西方绘画的差异由此显现。

就构图而言，《韩熙载夜宴图》是一个流动的画面，画家将这种流动式的美用散点透视法呈现出来，"以形写神"，将五个场景、四十多个人物展现在一幅画卷上，满眼色欲的郎君、娇小妩媚的艺伎、声色犬马的大臣、尴尬的僧侣、穿梭的侍女……人物众多却聚散有致、宾主有序，场面动静相宜。屏风充当了时空转变的间隔，把一幅幅不同时空的故事连缀成篇，毫无违和感。而达·芬奇《最后的晚餐》在画面的布局上别具新意。打破了耶稣弟子们坐成一排，耶稣独坐一端的常见布局，让十二门徒分坐于耶稣两边，耶稣孤寂地坐在中间，将这幅画定格在了即将到达高潮前的那一刻，即耶稣说完"你们中有一个人出卖了我"的那一刻。耶稣的脸被身后明亮的窗户映照，显得庄严肃穆，他旁边那些慌乱的弟子们，流露出最真实的姿态神情，每个人的面部表情、眼神、动作各不相同。尤其是惊恐的犹大，手肘碰倒了盐瓶，身体后仰，满脸的惶恐与不安。

就色彩和线条来说，《韩熙载夜宴图》色泽艳丽，富于层次感。多处采用了朱红、朱砂、石青、石绿以及白粉等色，对比强烈。细看仕女们的服饰，可以看出重彩勾填的衣纹图案，极其工细。对于衣物重叠和关节的转折处，画家巧妙地运用晕染技法，让画面虚实有序，形成统一整体。《最后的晚餐》作者首先选用了较为和谐的暖色调黄色，使得画面充满温馨之感。左边的暗色调与右边的亮色调形成对比。刻画人物的线条圆润而有力道，刻画物体和墙壁背景的线条既肯定又刚直，曲与直的线条结合在同一个画面中，使得线条与视觉产生了共鸣。

中西方的绘画艺术是不同的，我们只有用心感受，才能体会它们不同的精神实质。中国工笔画通过对人物的描绘，更多地展现内心世界，通过"形似"获得"神似"，体现"天人合一"的思想，追求人与自然的和谐。《最后的晚餐》像是一尊雕塑，欣赏时内心会有一种震撼，这种震撼源于"神性"。两种绘画尽管有地域的差异，但表现的都是人类的心灵世界，其艺术价值属于全人类。

国宝回家

清雍正年间，《韩熙载夜宴图》为权臣年羹尧所有，年氏倒台被抄家，此画收归皇室，被珍藏于清宫之内。清朝灭亡后，溥仪将此画作带往东北。1945 年 8 月 10 日，日本关东军宣布"伪满洲国"小朝廷转移，溥仪匆匆出逃。《韩熙载夜宴图》在这场动乱中散落到长春街头，几经辗转，到了京城装裱名匠马霁川手中，他叫价黄金五百两，最终张大千用准备买房子的钱换回了这件国宝。

20 世纪 50 年代，寓居香港的张大千决定移居阿根廷，为了筹措费用，他决定出售自己收藏的三幅国画珍品——《韩熙载夜宴图》、南唐董源的《潇湘图》和元代方从义的《武夷山放棹图》。彼时，不少国外文物机构、文物贩子、香港本土大古董商，往返于中国香港和境外之间，携巨款购画，伺机哄抬价格。鉴于此，由周恩来总理直接部署，国家文物局局长郑振铎负责，成立了香港秘密收购小组，由香港大收藏家徐伯郊为收购小组组长，并决定以文化部的名义，正式申请由国家拨出专款，专门用于收购流散在香港的文物。得到张大千要出售名画的消息后，与张大千为莫逆之交的徐伯郊立刻找到张大千，并表明了自己的真实身份，经过一番商讨，徐伯郊以两万美元这个当时极低的价格买下了《韩熙载夜宴图》《潇湘图》以及张大千收集的一些敦煌卷帖和其他宋代画册等。从此，《韩熙载夜宴图》等一批国宝级文物便成了国家文物局馆藏的稀世绘画珍品。

《韩熙载夜宴图》是幸运的，经历一番颠沛流离后，已经安然地躺在故宫博物院中。回望悠远时空，《韩熙载夜宴图》展开的斑斓历史画卷，令人过目难忘、叹为观止。历史展开的画卷宏大壮阔，然而历史也是由一个个具体的个人构成，那些画，那些物，那些文字，那些场景，无不散发着那个时代特有的历史温度。

国家宝藏

THE NATION'S GREATEST TREASURES

博物馆里的中国史

国家宝藏

THE NATION'S GREATEST TREASURES

博物馆里的中国史

【第四卷】

佟洵 王云松 主编

石油工业出版社

第八章 多元一体的文明进程

073　官窑创造的瓷器辉煌
　　　汝窑青釉水仙盆 /424

074　一代词宗的风流与寂寞
　　　苏轼《黄州寒食诗帖》/428

075　市民社会的真实写照
　　　张择端《清明上河图》/436

076　"东方文艺复兴"的见证
　　　福建刻本《晦庵先生文集》/443

077　海上丝绸之路的繁荣
　　　鎏金银腰链 /447

078　墓葬艺术中的辽国社会生活
　　　宣化辽墓壁画 /452

079　寻找金代的上京
　　　铜坐龙 /458

080　西夏王朝的文化积淀
　　　西夏文《吉祥遍至口和本续》/462

081　鲜为人知的大理国
　　　银背光金阿嵯耶观音立像 /468

082　忽必烈与他的世界帝国
　　　刘贯道《元世祖出猎图》/473

083　丝路寻踪青花瓷
　　　景德镇窑青花凤首扁壶 /478

084　饮誉中外的戏剧艺术
　　　元杂剧壁画 /483

085　元代的流通纸币
　　　至元通行宝钞 /487

第九章 封建王朝的最后辉煌

086　郑和下西洋带来的契机
　　　青花海水纹香炉 /494

087　文化事业上的创举
　　　《永乐大典》 /499

088　一个酒杯引发的故事
　　　斗彩鸡缸杯 /507

089　明代皇帝的祭祖出巡大典
　　　无款《出警图》和《入跸图》 /511

090　大明天子的冠冕
　　　金丝翼善冠 /516

091　风花雪月之外的文人生活
　　　唐寅《事茗图》 /521

092　明末农民起义的历史见证
　　　虎钮永昌大元帅金印 /528

093　雍正帝即位的迷雾
　　　清圣祖遗诏 /534

094　雍正帝的日常生活
　　　珐琅彩锦鸡富贵图碗 /538

095　清朝是这样治理西藏的
　　　金贲巴瓶及牙签 /542

096　中国古代制瓷工艺的巅峰之作
　　　各种釉彩大瓶 /547

097　宫廷里的西方艺术
　　　郎世宁《百骏图》 /551

098　寓意吉祥的玉雕珍宝
　　　翠玉白菜 /555

099　一段屈辱的民族记忆
　　　北洋水师"镇远"舰铁锚 /558

100　封建王朝的彻底终结
　　　清朝宣统皇帝溥仪退位诏书 /563

后记 /568

大唐盛世落幕之后，中国经过了几十年的五代十国时期，频繁的战争让老百姓深受伤害。但是国家统一始终是中国人的期盼，统一的宋王朝很快建立起来。宋朝和汉朝一样，也分成了北宋和南宋两个时期，两宋时期由于经济的发展，城市里的市民阶层不断扩大，故宫博物院收藏的《清明上河图》就是宋代市民社会的真实写照。随着宋代印刷术的进步、制瓷业的繁荣，两宋时期的中华文明又成了全世界的领跑者。这一时期，有一些和宋朝同时存在的少数民族政权，像辽、金、西夏、大理，它们在接受着中原地区先进文化的同时也形成了具有独特魅力的民族文化，黑龙江省博物馆的金代坐龙，宁夏博物馆的西夏文献，都是最好的代表。很快，蒙古民族崛起，结束了中华大地上的分裂局面，建立了元朝。元朝是中国历史上一个短暂的王朝，它却为现代中国版图的奠定打下了基础。

第八章　多元一体的文明进程

推荐博物馆：
黑龙江省博物馆、宁夏博物馆、故宫博物院、广东海上丝绸之路博物馆、云南省博物院、中国台北故宫博物院

073 官窑创造的瓷器辉煌
汝窑青釉水仙盆

年　代：北宋，公元 960—1127 年
尺　寸：高 6.9 厘米，横 23 厘米，纵 16.4 厘米
材　质：瓷器
收藏地：中国台北故宫博物院

学贯东西、通晓古今的史学大家陈寅恪先生曾这样盛赞宋代文化："华夏民族之文化，历数千载之演进，造极于赵宋之世。"除了诗词文章、书法绘画，宋瓷堪称是当时技术与审美、物质文化与精神文化的完美结合，是宋代文化的典范与象征，也是后世一直追求和仿效的楷模与榜样。

青瓷之魁

汝窑被后世奉为北宋五大名窑之首，震古烁今，是中国古代瓷器发展史中一颗璀璨耀眼之星。汝窑因产于汝州而得名（窑址在今河南省宝丰县大营镇清凉寺村），其烧造的瓷器有着天青色的釉、香灰色的胎，釉质温润如玉，素面朴实无华；釉内有气泡，如点点晨星；釉面有蝉翼纹般的开片，若隐若现。简言之，"青如天、面如玉、晨星稀、蝉翼纹"，就是汝瓷的特质。汝瓷被誉为"青瓷之魁"，被形容为

"雨过天晴云破处""千峰碧波翠色来"，将自然之美与人工之美充分地结合在了一起，也可以说是用人工之美充分展现了自然之美。

目前，就汝窑的传世器物来看，较为明确的数量统计，全世界范围内有 70 件左右，再加上未公开或未知的，总计也不足百件，极为稀少。中国台北故宫博物院典藏汝窑瓷器 21 件，其中水仙盆有 3 件。水仙盆呈椭圆形，侈口，椭圆圈足，下承以四如意头形足，底部有六个细小的支烧痕，均刻乾隆御制诗："官窑莫辨宋还唐，火气都无有葆光。便是讹传猧食器，蹴枰却识豢恩偿。龙脑香熏蜀锦裀，华清无事饲康居。乱棋解释三郎急，谁识黄虬正不如。"造型典雅大气，釉色均匀莹润。除了中国台北故宫博物院收藏的北宋汝窑的水仙盆外，还有一件现藏于日本大阪市立东洋陶瓷美术馆。那件水仙盆口沿扣饰金属，原为日本安宅家族旧藏，曾两次被伦敦苏富比拍卖。宋代瓷器中只有汝窑生产这种形制的水仙盆，它们能流传至今，实属不易。

汝瓷一片值万金

汝窑烧制宫廷御用瓷器是在宋哲宗元祐元年（1086）到宋徽宗崇宁五年（1106）之间，前后约 20 年。汝窑主要采用外裹足满釉支烧法，即用各类匣钵一钵一器烧制而成，在盘、碗等体量较小器物的底部往往可见细如芝麻的小支钉痕 3 ~ 5 个，与明代著名养生家高濂在《遵生八笺》中记载汝窑"汁中棕眼，隐若蟹爪，底有芝麻花细小挣钉"是一致的。另外，也有少数器物采用垫饼的方式烧制而成，则圈足底端均无釉露胎。汝窑瓷器的釉色，以淡天青色为基本色调，是因为其胎、釉中氧化铁的含量适当。此外，汝窑瓷器的釉中还掺有玛瑙粉末。南宋学者周辉在《清波杂志》中说："汝窑，宫中禁烧，内有玛瑙为釉，唯御拣退方许出卖，近尤难得。"实际上玛瑙的主要成分为二氧化硅，往往含有铁的着色元素，对汝瓷形成的特殊色泽会产生一定的作用。汝窑瓷器在烧成时，还原气氛控制得恰到好处，十

汝窑青釉水仙盆

分精准，致使器物烧成后釉面滋润，釉呈淡淡的天青色。汝窑烧造的时间并不长，但在器物形体、制作工艺、釉质釉色等方面极为讲究，几乎达到让人无可挑剔的完美境界。

汝窑的产品不多，在当时就已一器难求。作为一代名窑，自明代以来，汝窑瓷器更是一直受到人们的热捧。明代宣德时期，景德镇御窑厂已开始仿烧汝釉瓷器，清代雍正、乾隆、嘉庆、道光各朝也都有仿烧。后世的仿造，以雍、乾两朝最为成功，主要是仿宋代汝窑瓷器的釉色逼真，胎釉质地远在宣德仿制之上，达到了"神形兼备"的效果，可以以假乱真。除了技术因素之外，能成功地烧造出仿汝窑瓷器还与以清内府收藏的古瓷为样本照样烧造有关。如在乾隆三年（1738）六月，一次就将旧藏的宋、明各色瓷器 108 件作为样本交给景德镇督陶官唐英进行生产，其中就有汝窑珍品。唐英《陶成纪事碑记》中记载，清代仿烧汝窑器时，所用的标本有"仿铜骨无纹汝釉。仿宋器猫食盆、人面洗色泽"，这个所谓的"猫食盆"其实就是水仙盆。这种高水平的仿造，是后人对汝窑瓷器的一种致敬，也是汝窑瓷器生命的另一种延续。

汝窑莲花式温碗·北宋

这件北宋汝窑莲花式温碗原藏于北京故宫养心殿，是清朝皇帝的皇家收藏，深得乾隆帝的喜爱，现藏于中国台北故宫博物院。整碗高 10 厘米，口径 15.8 厘米，足径 8.5 厘米，是流行于晚唐至宋代的饮酒器具，类似于我们现在用来烫酒的小酒壶。

074 | 一代词宗的风流与寂寞
苏轼《黄州寒食诗帖》

> 年　代：北宋，公元960—1127年
> 尺　寸：横34.2厘米，纵18.9厘米
> 材　质：素笺本
> 收藏地：中国台北故宫博物院

　　苏轼，又名苏东坡，被称作是宋代的国民偶像一点儿也不为过。有宋一朝，妇孺老幼都能吟得上几句他的诗词，"但愿人长久，千里共婵娟""老夫聊发少年狂"，等等。苏轼一生经历跌宕起伏，既有"春风得意马蹄疾"的荣誉，也有"一蓑烟雨任平生"的淡泊；既可在庙堂之上高谈阔论，当仁不让，也能在田野之中结庐躬耕，自得其乐。这也正是苏东坡的真我风采。当苏东坡写下"大江东去，浪淘尽，千古风流人物"时，是否有着对自己的认同和肯定，我们不得而知。但是，他在同一年写下的《黄州寒食诗帖》确已流传近千年，成为苏轼风流千古的见证。

苏东坡的书法

　　北宋是中国书法史上的一个高峰期，名家辈出，高手如云，领军人物"苏、黄、米、蔡"更是出类拔萃、卓然独立。其中，"苏"指的就是苏轼。苏门四学士之一

的黄庭坚评价苏轼的书法"于今为天下第一""本朝善书者，自当推（苏）为第一。数百年后，必有知余此论者"。可见，作为大文豪的苏轼，不仅以诗词、文章著称于世，书法上的造诣也堪称翘楚。在传世的苏轼书法作品中，《黄州寒食诗帖》最具代表性。

《黄州寒食诗帖》又名《黄州寒食帖》，或称《寒食帖》，苏轼撰诗并书，墨迹素笺本，五言诗两首，行书17行，共计127字。作品的主要内容如下：

自我来黄州，已过三寒食。年年欲惜春，春去不容惜。今年又苦雨，两月秋萧瑟。卧闻海棠花，泥污燕支雪。暗（闻）中偷负去，夜半真有力。何殊病少年，病起头已白。

春江欲入户，雨势来不已。小屋如渔舟，濛濛水云里。空庖煮寒菜，破灶烧湿苇。那知是寒食，但见乌衔纸。君门深九重，坟墓在万里。也拟哭途穷，死灰吹不起。

右黄州寒食二首。

苏轼书写此帖，当在宋神宗元丰五年（1082）。那时，他因"乌台诗案"被贬谪为黄州（今湖北省黄冈市）团练副使。这两首诗，诗意深沉苦涩，甚至有些压抑，在苏轼三千多首诗词之中，既算不上杰作，也不为人所熟知。但是，在书法史上，它确可称得上是宋代美学的最佳典范。与苏轼亦师亦友的黄庭坚机缘巧合见到《黄州寒食诗帖》，激动万分，在诗稿后作了题跋："东坡此诗似李太白，犹恐太白有未到处。此书兼颜鲁公、杨少师、李西台笔意。试使东坡复为之，未必及此。它日东坡或见此书，应笑我于无佛处称尊也。"苏轼的诗，确实有与诗仙李白相近、相通之处。苏轼写过"小舟从此逝，江海寄余生"，而李白也曾写道"人生在世不称意，明朝散发弄扁舟"；两人都对自由自在的江湖有着热切的向往。该诗帖的书法，不仅淋漓尽致地展现了苏轼书法的特点、新意、个性，还兼有唐代颜真卿、五代杨凝式和北宋李建中的笔意。苏轼在书写该诗帖时，一定是笔随意走，一气呵成，无拘无束。因此，若脱离了当

自我来黄州　已過三寒
食年年欲惜春春去
不容惜今年又苦雨兩月秋
蕭瑟臥聞海棠花泥
污燕支雪闇中偷負
去夜半真有力何殊少
年子病起須已白
春江欲入户雨勢來
不已小屋如漁舟濛濛
水雲裏空庖煮寒菜
破竈燒濕葦那
知是寒食但見烏
銜紙君門深
九重墳墓在萬里也擬
哭塗窮死灰吹不

東坡老仙三詩先世舊所藏伯
祖永安大夫嘗謁山谷於眉之
青神有攜行書帖山谷皆跋其
後此詩其一也老仙文高筆妙跋
若霄漢雲霞之麗山谷又發揚
蹈厲之可為絕代之珍矣昔
曾大父禮院官中秘書5李常
公擇為僚與永安帖自言識
先禮院於公擇為甥由是與
弟蹈山谷與永安帖自言識
山府君志名皆列山谷集諸
跋世不盡見山跋龍恢奇肙詳
菩卷後永安為河南屬邑
伯祖嘗為之宰云
三晉張縯季長甫
釜文堂書

籍東坡黃州寒食詩卷引首乾隆帝行書雪堂餘韻四字用俗學…（以下長跋略）

東坡先生…（題跋文字）

民國紀元之…

《黄州寒食诗帖》· 苏轼

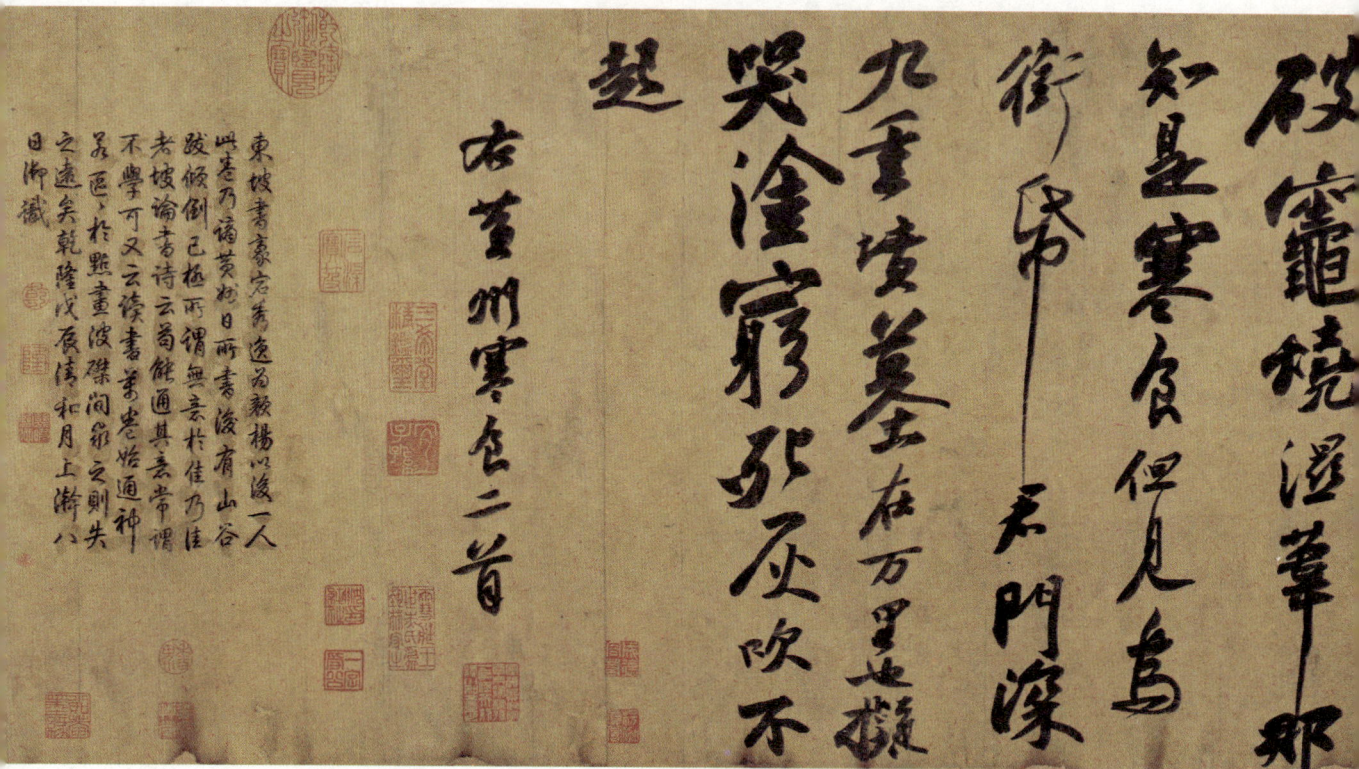

苏轼《黄州寒食诗帖》局部

时的心情、状态、感受、遭遇等主客观环境，让苏轼再写一次，恐怕也未必能够达到相同的水平。这才是真正的艺术品，真正有着无穷魅力的艺术品，真正蕴藏着创作者灵魂的艺术品。所以，元代书法家鲜于枢将《黄州寒食诗帖》誉为继东晋王羲之的《兰亭序》、唐代颜真卿的《祭侄文稿》之后的"天下第三行书"。这一评价，得到了后世的公认。若是将此诗帖仅仅放置于特定的两宋时期加以品评，那么称之为"天下第一行书"也是毫无争议的。

从《寒食帖》笔法上来看，整幅作品的点画都显得粗壮浓重，第一眼给人的感觉就是丰腴。作品中横的墨色和用笔都偏轻，相比之下竖画就比较粗而且墨色较重。在笔法方面，唐代著名书法家颜真卿对苏轼的影响最大，颜真卿的书法在用笔上最大的一个特点就是横细竖粗，撇轻捺重，苏轼就吸收了这一特点并运用到自己的创作中。

《寒食帖》的字在结构上取横势，又平又扁，整体显得宽博质朴。黄庭坚在评论苏轼的字形时曾戏谑地称之为"石压蛤蟆"，将苏轼字体的奇特扁平生动地表达了出来。在同一幅作品中间，字体大小对比最明显的书法家应当首推苏轼了。这幅作品中每个字大小的对比都非常明显，其中倒数第二行的"哭途穷"这三个字所占的空间，比前一列"在万里也拟"这五个字所占的空间还要大。字体上的这种强烈反差，既可以第一时间吸引观看者的注意力，也可以让观看者形象、直观地体会到苏轼在创作过程中的那种极度不稳定的心绪和情感。

从《寒食帖》章法上看，行与行之间的距离显得很稀疏，但在纵势的相互呼应下，不仅没有让人感觉章法散乱，反而带给人一种浑厚、灵动的感觉。整幅作品中的笔画大都表现出一种开张的趋势，也把墨色的浓淡、轻重巧妙地错落开来，展现出一种独特的韵律感。苏轼书法独有一种韵味，让人看过之后除了感觉天真和朴素之外还带有一点拙趣，丝毫没有狂傲奇怪和做作的感觉。

国宝的递藏源流

北宋时期，苏轼的墨宝就已被朝野视为珍品，《黄州寒食诗帖》的递藏源流非常清晰。元代，《黄州寒食诗帖》收藏于内府，元文宗孛儿只斤·图帖睦尔在其上钤盖了"天历之宝"。明代大书画家董其昌将《黄州寒食诗帖》摹刻

于《戏鸿堂帖》中，并题跋其上："余生平见东坡先生真迹，不下三十余卷，必以此为甲观。已摹刻《戏鸿堂帖》中。董其昌观并题。"可谓再遇知音。清朝顺治年间，《黄州寒食诗帖》转到了益都（今山东省潍坊市青州市）人孙承泽手中，因此上面有"北平孙氏""退谷"的钤印。康熙年间，《黄州寒食诗帖》被著名书画收藏家纳兰容若收藏。纳兰容若喜得《黄州寒食诗帖》，爱不释手，钤盖了不少印章，如"容若书画""成德容若""成子容若"等等。几十年后，《黄州寒食诗帖》收归大清内府，并刻入《三希堂法帖》。乾隆皇帝特书"雪堂余韵"四字，以作为此墨宝的卷首题词，并祈此墨宝与天地长存。乾隆皇帝在《黄州寒食诗帖》长卷上钤盖了不少印玺。咸丰十年（1860），庚申之变，"万园之园"圆明园惨遭英法联军焚毁，收藏在园内的《黄州寒食诗帖》长卷被烈火烤焦了边沿，险遭厄运。时隔不久，《黄州寒食诗帖》流落民间，为书画家冯展云所得。冯卒后，归郁华阁主人盛

伯羲所有。清宣统年间，《黄州寒食诗帖》又被意园主人收藏。1913 年 2 月，梁鼎芬为幸存的《黄州寒食诗帖》长卷题签："宋苏文忠《黄州寒食诗帖》真迹，张文襄称为海内第一。意园物，献盦藏。宣统癸丑二月，梁鼎芬题记。"1922 年，《黄州寒食帖》的收藏者颜世清游览日本江户时，将诗帖以重价出售给菊池惺堂，致使这一件书法瑰宝流落异乡。1945 年，日本宣布无条件投降。战争刚一结束，时任中华民国政府外交部部长的王世杰嘱托友人在日本遍访《黄州寒食诗帖》，并不惜重金购回，使得这一墨宝重归故土。诗帖现藏于中国台北故宫博物院。

宋代书法四大家

在经历了隋唐书法的鼎盛期后，书法艺术在宋代继续发展，涌现出苏轼、黄庭坚、米芾、蔡襄等书法大家，并称"宋四家"。宋代的尚意书风一改前朝"尚法"，以理性为先、强调法则的审美规范，提倡以情为主、重主观、尚个性，强调创作主体的人品、学识，认为"作字之法，识浅、见狭、学不足三者，终不能尽妙"；并注重个体情趣意志的抒发，追求"妙在笔趣之外"；更突出的是强烈要求摆脱法则约束、创造新书风，在书法创作中提倡"无法""无意"。"无法"是针对前朝"尚法"而提，强调性灵、觉悟，"心能转腕，手能转笔，书字便如人意"。

075 市民社会的真实写照

张择端《清明上河图》

年　代：北宋，公元960—1127年

尺　寸：横528.7厘米，纵24.8厘米

材　质：绢本

收藏地：故宫博物院

　　北宋张择端的《清明上河图》堪称中国古代表现社会生活内容最为丰富、情景最为生动、意蕴最为深厚、感染力最为强烈的风俗画长卷。画中绘有人物八百多名，牲畜九十余头，车船五十多辆，树木一百多棵，房屋一百余栋，此外还有河流、桥梁、城墙以及盆盆罐罐、桌椅板凳等，可以说是包罗万象，无所不有。如此规模的画作可以说是前所未有，对作画者而言也是个巨大的突破、挑战和考验。这需要画家成熟的构思、巧妙的安排、严谨的设计、准确的观察、合理的把控、

《清明上河图》局部·张择端

广阔的视野、精细的笔绘、贯通的技法。只有如此，才能成就这一北宋开封"百科全书式"的图画。

北宋汴京众生相

宋代画家张择端绘制的长卷风俗画《清明上河图》被誉为中国十大传世名画之一，也是一幅享誉世界的名画。画面人物众多，景象恢宏盛大，内容丰富多彩，笔法严谨精细，表现技巧生动灵活，以全景式的构图真实地反映了北宋京城汴梁（今河南省开封市）社会各个阶层的不同生活。它所具备的强烈的艺术感染力、深厚的社会意义，使画作的艺术性和思想性达到高度完美的统一。

《清明上河图》以精致的工笔，步步生景，画面的内容结构，大致可分为三个段落。画卷右端起，始为城郊的农村风光，寂静的原野，略显寒意，渐而有村落田畴，嫩柳初绿，上坟回城的轿马人群，行走于稀疏的树石、潺潺的溪流之间，点出了清明时节的景象。渐而人物增多，房舍逐渐稠密，河道也渐显宽广，画面的气氛随之热烈。中段以虹桥为中心，形成了全画最为紧凑、最为热闹的场面。虹桥横跨于汴河之上，桥身全由巨木架成，有梁无柱，结构精巧，规模宏大，形制优美，宛如长虹。桥的两端连接街市，来往行人熙熙攘攘，车水马龙，与桥下紧张的水运相互呼应。桥下河面狭窄，水深流急。漕船之上，船工们正在与河水

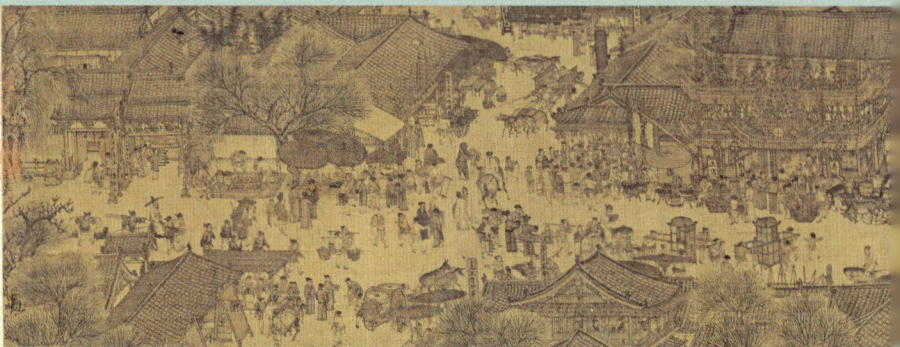

《清明上河图》·张择端

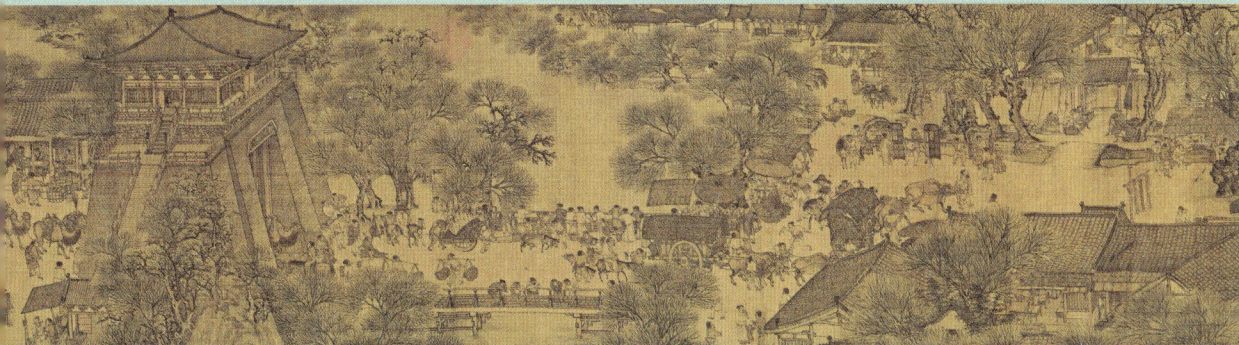

激烈搏斗，有的撑篙，有的掌舵，有的放桡杆，有的掷缆绳，有的呼喊指挥。过桥的行人也驻足观看，情不自禁地指点提醒、呼号助力，一时间，多少人手忙脚乱，鼎沸一片。后段为城门内外的景象，城楼高耸巍峨，街道纵横交错，店铺鳞次栉比，茶坊、酒肆、脚店、肉铺、寺观、公廨等，一应俱全。街市中有专营罗锦匹帛、珠宝香料、香火纸马的，有医药门诊、大车修理、看相算命的，还有沿街叫卖零食及小百货的，可以说是应有尽有。街上的行人摩肩接踵，络绎不绝，男女老幼，士农工商，三教九流，形形色色，无所不备。正如后世观者所总结的那样："其位置，若城郭市桥屋庐之远近高下，草树马牛驴驼之小大出没，以及居者行者舟车之往还先后，皆曲尽其意态，而莫可数计，盖汴京盛时伟观也。"《清明上河图》所绘这三个部分情景在高度统一的同时又保持着相对的独立性。统一是指三个部分所描绘的内容各不相同却又密不可分，三个部分的空间转换也顺畅自然，没有突兀感；独立性是指三个部分在空间、叙事上，清晰地表现出了乡间郊区、虹桥汴河与城门内外三种场景。这三个部分使画面主次分明，疏密结合，首尾相连，浑然一体，酣畅淋漓，让画面具有起伏的运动感，仿佛可以置身于其中。

身世隐秘的张择端

　　《清明上河图》的大名妇孺皆知，但吊诡的是，创作者张择端却是个名不见经传的画家。关于张择端的文献材料，现存的只有金代张著在《清明上河图》卷后的 85 字跋文："翰林张择端，字正道，东武人也。幼读书，游学于京师。后习绘事，本工其界画，尤嗜于舟车市桥郭径，别成家数也。按向氏《评论画图记》云《西湖争标图》《清明上河图》选入神品，藏者宜宝之。大定丙午清明后一日。燕山张著跋。"据此可知，张择端，字正道，大约出生于宋仁宗嘉祐年间（1056—1063）末至英宗治平年间（1064—1067），东武（今山东省潍坊市诸城市）人。张择端自幼熟读诗书，长大游学京师，后来可能由于科举考试失利，转攻绘画，并成为一名宫廷画师。细查《清明上河图》长卷的绘画技艺，画家对细微之处刻画得精微且娴熟，考虑到张择端"后习绘事"的因素，该图应是画家的中年之作，时间大约在崇宁年间（1102—1106）。可能在崇宁四年（1105）的一天，张择端完成画作后将之裱成了手卷，呈递给宋徽宗。宋徽宗看后大加赞赏，情不自禁地在卷首用瘦金书题写了5个字，还加钤了双龙印，但这些在明朝末年已被损毁，那5个字应该就是"清明上河图"。根据张著《清明上河图》跋文，张择端有"《西湖争标图》《清明上河图》选入神品，藏者宜宝之"。也就是说，张择端还有一幅《西湖争标图》为世人所重。现存天津博物馆的《金明池争标图》，图上有"张择端呈进"5个不很显眼的小字，就是与《清明上河图》并称的反映北宋汴梁城市生活面貌的又一杰作，二者堪称双璧。不过，前者在画幅尺寸、所绘内容上远远少于后者，所以，《清明上河图》确是张择端最具代表性的作品。

宝图流传终入宫

　　《清明上河图》是国画中当之无愧的鸿篇巨帙，在宋代就被视作珍品。因此，《清明上河图》一直不断被模仿。据粗略统计，现存的《清明上河图》摹本有三十多本，其中中国各大博物馆就收藏十余本。不仅如此，《清明上河图》还是后世帝王权贵竞相追逐的目标，收藏家鉴赏家梦寐以求的对象，加之改朝换代、社会动荡等诸多因素，《清明上河图》本身的遭遇和经历也造就了一段耐人寻味的传奇。

　　明嘉靖三年（1524），《清明上河图》转到兵部尚书长洲（今江苏省苏州市）陆完的手里。陆完死后，他的夫人将《清明上河图》缝入枕中，寸步不离，视如身家性命，连亲生儿子也不得一见。不过，陆完死后，其子因欠官债，急等钱用，便将《清明上河图》偷偷卖给昆山（今江苏省昆山市）顾懋宏，后被严嵩父子强行索去。嘉靖四十四年（1565），严嵩倒台，严世蕃被斩，严府被抄，《清明上河图》被收入皇宫。

清代，《清明上河图》先由礼部侍郎陆费墀（安徽桐乡人）收藏，画上有他的钤印题跋。陆费墀死后被抄家，《清明上河图》又被湖广总督、大学者毕沅购得。毕沅死后，亦遭抄家，《清明上河图》被收入皇宫之中。嘉庆皇帝得此至宝，将其珍藏于建福宫的延春阁，并命人将它收录在《石渠宝笈三编》一书内。因此，这幅《清明上河图》旧称"延春阁本"，包首题签"张择端清明上河图"，画上无作者款印。该画在1924年之前被溥仪盗出皇宫，后来被带到长春伪皇宫，1945年抗战胜利后散佚到民间。中华人民共和国成立之初，该画被政府收回，但当时尚不知这就是张择端的《清明上河图》，因而混迹在东北博物馆（今辽宁省博物馆）临时库房里的一堆破烂书画里。1950年8月，著名的书画鉴定家杨仁恺先生在里面发现了这件《清明上河图》长卷，他在《1950年东北博物馆庋藏溥仪书画鉴定报告书》中所附的《鉴定笔记》里将此画考订为北宋张择端的真迹，这件珍宝才得以重见天日。1953年11月，《清明上河图》长卷最终回到了故宫博物院。

076 "东方文艺复兴" 的见证
福建刻本《晦庵先生文集》

年　代：南宋，公元 1127—1279 年
尺　寸：纵 23.6 厘米，横 17.7 厘米
材　质：纸
收藏地：中国台北故宫博物院

印刷术还未发明之前，书籍主要依靠抄写而得以流传。隋唐之际雕版印刷术和北宋活字印刷术先后出现以后，印刷逐渐成为书籍流传的主要途径。由于唐刻本仅局限于佛经、日历等内容，再加上年代悠远，保存不易。相对而言，宋刻本则数量多，质量精，内容丰富，流布较广。在版本学上，宋刻本被视为稀世珍本。

宋代理学的集大成者

朱熹（1130—1200），字元晦，一字仲晦，号晦庵，又号晦翁，别号紫阳。朱熹的祖籍是徽州婺源（今江西省婺源县），生于南剑州尤溪（今福建省尤溪县），后徙居建阳（今属福建省南平市）考亭。南宋高宗绍兴十八年（1148）进士，授泉州同安主簿，任满罢归，长期赋闲。其实，若与其他的著名官员相比，朱熹的履历很简单，做官的经历不足十年，其余的时间都在著书立说、教书讲学中度过。因此，

晦菴先生文集卷第一

詞賦　琴操　詩

虞帝廟迎送神樂歌詞

桂林郡虞帝廟迎送神樂歌者新安朱熹之所作
也熹既為太守張侯栻紀其新宮之續又作此歌
以遺桂人使聲于廟庭侑牲壁焉其詞曰

皇胡為兮山之幽醫兮長薄兮俯清流渺冀州兮何
有卷兹土兮淹留皇之仁兮如在子我民兮不窮
以愛沛皇澤兮橫流暢威靈兮無外潔薦兮肥俎
九歌兮招舞嗟莫報兮皇之祐皇欲下兮儼相羊

烈風雷兮暮雨

右迎神三章二章四句一章五句

虞之陽兮灘之湄皇降集兮巫屢舞桂酒湛兮瑤
觴皇之歸兮何許龍駕兮天門羽旌兮繽紛俯故
宮兮一哦宇宙兮無隣無隣兮奈何七政協兮
羣生嘉信玄功兮不宰猶彷彿兮山阿

右送神三章章四句

白鹿洞賦

白鹿洞賦者洞主晦翁之所作也翁既復作書
洞中又賦其事以示學者其詞曰

福建刻本《晦庵先生文集》

我们推崇朱熹是大思想家、大教育家。

朱熹的思想与学术集北宋以来理学之大成，创立了"考亭学派"（或称"闽学"），将孔孟儒学推向了新的高峰，带来了新的生机。朱熹是自儒学创立后，地位和名望仅次于孔子、孟子的一位大儒。朱熹的思想与学术除了体现在他与时人的讲授、交流之中以外，最重要的则是记录在了朱熹自己的文章、著作之中。我们常说的"四书五经"，不仅是儒家学说的经典，也是封建王朝选拔人才的指定教科书。孔子"删《诗》《书》，定《礼》《乐》，赞《周易》，修《春秋》"，《乐经》被认为失传（一说无此书），五经齐备，五经之名早在汉朝就已确定。四书指的是《大学》《中庸》《论语》和《孟子》，就是朱熹首先将它们合编在了一起，合称"四书五经"。

宋版书中的珍本

朱熹一生著述颇丰，其中大部分都汇集在了《晦庵先生文集》（亦名《朱文公文集》《晦庵文集》等）之内。《晦庵先生文集》是朱熹一生心血的凝聚，毕生的智慧结晶，朱熹不仅亲自结集审定，并且在其生前还有过三次刊刻：第一次在淳熙十五年（1188），即前集之刻，刻于建阳麻沙；第二次为前集与后集之合刻，时间约在绍熙三年（1192），刻于建阳麻沙；第三次在庆元四年（1198），出自其弟子王晋辅之手，当时朱熹正遭遇党禁之祸，所以秘刻于广南。

朱熹的思想和学术对后世影响极为深远，因此《晦庵先生文集》流传极为广泛，刻本数量众多。现存最早的宋刻本《晦庵先生文集》，是朱熹生前第二次刊刻的版本，也是宋代以来《晦庵先生文集》的祖本，文物价值、学术价值和意义相当重大。此本在明代为毛氏汲古阁所藏，后收藏于清朝皇宫，仅见著录于《天禄琳琅书目续编》："《晦庵先生文集》二函十二册，宋朱熹撰。前集十二卷，为古律诗、赋、策问、铭文、赞词、歌、解义、表札、上书、记、题跋、序、墓志铭、祭文；后集十八卷，

福建刻本《晦庵先生文集》·南宋

为序、辨、论、问答、易赞、记、行状、碑铭、墓志。无编者姓名，亦无序跋。书中标'晦庵先生文集'，而前集目录之首标'晦庵朱先生大全文集'，后集二印不可辨。"又附朱文藏印"宋本""甲""毛晋""汲古主人""乾隆御览之宝""五福五代堂宝"等。该刻本为大字本，无序跋，每半叶十二行二十一字，白口，间有小黑口，有鱼尾。

清朝末年，溥仪以赏赐溥杰为借口，把包括《晦庵先生文集》在内的乾清宫东昭仁殿的全部宋、明版古籍珍本运到宫外。后来，《晦庵先生文集》辗转为现代著名藏书家山阴（今浙江省绍兴市）沈仲涛所收藏。后来沈仲涛将毕生的藏书，包括《晦庵先生文集》在内，一同捐赠给了中国台北故宫博物院。

077

海上丝绸之路的繁荣
鎏金银腰链

年　　代：南宋，公元 1127—1279 年

尺　　寸：长 172 厘米

材　　质：鎏金银质

出土地：2007 年广东省台山市上下川岛海域南海 I 号沉船

收藏地：广东海上丝绸之路博物馆

　　人类文明的产生与发展受地理环境的影响。中国作为世界四大文明古国之一，并且延续至今、未曾中断，与其特定的地理环境有着密不可分的联系。在地理上，中国东临大海，西北是戈壁和沙漠，西南有面积广阔的青藏高原和云贵高原。这种一面临海、三面陆路的地理环境，使中国与外部世界形成了一种半开放、半隔绝的状态。在这种状态下，中国的西北部开辟了著名的丝绸之路，东部和东南沿海地区则开辟了与东亚、东南亚、南亚、阿拉伯半岛国家，甚至东非国家交通、交流的海上丝绸之路。因此，除了 960 万平方千米的陆地上埋藏着丰富的文化遗产外，300 万平方千米的海洋国土下面也有着惊人的古代宝藏。

海洋考古的发轫

　　20 世纪 80 年代中叶以前，中国的水下考古和水下考古学还是一片空白。1985 年，

鎏金银腰链

英国人米歇尔·哈彻在中国南海私自打捞出大批的清康熙年间的青花瓷器，并于1986年4月至5月将这批盗掘的珍贵文物在荷兰阿姆斯特丹拍卖，引起了国际考古学、博物馆学界的强烈不满，并引起中国政府及文物部门的关注。这种沉痛的刺激使中国政府和文物考古界做出的反应之一就是：填补学科空白，开展中国水下考古工作。1986年9月，国家科学技术委员会科学技术促进研究发展中心与文化部、国家文物局联合发出《关于加强我国水下考古工作的报告》，国家文物局委托中国历史博物馆（今中国国家博物馆）承担这项国家任务。1987年3月，由国家文物局牵头，成立了"国家水下考古工作协调小组"，水下考古在中国正式起步。

1987年广州救捞局与英国海洋探测打捞公司合作在广东省阳江海域寻找东印度公司沉船时，意外地发现了一艘中国古代沉船。1989年，中国与日本水下考古学者合作进行调查，这艘古代沉船被正式命名为"南海Ⅰ号"。2001

年、2003年，中国水下考古学者对沉船进行了发掘，发现沉船船体保存较好，虽然船的上层建构已经不存在，但主甲板及其以下的船舷、隔舱以及支撑结构（如龙骨、船肋）等，基本保存完整，船舱内放置着整齐的瓷器和其他货物，是迄今为止中国海域发现的保存最为完整的宋代沉船。2007年4月至12月，南海Ⅰ号被成功地整体打捞出水，安置在专门为其量身打造的广东海上丝绸之路博物馆内，并在其存放的"水晶宫"内注入了同质、同温的海水，为沉船构建了一个与之前相同的、可以控制的存放环境，为进一步的挖掘、研究创造了极佳的工作条件。2009年8月至9月，2011年3月至5月，广东省文物考古研究所水下考古研究中心研究人员对沉船进行了两次试掘，了解沉船情况，获得一批重要的考古数据，并提取了部分文物。2013年11月28日，南海Ⅰ号全面发掘正式启动，沉船的轮廓、舱室基本揭露，至今仍在有条不紊地发掘之中。

繁荣的海上丝绸之路

通过对南海Ⅰ号船体残块的木材检测，确定船木包含了马尾松和杉木两类材质。马尾松是生长于长江流域及其他区域的亚热带针叶树种，因此南海Ⅰ号沉船很有可能是中国南方地区制造的一艘商船。从已发掘暴露的船体结构和船型判断，南海Ⅰ号沉船是长宽比较小、安全系数高、耐波性好、装货量大的"福船"类型，船体保存较好，存有一定的立体结构，这在中国沉船考古中较为鲜见。截至2017年年底，南海Ⅰ号沉船总共出土文物21000余件套，其中以瓷器、铁器、铜器、铜钱为主，此外还有金器、银器以及大量动植物标本、船木等。瓷器主要为年代从北宋中晚期至南宋早期的福建德化窑、泉州磁灶窑、景德镇窑系、龙泉窑及广州民窑的产品，包括影青瓷、青瓷、青白瓷和铅绿釉的碗、盘、碟、壶与大小不一、形状各异的粉盒、瓶等。在发现的近两万枚铜钱当中，最早为王莽时期的"货泉"，其

次为隋唐时期的"五铢"钱和"开元通宝"，少部分为五代十国钱币，如后周的"周元通宝"、后唐的"唐国通宝"等，绝大部分为北宋的年号铜钱，最晚的为南宋"绍兴元宝"。此外，还有铜镜、石砚、石枕、石雕佛像、石雕观音坐像、银锭等等。据考古专家估计，南海Ⅰ号沉船中的遗物总量可达6万到8万件之多。在沉船内如此众多的器物之中，有一件鎏金银腰带，长172厘米，形制独特，不同于中国传统的腰带，具有明显的波斯风格，很可能为船主或船员所用，这也许暗示沉船或许与南亚或东南亚存在联系。这件鎏金银腰带成为沉船所在的广东海上丝绸之路博物馆的镇馆之宝。

关于南海Ⅰ号沉船的文物价值，大体包括三个方面：一是这艘沉船本身就是一件价值连城的文物，对中国古代造船工艺、航海技术以及木质文物长久保存的研究提供了实物标本；二是船上装载的文物数量众多，其中不少文物非常精美，有些甚至是专门用中国的原材料为国外客户定制的生活用品，对研究宋

代的外销瓷、对外贸易、经济发展提供了珍贵的实物资料；最为重要的一点是南海Ⅰ号沉船为"海上丝绸之路"提供了丰富的物质证据。过去研究海上丝绸之路，大多都是依据文献资料进行研究，海洋航路上发现的实物资料相当稀少。而南海Ⅰ号沉船的海域应该在由泉州、广州港经广东西部沿海驶向东南亚乃至印度、西亚地区的"海上丝绸之路"的航线上，这将为复原"海上丝绸之路"提供重要的实物依据。

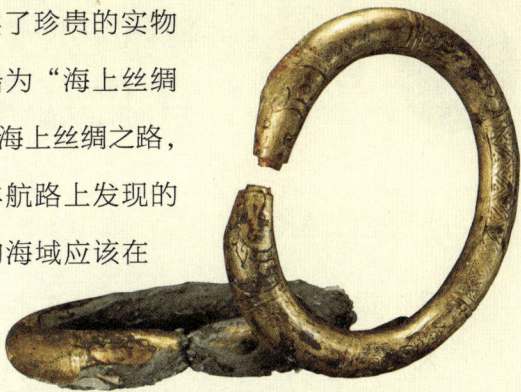

鎏金虬龙环·南宋

南海Ⅰ号沉船出土，环两头饰虬龙头，龙眼、龙须、龙角清晰可见，两龙头对接处留出空隙，圆环截面有圆柱状凸出物，龙身分为五段，饰珍珠地纹及山水纹。现藏于广东海上丝绸之路博物馆。

海外贸易带动的 GDP

终宋一朝，海外贸易的发展远远超过前代，南到南海各国（指当时东南亚和印度洋沿岸各国），西到阿拉伯半岛和非洲东海岸，都有中国海船的踪迹。北宋开宝四年（971），宋朝在广州设置市舶司专门负责管理海外贸易事务，外商船只到达广州后，先由市舶司抽取 1/10 的货物作为税金，然后将其余货物折价交易。靖康之变后，宋室南迁，处在南宋海岸线中心的泉州成为全国最大的外贸港口，大量的香料、药材漂洋过海来到中国，而宋代精美的瓷器和丝织品也在海外大展风采。

078 墓葬艺术中的辽国社会生活
宣化辽墓壁画

年　代：辽，公元907—1125年
尺　寸：横181厘米，纵152厘米
材　质：壁画
出土地：1974年河北省张家口市宣化区下八里村张氏家族墓

　　辽国是以契丹贵族为主体建立的一个强大的少数民族政权，吞并幽云十六州，雄踞北方，与北宋对峙，在中国历史上占有重要的地位。契丹民族原为逐水草而居、以畜牧游猎为生的草原民族。然而在辽国建立之后，随着契丹族进入中原地区，汉族和契丹族的融合日益加剧，形成了独特的文化。而反映这一历史潮流的最直接实物证据就是河北省张家口市宣化区下八里村的张氏家族墓壁画。

契丹统治下的汉人家族

　　1971年春，在今张家口市宣化区下八里村，农民在当地东北正山南坡平整土地时，发现仿木结构的砖砌古墓一座。墓室虽经盗掘，但墓内四壁和顶部的壁画保存完好。当地文化主管部门当时将墓门封闭保存。1974年冬，考古工作者开始对墓室进行发掘清理，出土各种陶瓷器、木俑、志石等，同时发现了大面积的墓室壁画。

宣化辽墓壁画之《门卫图》

这些壁画分布于墓室四壁和顶部，总面积约 86 平方米。壁画内容大部分是描写墓主人生前的生活，同时也反映了当时社会生活的一些侧面，和民间艺人的创作才能。壁画虽经近千年的雨水浸蚀，色彩仍很鲜艳。

根据墓志记载，墓主人为张世卿，宣化人，其家族世代在宣化这块美丽富饶的土地上繁衍生息，一直坚守本分，耕读传家。到张世卿一代，家产累积得已经相当丰厚，成为当地有名的大地主。辽道宗大安四年（1088），辽国部分地区遭受严重的农业灾荒，饿死者无数，甚至出现"民削榆皮食之，继而人相食"的恐怖地步，辽政府只好实行"立人粟补官法"，期望通过以官帽换粮食的方法，鼓励富户大贾

⊙宣化辽墓壁画之《备茶图》

们为国分忧，替民解困。此时，张世卿拿出2500斛（约150吨）谷物，救济灾民，以助国用。辽天祚帝被他义举所感动，特授其创业右班殿直，后来累官至银青崇禄大夫、国子祭酒、监察御史、云骑尉。

墓志还反映了当时汉人和契丹人通婚的情况。墓志中提道"孙男二人，长曰伸，妻耶律氏"，说明到了辽国统治晚期，原本仅限于上层的汉族和契丹族通婚，已经扩张到社会中下层，汉族和契丹族通婚已是普遍现象。

宣化辽墓壁画《演乐图》

此墓群中的出土文物有铜器、铁器、瓷器、陶器等，其中最为珍贵的是数量极大的壁画，共计98幅，在我国是独一无二的。这幅《演乐图》是其中之一，画面中11人组成乐队，每个人手中持一种乐器，有琵琶、大鼓、腰鼓、笙、笛、箫、拍板，场面极为壮观。

辽国社会生活的真实写照

宣化辽墓壁画的重要特点是以家庭生活为主。墓室立壁的题材主要有门卫、门神、散乐、备茶、备酒、府库、备经、挑灯、妇人启门、家内侍者、屏风等家庭生活场景。在家庭生活中佛事又占重要地位，从墓志记述知墓主人是虔诚的佛教信徒，因此他们实行火葬是"依西天毗茶礼"，并把崇佛诵经看作人生最重要的大事。如张世卿墓《备经图》中，高桌上除放置《金刚般若经》《常清净经》经盒和香炉、花瓶外，还有漆托白瓷盏茶具。张公诱墓《备经图》中，桌上放经盒、长柄香炉、花瓶，一女侍正启门端盘而入，盘上放置茶盏，暗示诵经必饮茶。《备茶图》是宣化辽墓中最常见的一种壁画，

🌸 宣化辽墓壁画（局部）

此壁画为辽国张匡正墓出土，张匡正为张世卿之祖父。整幅壁画以写实为主，人物线描简劲纯熟，运笔自由，稍有写意画的味道，接近北宋的画风。

对碾茶、候汤、点茶、送茶等情节都有细致表现。当时备茶的诸多用具在壁画中都有描绘，这在古代壁画中是独一无二的。这些《备茶图》所表现的意境既不是主人品茶之好，也不是风靡北宋朝野的点茶时尚，而是墓主人佛事诵经生活之一部分。

6号墓前室东壁《备茶图》展现了5位侍者备茶的场面。画的正中前方，一名汉族装束的小童坐在地上低头用茶碾在碾茶，旁边的盘子里还有一块待碾的圆茶饼，另一名契丹装束的少年鼓着双腮给煮茶的风炉吹气。一名契丹男侍站立在这少年身后，伸出双手似乎正要取走风炉上煮茶的茶壶。男侍右侧有一高桌，桌上放着杯、壶、茶盒、提篓等物，桌前有两只小狗嬉戏，桌子左面还有两套捧盒，似乎装着食物。画面左上部是两个汉族装束的侍女，两人都手捧茶盏，最左侧那个已经转身移步，似乎要去给主人送茶。这幅作品情趣盎然，通过备茶侍者的行止动作，真实反映了辽代的社会生活，其构思之巧令人赞叹，这正是宣化辽墓壁画为人喜爱的重要原因。

辽国绘画

绘画艺术颇受辽国统治阶级的特别重视，从最高统治者到普通国民，学习绘画和从事绘画者蔚然成风，因而画家辈出，作品繁富。据《辽史》和有关"画记""画谱"等记载，辽国除最高统治者圣宗耶律隆绪"好绘画"，兴宗耶律宗真"亦善画"外，著名的画家还有胡环、耶律倍、陈升等人。辽国绘画艺术的成就，除上述画家的传世作品之外，还较多地反映在辽墓的壁画、寺院壁画上。

079 | 寻找金代的上京
铜坐龙

年　代：金，公元 1115—1234 年

尺　寸：通高 19.6 厘米

材　质：青铜

出土地：1956 年黑龙江省哈尔滨市阿城区金上京遗址

收藏地：黑龙江省博物馆

金朝的上京会宁府，故地即今黑龙江省哈尔滨市阿城区的白城村旁。金朝自金太祖完颜阿骨打开始，至金太宗、金熙宗，直到海陵王完颜亮于贞元元年（1153）迁都燕京，均定都于此，称为上京，前后 38 年。此地也被叫作金源，是女真族的龙兴之所，是金朝初期的政治中心。

定鼎之地

上京会宁府以北宋都城汴京为蓝本进行过多次大规模的修建，最南为乾元殿，宋徽宗、钦宗蒙尘北狩，在此朝见金国皇帝。其北为敷德殿（朝殿），是官员朝见皇帝的地方。再北为庆元宫，为安放金太祖以下各帝遗像之处，也就是金朝的原庙。又北为明德宫、明德殿，供太后居住。此外，还兴建了太庙、社稷坛等等。金上京规模宏大，功能完备，宫殿富丽堂皇，是金源文化发展的重镇。

1965 年，金上京故城西垣南段墙脚下发现一件铜坐龙，1974 年由发现人送交县文管所，1990 年调归黑龙江省博物馆收藏。这件铜坐龙昂首张口似长吟，肩微前弓，前左腿翘起，其爪飞踏瑞云，瑞云与后腿相连，右前腿略向前方直立，爪与地面相接。龙尾上翘向外蜷曲，龙首、肩部和四肢饰有卷鬣，在龙的前右腿、尾部及瑞云处，有一双向分开的扁锭残迹，应当是为与它物相连接固定而铸。它集四种动物特征于一体，即龙头、犬身、麒麟背、狮尾。这件铜坐龙构思巧妙，造型新异，铸造精细，为金代龙形文物的代表，是国内出土的第一件金代铜坐龙。

🔴铜坐龙侧面

目前国内所见年代最早的铜坐龙，出土于北京市丰台区唐史思明墓中。那件铜坐龙略小，头向左斜，张口，颈部有一火焰珠，前腿直立，后腿曲踞，长尾穿过后腿裆向上卷至腰部。躯干有鳞片，前肢五爪，后肢三爪。从形象上来讲，这两件铜坐龙有着一定的承袭关系。考古发掘总是充满了未知，并且能够带给人们惊喜。1990 年，北京市文物研究所的考古人员在白纸坊立交桥一带，也就是金中都皇宫内的主殿大安殿遗址范围

铜坐龙

也发掘出了一件铜坐龙，通高 31.5 厘米，重约 1.3 千克，圆首，独角，嘴内含珠，鳞片状角延伸至背部，弓身踞坐，前足直立，两侧有翼，后足屈膝，足作五爪，绞股双尾上翘，向外卷。底部有 4 个钉孔，内有铁钉锈痕。2002 年 6 月，北京市文物研究所的考古人员在房山区金代皇家陵寝遗址的考古调查、勘察和试掘中，又发现了两件铜坐龙。这两件铜坐龙的形制、样式与前两件金代铜坐龙基本相似。

铜坐龙的用途

那么，这几件金代的铜坐龙是用来做什么的呢？也就是说，它们的功能或者作用是什么呢？

金上京的铜坐龙，是国内出土的第一尊金代铜坐龙，曾在阿城县文管所工作的许子荣先生依据《金史·舆服志》中的记载："又大辇，宋陶穀创意为之……大辇，赤质，正方，油画，金涂银叶龙凤装。其上四面施行龙、云朵、火珠，方鉴，银丝囊网，珠翠结云龙，钿窠霞子。四角龙头衔香囊。顶轮施耀叶，中有银莲花、坐龙"，认为这尊铜坐龙可能为金朝皇帝辇辂上的饰物。这枚铜坐龙原有三副铜钉，每副为相并的两个扁钉，用以嵌固在物体上。此后，相关辞书、报刊在介绍这尊金代铜坐龙时，均认同并引用了这一观点，这也是学界对金代铜坐龙功用的最初判定。

有学者提出，铜坐龙是避邪神兽，高高站在金代皇帝殿前平台上所设的幄帐顶上，起辟凶除恶保平安之用；还有学者认为，铜坐龙是一种镇墓兽。其实，综合来看，黑龙江省阿城区的铜坐龙出土于金代早期都城上京会宁府皇城遗址的西端，其他几尊金代铜坐龙均出土于北京，也就是金中都，都与金代皇家建筑遗址密切相关，如金中都的城墙、宫殿遗址，金代皇陵的地面建筑遗址。古代的华表、望柱、殿宇等建筑物上均有石质或陶瓷质的坐龙，大小与铜坐龙相当，按坐式龙易于固定的特点，金代的铜坐龙更有可能是金代皇家建筑上的一种构件，具有装饰作用和守护功能。

080　西夏王朝的文化积淀
西夏文《吉祥遍至口和本续》

年　代：西夏，公元 1038—1227 年
尺　寸：版框纵 30.7 厘米，横 38 厘米
材　质：纸本
出土地：1991 年宁夏回族自治区贺兰县拜寺沟方塔
收藏地：宁夏博物馆

　　西夏是 11 世纪至 13 世纪以党项族为主体在中国西北地区建立的一个少数民族政权。西夏文献，既是西夏文化的重要载体，也是中国古典文献、历史文物的重要组成部分。从文字种类看，西夏文献主要可分为西夏文文献、汉文文献、藏文文献及梵文文献等。西夏文文献绝大多数为西夏国的原始文献，在西夏文献中的史料价值最高，研究的价值也最大。自 20 世纪初以来，西夏文献大量被发现。其中宁夏回族自治区贺兰县拜寺沟方塔内出土的西夏文献，其数量之多，种类之丰富，仅次于内蒙古自治区黑水城出土文献，具有极高的研究价值。

神秘的西夏文字

　　1990 年 11 月，宁夏回族自治区贺兰县拜寺沟内的一座砖砌方形 13 层密檐式塔被不法分子蓄意炸毁，成为废墟。1991 年 8 月至 9 月，宁夏回族自治区文物考古研

究所的考古人员对方塔废墟进行了发掘与清理，获得了大量西夏时代的遗物。据粗略统计，方塔清理出的佛经文书共36件（种），约12万字。其中西夏文刻本约10万字，写本约7千字；汉文刻本约3千字，写本约1万字。另有佛画残件5种，以及塔心柱铭文、西夏文木牌等。在这些佛经文书中，有9册保存较为完整的西夏文佛经，一般统称为《吉祥遍至口和本续》。这9本佛经，皆为刻本，白麻纸精印，蝴蝶装。完本者有封皮、扉页；封皮左上侧贴有刻印的长条书签，书名外环边框；封皮纸略厚，呈土黄色；封皮里侧另褙一纸，有的褙纸为佛经废页，褙时字面向里。全页版框高30.7厘米，宽38厘米；四界有子母栏，栏距上下23.5厘米，无界格，半面左右15.2厘米。版心宽1.2厘米，上半为书名简称，下半为页码；页码有汉文、西夏文、汉夏合文3种形式。每半面10行，每行22字，字约1厘米。佛经文字工整秀丽，版面疏朗明快，纸质平滑，墨色清新，是古代优秀版本之

一。此次发现的《吉祥遍至口和本续》，完本每本17～37页，完残本总计220页，约10万字。

西夏王朝的印刷业

西夏文佛经并不是稀物，在中国北京、宁夏、甘肃、陕西、内蒙古等地区的文博、图书机构，在俄罗斯、英国、日本、法国、德国、瑞典、印度等国的相关文化机构都有收藏，总计近400种。《吉祥遍至口和本续》之所以重要，第一，在目前已知的西夏文佛经中尚无此经，属海内外孤本。第二，它是藏传佛教密宗经典的西夏文译本，"本续"二字就是它的标志，还可能是藏文大藏经已经失传而被西夏文译本保留下来的藏密经典。《吉祥遍至口和本续》有经文本身，又有纪文、广义文、解补配套，它所包含的信息量远远超过了经文本身。第三，《吉祥遍至口和本续》作为首尾完整的藏传佛教西夏文译本，不仅是研究西夏语言文字的重要资料，研究西夏佛教、藏传佛教的宝贵资料，也是认识和研究

西夏文《吉祥遍至口和本续》局部

当时纸张制造、版本印刷、书法艺术、装帧艺术的实物资料。

拜寺沟方塔的发掘者，也是《吉祥遍至口和本续》的发现者，常年从事考古学和西夏学研究的著名专家牛达生先生经过潜心研究，认为《吉祥遍至口和本续》是西夏后期印本，系木活字版所印，并于 1993 年在北京召开的"第一届中国印刷史学术研讨会"上正式公布了这一研究成果。由于

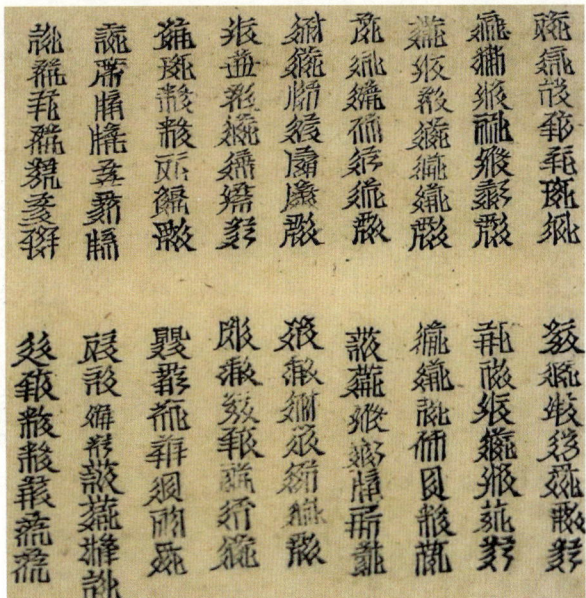

《吉祥遍至口和本续》局部

此前没有发现更早的木活字印刷品，学界普遍认为木活字为元代王祯所发明，因此这一发现受到格外重视。文化部于 1996 年组织了对"西夏木活字研究成果"的鉴定，确认《吉祥遍至口和本续》是迄今为止世界上发现最早的木活字印本实物，它对研究中国印刷史和古代活字印刷技艺具有重大价值。被誉为"文明之母"的印刷术，是中国古代的四大发明之一。中国古代印刷，主要是指隋唐之交出现的雕版印刷和北宋毕昇发明的活字印刷。然而令人遗憾的是，在中国浩如烟海的汉文古籍中，迄今尚未发现宋元时期的活字印本。西夏时期的活字印本《吉祥遍至口和本续》的发现，填补了中国早期活字印刷遗存资料的空白。

文书长卷·西夏

卷纵长 16 厘米，总横 574 厘米，1991 年宁夏回族自治区贺兰县拜寺沟方塔出土，现藏于宁夏回族自治区文物考古研究所。出土时文书卷在一起，首尾破损，残存部分由九张白麻纸连接而成，粘贴成长卷，墨书西夏文字。全卷共三百二十四行，约七千三百余字，是已发现最长的西夏文书。

纸是印刷的先决条件，与印刷的发展有着密切的关系。同样，造纸术也是中国古代的四大发明之一。《吉祥遍至口和本续》正文用纸，纸样色泽较白，近似于一般生白布的色调；纸质均匀细平，不见明显的粗大纤维束；纸页平滑度正面较好，反面略差；有明显的帘纹，宽度约 1 毫米，帘纹数约每厘米 7 条。经测定，纸页白度 36.8%，厚度 0.13 毫米，纸重 30.0 克 / 米^2。《吉祥遍至口和本续》正文用纸，为古代一种质量较好的书写印刷用纸。其纤维原料为苎麻及大麻（破布），是经过石灰和草木灰处理、中等程度打浆、纸药配浆、竹帘抄纸、人工干燥等工艺过程生产出来的。《吉祥遍至口和本续》封皮用纸，是以白净的棉、麻破布为原料，经过剪切备料、舂捣打浆、低浓分散解离、加入淀粉等纸药、用竹帘抄制成湿纸页、复帘压榨脱水等工序后，再用人工干燥而成。因此，纸页两面平滑度差较小，纤维束少。干燥后的纸页，再经过入黄处理（黄柏汁染色），使纸变为黄色，并兼有防蛀虫的作用。

以研究中国古代科学技术史而闻名于世的英国著名学者李约瑟曾说过："我以为在全部人类文明中，没有比造纸史和印刷史更加重要的了。"造纸术和印刷术都是中国古人智慧的结晶，李约瑟的这一论断，可以说在发现的《吉祥遍至口和本续》中得到了充分实证。

神秘的西夏文字

西夏文字的创制，汉文史书有 3 种不同的记载：一为李元昊之父李德明创制说；一为李元昊大臣野利遇乞创制说；一为李元昊初创，大臣野利仁荣演绎说。一般认为最后一说较为可信，创制年代当为李元昊正式建国前的 1036 年。西夏文字在西夏王朝的官私文书和民间交往中得到推广使用，留下了大量的文献典籍。西夏灭亡后，典籍散佚，历经数百年，随着党项族被融合和消亡，西夏文字也逐渐被历史遗忘，成为无人可识的"死文字"。19 ～ 20 世纪，由于西夏文献的大量发现，特别是随着西夏时期编纂的各种字典的发现并公之于世，为西夏文字解读的进一步研究创造了极为有利的条件。

081 鲜为人知的大理国
银背光金阿嵯耶观音立像

年　代：大理，公元937—1254年

尺　寸：通高29.5厘米

材　质：金

出土地：1978年云南省大理市崇圣寺千寻塔

收藏地：云南省博物馆

　　云南气候舒适宜人，四季如春，景色绚丽，风光旖旎，享有"七彩"之美誉，令人心驰神往。云南的历史悠久绵长，云南的文化神秘独特，除了热情善良的少数民族，质量上乘的茶叶和翡翠，被称作"云南福星"的阿嵯耶观音像绝对算得上是云南的一个精神与艺术的象征。

从南诏到大理

　　南诏是中国历史上存在时间较长、特色颇为突出的一个地方性政权。隋末唐初，在今云南省大理白族自治州洱海周围形成了六个势力较大的乌蛮、白蛮部落，合称"六诏"（"诏"是当地的土语，有"王"和"地区"两层含义）。其中，蒙舍诏因处于其他五诏之南，故又称"南诏"。唐玄宗时，皮逻阁在唐朝的支持下统一了六诏，并于开元二十六年（738）被封为云南王。739年，皮逻阁迁都大和城（今

银背光金阿嵯耶观音立像

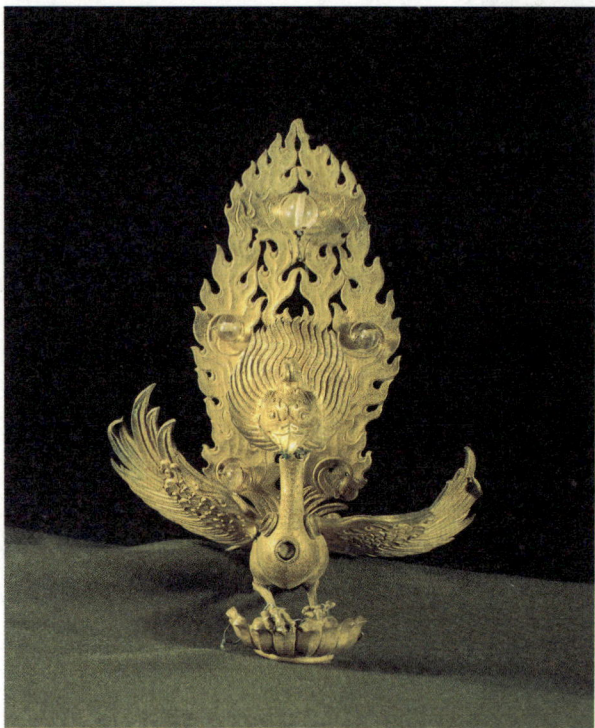

🔶 银鎏金镶珠金翅鸟·大理

1978 年出土于大理崇圣寺主塔，金翅鸟梵名"迦楼罗"，被尊为大理的保护神，是佛教护法中的天龙八部。这座金翅鸟鸟头饰羽冠，羽翅向内卷作欲飞状，两爪锋利有力，立于莲座之上；镂花火焰形背光插在尾、身之间，饰水晶珠 5 粒。制作时，先将头、翼、身、尾分别锤刻，再焊接为整体，体态雄健圆浑，充满勃勃生机，工艺细腻，造型精美绝伦。现藏于云南省博物馆。

大理南太和村），建立了南诏国。唐昭宗天复二年（902），权臣郑买嗣杀死南诏王，南诏亡。后晋天福二年（937）通海节度使段思平建国号大理，直至南宋理宗宝祐二年（1254）为蒙古所灭。从南诏到大理，佛教一直是最为盛行的宗教，至今依旧耸立在点苍山麓的崇圣寺千寻塔就是最好的见证。

大理崇圣寺三塔呈鼎足状立于苍山洱海之间，一大二小；大塔居中，又名千寻塔，为 16 级方形密檐砖塔；另外两座小塔分列南北，均为 10 层，平面呈八角形。崇圣寺三塔历史悠久，始建于唐（南诏），大理、元、明、清历代均有维修。1978 年至 1981 年，文物部门在对崇圣寺三塔进行维修时，于千寻塔（大塔）的塔顶和塔基内发现了南诏、大理国时期的珍贵文物 680 余件，包括佛教造像 153 尊，其中佛 64 尊，菩萨 76 尊，护法天神与其他造像 13 尊。从质地分，佛类有金像 5 尊，银像 10 尊，鎏金铜像 19 尊，铜像 13 尊，水晶像 2 尊，泥像 12 尊，石像与木雕像各 1 尊；菩萨类有金像 2 尊，银像 5 尊，鎏金铜像 22 尊，铜像 32 尊，瓷像 3 尊，玉石像 1 尊，木雕像 1 尊，泥像 3 尊。这批佛教造像对研究南诏、大理国佛教史、艺术史等方面有着重要的价值。

云南福星

千寻塔内共出土阿嵯耶观音像 5 尊，其中金质 2 尊，鎏金铜质 1 尊，银质 1 尊，木质 1 尊。最具代表性的是有镂空雕花银质火焰形背光的阿嵯耶观音像，此像高发髻，头戴化佛冠，髻上绕有丝束，分多股下垂，袒露上身，项饰璎珞，戴三角形臂钏，右手腕戴联珠式手镯，两耳戴耳坠，细腰直立，下着大裙，裙上饰褶子，腰带饰花形扣结，飘带系于两腰下垂于地，手结妙音天印，赤足，足下有二榫。阿嵯耶观音像有明显的印度造像风格，他上身全是裸露的，胸部有突起的二圆点以示乳头。发髻做得高高隆起，将发高盘于头顶，像一个王冠，而且用一个珠玉的带子将头发束住，另一些头发则曲卷下垂，披在肩上。一条装饰华丽的带子环绕于额头，在这条带

子的中央突起三角形花纹的装饰。在他的头饰上方，坐着一尊阿弥陀佛，两耳垂戴有耳坠子，脖子上戴着一个精心制作的珠宝项圈，上饰云莲纹，双臂戴三角形花纹的臂钏。右手腕戴一只手镯，右手举至胸侧，覆掌，食指、大拇指相捻，余三指散直向上，左手仰掌，手心微微向上，结妙音天印。他穿着一条薄裙，裙上有褶子，裙下端呈鱼尾形，一块围巾环着他的腰肢，在前面打了一个装饰花结；另一块围巾则披在前面，环两侧股打结，腰部系有一条宝莲花纹饰金腰带。阿嵯耶观音面相和善，略带笑容，鼻子扁塌，嘴形宽阔，嘴唇丰厚，上身袒露，下着贴身薄裙，赤足，手结妙音天印。他的这些特征与中国内地唐、宋时期信仰的杨柳观音、持莲观音等三十三体观音像差别很大。千寻塔出土的 5 尊观音像的时代为大理国。另外，千寻塔上原来还供奉有一尊大理国皇帝段正兴出钱为太子段易长生、段易长兴等铸造的阿嵯耶观音像，中华人民共和国成立前被盗，现藏美国圣地亚哥艺术

馆。这说明大理国时期曾有多尊阿嵯耶观音像供养在千寻塔上。

大理崇圣寺千寻塔出土的阿嵯耶观音像作为大理时期的珍贵艺术品，是大理古代劳动人民智慧的结晶。这些观音像的粉本是由印度僧人菩立陁诃于南诏保和二年（825）从印度传入的。在铸造阿嵯耶观音像的过程中，大理地区的古代工匠参照这个粉本的同时，又结合南诏、大理时期王族所戴的王冠、白族人的脸型，铸造出了这种兼有中国大理和印度风格的综合型造像。从中可以看出，地处中国西南的南诏、大理在文化上的开放性和包容性，他们一方面大量吸收中原内地的先进文化，另一方面也吸收了外国的优秀文化，创造了一种独具特色的地方文化。阿嵯耶观音像不仅仅是云南一省的艺术瑰宝，更是中国人民与印度及东南亚各国人民友好往来和文化艺术交流的见证。

大理国的政治结构

大理国是一个多民族的集合体国家，以白族中的封建主为统治者。在政权架构方面，以段氏为封建国王，宰相等大臣作为辅佐进行统治。白族封建诸侯们各有各的领地，以此作为封建统治的主要基础。地方行政单位，划分为府和郡，分派豪强大族子弟作为官吏进行管理。各府和郡的管辖区域内仍然存在许多不同民族的部落，这些部落都保持着自己内部原有的政治、经济结构不变，由本民族的贵族上层管理事务。两宋与大理国之间的政治经济文化联系非常频繁。略有不同的是北宋时期的两国政治联系多于经济联系，而南宋时期经济联系多于政治联系。

082 忽必烈与他的世界帝国
刘贯道《元世祖出猎图》

年　代：元，公元 1206—1368 年
尺　寸：纵 182.9 厘米，横 104.1 厘米
材　质：绢本
收藏地：中国台北故宫博物院

元代大学者王恽曾说："国朝大事，曰征伐，曰蒐狩，曰宴飨，三者而已。"精辟地总结出了蒙元统治者的主要活动。其中，蒐狩主要指的就是狩猎。蒙古族是马背上的民族，习于弓马，纵横驰骋是其民族特性。狩猎是最能展现其民族特点和风采的方式之一。

认识不一样的忽必烈

《元世祖出猎图》是一幅以元世祖忽必烈游猎活动为表现主题的蒙元宫廷画，是蒙元时期宫廷画的代表作品，一直以来备受蒙元史和美术史学者关注。

《元世祖出猎图》画面的左下角有题款"至元十七年二月御衣局使臣刘贯道恭画"，清楚地表明了创作时间及作者：至元十七年，即 1280 年，正当元世祖忽必烈在位之时；画家刘贯道，字仲贤，中山（今河北省定州市）人，擅长画道释人物

《元世祖出猎图》局部

和类似北宋李成、郭熙一路画风的山水，还兼擅花竹、鸟兽。至元十六年（1279），他因画《裕宗御容像》大受赏识，补御衣局使。清康熙年间，权倾朝野的重臣明珠次子、名满天下的词人纳兰性德之弟纳兰揆叙《益戒堂诗后集》中有《题元世祖出猎图》诗一首："至元天子英武姿，校猎每以秋冬期。我今展图如见之，沙漠惨淡移于斯……月来日往绵岁时，此画完整无缺亏。偶然浏览浑忘疲，便觉满室生凉飔。壮观咫尺慰所思，何待振策游边陲。"生动、详尽地描绘了画中的场景。

艺术魅力

该画的内容取材于元世祖行猎的场面。在历史上，蒙古族狩猎一直被誉为天下奇观，但这幅画没有着眼于浩浩荡荡、金戈铁马的场面与气势，而是表现出了一种从容自若、闲庭信步的恬淡与逸趣。画家只挑选了十个人物，加以精雕细刻，使之各尽其态。画面情调平淡温和，以阴柔出之，并不以阳刚制胜。我们可以看到，元世祖忽必烈位于靠近中央的地方，御青马，戴貂冠，身衣白裘，脚蹬皮靴，昂然坐在马上，从容而威武。他的头部略微向左偏转，双目凝视远方，目光坚定而神情泰然。与元世祖并辔而立的可能是皇后，她身着白袍，在坐骑红缨佩饰的映衬下，显得非常优美，和元世祖刚毅伟岸的身姿形成对比。在前景以及世祖帝后的两侧共有八名侍从，有的腰携箭箙，有的手持猎鹰，有的弯弓寻羽，他们或纵犬，或持矛，或扬鞭，姿态或仰或俯，人物、坐骑各不相同。其中，画面左下方的三名人物颇具特色。第一人阔脸长须，身着蓝衣，头戴红帽，跨坐于一匹白马之上，右臂擎有一只通体雪白的海东青，颇为醒目。海东青自唐代以来即为猎鹰猛禽中的名品，在辽、金、元三朝更是备受统治者青睐与推崇。南宋徐梦莘所著《三朝北盟会编》中记载："海东青者出五国，五国之东接大海，自海东而来者，谓之海东青。小而俊健，爪白者尤以为异。"白色海东青在元代尤为珍贵，为皇室所独有。稍下方的第二人身

元世祖忽必烈像·元

着绿衣，留有婆焦发型，背身坐于黄马上，身后驮有几只猎物，此人右臂立有一只猎隼，体型较小，全身呈淡黄色。位于全轴最下方的第三人青衣尖帽，秃顶黄髯，仰面昂视，体貌特征明显，应是来自西亚或中亚的色目人，其身后有一只猎豹安坐于马背之上，猎豹的颈间系有一道绳索，紧握在前方的猎人手中。这种专门用于狩猎的豹子并不产于东亚、北亚地区，应是随着蒙古帝国的扩张，从西亚或非洲地区传入的。远景画得很简单，一队商旅行驼出没于山丘之中，使人仿佛置身于辽阔的塞外大漠。

从技法上看，画家充分发挥了线条的表现力，不论是线条的劲挺与柔和，还是运笔的疾迟与轻重，皆臻于妙境。元世祖的形象，与中国台北故宫博物院收藏的历代帝后像中的元世祖像极为相似，可能出于写实之笔。在马的画法上，则又继承了唐宋画马名家的手笔，造型准确逼真，用笔劲健，设色清雅。画面的构图，疏密得当，错落有致，人物互相呼应，前景、中景、远景安排得层次分明。画面的动静、详略、虚实关系也处理得相当成功。画家把笔墨集中在人物的刻画上，对于人物和坐骑的每一个细部，包括繁复的装饰花纹和细如游丝的马鬃都一丝不苟。但是他对于环境却很少刻画，只是呈现给我们广阔辽远的旷野，留下让人遐想与深味的空间。

通过这幅作品，人们不仅可以看到蒙古贵族狩猎的场景，更能领略到蒙元统治下民族的多元化和文化的多元化。这幅作品为后代研究元代人物肖像画、蒙古贵族服饰、蒙元政治社会生活和典章制度提供了重要依据。

丰富多彩的元代绘画

元代是中华绘画艺术史上的重要时期，其突出成就主要表现在文人画的兴起和成熟。文人画早在宋代就已经开始提倡，代表人物是苏轼，但是直到元代，才真正成为一种画风。元初以赵孟頫、高克恭等为代表的士大夫画家，提倡复古，回归唐和北宋的传统，主张以书法笔意入画，因此开创了重气韵、轻格律，注重主观抒情的文人画风气。赵孟頫之画，都是墨韵高古，博采晋、唐、北宋诸家之长，以气韵生动取胜。到元代中晚期，山水文人画达到了鼎盛阶段，此时以黄公望、王蒙、倪瓒、吴镇等号称"元四家"的著名画家为主。他们弘扬文人画风气，以寄兴托志的写意画为旨，其画或是反映消极避世思想的隐逸山水，或是象征清高淡雅的文人精神的梅、菊、兰、竹、松等，逐渐形成了文人山水画的典范风格。

083 丝路寻踪青花瓷
景德镇窑青花凤首扁壶

年　代：元，公元 1206—1368 年

尺　寸：高 18.7 厘米，底径 4.5 厘米，口径 4 厘米

材　质：瓷器

出土地：1970 年北京市西城区旧鼓楼大街豁口东元代窖藏

收藏地：首都博物馆

　　"China" 在英语中既有 "中国" 的含义，又有 "瓷器" 的意思。此外，还有一种解释，即古代中国景德镇名为 "昌南"，其发音与 "china" 相似。西方世界以瓷器或者瓷器制造地点来称呼中国，可见中国瓷器和制瓷业在世界文化当中占有独特地位，同时也显示出西方对于中国瓷器的充分认可。青花瓷成熟于元代，是元代制瓷业的突出成就。青花瓷和景德镇都是中外经济往来、文化交流的重要组成部分。

北京出土的元青花

　　1970 年，北京市旧鼓楼大街豁口东在修建地铁 2 号线的施工之中，无意间发现了一处元代瓷器窖藏，出土了 10 件青花瓷和 6 件影青瓷。10 件元青花同时出土，而且件件精美，这在当时绝对可以说是一项重大而惊艳的发现。其中有一件凤首扁壶，造型别致精美，装饰典雅生动，是一件从未见过的器物，在令人惊叹、赞美之余，

也将人们对元青花的认识与欣赏带到了另一种高度和层次。

这件青花凤首扁壶，小侈口，尖圆唇，短直颈，器身为扁圆形，一侧为曲状短流，一侧为圆形柄，矮圈足。该器布满纹饰，颈部饰一周云雷纹，壶身上部绘一展翅飞翔的鸾凤，流装饰成昂起的凤首，柄作卷曲的凤尾，壶身下部画缠枝牡丹纹，圈足外壁饰一周垂莲纹。足底的砂胎上挂一层很薄的护胎釉。这件扁壶造型独特而生动，色彩鲜艳而清新，只可惜缺失了壶盖。从整体上看，这件青花扁壶将造型与纹饰巧妙地结合在了一起，达到了立体与平面的完美统一。瓷壶以短流为凤首，以壶体为凤身，以曲柄为凤尾，用鸾凤的形象将器物的三个部分自然地衔接、充分地融合在一起；同时扁壶的形制也赋予了鸾凤一种丰满、动感、鲜活的状态，体现了功能与艺术、实用与审美的完美结合，确是一件不可多得的艺术珍品。另外，凤与龙一样，都是元朝政府禁止民间私造的纹饰，有着严格的规定和明确的限制。

因此，这件超凡脱俗的凤首扁壶一定是元朝官府作坊烧造的产品，代表着拥有者非同寻常的身份与地位。

元代丝路上的青花瓷

青花瓷是指用钴料（呈色剂）在白瓷胎上描绘图案纹饰，然后施一层透明釉，在高温中一次烧成的釉下彩瓷。青花瓷早在唐代就已经开始烧造。不过，在唐、宋时期，青花瓷并没能从青瓷、白瓷占据主导的格局中脱颖而出，一直处于默默无闻的状态。到了元代，景德镇生产的青花瓷异军突起，创造了青花瓷器史上的第一个高峰，在陶瓷史上具有非常重要的地位。成熟的元青花，直接开启了明清时期青花瓷器的广泛盛行与持续繁荣。

现在，一提及元青花，绝对会令人怦然心动，浮想联翩，但是相对于其他种类的瓷器来说，人们对元青花的了解、接受、重视和追捧要晚得多。1929年，英国人霍布逊发表《明以前的青花瓷》一文，介绍了收藏在英国大维德基金会

景德镇窑青花凤首扁壶

带有至正十一年（1351）年款题记的青花云龙纹象耳瓶，但并未进行深入、广泛的研究，也没能引起人们的共鸣。20世纪50年代，美国学者波普博士以这两件青花云龙纹象耳瓶为依据，对照伊朗阿德比尔寺和土耳其托普卡比博物馆的收藏，开始对元青花进行真正意义上的研究。由于此瓶带有明确纪年，他便以之为标准器，把这一类的青花瓷器称作"至正型"，这是后世学者首次把元青花从传世的大批青花瓷中分离出来，并为进一步广泛、深入地辨认、研究元青花器物提出了坚实的根据。"一石激起千层浪"，由此引发了世界范围内人们对元青花的进一步研究。20世纪70年代，中国学者也开始重视对元青花的研究，而青花凤首扁壶恰在1970年出土。不难想象，青花凤首扁壶的出现，带给世人的惊喜是多么巨大。

随着人们对元青花的认同不断加强，其身价也不断增长。元青花人物故事梅瓶"萧何月下追韩信"出土于明代开国功臣沐英的墓葬之中，后来成为南京博物院的镇院之宝。2006年出土于湖北省钟祥市明代郢靖王墓葬中的元青花四爱图梅瓶成为湖北省博物馆的四大镇馆之宝之一。2005年7月13日，在英国佳士得公司拍卖会上，元青花鬼谷下山图大罐以1568.8万英镑（折合2.3亿人民币、2770万美元）的高价成交，创下了佳士得公司亚洲艺术品拍卖的最高成交纪录，也创造了元青花拍卖的最高纪录，至今仍旧令人艳羡不已。今后还会有更多的元青花器被发现、被收藏，而作为首都博物馆镇馆之宝的这件青花凤首扁壶仍旧会以其独特的魅力吸引着人们。

无独有偶，在北京出土这件青花扁壶28年后，在距离北京3000多千米外的新疆维吾尔自治区伊犁哈萨克自治州霍城县芦草沟镇西宁庄村也出土了一件形制、纹饰、色调与之基本相同的青花凤首扁壶。这件青花扁壶的出土地点，在蒙元时期称为"阿力麻里"，是蒙古四大汗国之一的察合台汗国的王庭所在地，有着"中亚乐园"的美誉，也是一个可与号称"汗巴里"的元大都相媲美的中心城市。2009 年，首都博物馆举办"青花的记忆——元代青花瓷文化展"时，这两件青花凤首扁壶共处一堂，交相辉映，相映成趣。可以说，这是两件青花器物约 700 年前自景德镇一别之后的首次聚首，不禁令人想起"凤凰于飞，和鸣锵锵"的美好场景。

⊙青花龙纹象耳瓶·元

瓷瓶高 63.8 厘米，口径 14.3 厘米，足径 17.5 厘米，现藏于大英博物馆。这对象耳瓶是元代至正青花的代表器形，全世界仅发现这一对带有详细年款铭文的元青花，它是元代青花瓷研究的样板。

元青花的发现

20 世纪 20 年代，英籍华裔的古董商人吴赉熙在北京发现了一对罕见的青花云龙象耳瓶，将其带到琉璃厂鉴定出售。因为当时中国的古玩界普遍认为"元代无青花"，将其认定为赝品而拒不接纳，这对象耳瓶最后被英国的陶瓷收藏家大维德爵士收藏。1952 年，在美国佛利尔艺术馆的古陶瓷学者波普博士以大维德收藏的这对象耳瓶为标准器，再结合土耳其和伊朗两国博物馆收藏的几十件与之风格相近的中国瓷器，将具有象耳瓶风格的青花瓷定为 14 世纪青花瓷。中国学术界将这种类型的青花瓷定名为"至正型"元青花，这对瓶也被称为"大维德瓶"，成了"至正型"元青花断代的标准器。

084

饮誉中外的戏剧艺术
元杂剧壁画

年　代：元，公元 1206—1368 年

尺　寸：纵 4.11 米，横 3.11 米

收藏地：山西省洪洞县明应王殿

　　戏曲艺术是中国独特的戏剧形式，是中华艺苑中一株色彩艳丽的奇葩。中国的戏曲历史悠久，如果从已具备构成戏剧的因素——两个以上的人物，存在矛盾冲突，形成情节，在一定时间、一定场所表演给观众看——来考察，它始自先秦时期；如果从融合唱、念、做、打诸艺术因素而构成一种特殊的戏剧样式——戏曲来看，则通常认为形成于宋金时期。随着戏曲艺术的不断发展，到了元明清三朝，相继出现了元杂剧、明清传奇和地方戏兴盛的局面，充分说明戏曲已进入成熟阶段，也就是繁荣发展时期。尤其是元杂剧，具有明显的标志作用，如同王国维先生所说："而论真正之戏曲，不能不从元杂剧始也。"

中国古代戏曲的成熟

　　元杂剧是融合曲词、歌舞、音乐、说唱、杂戏表演、舞台布置等为一体的综合

杂剧壁画·元

艺术样式，是中国古代戏曲成熟的标志，也是中国戏曲发展史上的一个高峰。若对元杂剧还有点儿陌生的话，或许我们听说过"元曲四大家"——关汉卿、白朴、郑光祖和马致远，也就是元杂剧的四大创作名家。关汉卿的《窦娥冤》、马致远的《汉宫秋》、郑光祖的《倩女离魂》等，还有纪君祥的舍生取义《赵氏孤儿》、王实甫的终成眷属《西厢记》，悲可泣血捶膺，喜则令人深味，都是红极一时的剧本和演出，也是我们有所耳闻，甚至是津津乐道的故事。因此，元曲可与汉赋、唐诗、宋词相比肩，在元代的文学艺术中焕发出夺目的光彩，成为中国古代文学艺术宝库中的一朵奇葩。近代大学者王国维说过："凡一代有一代之文学：楚之骚、汉之赋、六代之骈语、唐之诗、宋之词、元之曲，皆所谓一代之文学，而后世莫能继焉者也。"由此可见元曲的地位和成就。

元杂剧是一种表演的艺术和活动，仅凭现存的少量的文字记载和舞台遗址，很难想象或者复原当时演出的具体场景。幸运的是，在山西省洪洞县明应王殿内，至今还保存着一幅表现元杂剧情景的壁画，并且这幅壁画的创作年代正处于元杂剧的兴盛时期。同时，这幅元杂剧壁画的所在地区——元代的平阳，正是元杂剧发展的重镇，也是元杂剧作家辈出的地方，为我们了解和认识元杂剧的演出提供了直观而真实的资料。

场景再现

山西省洪洞县明应王殿是明应王庙（俗称水神庙）的主殿，殿内供奉着当地霍泉水神明应王。明应王庙始建于唐代，元代曾两次重修，保存至今，可以说是历史悠久。明应王殿坐北朝南，殿内北部供奉着明应王像，四壁绘满了壁画，共计有六幅，风格一致，时代相同，它在内容上是中国现存寺庙宫观壁画之中唯一不以佛道为题材的孤例。其中，南壁东侧（也就是殿门的东侧）的壁画，就是著名的元杂剧壁画。

画面上方为楷体书写的横额"尧都见爱，大行散乐忠都秀在此作场，泰定元年四月日"。"尧都"，指明应王殿所在的平阳地区，因传说尧帝曾在此处建都而得名，"尧都见爱"就是在平阳地区广受欢迎。"大行"是"大行院"的简称，是指金、元时期称杂剧或院本艺人居住的地方，也指演杂剧或院本的艺人。"散乐"，即我们所说的杂剧。"忠都秀"应该是演员中的主角——通俗地说就是戏班的台柱子的姓名。这一个横额，将内容、人物、地点、时间等主要情况都交代得非常清楚。

画中演员与司乐等共计十一人，其中四名女性、七位男性；分列两排，前排五人，身着戏装，为演员；后排五人，身穿元人常服，是乐手，所持乐器有大鼓、笛、杖鼓、拍板等。两排演员后面绘有布幔，左边一名女子正掀开一角向外窥视。幔上又挂两幅画，左边画一持剑壮士，右边绘一青龙。第一排五人，全是由演员化装的剧中人，无疑是画面的重点。左起第一人，头戴软翅巾，身穿圆领青袍，腰系玉带，右手持宫扇。左起第二人，头戴黑色攒顶，身穿镶边土黄色开襟长袍，绣花搭膊，布袜，黄色单梁鞋，袒露胸部，以左手指居中者，右手作势，若有所托持，其面相作浓眉，白色眼圈，戴黑色连鬓假须，露嘴。左起第三人，头戴展脚幞头，身穿圆领大袖的红袍，手持笏板，足蹬乌靴，仅露靴尖，面容清秀，微髭。两耳戴有金环，说明其为女性扮演。其位置在第一排居中，也许就是横额所题的主要演员"忠都秀"，是重中之重。左起第四人，所戴与东坡巾近似，但脑后有软翅，身穿淡青色镶边长袍，叉手，面相作扫帚眉，眼眉之间略勾白粉，两眉各勾三笔墨色，也是夸张滑稽，戴露着嘴的苍色假须。左起第五人，头戴东坡巾，身穿圆领淡黄袍，右手放置腹前，左手持长柄刀，与左起第四人都为女性所扮饰。这幅壁画色彩绚丽多姿、技法精妙、风格高超，不仅体现了元代绘画的高超水平，也是元杂剧演出的珍贵形象资料。

085 | 元代的流通纸币
至元通行宝钞

年　代：元，公元 1206—1368 年
尺　寸：纵 31 厘米，横 21.8 厘米
材　质：桑皮纸
出土地：1959 年在西藏自治区日喀则市萨迦县萨迦寺内
收藏地：中国国家博物馆

中国货币至今已有几千年的历史，它是中国璀璨文化的重要标志之一。纵观中国古代货币发展史，就其主体而论，可以分为三大发展阶段，即物品货币阶段、金属铸币阶段和纸币阶段。殷商以前是物品货币阶段，货币的主体是可用于交换的实物，如牛、羊、布帛、珠玉、龟贝、海贝等。殷商至北宋为金属铸币阶段，货币的主体是金属钱币，它的最高形态是方孔圜钱，其中五铢钱是中国历史上使用最久、最成功的钱币，唐宋钱币绝大多数都是年号钱。宋、元、明、清四朝为纸币由产生到逐步完善的阶段。元朝政府首次实行全国统一的纸币制度，对中国纸币的发展产生了深远的影响。

纸币溯源

纸币是当今世界各国普遍使用的货币形式，是人们天天见、天天用，是最为熟

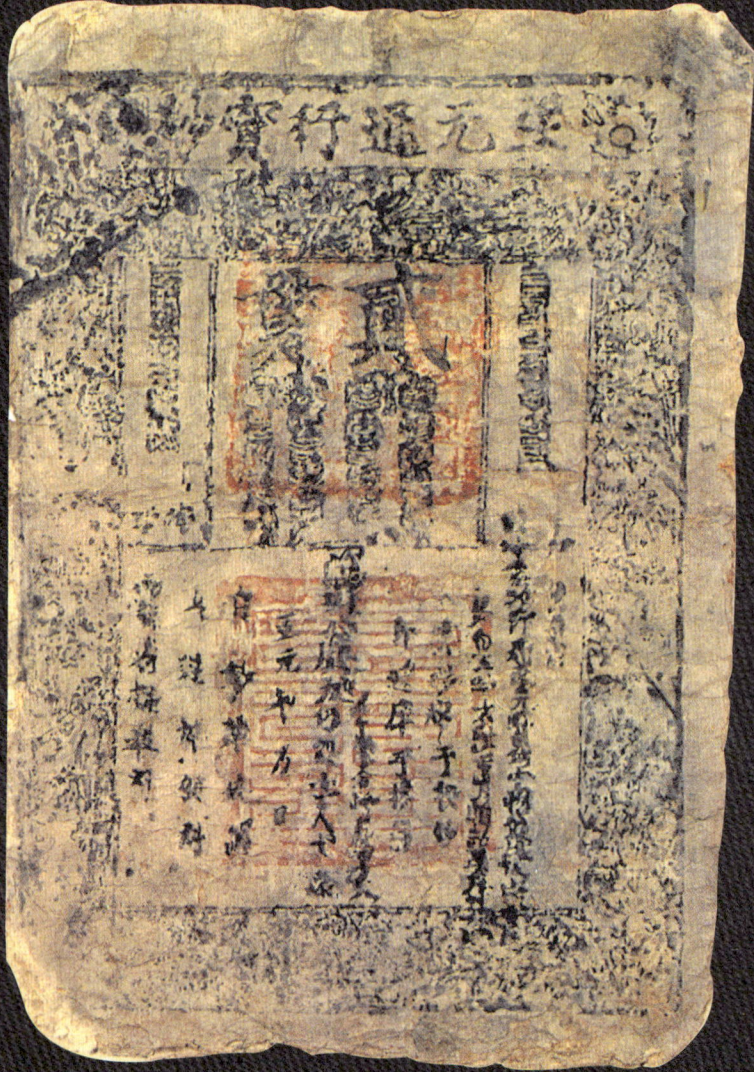

至元通行宝钞

悉不过的物品了。中国是世界上最早使用纸币的国家，拥有纸币的"发明权"。早在 10 世纪末，四川民间就已经出现了最早的纸币——交子，由一些被称作交子铺或者交子户的大商家经营。到了宋仁宗天圣元年（1023）十一月，政府设立了专门机构管理交子的发行事宜，从此纸币作为官方货币的重要形式为以后历代所采用。交子之后，北宋、南宋官方政府又先后发行过钱引、会子、关子等纸币。同时代的金朝受到宋朝的影响也发行了交钞，以及"贞祐宝券""贞祐通宝""兴定宝泉""元光重宝"等多种纸币。蒙元时期，许多典章制度沿袭金制，纸币制度也被继承下来。特别是在元世祖忽必烈在位期间，将纸币的发行权完全收归中央，元世祖于中统元年（1260）七月印行了"中统元宝交钞"，十月，又发行了"中统元宝钞"，使政府发行的纸币成为唯一合法货币，实现了纸币制度的统一。至元二十四年（1287），元朝政府又发行了"至元通行宝钞"。中统钞、至元钞与后来元顺帝至正十年（1350）发行的"至正中统交钞"是元朝历史上最重要的三种纸币。其中，又以"至元通行宝钞"使用时间最长，也是在流通中最主要、影响力最广泛的货币。总体来讲，元代是中国历史上纸币空前盛行时期，发行数量之多，流通范围之广，远远超过了宋、金两朝。从世界范围来看，元钞是世界上最早行用的纯纸币，并有着相当完备的纯纸币流通制度，这在世界货币史上具有重要的意义与影响。

皇帝的"点金术"

在中国国家博物馆收藏有一块印制"至元通行宝钞"所用的钞版。这件钞版为长方形，正面是文字和纹饰，背面有四足，应该是印刷时固定钞版用的。因为要在版面上用墨印成宝钞，所以钞版上所有文字与纹路都是反的。在钞版的最上方，有一横格，内有正楷"至元通行宝钞"六字，两边饰以火焰宝珠。格下版面四边为缠龙纹饰，中间用一道横线分为上、下两部分，上部中央横书

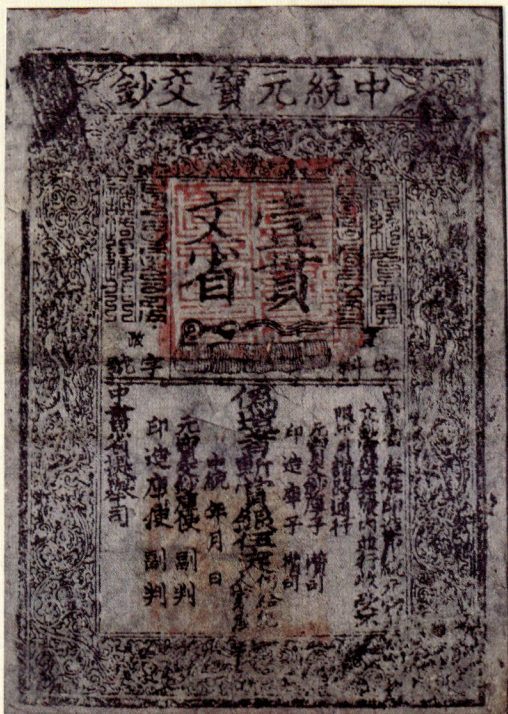

中统元宝交钞

中统元宝交钞在元代具有极重要的地位，其于元世祖忽必烈中统元年（1260）发行，一直行用至元末。这种纸币已与现代的钞票别无二致，是中国现存的最早由官方正式印刷发行的纸币实物。

"贰贯"二字，字下有两贯钱纹，每贯各由两叠五百文串起。左右则分别刻有八思巴文译写汉文的"至元宝钞""诸路通行"，文下则各是汉字"字料""字号"。版面下部则是十行汉字，内容文字排列如下：

尚书省奏准印造至元宝钞，宣课差发内并行收受，不限年月。诸路通行宝钞库子攒司、印造库子攒司。首告者赏银五定（锭），伪造者处死，仍给犯人家产。至元年月日。宝钞库使副。印造库使副。尚书省提举司。

"至元通行宝钞"的面值共分十一等，由五文至二贯。按发行时政府的规定，至元钞一贯值中统钞五贯。至元宝钞主要以白银为钞本——准备金，为了使其币值稳定，元政府将金银集中于国库，金银买卖皆由官方控制，禁止民间使用金银、铜钱，并禁止金银、铜钱出口。这些措施与近现代的纸币制度已经非常接近，可以说，作为一种货币制度，纸币在元代已经发展得非常完善了。元钞的用纸是由专门作坊制造的特种纸，以桑树皮为主料，添加适量的棉、麻植物纤维制成，也称桑皮纸。元钞的纸质厚阔柔韧，耐磨耐水耐腐蚀，缺点则是颜色暗淡发灰黑色，如果印墨及印制技术稍稍掌握不好，钞券就会因字迹、图案模糊不清而无法使用。蒙元帝国是一个具有世界性的帝国，疆域广大，地域辽阔，横跨欧亚，沟通东西。在其极盛时，中国纸币曾北穷朔漠，西贯中亚，通行无阻，有些欧洲人来到东方，都以惊异的眼光看待这一事实。如著名的威尼斯商人、中世纪四大旅行家之一的马可·波罗说："大汗国中商人所至之处，用此纸币以给赏用，以购商物，以取其货物之售价，竟与纯金无别。"他甚至把发行纸币一事，看作是中国皇帝的"点金术"。

元代中统元宝交钞钞版

这是我国目前发现的唯一一块完整的"壹贯文省"元代中统元宝交钞钞版。该钞版为铜质，长27.8厘米，宽18.4厘米，厚1.3厘米，重达5.6千克。钞版背面光素，四角分别有四个小穿孔钮，中间有两个残缺的钮，应为提梁底部。下部由缠枝花纹作边框，上部正中反刻"壹贯文省"四字，为钞票面额。

滥发的宝钞，崩溃的大元

元朝最后一位皇帝元顺帝即位时，政治已经十分腐败，再加上连年水旱，社会矛盾急剧激化，国家财政入不敷出。为了解决财政困难，宰相脱脱主持了钞法改革，以铜钱、至元宝钞、中统宝钞并行流通，以挽救宝钞的信用危机。可由于爆发了大规模的农民起义，军费激增，元朝统治者不得不滥发纸币，导致通货膨胀，物价飞涨，价值一贯铜钱的宝钞购买力甚至只相当于十几文铜钱，以至于史学家感叹："国未亡而钞先亡"。

元朝是一个短暂的王朝，一个叫作朱元璋的贫苦农民在起义战争中推翻了元朝，建立了明朝。明朝是宋朝之后商业发达的一个朝代，中国的丝绸和瓷器大量出口国外，白银大量进入中国，而且中国人的远洋船队还进行了七次伟大的航行，故宫博物院收藏的青花海水纹香炉就是繁荣贸易和远洋航行的最好证明。明朝之后的清朝，是中国历史上第二个由少数民族建立的中央政权，它建立初期的康熙帝、雍正帝和乾隆帝三位皇帝通过许多措施，让 18 世纪的中国达到了传统文明的巅峰，比如西藏拉萨市大昭寺收藏的金贲巴瓶及牙签就证明了清朝中央政府已经在西藏行使主权。不过到了 19 世纪，传统的封建统治政体已经不适应时代的需要，中国在世界的地位开始下降，国家受到了越来越多的侵略者的威胁，最终一场革命在武昌爆发，封建帝制在中国终结了。如果你有机会来到中国国家博物馆，一定要看看清朝宣统皇帝的退位诏书，这是中国历史上最后一位皇帝发布的最后一道诏书。

第九章 封建王朝的最后辉煌

推荐博物馆：
中国国家博物馆、中国人民革命军事博物馆、中国国家图书馆、故宫博物院、中国台北故宫博物院、定陵博物馆

086 郑和下西洋带来的契机
青花海水纹香炉

年　代：明永乐，公元 1403—1424 年
尺　寸：高 55.5 厘米，口径 37.3 厘米，足距 38 厘米
材　质：瓷
收藏地：故宫博物院

翻开明代历史，自开国的明太祖朱元璋之后，后继者中以丰功伟绩而彪炳史册者，首屈一指的当推明成祖朱棣，即大名鼎鼎的永乐大帝。明成祖，年号永乐（1403—1424），在位 22 年。他即位后，励精图治、奋发有为，迁都北京，亲征漠北，社会经济进一步发展，全国统一形势也得到进一步巩固，明朝国力达到鼎盛，百姓安居乐业。郑和下西洋、编纂中国古代类书之冠《永乐大典》等一系列重大历史事件都发生在这一时期。

永乐年间遗存的重器

故宫博物院所藏此件青花大香炉，阔口、短颈、鼓腹，下承以三象腿形足，肩部置两朝天耳；内施白釉，外壁通体绘海水江崖纹。此炉与青海省博物馆藏"大明永乐年制"款铜炉器形相似，但其形体硕大，青花色泽浓艳，晕散明显，凝结的黑

青花海水纹香炉

斑密布于纹饰中，纹饰则寓意江山永固。能够烧造出如此结构雄浑、纹饰精美的重型瓷器，一方面反映出当时景德镇窑工高超的制瓷技艺；另一方面也彰显了永乐时期明朝强盛的国力。

青花海水纹香炉是明代永乐时期景德镇御窑厂生产的官窑瓷器，传世仅两件，分别收藏在故宫博物院和南京博物院。据研究人员推测，当时御窑厂先后烧制了三件款式相同的青花寿山福海纹香炉，一件因其烧成后炉身变形被打碎埋于地下，另两件送入宫廷。值得一提的是，海水纹在元代瓷器上已不鲜见，但到明初永乐、宣德时期海水纹有了进一步发展。以此炉为例，通常有起伏相叠的波浪及涌起的浪花，其装饰性较元代大大加强。当然，海水纹饰的流行一时，自然是与自永乐年间开始的郑和七下西洋，宣扬大明国威于海外诸邦的世界航海史上的空前壮举有密切关系。

🔅青花海水纹香炉底部

独领风骚的永乐朝青花瓷

从中国的瓷器发展史上来看，虽然唐三彩出现过少部分蓝釉，但是元代以前蓝色的釉彩并没有占据主流。由此可以推论，此种蓝色并不是从一开始就被中原汉人所接受。元朝景德镇烧制青花瓷的主要目的是向西亚和中东地区出口。有学者认为这种白地蓝花瓷器的生产是为了迎合穆斯林的审美风格。永乐时期景德镇青花瓷继承了元代青花瓷的色彩，烧成后的颜色特别浓艳，一改洪武时期青花瓷器青花发色灰暗的缺点，形成了独特的永乐风格。郑和下西洋带去大量的瓷器，其中包括青花瓷，永乐青花以其独特的风格受到海外市场的青睐。

关于永乐时期青花瓷的颜料，有"苏麻离青""苏勃泥""苏泥勃"等说法。从文献上看，因为语音相近，大都认为"苏勃泥"或"苏泥勃"盖是从"苏麻离青"一名演绎而来。也有学者通过科技手段对几种青料做了分析，认为"苏麻离青"和"苏勃泥"是两种不同的青料，前者来源于西亚波斯地区，主要是元青花和永乐青花的颜料；后者又称"回回青"，是明宣德后期青花瓷使用的颜料。对于"苏麻离青"的具体产地，学界还没有统一的认识，但这一青料来源于国外是不争的事实。

青花缠枝莲纹花浇·明永乐

花浇是一种浇花用器，流行于明代，这件永乐年间的青花缠枝莲纹花浇现藏于大英博物馆。

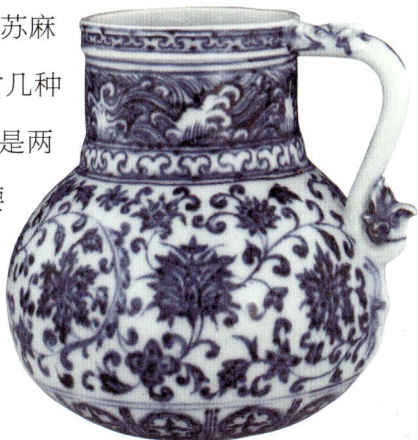

青花喜上眉梢如意耳抱月瓶·明永乐

永乐青花的代表器形有梅瓶、玉壶春瓶、贯耳瓶、抱月瓶、竹节柄壶、执壶、僧帽壶、梨形壶、笔盒、三足炉、大盘、大碗、碟、罐等。这件抱月瓶现藏于大英博物馆。

中国的海外贸易在宋、元时期比较发达，而到了明洪武时期突然开始厉行海禁。到了永乐时期，社会稳定、国力强盛，明成祖对周边国家采取了积极的政策。从永乐三年（1405）开始，一直到永乐二十二年（1424）为止，在这19年间，明朝先后七次派郑和率领贸易船队出使"西洋"和"南洋"地区的各个国家，这使得明初期中断的海外贸易再次接续起来，使得中国的茶叶、丝绸、瓷器等特产远销国外，同时也互通有无，进口货物中就包括了生产景德镇青花瓷的"苏麻离青"。而进口"苏麻离青"还有一条陆上通道，主要来自波斯地区。《明会典》和《明实录》中常有西域回夷进贡"苏麻离青"以供烧制御用青花瓷的记载。由此可见，明永乐时期青花瓷色泽浓艳的客观原因和物质保证就是这两条中外交流的通道，而主观原因主要是出口的需要，迎合国外地区的审美。

永乐青花瓷是中国青花瓷史上的重要发展阶段，以其胎釉精细、青花色泽浓艳、造型多样和纹饰优美而负盛名。这些都与当时王朝的兴盛息息相关，如果没有永乐时期对外贸易的蓬勃发展、中外文化的频繁交流、兼容并蓄的文化氛围、景德镇工匠的高超技法，永乐时期青花瓷不可能成为中国瓷器发展史上的一个里程碑。

087 文化事业上的创举
《永乐大典》

年　代：明永乐，公元 1403—1424 年
尺　寸：单册纵 50.3 厘米，横 30 厘米
材　质：纸本
收藏地：中国国家图书馆、中国台北故宫博物院

2003 年 10 月 10 日，中国档案文献遗产工程国家咨询委员会评审会在北京召开。在初选通过的 50 件（组）档案文献中，专家评定出 35 件（组）档案文献列入第二批中国档案文献遗产名录。其中，中国古代规模最大、最为成熟的类书《永乐大典》成功入围。按说，《永乐大典》是以图书的形式面世的，跟我们传统意义上的档案文献还是有所不同的。但是，《永乐大典》从来没有刊印过，无论是"永乐正本"，还是"嘉靖副本"，都是抄本，严格地说属于图档，有图书的"形"，更有档案原始性的"质"。《永乐大典》的命运可谓跌宕起伏，它的运势其实就是明清两朝政治社会的一个缩影。

"世界有史以来最大的百科全书"

早在洪武二十一年（1388），明太祖朱元璋就想"编辑经史百家之言为《类要》"，

永樂大典卷之二千九百四十八　　九眞

神

天神

祀天神

《永乐大典》

但由于新朝初定、百废待举，这个想法没有付诸实施。永乐元年（1403），明成祖朱棣认为："天下古今事物散载诸书，篇帙浩繁，不易检阅"，命令解缙等人组织儒士，编纂一部大型类书，并规定了编纂宗旨："凡书契以来经史子集百家之书，至于天文、地志、阴阳、医卜、僧道、技艺之言，备辑于一书，毋厌浩繁！"大学士解缙接到明成祖的命令后，立即着手编辑此书，奉旨召集文士147人，夜以继日，第二年就完成了任务。明成祖赐书名《文献大成》，但是对书却极不满意，认为"所纂尚多未备"。于是又在永乐三年（1405）再命姚广孝、郑赐、刘季篪、解缙等人重修，并召集朝臣文士、四方宿学老儒2196人，分别担任编辑、校订、抄写、绘图、圈点等工作。为了编纂此书，明成祖允许编纂者调用皇家图书馆文渊阁的全部藏书，还派人到各地搜采图书，为编纂图书提供了充分的保障。

《永乐大典》的编排方式非常科学，全书总的体例是按照《洪武正韵》的韵目，按韵分列单字，每一个单字下注音韵训释，备录篆、隶、楷、草各种字体，再依次把有关天文、地理、人事、名物以及奇文异见、诗文词曲，随字收载。也就是以"用韵以统字，用字以系事"的编辑方法，汇集了上自先秦、下迄明初以来书籍中的有关资料整段或整篇，甚至整部抄录。据不完全统计，当时辑录的图书包括经、史、子、集、释藏、道经、北剧、南戏、平话、工技、农艺、医学等各种类型，多达八千余种。《永乐大典》收录了许多后世已经残缺或佚失的珍贵书籍，如《薛仁贵征辽事略》、宋本《水经注》等，其所征引的材料，都是完整地抄录原文，许多宝贵的文献赖此保存原貌，因而人们称《永乐大典》为"辑佚明初以前珍本秘籍的宝库"。永乐五年（1407），辑录的成稿进呈朝廷，明成祖审阅后甚为满意，亲自为其撰写序言，并定名为《永乐大典》。接下来就是清抄，到第二年冬天，全部工作正式完成。全书的规模可以说是空前的，共22877卷，目录60卷，分装11095册，约 3.7 亿字，这是中国历史上最大的一部百科全书，比《不列颠百科全书》成书年代早了 300 多年。

该书修成后，收藏于南京文渊阁。永乐十九年（1421），明成祖迁都北京，也将《永乐大典》运至北京，收藏在北京新宫里的文楼。《永乐大典》不仅篇幅巨大，收集广泛，而且缮写工整，书中正文全部用毛笔以楷书写成，每半页八行，大字占一行，小字抄成双行，每行二十八个字。另外，书中插图精美，山川地形皆以白描手法绘制，形态逼真，书为硬裱书面，由粗黄布包着，典雅庄重，被誉为有史以来世界上罕见的珍品。

《永乐大典》外封

《永乐大典》的流散

《永乐大典》的命运颇具戏剧色彩。可惜不是喜剧，而是悲剧，更是闹剧。可以说，它的厄运比明王朝的厄运来得更快，更持久，更离奇。首先是"永乐正本"下落不明。许多人猜测它毁于明亡之际的战乱，但史籍没有确切记载，所以正本的去向成了千古之谜。

也有学者提出，"永乐正本"极有可能随嘉靖皇帝葬在永陵，理由是：一、嘉靖皇帝沉溺炼丹术，生前视《永乐大典》为至宝，死后随葬可能是早已做好的安排。二、当时嘉靖皇帝下令重录副本时，嘉靖最器重的文官徐阶向他奏明，重录只能"对本抄写"，工程浩大，不可能很快完成，嘉靖则强调"重录"是为"两处收藏"，"以备不虞"，必须加紧完成。4 年后，嘉靖驾崩，3 个月后下葬。葬礼刚刚完毕，隆庆皇帝就宣布《永乐大典》已抄成，并重赏抄录的众臣。也就从此时起，正本便神秘地失踪了。嘉靖的葬礼跟《永乐大典》正本的失踪时间如此巧合，同时一反皇家修典必大肆宣传典藏何处以及在官修书目中著录的做法，使人浮想联翩。

相对正本失踪而言，"嘉靖副本"的命运更加跌宕。清雍正年间，"嘉靖副本"由皇史宬移藏翰林院。至乾隆年间为编修《四库全书》，朝廷要用"嘉靖副本"做参考，而此时，人们惊讶地发现，《永乐大典》居然缺失了 2422 卷，共计 1000 余册，只留下 9000 多册。原来，雍正年间翰林院的学士能够借阅《永乐大典》，还可以借回家阅读，许多人借后不还，再加上当时管理不严，许多太监也纷纷将《永乐大典》偷盗出宫去

卖钱，以至"嘉靖副本"缺损严重。清道光之后，《永乐大典》更是束之高阁，蛛网尘封，鼠啮虫咬，翰林院的官员也趁机当了孔乙己，窃书不少。

在这种情况下，宫外的民间市场也开始关注流散的副本，外国收藏者也逐步介入，以十两银子一册的高价暗中收购，里应外合，更加剧了"嘉靖副本"的佚失。不过，跟后面的厄运相比，《永乐大典》在雍正至道光的 100 年间的遭遇只能算是"毛毛雨了"。咸丰十年（1860），英法联军攻入北京，洗劫了翰林院，给《永乐大典》带来最大的劫难，有相当一部分被劫运到了英国，后藏于大英图书馆。到了光绪二十年（1894），总计 11095 册的《永乐大典》仅存 800 余册。光绪二十六年（1900），八国联军侵犯北京，烧杀抢掠，《永乐大典》再度遭遇劫难。当时，慈禧仓皇西逃，留下义和团跟八国联军展开激战，位于北京西交民巷的翰林院也沦为战场，珍藏《永乐大典》的敬一亭被毁，玉石俱焚，藏书四散。在激烈的巷战中，八国

联军用质地厚实的《永乐大典》代替砖头，修筑防御工事，甚至用来垫马槽，或作为"上马石"。更有甚者，当侵略者的炮车陷入泥泞时，竟用《永乐大典》垫道。而对东方文化稍微了解一二、知道此书价值的侵略者，又乘机肆意抢掠。当时任英使馆官员的威尔在《庚子使馆被困记》中写道："使馆中研究中国文学者，在火光中恣情拣选，抱之而奔。"一个叫翟理斯的官员，拿走其中的一册，送给他父亲作为纪念品。英人莫利逊从废墟瓦砾中取走 6 册。劫掠之后，他们还扬扬自得地说："将来中国遗失之文字，或在欧洲出现，亦一异事也。"经历了八国联军的洗劫，清政府收拾残局时，清理出残存的《永乐大典》64 册，由京师图书馆收藏。

中华人民共和国成立以后，国内一些公私收藏家纷纷把自己珍藏多年的《永乐大典》零册捐献给国家。中国政府通过不懈努力，陆续从海外、民间收回一些散册。如 20 世纪 50 年代，苏联把沙俄和日本侵略者劫走的 64 册归还

中国，德意志民主共和国也归还了 3 册。据统计，流失到海外的《永乐大典》现在散藏在日本、美国、德国、韩国、越南的机构或个人手中，再加上国内中国国家图书馆收藏的 221 册，上海图书馆收藏的 1 册，台湾收藏的 60 册，现存于世的《永乐大典》计约 370 余册。

《永乐大典》散册最近的一次发现是在 1983 年，有人写信向中国国家图书馆反映，称山东掖县一位农民家里存有一册《永乐大典》。专家立刻前去察看，确认这册《永乐大典》是真正的原本，书的纸张也是古代上等的皮纸。原来，这册古籍是作为这户农家女主人 70 年前的嫁妆陪嫁过来的，是女主人用来压图样的。那时的农村，做鞋要剪纸样，剪好的纸样还要压平整，而这册古籍不但书大而且平整厚实，用来压纸样真是物尽其用，再合适不过了。至于这册难得的国宝文献是如何流散到农家的，女主人也只说是祖上留下的。最终，这册《永乐大典》入藏国家图书馆。

《永乐大典》的价值

　　《永乐大典》在明代秘藏禁中，属于专供帝王御用之物，别说一般读书人，就是翰林院学士也难以有阅读的机会。尽管永乐之后，整个明代除了嘉靖皇帝因很荒诞的原因酷爱这套旷世大典之外，别的皇帝对明成祖的心血并不怎么上心。《永乐大典》的真正利用是从清代开始的，最早认识到这部典籍价值的是全祖望和李绂。清雍正年间，开三礼书局，他们破天荒地得到了阅读机会，发现其中许多是"世所未见之书""或可补人间之缺本，或可以正后世之伪书……不可谓非宇宙之鸿宝也"。他们于是相约，每日读 20 卷，把要辑的几种书标出来，另由 4 人抄写。由于卷帙浩繁，这项工作不是个人所能承担的，到第二年全祖望罢官回乡，这项工作无法继续下去，但他们已辑出王安石《周官新义》、田氏《学习蹊径》、高氏《春秋义宗》等 10 种典籍。清乾隆年间开四库全书馆时，安徽学政朱筠奏请"校《永乐大典》，择其中人不常见之书，辑之"，得到了乾隆皇帝的批准，并专门成立了"校勘《永乐大典》散篇办书处"，开始时人员为 30 人，后又增加 9 人，著名学者戴震、邵晋涵、周永年等参加了这项工作。到乾隆四十六年（1781），共辑出书籍：经部 66 种，史部 41 种，子部 103 种，集部 175 种，总计 385 种、4946 卷。

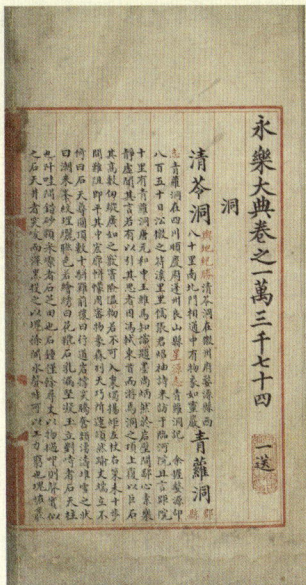

《永乐大典》内页

值得一提的是，《永乐大典》有关宋、元的史料极为丰富，清人法式善说："苟欲考宋、元两朝制度文章，盖有取之不尽，用之不竭者焉。"这样的评价一点也不过分。如卷14620至卷14629收有《吏部条法》一书，这是一部有关宋代官吏铨叙、考绩制度的档案汇编，所记至南宋理宗一朝，可补《宋会要》修至宁宗朝为止的空缺。罗振玉曾据日本人所藏《永乐大典》中的2卷《吏部条法》影印，并视为珍宝秘籍，现在还可据《永乐大典》再补辑7卷，这将更有利于我们对宋代职官制度的研究。而堪称一代宏典的《元经世大典》，虽《永乐大典》中仅存片段，亦可为研究元代典章制度者所取证。

当然，《永乐大典》作为中国古代规模最大、最为成熟的类书，其价值远远不止上面提到的几点，即便是现存的残卷，在中国古代文学、医学、语言、地理等方面也堪称丰富的宝藏。

"修书狂人"明成祖

明成祖朱棣依靠武力夺取政权，又用高压手段打击依附建文帝朱允炆的文臣。为了遮盖自己并不光彩的夺权历史，控制士大夫思想，朱棣标榜文治，聚众修书，先后组织编撰了《古今列女传》《历代文臣奏议》《四书五经大全》《永乐大典》等等，其中以《永乐大典》最为著名。此外，朱棣还组织史官重修记录朱元璋洪武朝史实的《太祖实录》。原本在建文帝年间，《太祖实录》已经修成，但朱棣认为这部实录不利于自己统治，就命人重修，历时七年，三次修改才算完成。

088 一个酒杯引发的故事
斗彩鸡缸杯

年　代：明成化，公元 1465—1487 年
尺　寸：高 3.4 厘米，口径 8.3 厘米，足径 4.3 厘米
材　质：瓷
收藏地：故宫博物院

通览中国瓷器的发展史，宋代无疑是巅峰时期，名窑涌现，精品迭出。但这并不意味着后世瓷器就乏善可陈，在明代，斗彩、五彩等新创烧品种争奇斗艳，其中不乏经典传世之作，而成化斗彩鸡缸杯就是其中的稀世名品。

价值连城的小小酒杯

北京故宫博物院所藏之成化斗彩鸡缸杯，杯敞口微撇，口下渐敛，平底，卧足。杯体小巧，轮廓柔韧，直中隐曲，曲中显直，呈现出端庄婉丽、清雅隽秀的风韵。杯外壁以牡丹湖石和兰草湖石将画面分成两组：一组绘雄鸡昂首傲视，一雌鸡与一小鸡在啄食一蜈蚣，另有两只小鸡玩逐；另一组绘一雄鸡引颈啼鸣，一雌鸡与三小鸡啄食一蜈蚣，画面形象生动，情趣盎然，一派初春景象。足底边一周无釉，底心青花双方栏内楷书"大明成化年制"双行六字款。此杯以新颖的造型、清新

斗彩鸡缸杯

可人的装饰、精致的工艺备受赞赏，堪称明成化斗彩器之典型代表。其胎质洁白细腻，薄轻透体，白釉柔和莹润，表里如一；杯壁饰图与形体相配，疏朗而浑然有致；画面设色有釉下青花及釉上鲜红、叶绿、水绿、鹅黄、姜黄、黑等彩，运用了填彩、覆彩、染彩、点彩等技法，以青花勾线并平染湖石，以鲜红覆花朵，水绿覆叶片，鹅黄、姜黄填涂小鸡，又以红彩点鸡冠和羽翅，绿彩染坡地。施彩于浓淡之间，素雅、鲜丽兼而有之，有五代画师黄荃花鸟画的敷色之妙。整个画面神采奕奕，尽写生之趣。

成化一朝，斗彩鸡缸杯就已经身价不菲。万历年间，"神宗时尚食，御前有成化彩鸡缸杯一双，值钱十万"。时人沈德符在其《万历野获编》中称："成窑酒杯，每对至博银百金。"到了后世，鸡缸杯更是受到了藏家们的狂热追捧，乃至有"宁存成窑，不苟富贵"之说。最近的一次公开拍卖是在 2014 年 4 月 8 日，玫茵堂珍藏明成化斗彩鸡缸杯在香港苏富比重要中国瓷器及工艺品春拍上，以 2.8124 亿港元成交价刷新中国瓷器世界拍卖纪录。

中国陶瓷史上的创举

"斗彩"一词，在瓷书中出现较晚，清中期《南窑笔记》中才见有"斗彩"之说，这是由于成化彩瓷制作工艺精湛，在明代就有很高身价。后人为赞美成化彩瓷，将釉下青花与釉上五彩互相争奇斗艳的这一品种称作"斗彩"，具有精美和珍贵的含义，它在中国及世界陶瓷史上占有特殊的地位。

斗彩属青花加彩类，成化斗彩为代表作，在 20 世纪 80 年代前，斗彩始烧于明代成化已成定论。1985 年至 2001 年先后发现密藏在西藏萨迦寺的明宣德青花五彩鸳鸯莲塘碗、青花五彩鸳鸯莲塘高足碗，1988 年 11 月景德镇御窑厂遗址出土了明宣德款青花五彩鸳鸯莲塘盘（残器），证实了成化斗彩是在宣德青花五彩的基础上

❂斗彩鸡缸杯侧面和底部

发展起来的。

　　成化斗彩的装饰方法，主要分为两种：一种是填彩技法，用青花在瓷胎上勾出纹饰的轮廓线，罩上透明釉，烧成淡描青花瓷器，再在釉面青花双勾线内填以所需色彩，由一种到多种不等，而后再入炉烘烧制成。另一种是除填彩外兼用点彩、染彩和覆彩的方法装饰画面，用青花在瓷胎上勾出纹饰轮廓线的全体或主体，加上青花渲染的局部纹饰，罩上透明釉，经高温烧成青花瓷器，再在釉面上根据纹饰的设色需要，灵活运用不同的施彩方法，再经炉火烘烧而成，这类彩瓷的器表纹饰展开后，宛如一幅绘制精巧、色彩宜人的工笔绘画。

　　成化斗彩瓷器在外流散得非常少，大部分收藏在北京故宫博物院和中国台北故宫博物院，约有四十多个品种，二百五十多件，是专为宫廷烧制的一种精美细瓷，为官窑上品，产量很少，非常难得。其在造型、纹饰、施彩等方面的制作技巧，都超越前代。直到今天它仍然是一朵鲜艳的奇葩，闪耀着异彩，有着迷人的艺术魅力。

089 明代皇帝的祭祖出巡大典
无款《出警图》和《入跸图》

年　代：明，公元 1368—1644 年
尺　寸：《出警图》纵 92.1 厘米，横 2601.3 厘米；
　　　　《入跸图》纵 92.1 厘米，横 3003.6 厘米
材　质：绢本
收藏地：中国台北故宫博物院

　　《出警图》和《入跸图》是明代宫廷绘画中颇值一提的作品，描绘的是素以深居简出、懈怠政务著称的明代皇帝（据考证系明神宗）出京谒陵的现实场景，人物众多、场面宏伟，是历代绘画作品中少见的超级巨作。通过这两幅作品，后人不但可以一窥明朝皇帝的"真面目"，而且对于研究明代皇家仪卫制度、祭祀礼仪、官员服饰、车驾卤簿等均有重要价值。

明代宫廷画家的杰作

　　《出警图》和《入跸图》中的皇帝到底是哪一位，作品没有明确交代，但很多专家撰文分析，画面主角应该是明神宗万历皇帝，且画面中皇帝相貌与北京故宫博物院所藏明神宗万历帝画像也比较吻合。虽然画面主角到底是哪位皇帝并不重要，但两幅长卷中所展现的大量绚丽精致的服饰、车舆、仪仗等，却是明朝皇家和国家实力的体

《出警图》局部

《入跸图》局部

现，故这个巨幅长卷，就具备了几分皇家威仪，成为当时国家景象的一个缩影和写照。这两幅作品的表现形式，是极为工整绚丽的，画面对每一个形象和细节都不惜笔墨，从皇帝到各级官吏再到普通士卒，每一个人物形象都描绘工整、线条清晰、服饰纹理生动到位、渲染细腻，马匹、大象等动物和仪仗也都生动形象。当然，作为皇家和官方的一种表达方式，《出警图》和《入跸图》自然也有一些程式化、套路化的表现形式，如描绘尊者（皇帝）的人物比例明显要大于周围侍从和官员士卒，对官员士卒的服饰装扮的描绘要更多于对人物神情的刻画。除了皇帝和重要人物外，绝大多数人都没有在历史上留下姓名，不足以从描绘的画面中一一对应当时历史中的各个鲜活人物，但两幅长卷中各个人物的相貌都不相同，神态也因个人身份和姿态而有所变化，反映出作者仍在尽力还原生活、表现实际。同时，两幅长卷中皇帝的神态也因其本人处于不同姿态和状态下（骑马和坐船）而有细节变化，表现了作者驾驭笔墨的高超能力。另外，这两幅长卷画面构图平衡、主次鲜明，色彩绚丽却不凌乱，展现了当时明代中国上层社会的豪华气象，具有艺术和历史文献双重价值。

祭祖大典的真实再现

《出警图》和《入跸图》描绘的是一支庞大的皇家谒陵队伍，由北京城德胜门出发，沿途铺设盛大的卫仪阵容，直至皇帝谒陵的目的地——离京城45千米外的天寿山——这里是明朝历代皇帝的陵寝所在，也就是今天的十三陵。《出警图》与《入跸图》虽是各自分开的两幅长卷，但是所绘的同是扫墓、巡视的过程，区别仅在于《出警图》绘皇帝骑马，由陆路出京；而《入跸图》则画皇帝坐船，走水路还宫，因而通常被合称为《出警入跸图》。明代皇室谒陵出发、抵达、返回的整个时空历程都被浓缩于这两幅长卷之中，人物众多，场面宏伟，皇帝一出一入，相互呼应，气势壮观，这是中国台北故宫博物院所藏手卷画作中尺幅最长的两幅。

这两幅作品，均未署作者姓名，不过可以确定的是，任何一位画师的一己之力都太过微薄，如此惊世巨作必定是出自当时许多宫廷画师的合力创作。整个画卷构图简洁明快，文武百官队列整齐，仪仗侍卫井然有序，衬以桃红柳绿、郊野春景之自然景色。《出警图》自右而左，人马行列路上行进，队伍整齐，前后导从，秩序井然；《入跸图》则自左而右，循水路而归，车辂仪仗以及大部分之羽林军士不能乘船者，则傍岸而行。全卷绘画中规中矩，一丝不苟，体现了明代宫廷绘画的高超技艺。

从院体画到民间画

明代开国后，明太祖推行文化专制政策，导致明代初年画坛只能以宫廷院体画为主流。明初画师大多由元入明，承袭元代画风，因此院体画尚未形成明代的独特风格。永乐以后国家政治趋于稳定，君主专制逐渐定型，院体画风行天下，到成化、弘治年间达到顶峰。明朝正德以后，民间画走向兴盛，浙派和吴派画家成为引领时代画风的主流。浙派的创始人是浙江钱塘的戴进，吴派画家的代表人物是著名的"吴门四子"，即沈周、文徵明、唐寅和仇英。

090 | 大明天子的冠冕
金丝翼善冠

年　代：明万历，公元 1573—1620 年

尺　寸：通高 24 厘米，冠口径 20.5 厘米

材　质：金

出土地：1957 年北京市明十三陵定陵地宫

收藏地：定陵博物馆

明定陵是明神宗朱翊钧（年号万历）与其两个皇后（孝端王皇后、孝靖王皇后）合葬的陵墓，坐落在长陵西南方的大峪山下，其主要建筑有裬恩门、裬恩殿、宝城、明楼和地下宫殿等，占地约 182000 平方米，是明十三陵中唯一一座被发掘了的陵墓。

明定陵的考古发掘

1956 年至 1957 年中国考古工作者对明定陵地宫进行了考古发掘，此后有关部门又对出土文物进行修整，并修葺地上古建筑，于 1959 年就原址建为定陵博物馆。

考古人员进入定陵地宫时，见到神宗、孝端、孝靖一帝二后的棺椁被安放在汉白玉宝床上；由于日久年深，三具棺椁均已出现不同程度的糟朽坍塌情况。经现场清理：孝端皇后尸身上盖缎被，下铺一床织金缎被，再往下有四层褥垫，其中一层褥垫上缀着 100 枚"消灾延寿"金钱；孝端皇后头戴黑纱尖形棕帽，装饰着金簪，

金丝翼善冠

上身穿绣龙方补黄绸夹衣，下身穿黄色缠枝莲花缎夹裤，足蹬黄缎鞋，腰间系着绣云龙纹长裙。孝靖皇后棺内出土了一件罗地洒线绣百子衣，图案优美，极富感染力，升龙、行龙左右盘绕，龙身四周饰以云水，极其威严。神宗的棺椁内则塞满了各种陪葬品，最上层盖的是织锦被，被下放着袍服和织锦匹料，尸体的下面垫着一条锦被，被下还有9层被褥，其中一件被褥上缀着17枚"吉祥如意"金钱。神宗头戴乌纱翼善冠，身穿刺绣衮服，腰系玉带，下身穿黄素绫裤，足蹬红素缎高绣靴。神宗头侧圆盒内发现金丝翼善冠一顶，全用极细的金丝编织堆垒出二龙戏珠图案，孔眼细小而均匀，造型生动活泼。如此繁复的制作，外表却不露丝毫接头，体现出高超的手工技艺。

明朝皇帝冠服制度的珍贵实物标本——翼善冠作为古代冠服的一种，其历史由来已久。这种形制的冠源于"折上巾"，相传始于北周武帝时，到唐初才定型。《唐书》及《大唐新语》均有记载："贞观八年，太宗初服翼善冠，朔望视朝，以常服及帛练裙通著之……"

明朝建立后，翼善冠被规定为皇帝常服之一。"洪武三年定，乌纱折角向上巾，盘领窄袖袍，束带间用金、琥珀、透犀。永乐三年更定，冠以乌纱冒之，折角向上，其后名翼善冠。袍黄，盘领，窄袖，前后及两肩各织金盘龙一。带用玉，靴以皮为之。"（《明史·舆服志》）在明代，翼善冠同时也是皇太子及亲王、郡王的常服，仅在材质、造型上有差别。

在定陵地宫出土的金丝翼善冠全冠皆用极细的金丝编结而成。冠体呈半圆球形，称为前屋，后部隆起，称为后山。后山外部二折角向上，正面嵌二龙戏珠图案，下缘内外镶有金口。前屋部分是用518根直径在0.2毫米的金丝捻成一根金线自上而下均匀编织而成，中间没有一根断丝、没有一个接头，技法精妙绝伦。后山饰以双龙戏珠，二龙昂首相对，中间嵌一火珠，龙足有屈有伸，造型生动、气势雄浑；所镶嵌的两条金龙做工极其讲究，龙身上的龙鳞多达8400

余片，都是用累丝焊接法一点一点焊接而成，但是放眼望去却看不到焊接之处，其手工技艺已经达到了炉火纯青、登峰造极的地步。

巅峰之作

金银制作中的花丝既是成型工艺，也是装饰工艺，其发展早期多用作装饰，随着技艺的成熟则更多地服务于造型。由于工艺特点，其所用的金银材料成色普遍较高，其表现手法有掐、攒、填、焊、堆、垒、织、编等。进入明代，花丝制作迎来了第一个艺术高峰，花丝的造型能力得到极大发展。

明前期的花丝作品，虽隐约可见前朝遗韵，但内府制作的新样式也已基本确立了玲珑有序、端庄饱满的新风。如湖北梁庄王墓所出各色金银饰品既精彩又典型，如花丝嵌宝青玉鸾鸟牡丹纹金簪、花丝嵌宝青玉瓜形金簪，其簪背的缠枝纹显然承袭自

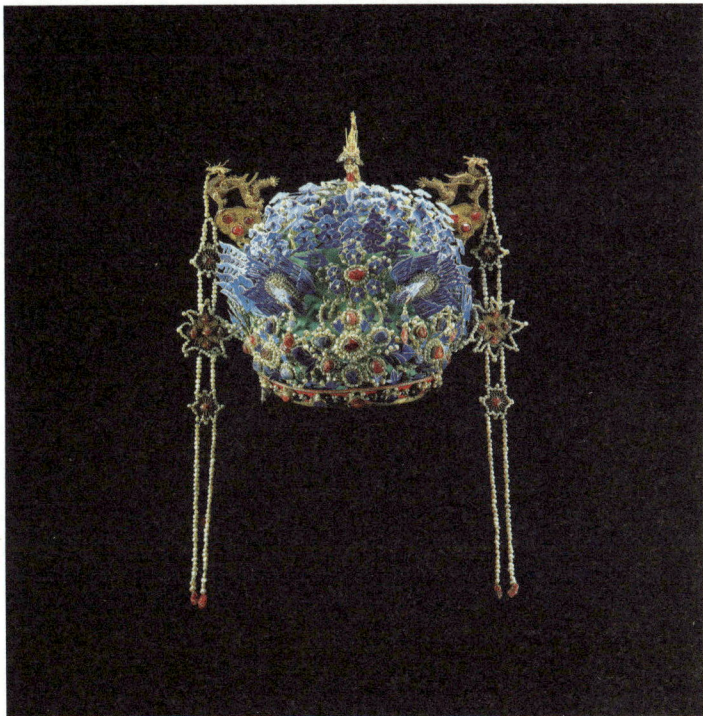

金累丝点翠凤冠·明

这件凤冠为明朝万历皇帝孝靖皇后王氏的凤冠，重2320克，1958年出土于明十三陵的定陵，现藏于定陵博物馆。

元代，但其纹样的舒展、丝线的排列等方面也体现出了明显的推陈出新。

明中后期，花丝中的编结技法发展到极致，而其经典代表作便是享有盛誉的万历帝金丝翼善冠。如金冠冠体的前屋部分是用 0.2 毫米的细金丝以"灯笼空儿"花纹编织成型，编结难度很大，技术要求很高。孔眼匀称，没有接头断丝的破绽。龙身采用堆垒法做成，两条金龙龙鳞多达 8400 片，需要先精心码好，再小心翼翼地焊上。花丝在焊接时，必须由经验丰富的高手看准火候、手疾眼快地操作完成。火候不够或火候过甚，都达不到精妙绝伦的工艺效果。

这顶金冠结构巧妙，制作精细，这种精湛的金银器制作花丝工艺为宫廷所特有，它的出土反映了明代金银制作工艺的高超技术水平，是明代金银工艺中的巅峰之作，同时也是迄今为止中国现存的唯一一顶帝王金冠，堪称国宝。

奢侈享受成风气

明代社会风尚大致在正德年间发生了显著的变化。在此之前，社会风尚诚朴、俭约，到了明代中后期出现了浮靡奢侈之风，统治阶级的腐败尤其起到了促进作用。比如万历皇帝朱翊钧亲政后，怠于政事，耽于享乐，日益挥霍而不知遏止，皇室的费用膨胀到了惊人的地步。万历十年（1582），光是为筹备他的一次婚礼，内监开出各色金 3869 两，青红宝石 8700 颗块，各样珍珠 8500 颗，珊瑚珍珠 24 万余颗。上行下效，官习民染，奢侈之风很快波及社会其他领域。

091 | 风花雪月之外的文人生活
唐寅《事茗图》

年　代：明，公元 1368—1644 年
尺　寸：纵 31.1 厘米，横 105.8 厘米
材　质：纸本
收藏地：故宫博物院

唐寅（1470—1523），字伯虎，一字子畏，号六如居士、桃花庵主、逃禅仙吏等，南直隶苏州府吴县（今江苏省苏州市）人。他不仅以诗文擅名，其画名更著，与沈周、文徵明、仇英并称"吴门四家"。他是明代文化艺术史上举足轻重的人物之一，享有极高的历史知名度，有关他的各种故事传说在民间广为流传。

江南才子唐伯虎

唐寅出生于明代苏州吴县皋桥吴趋里商贾之家，自幼聪明伶俐，少年时即有侠客英雄之理想，视鲁仲连与朱家为偶像。弘治初年，曾与祝允明、文徵明等人多次为古文作辞。25 岁时，他的家庭遭遇急剧变故，短短一两年之内，父母、妻儿及唯一的妹妹都离开了人世，唯剩下弟弟唐申一家与他相依为命。接连的不幸让唐寅一度陷入消沉，后经文徵明父亲文林（1445—1499）和好友祝枝山的劝导，悲痛之余

唐寅《事茗图》

潜心学问，试图努力考取功名以告慰亡亲。在日后写作的《白发》一诗中，这种决计痛改前非、向科场进发的心态一览无余："清朝揽明镜，玄首有华丝。怆然百感兴，雨泣忽成悲。忧思固逾度，荣卫岂及哀。夭寿不疑天，功名须壮时。凉风中夜发，皓月经天驰。君子重言行，努力以自私。"明孝宗弘治十一年（1498），唐寅参加乡试高中解元。第二年，他与江阴富家子弟徐经一同参加会试。由于两人在京师进出张扬，惹人注目，会试中三场考试结束时，城中传出"江阴富人徐经贿金预得试题"之流言，户科给事华昶便匆匆弹劾主考程敏政鬻题。虽鬻题之事缺乏确凿证据，但舆论喧哗不已，最终主考程敏政被贬为浙蕃小吏，唐寅则"责为部邮"，只能做个地方官的随从，这意味着他将长久打理繁碎事务，而日后升迁为担任重要或高级职务的官员基本无望，这必然使才华横溢且背负光耀门庭之责的唐寅深以为耻。于是他满怀"士也可杀，不能再辱"的悲愤和绝望弃吏而归，从此纵情山水风月之间，后筑室"桃花坞"聊以自娱。但他的归隐之心、避世之志实为对现实世界的消极反抗，是为自己的怀才不遇鸣不平。一旦有望再返宦场，他势必抛却隐逸之心，再回归官场沉浮。他在《夜读》一诗中豪气干云地宣称："人言死后还三跳，我要生前做一场。名不显时心不朽，再挑灯火看文章。"可见封官晋爵之心只是被他故意藏匿却没从心底彻底磨灭，后来的宁王府一行亦足可证之。45岁时，应宁王朱宸濠之请赴南昌半年余，原以为满腹才华终有施展之地，然而命运却给了唐寅一次更为严峻的考验。他察觉到宁王有图谋不轨之心，被迫装疯卖傻才得以脱身。这次豫章之行，他乘兴而去，却斯文扫地而回，身心俱被摧残，而此事让他最终放弃了建功立名之心，转而彻底投入诗、酒、茶、书、画的世界里抒发自己苦闷的情怀。自此"茶灶鱼竿养野心，水田漠漠树阴阴""笑舞狂歌五十年，花中行乐月中眠"。一生的坎坷，消磨了少年的凌云之志，也让他终于觉悟，唯有在"淡泊隐逸"中，借吟诗绘画、花月茶酒寄托理想，才能让灵魂有所依附。因此，唐寅的绝仕归隐，既是对吴人传统的沿袭，又受时代文人氛围的浸润，也是经历生活痛苦之余寻求内心安宁和快乐的必然选择。

明代文人生活的真实写照

　　唐寅《事茗图》所描绘的是文人雅士夏日品茶的生活图景：开卷但见翠峰如黛，巨岩峥嵘，飞瀑直下，溪流淙淙；位于参天古松下的数间精致茅舍内，侧室一童子正在煮茗烹茶，正室则有一人面对壶具，若有所待；屋外流水小桥上有一老翁倚杖缓行，抱琴侍童紧随其后，正应邀前来品茗聚谈。整个画面清幽静谧，人物传神，流水有声，动静结合，透过画面，观者仿佛可以听见潺潺水声，闻到淡淡茶香。此图生动而形象地表现了文人雅士幽居的生活情趣，也是作者通过自己的笔端将文人心目中理想化的世外桃源具

《震泽烟树图》·明·唐寅

震泽是古时太湖的旧称，这幅《震泽烟树图》所描写的也是湖波渺渺的太湖风景。整幅画卷纵47厘米，横37.8厘米，现藏于中国台北故宫博物院。

《王蜀宫妓图》·明·唐寅

这幅《王蜀宫妓图》为绢本，设色，纵124.7厘米，横63.6厘米，此图原名《孟蜀宫妓图》，后经专家考证改为《王蜀宫妓图》，描绘的是五代前蜀后主王衍的后宫故事。现藏于故宫博物院。

体化于尺幅之上。幅后自题诗曰："日长何所事？茗碗自赍持。料得南窗下，清风满鬓丝。"尤为巧妙的是，这幅名作《事茗图》，是唐寅送给一位名叫陈事茗的朋友的。此事原来并不确定，直到此画几经周折归藏北京故宫博物院后，专家根据卷后陆粲于嘉靖乙未年所书《事茗辩》跋文，才弄清楚了陈事茗的相关事迹。事茗姓陈，是书法家王宠的朋友，王宠又为唐寅的儿女亲家，故陈氏与唐寅也交往甚多。一幅描绘事茗的茶画，送给文友陈事茗，实在是最巧妙不过的雅事！此画卷前有文徵明所书画名"事茗"两个雄浑苍劲的隶书大字，落款"吴趋唐寅"，字体流畅洒脱，有"唐居士""吴趋""唐伯虎"三印。

此图为唐伯虎最具代表性的传世佳作，画面构图严谨、别出新意，山水人物用笔工细精致，线条秀润流畅，墨色皴染圆润柔和，似多取法于北宋李成、郭熙二家，兼融元人笔墨。全作画风清劲秀雅，景物开阔，意境清幽，层次分明，为唐寅秀逸画格的精作。入清之后，曾入内府收藏，画作卷右的乾隆帝御题诗可为明证："记得惠山精舍里，竹炉瀹茗绿杯持。解元文笔闲相仿，消渴何劳玉常丝。"落款附记："甲戌（1754）闰四月，雨余几暇，偶展此卷，因摹其意，即用卷中原韵题之，并书于此。御笔。"并盖有"乾隆御赏之宝"之印，这也是这幅国宝名画的珍贵处之一。

尤值一提的是，在中国茶文化中，同茶诗、茶文相比，有关茶事的绘画作品相对较少，而唐寅的这幅《事茗图》被公认为茶事名画，并被列为国宝。唐寅素能诗文、兼善书法绘画，晚年纵放、嗜茶，有茶画多幅、茶诗多首；由于科场挫折、绝于仕途，他在饮茶作画中经常流露出怀才不遇、孤芳自赏之情。此作中事茗者怀才不遇，空有大志却无所事事，只能从品饮事茗中寻求寄托——端坐南窗，清风徐来，品饮一盏好茶，亦不失为人生一大快事，而这也正是唐寅本人人生境遇与生活状态的真实写照。

一代宗师

作为明代画坛宗师，唐寅山水、花鸟、人物无所不工，但尤精仕女、人物绘画。唐寅笔下的宫妓、歌女、丫鬟等形象，深得唐代画家张萱、周昉的风格，线条细腻，色彩柔丽，眉眼精致，表现出江南女子娇小纤丽的特点，让人见之生怜。

092

虎钮永昌大元帅金印

年　代：明崇祯，公元 1628—1644 年

尺　寸：边长 10.3 厘米，印台厚 1.6 厘米，通高 8.6 厘米

材　质：金

出土地：2013 年四川省眉山市彭山区江口沉银遗址

收藏地：不详

"石龙对石虎，金银万万五。谁人识得破，买到成都府。"明末农民起义领袖张献忠在岷江"江口沉银"的传说在民间一直广为流传，而这首流传数百年的童谣，也成为无数人追寻张献忠财宝的"寻银诀"。2016 年，一场震惊中外的盗墓大案的破获，终于解开了江口沉银宝藏的神秘面纱，让世人看到了明末最真实的历史面貌。

彭山江口盗宝案

据史料记载，明末农民起义领袖张献忠反明起义后，在明思宗崇祯十七年（1644）八月初九占领成都，建立大西国，改元大顺。三年后，张献忠率部与明朝残将、川西地方将领杨展在彭山江口激战，溃不成军；张献忠和部分官兵逃回成都，而其满载金银的船只多数被烧毁或击沉江中。张献忠究竟聚敛了多少财富？千船沉银究竟是民间传说还是确有其事？这个百年谜团，随着震惊世人的张献忠沉银盗掘案的告

虎钮永昌大元帅金印

破，这才拨开迷雾、真相大白。

2016 年的四川彭山江口盗宝大案，被列为 2016 年全国文物第一案，案件侦办前后历时近三年，警方追回文物上千件，经 4 名国家文物专家鉴定，其中有 100 件属于国家珍贵文物。而这 100 件中，包括 8 件国家一级文物、38 件二级文物、54 件三级文物，涉案文物交易金额达 3 亿余元。在这批追回的文物当中，一级文物虎钮永昌大元帅金印尤为引人注目。这枚稀世珍宝，于 2013 年春为彭山当地的一个盗掘团伙从江底泥沙中偶然挖得，随后以 800 万元的高价卖给了文物商人。

这件虎钮永昌大元帅金印，虎形印钮气势悍猛、鲜活灵动，印面文字为九叠篆阳文"永昌大元帅印"，印台上阴刻"永昌大元帅印，癸未年仲冬吉日造"，显示其铸造于 1643 年农历十一月。该金印是张献忠江口沉银发掘研究及文物研究中的核心文物，对于考证沉船文物性质和揭开明末一些鲜为人知的史事极为关键。其实，颇受关注的并不是这方金灿灿、沉甸甸的帅印本身，而是其神秘莫测、扑朔迷离的历史背景和来历，同时，人们对此印上的"永昌"年号和"大元帅"职衔产生了许多质疑。

金印考辨

有专家学者认为，此物不见得为张献忠本人所用之印；也有专家学者认为，这是张献忠建立大西国后，专门给自己量身定做的金印；也有学者认为，这是李自成在北京建立大顺政权后，为了拉拢张献忠而给他定制的大元帅之印；还有学者认为，金印有可能是过往船只沉船遗失江中的。总之，见仁见智，众说纷纭。

可以肯定的是，这枚金印是属于张献忠当年的江口沉船遗物，但是并不能确定它就是张献忠之物。我们综合各种历史文献加以考证，可以初步得出以下结论：虎钮永昌大元帅金印并不是张献忠之印，而是李自成大顺政权所铸、在某个特定历史条件下颁赐给张献忠的。

认为此印不是张献忠之印的理由有以下三点：

一、"永昌"之号与张献忠无涉。张献忠攻占成都后称帝建立政权，国号大西，年号大顺。

二、"大元帅"不是张献忠的军制。张献忠称帝建国之前，一直自号"八大王"，手下有孙可望、李定国、刘文秀、艾能奇四养子，均为将军。张献忠军中是典型的家族式、山大王式军事管理模式，从来没有设立过大元帅这一最高军事职衔。

三、金印制作年代与张献忠当时时局处境不符。金印印台上阴刻"永昌大元帅印，癸未年仲冬吉日造"，标明该金印铸造于崇祯十六年（1643）十一月；然而历史资料记载，张献忠此时正在攻取常德府，直至十一月二十二日，张献忠才亲率大军占领常德府。占领常德府后，他还要集中精力、兵力和时间，与杨嗣昌之子杨山松的团练进行周旋。因此，张献忠虽于此时占领了常德府，却仍纠缠于战事，根本没有条件、时间和动机来铸造此印。

认为此印是李自成大顺政权之物的理由也有以下三点：

一、"永昌"是李自成的年号。李自成在西安建立大顺国，年号永昌，而且大顺政权只有永昌一个年号，时间不到两年。在明末这一历史时段，"永昌"可以

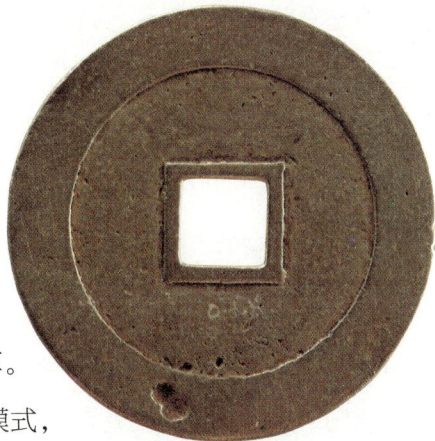

🏵️ **西王赏功金钱·明**

西王赏功金钱是中国明代的钱币，为明朝末年农民军首领张献忠于四川铸造，有金、银、铜、铁四种材质，因张献忠建国号为"大西"而得名，是中国古钱中"五十名珍"之一，极具历史价值。现藏于上海博物馆。

看作是李自成的专属代名词。

二、"元帅"是李自成的军制。李自成在湖北襄阳建立农民政权时，就明确了军事建制，即中、左、右、前、后五营，其中中营为标营。据《明季北略》记载：李自成"自称倡义大元帅，为一品；权将军，为二品"。湖北通城李自成大顺博物馆（筹）收藏的"顺天倡义大元帅"玉印，也证实了这一历史事实。

三、金印铸造时间正是李自成在西安筹建大顺国之时。历史记载，崇祯十六年（1643）十月十一日，李自成率农民军进入西安，随即就安排文臣着手筹划建国事宜，自己则率兵回米脂故里光宗耀祖去了。虎钮永昌大元帅金印铸造的时间为"癸未年仲冬"，即1643年农历十一月，正是李自成在西安筹建大顺国的时间。

综上分析，可以判断张献忠彭山江口沉船遗物中的核心文物——虎钮永昌大元帅金印，是李自成大顺政权之印，而不是张献忠之物。那么，作为大顺政权如此高级别、贵重的帅印，怎么会到了张献忠之手呢？

这就有必要分析李自成与张献忠二人之间的关系。李、张二人同为明末农民起义的领袖，有着各自的势力，加上时局变化、外部环境错综复杂，所以关系很复杂，有联合也有斗争。张献忠资格老，李自成发展好；大西军骑兵强、擅长流动作战，大顺军势力渐大、可主力对决。但是李自成手段更厉害，在不断发展壮大的过程中消灭、吞并了多股中小起义军势力，令张献忠对其有所畏惧。崇祯十六年（1643），张献忠攻克武昌，李自成恐吓他"老回回已降，曹、革、左皆被杀，行将及汝矣"；张献忠委曲求全，"多赉金宝，报使于自成。自成留其使，献忠恨之"。崇祯十七年（1644）正月，李自成称帝："十七年春正月，李自成称王于西安，僭国号大顺，改元永昌。自成久觊尊号，惧张献忠、老回回相结为患，既入秦，通好献忠。"据此记载，可以合理推断，这枚虎钮永昌大元帅金印应当就是李自成"通好献忠"的产物，李自成铸此高规格的帅印颁赐给张，目的在于对张笼络之、羁縻之，为自己称帝铺平道路。可以说，此印正反映了明末农民战争中李自成与张献忠之间复杂而曲折的关系。当然，这一推断还有待于今后文物、文献方面新的重大发现加以进一步验证。

"八大王" 张献忠

张献忠（1606～1647），字秉吾，号敬轩，延安肤施（今陕西省定边县）人。明天启末年，陕西全境灾害不断，饿殍遍地，农民无法生活，只能揭竿而起。崇祯三年（1630），边兵出身的张献忠在家乡聚众起义，自号"八大王"，又因其面黄长须在义军中被称为"黄虎"。因为作战勇猛，足智多谋，张献忠很快成为明末起义军中的重要力量。崇祯十六年（1643），张献忠率部攻克武昌，自称"大西王"，建立了大西农民政权。崇祯十七年，张献忠率部进入四川，攻克成都，同年在成都称帝，建国号"大西"，改元"大顺"，以成都为西京。清顺治四年（1646），清军在豪格、吴三桂率领下进剿四川，张献忠拒绝清军诱降，率部与清军苦战。当年十一月二十七日，张献忠在战斗中不幸中箭身亡，时年四十二岁。

093 雍正帝即位的迷雾
清圣祖遗诏

年　代：清康熙，公元 1722 年
尺　寸：不详
材　质：纸本
收藏地：中国台北故宫博物院

在清朝的历代皇帝中，雍正帝大概是最具神秘色彩、最富有争议的一位了。从继承大统到猝然离世，雍正 13 年的帝王生涯似乎自始至终都充满疑云，似乎他的每一步都伴随着争论与非议……其中的焦点，无疑就是他即位的合法性问题：康熙帝临终时指定的皇位继承人究竟是谁？雍正有没有通过操弄政治手段谋夺了皇位？

康熙末年九王夺嫡

清圣祖康熙皇帝是清代杰出的帝王，在位 61 年，君临天下时间之久，为中国历史之最。由于皇子众多，康熙皇帝在建储问题上处置失当，尤其是两废太子，直接导致了康熙末年的"九王夺嫡"的爆发。

在康熙皇帝生前，诸皇子为了争夺储位，私结党羽。以嫡长子胤礽为首的太子党最先出现，其次实力雄厚的皇八子胤禩与皇九子胤禟、皇十四子胤禵（一名胤祯）

结成了皇八子党，皇四子胤禛则有一个若隐若现的皇四子党，而康熙皇帝的庶长子胤禔也参与其中，意欲争渔人之利。这其中斗争最激烈的是太子党和皇八子党。太子胤礽年仅两岁就确立了储君之位，然而康熙皇帝的高寿对于太子来说已经不能忍受，长期的父子矛盾积累和兄弟倾轧，导致康熙四十七年（1708）太子第一次被废。孰料此事一出，非但没能化解危机，反而更激起了诸皇子对于储君之位的争夺。康熙皇帝权衡再三，又复立太子。在此期间，皇四子胤禛始终扮演太子的坚定支持者，而庶长子胤禔则在斗争中被永远圈禁。

有了第一次被废的经历，太子胤礽非但没有吸取教训，反而变本加厉地进行打击报复，导致朝野震荡。康熙盛怒之下，康熙五十一年（1712）太子再度被废，并被圈禁起来。此后，关于储位的争夺进入了白热化阶段。其间皇八子胤禩及其党羽积极活动，谋求嗣立。这种明目张胆的动作，引起了康熙皇帝的反感，他曾说："胤禩因不得立为皇太子，恨朕切骨，伊王党羽亦皆如此。二阿哥悖逆，屡失人心。胤禩则结人心，此人之险，实百倍于二阿哥也。"在夺嫡之争中，皇四子胤禛笑到了最后，顺利登上了皇位。

正是由于"九王夺嫡"，胤禛继位之后，关于其即位合法性的言论四处流布，而影响最大的就是人们熟知的篡改诏书之说。据说当时康熙想要传位给皇十四子胤禵，诏书写的是"传位十四子胤禛"，而皇四子胤禛则勾结隆科多擅改遗诏，将"十"字改为"于"字，将"禵"字改为"禛"字，于是诏书就变成了"传位于四子胤禛"。此种说法在野史中甚为流行，这也是清代著名的迷案之一。

汉文遗诏透露的信息

2009 年 10 月 7 日，备受两岸文化学术界瞩目的"雍正——清世宗文物大展"在中国台北故宫博物院拉开帷幕，这是一场以清世宗雍正帝其人其事及其时代为展览主题、力求还原雍正帝真实形象的展览。此次展览选取了雍正一朝的包含绘画、书法、档案、古籍、玺印、

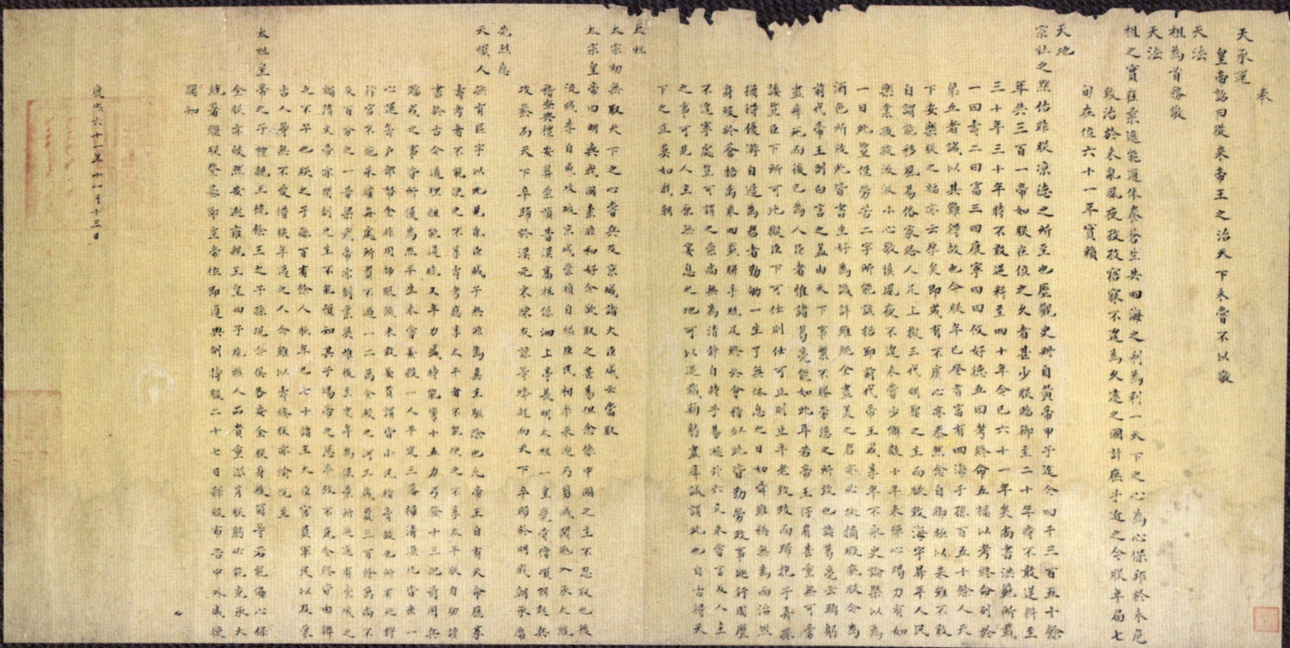

奉
天承運
皇帝詔曰從來帝王之治天下未嘗不以敬
天法
祖為首務敬
天法
祖之實在柔遠能邇休養蒼生共四海之利為利一天下之心為心保邦於未危
致治於未亂夙夜孜孜寤寐不遑為久遠之國計庶乎近之今朕年屆七
旬在位六十一年實賴
天地
宗社之默佑非朕涼德之所至也歷觀史冊自黃帝甲子迄今四千三百五十餘
年共三百一帝如朕在位之久者甚少朕臨御至二十年時不敢逆料至
三十年三十年時不敢逆料至四十年今已六十一年矣尚書洪範所載

清圣祖遗诏

瓷器、珍玩等各类艺术珍品在内的珍贵文物共 246 件，意在通过这些颇具人文气息的、精致典雅的艺术品，还原历史上雍正皇帝的真面目。在这两百多件展品中，最为引人注目的当数康熙遗诏。

清代的遗诏通常用满、汉两种文字书写同一内容，即清代诏旨所惯常采用的所谓"满汉合璧"式。此次展出的康熙皇帝遗诏为汉文写本，全本文字颇多、洋洋洒洒千余言，其中最核心的一句是"雍亲王皇四子胤禛，人品贵重，深肖朕躬，必能克承大统，着继朕登基，即皇帝位"。遗诏字迹清晰、并无涂抹改饰痕迹，明确表达出雍正就是康熙指定的皇位继承人这一信息。

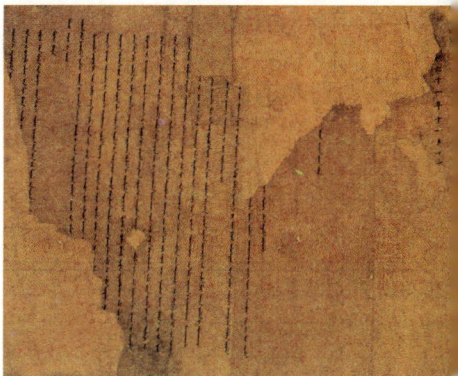

🌀**清圣祖遗诏满文部分**

这份遗诏告诉人们一个重要的信息，清代皇帝传位诏书的书写格式是有严格规定的，而要想在字画上进行篡改十分困难，加之其书写模式不但要有汉文，还要有满文，稍有不慎，必露破绽。唯一遗憾的是，目前我们所能看到的康熙遗诏的满文版本都有损毁，而且损毁的主要地方就是关于继承人的内容，这无形中就增加了断定胤禛即位合法性的难度。

尽管史学界对此还存在各种争议，但在没有发现更具说服力的物证之前，这份从形式到内容乃至书写字迹细节都无可辩驳的汉文遗诏是能够证明雍正即位合法性的重要历史文献，是可以廓清雍正帝即位疑云，为雍正帝正名的重要国宝级文物。

094 雍正帝的日常生活
珐琅彩锦鸡富贵图碗

年　代：清雍正，公元 1723—1735 年
尺　寸：高 6.6 厘米，口径 14.5 厘米，足径 6 厘米
材　质：瓷
收藏地：中国台北故宫博物院

　　在清朝统治的近三百年漫长岁月里，有一个不仅为清人所艳羡，也向来为史学界所津津乐道的历史时期，这就是"康乾盛世"。与盛世百余年间繁荣的社会经济、强盛的国力相对应的，是这一时期在手工技艺方面的突出水平与成就。当然，康熙、雍正、乾隆三位帝王在文化艺术领域的造诣与品位，无疑也对此起到了重要的助推作用。就制瓷而论，这一时期新创烧的珐琅彩瓷可谓是别具一格、饶有情趣。

珐琅彩瓷的烧制

　　珐琅彩瓷，是指使用珐琅彩料在瓷胎上彩绘装饰纹样的瓷器，亦称"瓷胎画珐琅"，最早于清康熙五十一年（1712）烧造成功，至雍正时得到极大发展，自乾隆以后渐趋衰落。雍正朝是珐琅彩瓷获得长足发展的重要时期。康熙末年，在西洋画珐琅器与技艺传入的影响下，珐琅彩瓷创烧成功。雍正帝继承了康熙力图超越西洋、摆脱对西洋的依赖的想法，自即位后持续力推珐琅彩瓷的研制烧造。

雍正珐琅彩的制作与康熙时期有显著不同，首先，这时的珐琅彩已由追求金属效果发展为追求瓷器的本质表现，因此在胎体方面，不再用反瓷而采用景德镇新烧成的优质细白瓷，这种细白瓷无论在白度或透明度上都超过明代永乐的白釉瓷，为雍正朝及以后的珐琅彩和粉彩的制作提供了有利条件。此外，也有直接用雍和宫及清宫内的旧藏白瓷。不管是新烧还是旧藏的白瓷，质地都具有薄、轻、润、细、洁的特点，将其作为胎体使用，是雍正朝珐琅彩和粉彩能有突破性发展的关键之一。北京故宫博物院至今仍保存许多雍正薄胎白瓷器，部分可能是当时制作珐琅彩瓷的备用品。其次，康熙朝珐琅料全部由外国进口，雍正朝在宫内制作的各种珐琅器数量猛增，进口料已供不应求，于是雍正六年（1728）二月谕旨怡亲王允祥"试炼"珐琅料，同年七月试炼成功，此后的珐琅彩多用清宫自制彩料。新增珐琅料中

有许多颜色是进口料所没有的。据清宫档案，新增色彩有软白、香色、淡松黄色、藕荷色、浅绿色、酱色、深葡萄色、青铜色、松黄色等，色彩种类大为丰富。由于彩料丰富，一件雍正珐琅彩瓷器上的纹饰，常常同时施以二三十种颜色。

乾隆以后，珐琅彩瓷便渐趋衰落，其全部发展历程虽然前后仅 70 余年，却将中国古代彩瓷推向顶峰，涌现出一大批精美绝伦、闻名于世的彩瓷佳作，这只珐琅彩锦鸡富贵图碗便是其中之一。

高雅大气的雍正珐琅彩

雍正帝还于雍正五年（1727）特地降旨颁发"内廷恭造式样"，指示宫廷器物必须与宫外生产的"外造之气"有所区别。如在装饰纹样上，由于雍正帝亲自定调"秀雅""细致"的要求，同时又指定唐岱、戴恒、贺金昆、汤振基和郎世宁等供奉内廷的画家为画珐琅器制作稿样，影响所及，无论是满饰纹样或装饰有诗、书、画、印四种元素的组

珐琅彩锦鸡富贵图碗

群，全都美轮美奂。诗、书、画、印四种元素相结合的这一装饰纹样，一方面因其鲜见于宫外造作，而堪称"内廷恭造式样"的典型代表；另一方面，追根溯源，虽然在康熙朝偶有此种先例，但装饰在雍正朝珐琅彩瓷上的图画、题句和印章，乃至于器底款识，都有更为丰富多元的组合和样式，不仅区别于康熙时期的风格，并且在画匠和书手的通力合作下，诗、画、印三者意涵相通、相得益彰，展现了雍正朝珐琅彩瓷更高的艺术水准。

中国台北故宫博物院珍藏的珐琅彩锦鸡富贵图碗就是雍正珐琅彩的杰出代表。此碗弧壁、圈足，底有蓝料正楷"雍正年制"四字款，碗胎体极薄，属于半脱胎，内外釉白如雪，莹润如玉。碗外壁一侧绘雉鸡牡丹花，另一侧题墨彩诗句，色彩鲜艳雅逸，画法精工绝伦。画面中心是一雄雉鸡，在山石牡丹丛中寻食，尾翼上的各色羽毛绒光如绢，绚烂夺目。雉鸡的头颈是滕黄色，背部蓝绿相间，腹腿铁红，尾羽赭褐色；周围的

山石花草以粉红、藕荷、杏黄、淡黄、水绿等娇嫩颜色相衬托，直如一幅工笔花鸟画般绚丽动人。又配以五言行草书体诗句："嫩蕊包金粉，重葩结绣云。"字句的首、尾有胭脂水章"佳丽"及"金成""旭映"。由于敷施彩料较厚，以致花纹凸起，富有立体感。

此碗造型明丽秀逸，诗、书、画、印四合一的装饰纹样精到雅致，充分体现了雍正帝不俗的审美意趣和生活品位。

珐琅彩孔雀图碗·清雍正

雍正帝继承了康熙帝喜爱珐琅彩的传统，在其提倡下，雍正朝的珐琅彩瓷器流行纹饰搭配诗句，即一面画出装饰纹样，一面写有诗句。这件珐琅彩孔雀图碗现藏于中国台北故宫博物院。

095 清朝是这样治理西藏的
金贲巴瓶及牙签

年　代：清乾隆，公元 1736—1796 年
尺　寸：通高 34 厘米，口径 12 厘米，腹部直径 21.3 厘米，
　　　　重 2850 克
材　质：金
收藏地：西藏自治区拉萨市大昭寺

在中国历代封建王朝中，清代是中国统一的多民族国家发展和巩固的重要历史时期，这与清朝统治者相对高明的民族政策，强调"因其教不易其俗，齐其政不易其宜"的方针，以及针对民族地区采取的卓有成效的治理手段有着密不可分的关系。就西藏地区而言，清廷长期用心经营，除了采取果断的军事行动平定历次叛乱外，在西藏的治理上也煞费苦心，颁布《钦定西藏善后章程》，规定中央派遣驻藏大臣会同达赖喇嘛和班禅额尔德尼共同治藏、活佛转世灵童认定采取"金瓶掣签"制等一系列具有法律意义的制度，极大地强化了中央政府对西藏的控制力，使得清廷的中央意志得以有效地贯彻到西藏地方的治理中去。金贲巴瓶就是清朝治藏"金瓶掣签"制度的实物佐证。

金瓶掣签制度

自清廷于乾隆五十七年（1792）颁布《钦定西藏善后章程》后，藏传佛教在选

金贲巴瓶及牙签

定活佛转世灵童时，必须在中央政府代表的监督下用"金瓶掣签"的形式确定人选。金瓶即金贲巴瓶，"贲巴"是藏语"瓶"的意思。当年清廷御制有两件金瓶，一件颁赐给拉萨大昭寺，用于选定达赖喇嘛、班禅额尔德尼转世灵童；另一件存放在北京雍和宫，用于选定章嘉呼图克图、哲布尊丹巴呼图克图两大活佛的转世灵童。

金贲巴瓶，是乾隆皇帝为改革西藏大活佛转世制度而特制的。藏传佛教是蒙、藏等民族虔诚信奉的宗教。按照佛经意旨，达赖喇嘛、班禅额尔德尼、章嘉呼图克图、哲布尊丹巴呼图克图等宗教领袖被尊奉为"黄教之宗"的大活佛，他们圆寂后"不迷本性"，都要投胎转世、出现"转世灵童"，选定转世灵童大活佛呼毕勒罕（蒙语"转世"的意思）作为继承者，这就是相沿已久的活佛转世制度。乾隆五十七年（1792），清政府在出兵平息了廓尔喀人对西藏的侵扰之后，乾隆皇帝决心对蒙、藏地区的活佛转世制度进行必要的修改和完善，决

定采用一种新的方式来选定活佛，这就是金瓶掣签制度，即将寻觅到的转世灵童的姓名、出生日期，用满、汉、藏三体文字分别写在象牙签上，用纸签包好后放于金贲巴瓶内，然后由熟悉经典的喇嘛诵经七日，七日后中央驻藏大臣亲临监督，由瓶中掣取一签确定转世灵童最终人选；章嘉呼图克图和哲布尊丹巴呼图克图两大活佛选定转世灵童，则由清廷理藩院尚书亲临雍和宫监督金瓶掣签来确定。此制既保留了活佛转世这一藏传佛教沿袭已久的制度，又保证了中央政府的监督，杜绝了蒙、藏上层大贵族对活佛转世的人为操纵，增加了公平公正性。

活佛转世的见证

金贲巴瓶是由乾隆皇帝以贲巴瓶为原型，亲自设计、亲自监督工匠制作的，从样式、花纹到装饰、选材，乾隆皇帝都做出了详细的指示。其实，清宫造办处有众多的能工巧匠，金瓶的制作工艺也不复杂，本来可以按照图纸直接完成，但乾隆皇帝要求工匠先做一个小样呈览，

满意后才可以正式动手做。看过小样后，乾隆皇帝觉得原定镶嵌的红、黄、蓝宝石不太适合，于是，又改成了历来受藏族人民喜爱的松石、珊瑚、青金石等作为装饰，由内廷造办处开始制作。乾隆皇帝亲自过问金贲巴瓶的设计制作、特意考虑到藏地的风俗习惯这一细节，凸显了清廷对于西藏问题的高度重视。

金贲巴瓶为纯黄金打造，瓶座与瓶盖装饰有云头、海水、如意宝珠等图案，瓶盖顶部嵌有一颗白玉，下面则是松石、珊瑚、青金石，瓶腹上部饰有精美的如意云头图案，中部则錾刻着十相自在图。金瓶外包裹五色锦缎制成的瓶衣，瓶口内插有签筒，筒内放置如意头象牙签五支，供确定转世灵童时用。此瓶的特殊意义在于：它是藏传佛教金瓶掣签制度的重要器物和象征，也是活佛转世灵童必须经过当时中央政府认定的历史见证。

金瓶掣签制度继承了活佛转世的精华，摒弃了原来存在的种种弊端，通过这一方式，不但提高了中央政府的权威，也使广大信众心悦诚服。此后，西藏班禅额尔德尼、达赖喇嘛等大活佛都是通过金瓶掣签制度选定的，第一个启动金瓶掣签并得到认定的达赖是九世达赖的转世灵童，即十世达赖楚臣嘉措；第一个用金瓶掣签认定的班禅是七世班禅转世灵童，即八世班

泥金写本《藏文藏龙经》·清康熙

这本《藏文龙藏经》是由康熙帝的祖母孝庄太后博尔济吉特氏下令制造的。全帙一百零八函，以藏文泥金书写在特制的磁青笺上，上下经板彩绘七百五十六尊诸佛造像，饰以各式镶嵌珠宝，再以黄、红、绿、蓝、白五色丝绣经帘保护。现藏于中国台北故宫博物院。

🔶**金嵌松石珊瑚坛城·清乾隆**

这件清代金嵌松石珊瑚坛城是 17 世纪中国西藏地区的艺术品，坛城高 9.3 厘米，长 16.7 厘米，宽 13.5 厘米，连盖座全高 25.1 厘米。顶面以分层分形、切割整齐、色泽均匀的松绿石组成，中央是象征宇宙中心的须弥山，四方以抽象符号象征四大部洲，周围再绕以一圈浑圆硕大的珊瑚串；金属镀金的周壁，以捶揲镂技巧形成细腻的浮雕，卷枝番莲纹上涌立各样佛家珍宝，边缘再以多种金属细工烘托。现藏于中国台北故宫博物院。

禅丹白旺修。自清王朝至民国的二百多年间，西藏地区就有七十余名活佛通过金瓶掣签认定。金瓶掣签制度的订立，不仅纯洁了宗教内部在活佛转世灵童的认定上出现的流弊，而且维护了西藏地方的和平与稳定，加强了中央与西藏地方的关系。金贲巴瓶具有重要的历史意义，是当之无愧的国宝级文物。

《钦定西藏善后章程》

清乾隆五十六年（1791），居住在今尼泊尔的廓尔喀人入侵西藏。当年十一月，乾隆帝派遣福康安、海兰察率一万七千人的大军入藏，反击侵略者。第二年五月，清军赶走了廓尔喀人，并攻入尼泊尔境内，廓尔喀王求和请降。回军西藏后，福康安等人秉承乾隆的旨意，与西藏地方官员共同商定了一个章程，以改变西藏各地制度废弛的情况，这就是后来的《钦定西藏善后章程》。根据章程规定，清驻藏大臣地位与达赖、班禅平等，监督办理西藏事务；西藏的涉外事务集权于中央，统归驻藏大臣管理等等。这一章程的订立，加强了清朝中央和西藏地方的联系，巩固了祖国的统一。

096 中国古代制瓷工艺的巅峰之作
各种釉彩大瓶

年　代：清乾隆，公元 1736—1796 年

尺　寸：高 86.4 厘米，口径 27.4 厘米，足径 33 厘米

材　质：瓷

收藏地：故宫博物院

在故宫武英殿瓷器馆的中心位置，展陈着一件不同凡响的瓷瓶，其体量之巨大、釉彩之丰富、装饰之华丽，足以吸引任何一位置身瓷器馆的游客驻足观赏、击节赞叹，这就是享有"中华瓷王""瓷母"之美誉的清乾隆各种釉彩大瓶。

"中华瓷王"

各种釉彩大瓶系清代乾隆年间烧制，是中国古代制瓷工艺达到巅峰的代表作之一，瓶洗口，长颈，长圆腹，圈足外撇，颈两侧各置一螭耳。器身自上而下装饰的釉彩达 15 层之多，所使用的釉上彩装饰品种有金彩、珐琅彩、粉彩等，釉下彩装饰品种有青花，还有釉上彩与釉下彩相结合的斗彩；所使用的釉有仿哥釉、松石绿釉、窑变釉、粉青釉、霁蓝釉、仿汝釉、仿官釉、酱釉等。主体纹饰在瓶的腹部，为霁蓝釉描金开光粉彩吉祥图案，共 12 幅开光图案：其中 6 幅为写实图画，分别为"三

各种釉彩大瓶

阳开泰""吉庆有余""丹凤朝阳""太平有象""仙山琼阁""博古九鼎";另6幅为锦地"卍"字、蝙蝠、如意、蟠螭、灵芝、花卉,分别寓意"万""福""如意""辟邪""长寿""富贵",辅助纹饰主要有缠枝纹、缠枝莲纹、团花纹等。12幅开光画面十分精致,内容多取谐音字义、祈颂吉祥的传统内容。瓶内及圈足内施松石绿釉,外底中心署青花篆书"大清乾隆年制"六字三行款。整个大瓶以众多画面配合繁多的釉彩装饰,呈现出繁缛奢华的艺术风格。

高超的陶瓷技艺

不过,也有人认为这件"瓷母"大瓶不过是一件集合各种釉彩及纹饰的堆砌之作、炫技之品,实际上并非如此,可从以下几点来看:

一、"瓷母"体现出了乾隆时期瓷器繁缛奢华的艺术风格。每个朝代瓷器的艺术风格,都与其所处时代的政治经济、帝王喜好及风俗习惯等有着密切的联系。乾隆朝国力鼎盛、海内升平,乾隆帝又是一个颇具艺术修养且又好大喜功的君主,加之此时景德镇的制瓷工艺也已达到极高水准,所以就有了许之衡在《饮流斋说瓷》中对乾隆朝瓷器的评价:"至乾隆则华缛极矣,精巧之至,几于鬼斧神工。"

二、"瓷母"是乾隆朝制瓷工艺达到巅峰的体现。"瓷母"上采用的釉上、釉下等釉彩达到了15层之多,从烧造工艺上看,青花与仿官釉、仿汝釉、仿哥釉、窑变釉、粉青釉、霁蓝釉等均属高温釉彩,需先焙烧;而粉彩、珐琅彩、金彩及松石绿釉等均属低温釉彩,须后焙烧,如此复杂的工艺只有在全面掌握各种釉彩性能的情况下才能顺利完成。所以说,想要烧造成功工艺如此复杂的大瓶,全面而精准地掌握各种釉彩的烧制特点是关键所在。

三、"瓷母"是中国历代瓷器中涵盖吉祥文化最为丰富的器物。器腹上十二组或写实、或写意的开光吉祥图案,涵盖了中国传统文化中的福、寿、富贵、如意等众多吉祥文化,将如此众多的吉

掐丝珐琅鸠车尊·清乾隆

乾隆朝不仅瓷器制作精美，铜胎珐琅器技艺也有了长足的发展。这件鸠车尊为铜胎仿古珐琅器，器形庄重，釉色鲜明艳丽，是上好的陈设器。现藏于中国台北故宫博物院。

祥图案聚于一器，在中国瓷器史上是极为罕见的。

正因如此，对于这件凝结着清代制瓷工匠心血的瓷之重器，我们不应该简单地用"堆砌""炫技"等词眼来轻率地评论。以一种欣赏的心态去看待这件"瓷母"，并尽可能地提高我们的现代制瓷工艺水平以与之趋近。这才是今天的人们应有的态度。

清代前期的西洋风

除了在瓷器制作上借鉴西洋艺术外，清代前期中外之间的其他方面的文化交流也达到了新的境界，不仅许多传教士来华，带来了西方的自然科学知识和绘画、音乐、建筑等艺术，给中国的知识界吹来了一股清新的西洋风；就连康熙帝本人也对西学有浓厚的兴趣，而且精心钻研，达到了很高的水平。而汤若望、南怀仁、郎世宁等西方传教士，以其杰出的才艺，备受清帝礼遇，且居高官显位，在中国历史上尤为罕见。

097 | 宫廷里的西方艺术
郎世宁《百骏图》

年　代：清，公元 1616—1911 年

尺　寸：纵 102 厘米，横 813 厘米

材　质：绢本

收藏地：中国台北故宫博物院

　　郎世宁（Giuseppe Castiglione），意大利人，原名朱塞佩·伽斯底里奥内，生于意大利米兰，清康熙帝五十四年（1715）作为天主教耶稣会的修道士来中国传教，随即入宫进入如意馆，为清代宫廷十大画家之一。他历经康、雍、乾三朝，在清廷从事绘画五十余年，并参加了圆明园西洋楼的设计工作，极大地影响了康熙之后清代宫廷绘画的风格和审美趣味。他的代表作有《十骏犬图》《百骏图》《乾隆大阅图》《瑞谷图》《花鸟图》《百子图》等。

中西合璧《百骏图》

　　《百骏图》共绘骏马百匹，它们或站或卧，或翻滚嬉戏，或交斗觅食，聚散不一，自由舒闲。画面中的马儿和人物、山水、草木，无不精致写实，比例结构的精准和对光的运用所表现出的立体感，显示出画家深厚的西画功底，而勾线、皴染又都是

《百骏图》· 郎世宁

传统的中国手法。

这幅形象逼真、构图繁杂、色彩浓丽的长卷给人印象最深的地方是画家给予人们足够的空间，它不是一览无余，而是令人产生无边的遐想。画面的首尾各有牧者数人，控制着整个马群，体现了一种人与自然界其他生物间的和谐共生关系。在表现手法上，郎世宁充分展现了欧洲明暗画法的特色，马匹的立体感十分强，用笔细腻，注重动物皮毛质感的表现。

郎世宁引领的艺术潮流

郎世宁的主要贡献在于大胆探索西

《万树园赐宴图》·郎世宁

画中用的新路，融中西画法为一炉，创造了一种前所未有的新画法、新格体，堪称郎世宁新体画。郎世宁来到中国后仔细研习了中国画的绘画技巧，他的中国画具有坚实的写实功力、流畅地道的墨线、一丝不苟的层层晕染，外加无法效仿的颜色运用，中西合璧，让人耳目一新。郎世宁以其独创的新画体博得了皇帝的赏识和信任。从现存的郎世宁画作来看，它既有欧洲油画如实反映现实的艺术概括，又有中国传统绘画之笔墨趣味，确有较高的艺术感染力。郎世宁以其严谨扎实的写实功底、注重明暗效果的绘画特色，以及作品整体上浓厚的欧洲绘画风格和情调，确立了自己在清朝宫廷画师中的地位。

清代是中国宫廷绘画的顶峰时期，正是在郎世宁中西合璧绘画技法的影响下，才形成了别具一格的宫廷画风。郎世宁尤擅画马，这幅《百骏图》便是其生平百余幅马作品中的杰出代表作，其艺术价值、文化价值都是不可低估的。

098 | 寓意吉祥的玉雕珍宝 翠玉白菜

年　代：清，公元 1616—1911 年
尺　寸：长 18.7 厘米，宽 9.1 厘米，厚 5.0 厘米
材　质：翡翠
收藏地：中国台北故宫博物院

　　但凡去台湾地区观光旅游的大陆游客，大概都会把台北故宫博物院列为行程中必不可少的重要一站，而几乎所有去台北故宫博物院参观的游客，都不会错过一睹翠玉白菜风采的机会。

雅俗相宜的镇院之宝

　　其实要论及器物本身的历史，这棵翠玉白菜充其量也就是清代中后期的作品，年代并不久远，但它的珍贵之处在于其雕工之精巧、寓意之美好。这棵白菜尺寸与真实白菜的相似度近乎百分之百，全件系由一块一半灰白、一半翠绿的翠玉石料雕琢而成，不知名的工匠充分运用巧雕的工艺技巧，把玉料的绿色部位雕成菜叶、灰白色部位雕成菜帮，并且还创造性地把原本玉料上需要剔除的瑕疵巧雕为趴在菜叶上的两只小昆虫，活灵活现、滋润新鲜。日常的题材与精巧的雕工的完美结合，让

翠玉白菜

观者备感亲切又叹为观止。尤值一提的是，菜叶上的
两只小昆虫也不是信手雕来的随意之作，它们是寓意
多子多孙的螽斯和蝗虫，而且螽斯和蝗虫的每一根触
角都清晰可见，足见其制作者的精湛技艺。

瑾妃的陪嫁之物

肉形石·清

　　这件作品原陈设于故宫永和宫（在清末是光绪皇
帝妃子瑾妃的寝宫），相传这棵翠玉白菜即为瑾妃随
嫁的嫁妆之一，蕴含着多重美好的寓意。首先白菜音同百财，寓意财富，又寓意清白、
象征新嫁娘的纯洁；特定的两只昆虫则寓意多子多孙，祈愿新妇子孙众多。白菜虽
是再寻常不过的蔬菜，但因其寓意好、设计巧，充分体现了作为嫁妆所应具备的美
好祝愿功能。概括而言，自然材质、匠心设计、意蕴象征这三者充分而完美地结合，
最终成就了翠玉白菜这一不可多得的玉雕珍品。

奢侈之风毁国家

　　清王朝急剧衰落的重要原因就是整个官僚机构乃至整个社会在封闭自
大的环境下奢侈腐败。乾隆时，统治者好大喜功，为粉饰太平，不惜靡费巨
金，举办各种庆典，仅庆祝皇太后60大寿就耗费1.35万两黄金。乾隆帝六
巡江南，豪华与排场空前，靡费特甚。上行下效，湖广总督毕沅死后，陪葬
珍宝多达200多件，其中一串朝珠就用了108颗翡翠、5颗红宝石、4颗大
珍珠。统治阶级生活奢靡，带来的必然是权力机构的贪赃枉法和腐败黑暗。

099 一段屈辱的民族记忆
北洋水师"镇远"舰铁锚

年　代：清光绪，公元 1875—1908 年
尺　寸：长 4.15 米，宽 2 米，重约 4 吨
材　质：铁
收藏地：中国人民革命军事博物馆

　　在中国人民革命军事博物馆兵器馆西广场，陈列着一副长 4 米、宽 2 米、重达 4 吨的巨大铁锚，这就是当年清政府北洋水师巡洋舰"镇远"号上的铁锚。铁锚遍体镌刻着岁月的沧桑印痕，向参观者诉说着不堪回首的往事……

甲午海战

　　"镇远"舰是清朝海军北洋舰队主力铁甲战列舰之一，1885 年从德国伏尔铿造船厂订购驶抵中国，与"定远""济远""经远""来远""致远""靖远""平远"等七舰并称为北洋"八远"。该舰排水量 7335 吨，航速 14.5 节，舰上配备火炮 22 门，鱼雷发射管 3 具，战斗乘员 331 人，具有很强的攻防能力，是北洋海军的中坚力量。

　　"镇远"舰和同级同型的姊妹舰"定远"舰，是中国近代海军史上最早的两艘铁甲舰，它们诞生于 19 世纪中后叶的中国洋务时代，最终又消逝在决定近代中日

北洋水师"镇远"舰铁锚

两国命运的甲午战争中。定、镇二舰由李鸿章主导购建，他曾委派专员赴西欧多国考察，最后决定在德国伏尔铿造船厂签约建造两艘铁甲舰。李鸿章将此二舰分别命名为"定远"（英文名称Ting Yuen）、"镇远"（英文名称Chen Yuen）。1885年10月，二舰驶抵大沽口，"镇远""定远"正式编入北洋水师。

　　1894年9月17日，中日甲午海战爆发。清政府海军实力号称亚洲第一、世界第九，花费数百万两白银打造的北洋水师在与日本联合舰队的一系列激烈交战后，损失惨重，退守威海卫基地。"损失惨重"简单四个字，意味着"经远""致远"等军舰沉没，"来远"等战舰受伤，死伤官兵千余人，"致远"舰管带邓世昌等名将殉国。威海

决胜并不只在海上

　　清光绪十四年（1888），北洋水师正式成军，其舰队下辖从德、英等国购入的"定远""镇远"铁甲舰和"致远""靖远""经远""来远"等巡洋舰，全部作战、辅助舰艇数量42艘，总吨位超过4万吨，已经是亚洲的顶级海军舰队。然而从1891年起，在光绪帝老师、李鸿章的政敌翁同龢的打压下，北洋水师六年内没有再购进新军舰、舰炮和专用炮弹，不但部分军舰的锅炉接近报废，炮弹也不得不使用天津兵工厂生产的劣质品，甚至军舰使用的煤炭，也是低热值、烟重灰多的劣质煤。反观日本方面，却倾尽全力发展海军，在短短数年间从英国购入12艘战舰，速射炮、使用"苦味酸"的大威力炮弹也是大量购买。在甲午海战爆发前，日本联合舰队在舰船总吨位、航速和火炮发射能力上已经全面超过北洋水师。在这种情况下，北洋水师的失败绝非偶然了。

卫军港不久也被日军攻占，北洋水师所属"威震亚洲"的铁甲军舰，一部分被击沉，一部分被日军俘获。甲午海战是中国近代史上的第一次，也是清政府最后一次大规模海战，以中国海军的惨败而告终。

"镇远"铁锚的回归

"镇远"舰在威海保卫战中被日军俘获，后被编入日本联合舰队服役，至第一次世界大战前被拆解。为了纪念甲午海战的胜利，日本将舰上的铁锚和"靖远"舰的铁锚一同陈列在东京上野公园，还将"镇远"舰主炮弹头10枚置于铁锚周围，弹头又焊上"镇远"舰锚链20寻以环绕陈列场地，同时在一旁立有海战碑向世人炫耀。但凡华侨、中国留学生经过此处，无不引以为耻，或转头疾走，或垂首掩泣，"镇远"舰铁锚成了每一个中国人心中的痛……

1945年8月，中国人民取得了抗日战争的伟大胜利，中国国民政府和中国海军当局产生了收回"镇远"舰和"靖远"舰铁锚等遗物的想法。但驻日盟军最高将领、美国麦克阿瑟将军并不以为然，中国政府屡次提出，都被拖延下来。

1947年2月，海军少校钟汉波受中国政府委派赴日任中国驻日代表团参谋。行前，海军总司令桂永清召见了钟汉波，向他交代：甲午海战，"镇远""靖远"两舰为日所俘，其舰锚、舰链及炮弹等被陈列在日本东京上野公园，是乃国耻，你抵日到职后，立即将其索还，以除耻辱。钟汉波毫不犹豫地答应下来。钟汉波一行到达日本之后，立即着手进行索还两舰遗物的工作。在此之前，中国政府的外交人员就曾索取过这些遗物，但都无疾而终，不了了之。鉴于以前的失败，钟汉波做了深入细致的调查，同时仔细研究战争结束以后的相关文件，最终拿出了切实有利的证据。在钟汉波的不懈努力下，驻日本盟军总部终于同意将铁锚等遗物还给中国。

1947年4月4日，盟军总部将舰锚归还案受理办妥。备忘录正本送达"中华民国"驻日代表团，内容是归还"镇远""靖远"舰锚2个、锚链20寻、炮弹弹头10颗。1947年5月1日上午9时，在东京芝浦码头举行交收签字仪式。钟汉波抵达东京芝浦码头，参加接收签字仪式。钟汉波代表"中华民国"政府接收该批舰锚等物，由美国远东海军司令部海军上尉米勒第将文件交与钟汉波签字，证明已经接收"镇远""靖远"舰锚2个、锚链20寻、炮弹弹头10颗，陈放在芝浦码头。中国驻日代表团第一组海军上尉刘光平、第三组组员刘豫生也同时在场见证，美方海军亦有随同官员及日本政府人员数人参加交收，仪式简单而隆重。

签收仪式完毕后，钟汉波等回到驻地，将签收正本呈交组长王丕承，王丕承核阅后存案归档。根据安排，此次接收的铁锚等分两次运回国内，第一批将20寻、53米长的锚链和10颗炮弹弹头，交由日本归还"中华民国"之海关缉私舰"飞星"号，于1947年5月4日运回上海。第二批舰锚2个，交由归还"中华民国"之轮船"隆顺"号于10月23日运抵上海。这批被虏物后转到青岛海军军官学校陈列。

1959年，"镇远"舰铁锚被送陈中国人民革命军事博物馆。如今，"镇远"舰铁锚静静地躺在那里，它用无声的语言告诉人们，牢记过去的耻辱，努力实现中华民族的伟大复兴，让一切屈辱永远成为过去。

100　封建王朝的彻底终结

清朝宣统皇帝溥仪退位诏书

年　代：清宣统，公元 1912 年

尺　寸：纵 21.5 厘米，横 53 厘米

材　质：纸

收藏地：中国国家博物馆

清宣统三年十二月二十五日（1912 年 2 月 12 日），清王朝最后一位皇帝——中国自秦始皇创立皇帝制度以来最后一位承绪封建法统的皇帝——宣统帝爱新觉罗·溥仪正式颁布退位诏书。此诏的颁布，不仅标志着清王朝在全国统治的结束，同时也宣告了中国延续了两千多年的封建帝制的终结。

清王朝帷幕落下

　　清末的中国，列强环伺，内忧外患，民不聊生，国家和民族都已经到了危亡之际。武昌起义爆发后，各地纷纷响应，清王朝本已风雨飘摇的统治陷于土崩瓦解。在多方势力的斡旋、调停之下，清廷最终决定放弃政权、接受共和。当时在位的宣统帝尚在幼年，故由隆裕皇太后临朝称制、代理朝政，退位诏书也以隆裕皇太后的名义颁布，全文如下：

合滿漢蒙回藏五族完全領土為一大中華民國予

與皇帝得以退處寬閒優游歲月長受國民之優禮

親見郅治之告成豈不懿歟欽此

宣統三年十二月二十五日

內閣總理大臣臣 袁世凱

署外務大臣臣 胡惟德

民政大臣臣 趙秉鈞

署度支大臣臣 紹英 假

學務大臣臣 唐景崇 假

陸軍大臣臣 王士珍 假

署海軍大臣臣 譚學衡

司法大臣臣 沈家本 假

署農工商大臣臣 熙彥

署郵傳大臣臣 梁士詒

理藩大臣臣 達壽

奉

旨朕欽奉

隆裕皇太后懿旨前因民軍起事各省響應九夏沸騰

生靈塗炭特命袁世凱遣員與民軍代表討論大局

議開國會公決政體兩月以來尚無確當辦法南北

睽隔彼此相持商輟於途士露於野徒以國體一日

不決故民生一日不安今全國人民心理多傾向共

和南中各省既倡議於前北方諸將亦主張於後人

心所嚮天命可知予亦何忍因一姓之尊榮拂兆民

之好惡是用外觀大勢內審輿情特率皇帝將統治

權公諸全國定為共和立憲國體近慰海內厭亂望

治之心遠協古聖天下為公之義袁世凱前經資政

院選舉為總理大臣當茲新舊代謝之際宜有南北

統一之方即由袁世凱以全權組織臨時共和政府

清朝宣统皇帝溥仪退位诏书

朕钦奉隆裕皇太后懿旨：前因民军起事，各省响应，九夏沸腾，生灵涂炭。特命袁世凯遣员与民军代表讨论大局，议开国会，公决政体。两月以来，尚无确当办法。南北暌隔，彼此相持，商辍于途，士露于野。徒以国体一日不决，故民生一日不安。今全国人民心理，多倾向共和。南中各省，既倡义于前；北方诸将，亦主张于后，人心所向，天命可知。予亦何忍因一姓之尊荣，拂兆民之好恶。是用外观大势，内审舆情，特率皇帝将统治权公诸全国，定为共和立宪国体。近慰海内厌乱望治之心，远协古圣天下为公之义。袁世凯前经资政院选举为总理大臣，当兹新旧代谢之际，宜有南北统一之方。即由袁世凯以全权组织临时共和政府，与民军协商统一办法。总期人民安堵，海宇义安，仍合满、汉、蒙、回、藏五族完全领土为一大中华民国。予与皇帝得以退处宽闲，优游岁月，长受国民之优礼，亲见郅治之告成，岂不懿欤！钦此。

此诏的颁布，宣告了清王朝统治的终结，计自爱新觉罗·努尔哈赤创立后金，至宣统帝溥仪退位，立国凡297年；若自顺治帝入主中原起算，则为268年。这份大名鼎鼎的退位诏书，究竟系何人执笔起草，一直众说纷纭，未有定论，大多数意见倾向于起草人为立宪派领袖张謇，并且是由张謇的幕僚杨廷栋等执笔起草，经张謇润色，再由袁世凯审阅后才交与隆裕太后宣读。但据1912年2月22日的上海《申报》标题为《清后颁诏逊位时之伤心语》的报道，此次宣布共和，清谕系由前清学部次官张元奇拟稿，由徐世昌删订润色，于廿五日早九钟前清后升养心殿后，由袁世凯君进呈。隆裕太后阅未终篇已泪如雨下，随交世续、徐世昌盖用御宝。此亦为一说。

封建帝制的终结

清帝退位诏书与以往历代的退位诏书的不同之处在于，以往的退位诏书内容都是皇帝向权臣移交政权，而清帝退位诏书发布的则是皇帝向资产阶级革命派移交政权的主张。因此可以说，在性质上清帝退位诏书与以往历代的退位诏书并无本质上的不同，它们都是国内政治活动中皇帝、皇族与权臣派系斗争妥协的产物，因此它主要是一种政治文件，并不具有宪法和法律的性质。

清帝退位诏书加快了中国实行"共和"的步伐，在一定程度上实现了政权的和平交接，这无疑是值得肯定的。孙中山也曾指出："今日满清退位，中华民国成立，民族、民权两主义俱达到，惟有民生主义尚未着手，今后吾人所当致力者，即在此事。"但是诏书中明确授权"由袁世凯以全权组织临时共和政府"，而不是孙中山和南京临时政府，因此它在很大程度上支持了袁世凯的篡权和复辟活动，这无疑给新生的中华民国留下了重大隐患。

退位诏书的颁布，虽然宣告了中国历史上实行了两千多年的封建帝制的终结，但由于帝国主义列强的干涉和软弱的资产阶级革命派的妥协退让，大地主大买办阶级的政治代表袁世凯的篡权活动得到初步实现：1912年2月14日，孙中山向南京临时参议院提出辞去临时大总统职务；2月15日，南京临时参议院选举袁世凯为中华民国临时大总统；3月10日，袁世凯在北京宣誓就职，执掌了全国大权，但中国半殖民地半封建的社会性质并没有因此改变。

—后记—

　　本书在编辑出版过程中，得到了多方面的支持，无论是选题的策划还是文稿的撰写，都是诸多专业人士努力和辛苦的结果，在此谨向他们表示最崇高的敬意。第一、二章由首都师范大学历史学院博士李彦英撰写。第三章和第八章由北京市文物研究所副研究员孙勐、北京师范大学附属实验中学王宇涵撰写。第四章由北京古代建筑博物馆保管部主任、副研究员董绍鹏撰写。第五章由暨南大学历史学博士冉晓旭撰写。第六章由北京市古代建筑研究所副研究员刘文丰撰写。第七章由首都师范大学历史学院博士李彦平撰写。第九章由上海市信息管理学校文物保护与修复专业专任教师王云松撰写。书中所插配的国宝级文物图片，得到了著名文物摄影师王露老师、郝勤建老师的大力支持。在此一并表示感谢！

　　由于编者水平有限和时间仓促，书中舛误疏漏之处在所难免，恳请广大读者予以批评指正。

编者
2018年8月

国家宝藏

博物馆里的中国史

博物馆手账

国宝一打开　故事自然来

THE NATION'S GREATEST TREASURES

博 物 馆 参 观 指 南

中国国家博物馆

镇馆 | 四羊方尊 后母戊鼎
之宝 | 人面鱼纹陶盆

开馆时间

9:00－17:00

TIME 周一闭馆

门票
价格 | 免费开放，
身份证预约

藏品
数量 | **100** 余万件

地址：北京东城区东长安街 16 号 天安门广场东侧

寻宝记

骑驼乐舞三彩俑是 ＿＿＿＿＿＿＿＿ 时期的陶俑，

一般有＿＿＿＿＿＿＿ 三种颜色，

它们一般会出现在＿＿＿＿＿＿＿ 。

这件骑驼乐舞三彩俑塑造了＿＿＿＿＿＿＿个人物形象。

游览心得

故宫博物院

| 镇馆之宝 | 冯摹兰亭序 洛神赋图（宋摹）
韩熙载夜宴图 |

开馆时间

淡季: 8:30 — 16:30
旺季: 8:30 — 17:00
TIME 周一闭馆

门票价格 淡季40元，旺季60元
（不含珍宝馆、钟表馆）

藏品数量 **100** 余万件

地址：北京市东城区景山前街4号

寻宝记

《洛神赋图》是东晋著名画家 ＿＿＿＿＿＿ 的作品，

是根据三国时期文学家 ＿＿＿＿＿＿ 的文学作品

《洛神赋》创作的，它被称为 ＿＿＿＿＿＿＿＿ 。

游览心得

台北故宫博物院

镇馆之宝 | 毛公鼎 翡翠白菜
祭侄文稿

开馆时间
8:30－18:30
TIME 全年无休

门票价格 350 元（新台币）

藏品数量 70 万件

地址：台北市士林区至善路二段 221 号

寻宝记

《祭侄文稿》是书法家 ＿＿＿＿＿＿＿＿为了纪念自己的

侄子而作，整幅作品一共有 ＿＿＿＿＿＿＿字，被元代书

法家鲜于枢称为＿＿＿＿＿＿＿＿＿＿＿。

游览心得

陕西历史博物馆

镇馆之宝 | 杜虎符　葡萄花鸟纹银香囊
鎏金舞马衔杯纹银壶

开馆时间 / 周一闭馆
淡季 9:00－17:30
旺季 8:30－18:00

门票价格 | 免费开放，身份证预约

藏品数量 | **170** 余万件

地址：陕西省西安市小寨东路 91 号

寻宝记

鎏金舞马衔杯纹银壶上的动物图案是 _____，

舞马活动盛行于 _____，

一般在 _____ 这样的节日表演。

游览心得

湖北省博物馆

镇馆之宝 | 郧县人头骨化石　越王勾践剑　曾侯乙编钟

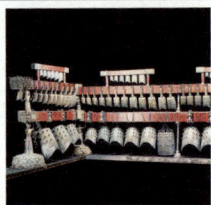

开馆时间

9:00－17:00

TIME 周一闭馆

门票价格 | **藏品数量**

免费开放，身份证预约

24 万件

地址：湖北省武汉市东湖路 160 号

寻宝记

越王勾践剑出土于＿＿＿＿＿＿＿国贵族墓葬，越王勾践手

中五把名剑分别叫做＿＿　＿＿　＿＿　＿＿　＿＿，勾践剑

的剑身上刻有＿＿＿＿个鸟篆体文字。

游览心得

河北博物院

| 镇馆之宝 | 长信宫灯　金缕玉衣
十五连盏灯 |

门票价格 免费开放，身份证预约

藏品数量 24 万件

开馆时间
9:00－17:00
TIME 周一闭馆

地址：河北省石家庄市长安区东大街 4 号

寻宝记

一件衬衫厂给自己的衬衫做广告，宣传词是"古有金缕玉衣，今有某某衬衫。"这样的广告词合适吗？为什么？

游览心得

湖南省博物馆

镇馆之宝 | 素纱禅衣

开馆时间

9:00－17:00

TIME 周一闭馆

门票价格 免费开放，身份证预约，每日限量 1.5 万人

藏品数量 **24** 万件

地址：湖南省长沙市开福区东风路 50 号

寻宝记

素纱禅衣出土时共有 ＿＿＿＿＿ 件，现存的一件重 ＿＿＿＿ 克。

正因为素纱禅衣这样的丝织品大量出产于中国，所以中国又

被称为 ＿＿＿＿＿＿＿ 。

游览心得

甘肃省博物馆

镇馆之宝 | 人头形器口彩陶瓶 铜奔马

开馆时间
9:00－17:00
TIME 周一闭馆

门票价格 | 免费开放，身份证预约

藏品数量 | 8 万件

地址：甘肃省兰州市七里河区西津西路 3 号

寻宝记

铜奔马曾经用过＿＿＿＿＿＿＿＿＿＿ 作为名字，

它出土的地点和汉朝的＿＿＿＿＿＿＿＿ 皇帝有关，

参与修复铜奔马的艺术大师是＿＿＿＿＿＿＿＿＿＿＿ 。

游览心得

山东博物馆

镇馆之宝 | 蛋壳黑陶高柄杯

开馆时间

夏季 9:00－21:30
冬季 9:00－20:00

门票价格 | 免费开放，身份证预约

藏品数量 | **32** 万件

地址：山东省济南市经十路 11899 号

寻宝记

蛋壳陶因为薄如＿＿＿＿＿＿而得名，其最厚的地方也不超

过＿＿＿＿＿毫米，蛋壳陶的出现说明制陶工人已经有了

＿＿＿＿＿＿＿＿。

游览心得

山西博物院

镇馆之宝 | 北魏漆屏风画 虞弘墓石椁

开馆时间

9:00－17:00

TIME 周一闭馆

门票价格 | 免费开放，身份证预约

藏品数量 | **40** 万件

地址：山西省太原市万柏林区滨河西路北段 13 号

寻宝记

虞弘是 ＿＿＿＿＿＿＿＿ 朝的少数民族大臣，

他的棺椁体现了古代波斯 ＿＿＿＿＿＿＿ 教的文化特征，

他担任过 ＿＿＿＿＿＿＿＿＿＿ 的职务。

游览心得

博物馆参观指南

河南博物院

镇馆之宝 | 贾湖骨笛　王孙诰戈
黄釉绿彩四系罐

开馆时间
9:00－17:00
TIME 周一闭馆

门票价格 | 免费开放，身份证预约

藏品数量 | 17 万件

地址：河南省郑州市金水区农业路 8 号

寻宝记

河南舞阳县出土的骨笛属于 ＿＿＿＿＿＿＿＿ 文化的文物，

它被称为 ＿＿＿＿＿＿＿＿ ，是用 ＿＿＿＿＿＿＿＿ 类动物

的尺骨制作的。

游览心得

内蒙古博物院

镇馆之宝 | 匈奴金冠

开馆时间

9:00-17:00

TIME 周一闭馆

门票价格 免费开放，身份证预约

藏品数量 15 万件

地址：内蒙古自治区呼和浩特市新城区新华东街 27 号

寻宝记

匈奴金冠出土于古代匈奴游牧区的 ＿＿＿＿＿＿＿ 地区，

金冠顶端站立着一只 ＿＿＿＿＿＿＿ ，

应该是部落中 ＿＿＿＿＿＿＿ 身份的人所佩戴。

游览心得

南越王墓博物馆

镇馆之宝 ｜ 文帝行玺

开馆时间

周一至周四　9:00－17:30
周五至周日　9:00－21:00

门票价格 ｜ **10元**

藏品数量 ｜ **1万件**

地址：广东省广州市解放北路 867 号

寻宝记

文帝行玺是南越王＿＿＿＿＿＿＿＿的印玺，是目前发现的西汉时

期最＿＿＿＿＿＿＿＿的印玺。印玺制诞生于＿＿＿＿＿＿＿＿

时期，西汉时期的公文要在首尾页盖上＿＿＿＿＿＿＿＿。

游览心得

辽宁省博物馆

镇馆之宝 | 鸭形玻璃注
冯素弗鎏金铜印

开馆时间
9:00 – 17:30
TIME 周日闭馆

门票价格 | 免费开放，身份证预约

藏品数量 | **11** 万件

地址：辽宁省沈阳市浑南区智慧三街 157 号

寻宝记

鸭形玻璃注是具有＿＿＿＿＿＿风格的玻璃器，

出土于北燕大臣＿＿＿＿＿＿和其妻子的墓中。

它是通过＿＿＿＿＿被输送到中国北方的。

类似的玻璃器在＿＿＿＿＿ ＿＿＿＿＿也有发现。

游览心得

三星堆博物馆

镇馆之宝 | 青铜神树 金面铜人头像

开馆时间

10:00-17:00

TIME 全年无休

| 门票价格 | 72 元 |
| 藏品数量 | 千余件 |

地址：四川省广汉市西安路 133 号

寻宝记

青铜神树出土时共有 ＿＿＿＿＿＿ 株，最高达的一株

高达 ＿＿＿＿ 米。青铜神树的树干上共有＿＿＿＿只小

鸟，它在中国古代神话中代表着＿＿＿＿＿＿＿＿，

可以很容易让我们联想到＿＿＿＿＿＿＿的神话故事。

游览心得

国家宝藏

博物馆里的中国史

博物馆手账

国宝一打开　故事自然来

THE NATION'S GREATEST TREASURES